中华文明历史长卷

崔志勇◎编著

墓葬卷

宫阙并随烟雾散

古代墓葬是古人对死后世界的理想寄托。我国历史悠久，文化源远流长，陵墓众多，丧葬习俗内涵丰富，历史、政治、风俗、宗教、艺术等一系列文化现象无不囊括其中。

MUZANG JUAN

GONGQUEBINGSUIYANWUSAN

北京工业大学出版社

图书在版编目（CIP）数据

宫阙并随烟雾散：墓葬卷 / 崔志勇编著．—北京：北京工业大学出版社，2013.1

（中华文明历史长卷）

ISBN 978-7-5639-3319-8

Ⅰ．①宫… Ⅱ．①崔… Ⅲ．①墓葬（考古）—介绍—中国 Ⅳ．①K878.8

中国版本图书馆 CIP 数据核字（2012）第 276405 号

宫阙并随烟雾散——墓葬卷

编　　著：崔志勇
责任编辑：周　雪
封面设计：宋双成
出版发行：北京工业大学出版社
（北京市朝阳区平乐园 100 号　100124）
010-67391722（传真）bgdcbs@sina.com
出 版 人：郝　勇
经销单位：全国各地新华书店
承印单位：三河市元兴印务有限公司
开　　本：787 mm × 1092 mm　1/16
印　　张：25
字　　数：364 千字
版　　次：2013 年 1 月第 1 版
印　　次：2021 年 1 月第 2 次印刷
标准书号：ISBN 978-7-5639-3319-8
定　　价：58.80 元

总　　序

在世界文明的历史长河中，中华文明作为最浩浩荡荡的一条支脉，曾为世界注入过滚滚洪流。至少3000年以前，中华文明就已经开始对周边地区产生主导性的影响，带动周边广大地区逐渐走上高等文明之路。马克思关于“四大发明”对世界历史进程影响的论述，仍然是可以成立的：“火药把骑士阶层炸得粉碎，指南针打开了世界市场并建立了殖民地，而印刷术则变成了新教的工具……”在这个文明中，读书写字被上升到审美的高度，于是汉字拥有了这世界上独一无二的头衔——书法艺术。在这个文明中，家不仅是安身立命的居所，也是寄情抒怀的天地，于是胸中丘壑化为园林楼台，虽由人作，宛自天开。在这个文明中，人们从艰难到从容地活在每一方水土之上，于是点土成金，向世界奉献了瓷器这朵绚烂的花……无数事实证明，中华文明在诸古代文明中堪称绝无仅有。

正因如此，我们精心编写了这套“中华文明历史长卷”丛书，它包括：《人间巧艺夺天工——发明创造卷》、《挥毫落纸如云烟——书法卷》、《淡墨挥毫暗生香——绘画卷》、《巧剜明月染春水——陶瓷卷》、《书卷多情似故人——经典名著卷》、《人间有味是清欢——饮食卷》、《今朝放歌须纵酒——酒文化卷》、《至精至好且不奢——手工艺卷》、《多少楼台烟雨中——古迹卷》、《一尘一刹一楼台——寺庙卷》、《自是林泉多蕴藉——园林卷》、《淡妆浓抹总相宜——山水卷》、《宫阙并随烟雾散——墓葬卷》、《龙章凤姿照鱼鸟——图腾卷》共十四卷。这些辉煌灿烂的古代文明让我们如数家珍，每个领域的每一项成就，如同人类文明天空中的璀璨明星，透射出中华民族耀眼夺目的卓越华魂。

作为炎黄子孙，传承并发扬这些文明成果，是我们光荣而神圣的历史使命。虽然有那一百年的备受欺凌，但我们用今天崭新的面貌告诉世界：我们的文明没有中断，智慧仍在传承，这个持续了五千年的古老文明依然具有强盛的生命力！

前　言

中国墓葬，作为人类的一种文化行为和现象，几乎是伴随着华夏文明的诞生而延续至今的。古代中国几千年来厚葬之风相沿成习，遂使丰富多彩的生产、生活用品及奇珍异宝随葬地下，形成了一个规模宏大的地下博物馆。

《宫阙并随烟雾散——墓葬卷》内容跨越数千年历史，向读者展示了从原始时期到明清时期的墓葬文化。旧石器时代晚期，人类已有埋葬死者的习俗。北京周口店山顶洞人埋葬死者的习俗，被认为是中国埋葬制度的萌芽。到了新石器时代，埋葬死者在墓地位置、墓穴形式、葬式、墓向、随葬品等方面，渐渐循规有序。进入奴隶社会后，"事死如事生"观念形成，随葬品数量增加，质量提升，活人殉葬被纳入礼制规范。西周开始有了在墓上封土筑坟头的习俗，而且逐渐形成一套严格的制度。到春秋战国时期，族葬和邦墓、棺椁、墓祭、居丧都有了进一步的规定，并出现了俑。墓上建筑和陵园规划，标志着中国古代墓葬向着陵园形制演进。秦始皇统一中国后，权力的集中使墓葬变得更加富丽堂皇，举世瞩目的陪葬俑坑出现就是一个例证。经过长期的物质和财富积累，厚葬的风气愈演愈烈。汉代，人们竭力追求死者肉体的永恒，并创造了人们至今也无法完全解释的防腐术。魏晋南北朝时期，人们回到"墓而不坟"古制中去，以至帝王的陵墓"不封不树"，甚至连"明器"也不随葬。晋的墓葬开始出现了墓志、碑、墨书题记等纪念性标识。隋唐时期人们对"明器"和丧葬礼法有了更明确的规定，尤其在唐代，从陵寝建制和附属物到安放棺材的地宫，都反映着唐帝国蓬勃向上的国威。宋、辽、西夏、金、元是政权频繁更迭的时期，死者生前担心尸骨不得安宁，因而"疑冢"更多。明清帝陵规制宏大，是风水堪舆学与中国古代建筑术艺结合的产物。本书力图为您呈现中国古代墓葬的多元化特征，如皇权、等级、亲情等诸种复杂因素。有人称中国古墓葬是中国古代社会生活及文化在人类历史长河中的缩影，或称之为地下文物仓库、地下博物馆等，都是毫不夸张的。

目　录

第一章　原始时期墓葬

第二章　夏商周墓葬

第三章　春秋战国墓葬

第四章 秦汉墓葬

第五章 魏晋南北朝墓葬

第六章 隋唐五代十国墓葬

第七章 宋、辽、西夏、金、元墓葬

第八章　明清墓葬

第一章　原始时期墓葬

【凭吊诗话】

轩辕厌代千万秋，绿波浩荡东西流。
今来古往无不死，独有天地长悠悠。
我乘驿骑到中部，古闻此地为渠搜。
桥山突兀在其左，荒榛交巢寒风愁。
神仙天下亦如此，况我戚促同蜉蝣。
谁言衣冠葬其下？不见弓剑何人收？
衰喧叫笑牧童戏，阴天月落孤狸游。
却思皇坟立人极，车轮马迹无不周。
洞庭张乐降玄鹤，涿鹿大战摧蚩尤。
知勇神天不自大，风后力牧输长筹。
襄城迷路问童子，帝乡归去无人留。
崆峒求道失遗迹，荆山铸鼎余荒丘。
君不见黄龙飞去山下路，断髯成草风飕飕。

——唐·舒元舆《桥山怀古》

引　言

丧葬作为上古社会原始宗教最常见的一种表现形式，是对死者崇拜的一种体现，其中也蕴涵着人们对另一个未知而神秘的世界的一种理解，是上古社会意识形态的表现形式之一。

在人类社会的蒙昧时代，生产力水平非常低下，人的思维能力也很有限，因此对生老病死困惑不解，不能形成灵魂和丧葬观念。所以《孟子·滕文公上》曰：“上世尝有不葬其亲者，其亲死，则举而委之于壑。”这种抛弃尸体在野外的做法，就是人类早期处理同类尸体的方式。但是，这时期人类的观念可能已经有了划分生与死的界限。

经过漫长发展，人类在与大自然斗争中慢慢壮大了自己。大概到旧石器时代中期，人类的灵魂观念逐渐发展起来。尽管那时的人类对自己的身体构造毫无知晓，对疾病死亡也没有科学的认识，但他们会在梦中再现自己和他人，这使他们感到人类除了肉体之外还有一个看不见、摸不着的幻影，它具有活力，有超出肉体的力量。因此，人类便产生了关于灵魂的概念。从考古发现来看，我国新石器时期仰韶文化遗址中的瓮棺都有一个小孔，这个小孔被认为是人们用来为死者灵魂留下的孔道。

人类有了灵魂观念后，便产生了鬼魂观念，认为灵魂附着在人的肉体上，只是在人做梦时离开肉体而活动，如古罗马人认为灵魂是人的“复身”，灵魂是可以离开人体的，人死后灵魂变成鬼魂。就这种观念而言，死人的鬼魂比活人的灵魂更具有非凡的力量，更能祸福人类。基于这种认识，人类便产生了崇拜死者的观念，即鬼魂崇拜，从而出现了一套送鬼魂和安葬死者的礼仪。

从没有意识地处理死者到有意识地安葬死者、形成丧俗，这其间又经过了漫长的过程。现存墓葬表明，旧石器时代中期，人类已经产生丧葬的萌芽。这表明，随着人类的进步和发展，人和人之间有了新的关系，团体或氏族内部共同劳动、共同分享的制度下，彼此产生了互相关心的友爱景象。他们会表现出极大的悲哀和怀念之情，而且把死者生前用过的东西作为殉葬物品，祝愿死者的灵魂能够永生。旧石器时代晚期，世界很多地方都出现了埋葬死者的风气。

我国大约在旧石器时代晚期出现了丧葬礼俗。1933 年，考古学家发掘北京周口店龙骨山山顶洞遗址中，发现有墓葬的遗存，经过一系列的发掘，出土了完整的头骨、头骨碎片、下颌骨及一些零星的躯干骨、牙齿。据分析研究，发现有“男性老人一人，中年和壮年各一人，五岁幼儿和初生婴儿各一人”。这种把老年男子、中青年妇女、少年幼儿及初生婴儿按不同年龄合葬的情况，表明它是一块公共墓地以二次合葬为形式的，贯穿氏族成员一视同仁的血缘关系同一律平等的地位。老年男子、中青年妇女尸骨的四周撒有赤铁矿粉末，他们身上曾佩戴有用兽牙、蚌壳和鱼骨做成的装饰品以及燧石石器等物。遗憾的是，墓葬被一些动物严重扰乱，尸骨离散，已经不是原本位置了，无法完整地探索出当时的丧葬礼仪。

死者身上或身旁撒赤铁矿粉，是旧石器时代晚期常见的一种葬俗。红色表示着鲜血，而血又是生命的源泉，往尸体上撒赤铁矿粉，表示给死者新的血液，赋予新的生命，或是希望死去的同伴的灵魂到另一个世界能够继续存活下去。一些学者还认为野兽惧怕红色，因此在尸体上面撒赤铁矿粉，是为了防止野兽对死者的伤害。

之所以给老年男子和中青年妇女随葬品，是因为母系社会的妇女，尤其是老年妇女常常是氏族社会劳动生产的指挥者和领导者，她们具有较为丰富的阅历和知识，受到大家的特别崇敬。她们死后安葬时，随葬有她们生前使用过的装饰品，这是人们希望她们在另一个世界过上与人间同样的生活。这种特点是氏族成员对氏族首领或年长者爱戴的一种反映形式。

第一节　原始时期墓葬形式

一、墓地

原始时期墓地制度的形成与演变

墓地制度起源于旧石器时代中晚期的“居室葬”。那时，人们一般居住在天然洞穴里，于是洞穴也就成为死者的墓地。例如，北京周口店山顶洞人就是把洞穴的上室作为居所，下室作为死者的墓地。

这种墓地制度，在黑龙江省依兰县倭肯哈达洞穴墓地、江西万年仙人洞墓地及广西桂林甑皮岩洞穴墓地等墓葬遗址中也有反映。

江西万年仙人洞墓地出土的人类头骨、骨骼和牙齿，代表着五个不同的成年和少年的尸体，而且大都发现在烧火坑旁或洞穴中。可见当时处理死者，很有可能是就近在洞口处掩埋。有人认为，这种方式是旧石器时代晚期如山顶洞人那样在洞穴里埋人习俗的延续。

广西甑皮岩遗址距今约七千年，是华南地区很具代表性的洞穴遗址。考古工作者在洞穴中发掘出18具人骨，葬式几乎都是屈肢葬，人骨呈垂首、弯腰、屈肢蹲坐的姿势。有的头骨或盆骨上残存赤铁矿红色粉末。大部分墓无随葬品，只发现两件收割用的蚌刀。

在人类居住的洞穴或屋内选择墓地，既反映了人类在情感上不愿离开死者，并设法保护死者的尸体的观念，又反映了害怕死者的灵魂出来危害干扰生者，因此极力地讨好死者。墓地制度发生重大变化，主要表现在由旧石器时代盛行的“居室葬”转变为氏族公共墓地。

氏族公共墓地制度是人类社会在新石器时代特别流行的一种墓地制度。恩格斯在叙述美洲易洛魁人的氏族特征时指出：“氏族有着共同的墓地……在其他印第安人中间，这种墓地还保存着……在墓地上，每一氏族都独成一排……”。中国也不例外，在仰韶文化、大汶口文化、齐家文化、马家浜文化、崧泽文化、石峡文化等新石器时代文化遗址中都发现有氏族公共墓地，其中尤以仰韶文化时期的氏族公共墓地最为典型。

仰韶文化时期的氏族公共墓地多数分布在原始部落附近，例如西安半坡墓地在居住区的北部，有一百七十多座成人墓，墓地与居住区之间有一条壕沟。临潼姜寨墓地地处居住区的东、东南、东北面，宝鸡北首岭墓地也是设在居住区附近。

不仅每一个氏族部落都有自己的公共氏族墓地，而且方向也差不多一致，墓坑排列整齐。如半坡墓地里死者的排列特别整齐，死者头部通常向西，以单人葬为主；华县元君庙氏族部落墓地的布局规整有序，有45座南北成排布置，分为6列安葬，死者头向全部朝西。同样，黄河上游齐家文化的氏族公共墓地也多是如此。如永靖秦魏家墓地，北部的29座墓分3排平行排列，方向一律朝西。

摩尔根的《古代社会》一书在提到易洛魁人的图斯卡罗腊部落的公共墓地时说：“这个部落有一个公共的墓地，其中凡是同一氏族的死者都葬在同一行墓地里。有一行是海狸氏死者之墓，有两行是熊氏死者之墓，有一行是苍狼氏死者之墓，有一行是大龟氏死者之墓，如此分属各氏族者共有八行墓地。”

这种公共墓地反映了当时的社会意识和社会状态，是氏族血缘关系的集中体现之一。那时的人们，“以为同氏族的骨与骨，肉与肉，应该是互相结合在一块的”，他们“都是一个根子中生出来的，有共同的祖先，有着骨肉关系，活着在一起，死了也要在一起”。

然而，氏族墓地制度不是一成不变的，而是有一个发展变化的过程。在母系氏族社会繁荣阶段，这种公共墓地制度比较严格，如墓坑排列整齐，埋葬方向差不多相同，小孩、婴儿只做瓮棺葬，基本上不进入墓地等。可是到了新石器时代晚期，传统的氏族墓地制度开始崩溃，渐趋瓦解。于是，在龙山文化遗址附近很难发现成片布置的氏族墓地。考古工作者在襄汾陶寺遗址东南发掘的龙山文化墓地，墓葬集中，且墓群中出现了复杂的叠压关系，这种现象就表明当时的氏族公共墓地制度已经趋于瓦解。

家族墓群

氏族墓地内出现相对独立的家族墓群大概在新石器时代晚期。例如山东大汶口墓地的西北部有一组葬区，随葬品都比较丰富；东部是富墓；而南部却都较穷。这说明父系家族已经崛起，并成为从原始共产制为基础的氏族社会制度的分裂力量。当时人们认为：人死之后即使肉体腐烂消失了，可灵魂还在。他们认为灵魂会回到祖先那里，在另一个世界过上同活人一样的生活，不但需要吃、穿、用，也需要役使奴隶。因而，在安葬时将死者生前的东西用来随葬，借此炫耀和突出本家族在氏族中的高贵地位。因此，氏族墓地内出现了相对独立的家族墓群。

贵族与平民墓地

贵族墓地与平民墓地更形成了极其强烈的对比。

贵族墓地多处在人工建造的高台土墩的上面，高度在5~20米左右，面积都超过上千平方米。由于面积大，人们称它为“山”或“墩”。如福泉山良渚文化墓地东西长94米、南北宽84米，面积大约8000平方米，高6米左右；草鞋山墓地东西长120米，南北宽约100米，面积约12000平方米，高约10.5米；反山墓地东西长90米，南北宽30米，面积大约2700平方米，高约7米。反山良渚墓地的土筑高台的土方量约2万立方米。反山的底部是坚硬的黄土。土堆的底部及深约4.5米处各铺有一层薄薄的砂，在砂层之上有一层灰烬，这大概和滤去青灰色淤积土中饱和状态的含水量有关。这说明土堆不是随意堆筑，而是早有某种设计规划，而且现场有调度指挥的营造过程。瑶山的发掘也说明了这一点。这个建筑工程，要耗费大量的人力、物力和财力。因此有学者根据墓主以琮、璧、钺等大量玉礼器随葬的迹象，认为墓主“实际上就是最早的剥削阶级——奴隶主”。一些高台墓地上的为土坑竖穴墓，依然保留着氏族公共墓地的习俗。如反山和瑶山墓地，11 座大墓都分两行排列。大墓的随葬品以玉器为主，平均每墓超过 100 件。

平民墓地里面都为小墓，它们是墓穴或木质葬具，多数分散在居住址之内；少见整齐的墓群，常常有两墓成双配置的倾向。随葬品以陶器为主，通常每墓只有 1 件石钺。

贵族墓地和平民墓地的剧烈分化现象，说明传统的靠血缘为纽带的氏族公共墓地已发生了新的变化，出现了在血缘关系基础上按等级地位进行埋葬的现象。

墓上建筑

墓上建筑产生于新石器时代晚期。如辽宁牛河梁发掘的红山文化积石冢群里面有一圆坛，发掘者在表层积土中发现三具人架骨，发掘者判断这可能是“墓祭”建筑遗存。甘肃永靖县大何庄齐家文化墓地里发现过四处石圆圈，都用天然砾石排列而成，直径大概 4 米左右，石圆圈的周围均分布着许多墓葬和牛羊骨架及人骨，应是在墓地举办祭祀活动的遗迹。

二、墓室

洞穴墓室

利用天然岩洞或土洞作为墓地，即死者掩埋在生人所居的洞穴内，始自旧石器时代晚期，新石器时代早期仍较流行。如：旧石器时代的北京周口店龙骨山山顶洞人，新石器时代的江西万年仙人洞、桂林甑皮岩等均发现有此类墓室。有的洞是土洞，先挖一竖穴式土坑（墓道），然后在坑底部一侧壁挖一横穴墓室而成，呈“凸”字形。这种墓的墓道与墓室之间常用成排的木棍或木板封闭，起着封门的作用。其墓室平面呈长方形或圆角长方形，墓室壁往上内收呈弧形，即为洞室。墓室的一端伸出一墓道，作竖穴状，一头大一头窄，平面呈梯形。在墓室于墓道之间往往有木板或木棍封堵，起着封门的作用。有的在墓室口竖立1至2块扁平的石块，也有的垒成一排石块。这可以说是我国新石器时代最先进、最复杂的墓葬结构。从乐都柳湾发现的48座凸字形墓来看，墓的规模一般较大，最大者如柳湾M972，系3人合葬墓，墓长4.2米，宽2.25米，墓道长1.5米。

积石墓室

积石墓室始自原始时期，一直延续到南北朝时期。积石墓室是一种用天然风裂石块，采用压缝交迭的方法，在地面筑成的墓室，在我国多分布在东北地区。如辽宁红山文化的牛河梁“积石冢”，以石垒墙、以石筑墓、以石封顶。辽东半岛小珠山文化晚期旅顺四平山和老铁山也发现有积石墓。这类墓多分布在山梁或高坡上，墓内埋有数人至数十人不等，外围放置桶形陶器，形成积石大冢。一座积石冢，一般占地三四百平方米，最大的达一千多平方米。积石冢呈方、圆两种。室壁用4～6层较规整的石块、石板叠砌，内壁平直，室顶盖薄石板。积石冢平均垒石高度在1米以上。

堆土墓室

堆土墓室的总体特征是，墓室构筑于地面之上，系由地面堆土构筑而成。主要流行于长江下游太湖地区的良渚文化中。良渚文化有60%左右的遗址属所谓的“土墩遗址”，这种土墩系人工堆筑而成，一般高约6米，也有少数高度在2米左右。许多土墩上发现有由祭坛和墓葬组合而成的所谓祭坛墓地，尤以早期的赵陵山、张陵山，中期的瑶山和反山，晚期的寺墩和福泉山最为典型。如浙江余杭县长命乡雉山村的反山遗址，是一座高约5米、东西长约90米、南北宽约30米的人工堆筑的熟土墩，墩上发掘清理了7座良渚文化的长方形竖穴土坑墓。

竖穴土坑墓室

竖穴土坑墓室在新石器时代最为流行、数量最多，广泛分布于黄河流域及华北、东北、西北各地，在长江流域及华南的某些地区也有发现。这类墓室是由地面垂直下挖而成，依平面的形状可分为长方形、方形、圆形或椭圆形、三角形、不规则形等，其中以长方形最为多见。

长方形土坑墓又称长方形竖穴土坑墓。其特点是墓坑呈长方形或圆角长方形，四壁平陡，口、底同大，或部分口部略大于墓底。它是我国新石器时代各文化中发现数量最多的墓葬形式。墓坑的大小、深浅，各地情况不一。大体说来，以长约1.6~2米、宽0.5~0.7米的居多，且多为成人单人葬。墓坑较小的，一般多属于小孩葬或屈肢葬墓。早期的长方形竖穴土坑墓多较小较浅，仅能容尸，一般长约2米左右，宽1米左右，深多在2米以内。中、晚期出现了规模较大的墓，如山西襄汾陶寺墓地发现墓葬673座，已清理462座，均为长方形竖穴土坑墓，可分为大、中、小三种。大型墓仅6座，长约2.9~3.2米、宽约2~2.75米、深0.7~2.1米；中型墓四五十座，长2.2~2.5米，宽约0.8~1米、深2米以上；小型墓最多，长约2米、宽0.4~0.6米、深0.5~1米。山东大汶口墓地M10长4.2米、宽3.2米，墓底有二层台。四川西昌礼州遗址的M4长达8.5米。

方形土坑墓的墓坑呈方形，四壁平陡，口、底同大或口部略大于底部。这种墓在仰韶文化早、中期，大汶口文化早期和马家浜文化中，均被用作同性成年人合葬墓；而在大汶口文化中期、马家窑文化、齐家文化、崧泽文化中，则被用作成年男女合葬墓。

圆形土坑墓也比较多见。其特点是墓室坑呈圆形或椭圆形，一般口径为1.53~2.56米。它多是利用废弃的窑穴作为墓坑的。最早见于马家窑文化马厂类型墓葬。此后，在甘肃永靖张家嘴发现的一座齐家文化圆坑墓，保存较好，坑壁平整，口径与底径相若，人骨架埋在坑底的东侧。武威皇娘娘台第四次发掘时也发现9座圆坑墓。这种用窑穴埋葬死者的习俗，在辛店文化时期还继续存在。

三角形墓见于青海湟源县大华中庄卡约文化墓地，共23座，平面近似于等腰三角形，规模多较大，底边长多在2.5米、高3米以上，并带有生土二层台。

不规则形墓有大有小，如河南濮阳西水坡仰韶文化早期的M45，平面呈人头形，南北长4.1米、东西宽3.1米、深0.5米，墓内埋葬4人，中间一人可能为墓主人，左右两侧发现有用蚌壳摆塑的龙虎图案，可能是一座性质比较特殊的墓葬。

三、葬具

原始时期棺椁葬具

所谓葬具是指装殓死者尸体的工具，通常指棺椁或棺槨，如《管子·禁藏》："棺椁足以朽骨"。《韩非子·内储说上》："齐国好厚葬，布帛尽于衣衾，材木尽于棺椁"。《孟子·梁惠王下》："棺椁衣衾之美也"。

可是棺椁和棺槨在古代又有一定的区别。棺为直接装殓尸体的葬具，为了区分椁和槨，古人又称它为"内棺"。东汉许慎《说文解字》曰："棺，关也，所以掩尸"。由于它和死者尸体最亲近，因此又被称为"榇"。《说文解字》曰："榇，棺也，从木亲声。"《春秋传》曰："士舆榇。"椁亦作槨。再因为它一般以木材制成，因此也叫做"棺材"。《礼记·檀弓上》曰："殷人棺椁"。由于椁在内棺的外面，故称外棺；又因它比内棺大，故又称大棺。

棺椁虽是盛敛尸体的器材，却同坟墓一道构成了死者的地下"居所"。如果说坟墓是房屋的话，那么椁便为卧室，棺当是床和卧具。棺椁必须土葬，土葬是最耗费人力、物力、财力的。

《礼记·檀弓上》记载：一两天时间就可以制作好的丧葬用品，可以不提前准备的，因为人死之后，依照习俗，有几天的停丧时间，这段时间，能够添置不少的丧具。而大件的丧具，却需提前准备，这就是棺材婉称"寿材"或"寿器"，坟墓讳称"寿陵"或"寿堂"的原因。

关于使用棺椁的方法，《礼记·檀弓上》有记载："葬也者，藏也。藏也者，欲人之弗得见也。是故衣足以饰身，棺周于衣，椁周于棺，土周于椁，反壤树之哉。"而《易经·系辞下》中提到，人死了，用荒野的草包裹好后，埋进土中，不用棺椁，不用挖坟堆，也不在墓地四周植树种草为标志，更没有守丧的时间，非常的简单朴实。传说黄帝认为这不太文明，于是教臣民制作棺椁的方法，从此，中华民族的死者便正式享用了棺椁。

后来到了"君臣、父子"的等级制社会中，很多事物都被坚决地、强迫性地划分出了高低档次。因此，棺的大小、形貌以及制作的材料也随之有了讲究，套棺不是一般的人可以随便使用的。平民不能用椁，却能够用棺，实际上，棺的使用对象没有限制。

根据目前掌握的考古资料和民族学资料分析，原始社会的葬具主要有瓮棺、石棺、木棺、船棺、树皮棺等。制作棺的材料，一般是陶器、石头、木材，而木材主要有柏、松等。

陶棺

陶棺指的是陶质葬具。陶棺出现在原始时期，中国古代文献称之为“瓦棺”，例如《礼记·檀弓上》就有“周人……以有虞氏之瓦棺葬无服之殇”的记录。陶棺是一种陶制的藏尸器具。器形有瓮、缸、盆、尖底器、大口尊、壶、鬲、缶、釜、鼎、甑等差不多20种。史前的陶棺，一般用实用生活器皿代用。常见的用作陶棺的器皿有陶瓮、陶缸、陶罐、尖底瓶、陶鼎、陶盆、陶钵等，尤以大型陶瓮作为葬具的现象较为多见，故常被统称之为“瓮棺”。

瓮棺葬较早出现并流行于黄河中游的仰韶文化时期。主要是夹砂灰陶，束颈，外鼓深腹，小平底，饰绳纹、篮纹或方格纹。鼓腹圆底罐是屈家岭文化晚期遗存中的大宗丧葬工具。泥质或者夹砂灰黑陶，合盖式最多，用盆、钵、碗、豆等覆盖。通常竖立放置。在渭水流域及其邻近地区，瓮棺主要用于盛殓婴幼儿的尸骨，并常被埋葬在居住房屋的附近；这类瓮棺一般由一件陶瓮（或陶罐）和一件陶钵或陶盆扣合而成，盆或钵底一般打有小孔。在洛阳、郑州地区，瓮棺则有多种组合，其中以大型小口尖底瓶为葬具的瓮棺最具特色。这种瓮棺葬在王湾遗址第一期遗存中就发现了43座。在郑州大河村遗址发现有不同时期的瓮棺62座，其中第四期的瓮棺葬中，有两座使用了尖底瓶、38座使用陶鼎为葬具，这类葬具多用于埋葬婴幼儿。在河南伊、洛河流域一带相当于仰韶文化庙底沟的文化遗存中，常发现一种用于成年人二次葬的大型陶缸，由于这种陶缸最早发现于伊川土门遗址，故被称为“伊川缸”。如在河南临汝（今汝州）阎村遗址，曾发现11座以底部有孔的陶缸作为葬具的“瓮棺葬”，其中有一件陶缸上绘有著名的《鹳鱼石斧图》。1993~1994年，在河南汝州洪山庙遗址中，发现并清理了一座大型瓮棺合葬墓，墓为长方形，东西长约6.3米，南北宽3.5米，深0.3~0.36米；墓内排列有序地放置着136件瓮棺，瓮棺均为大口、直壁、平底的陶缸，缸上有半球形器盖相扣，缸和盖的口沿下均对称地装有鸟喙状钮，为上下捆绑之用；陶缸上多绘有彩画，除了一些装饰性的图案外，还有人物、动物、植物、生产工具、日月等。这种“伊川缸”均发现于墓葬之中，应是专为埋葬死者而烧制的葬具。

蛋形三足瓮见于晋北、陕北和内蒙古南部的龙山文化遗存中，另外在山西汾阳峪道河、内蒙古准格尔旗大口等遗址均有发现。这些瓮棺多是夹砂灰陶，篮纹，器形高大，胎壁比较厚，平唇敛口，最大径在器件中部，圆底下带有三袋形足。棺式组合上大多数为合盖式，与覆盖物的器口相对，平放入坑中，也有发现合口式。

其他形状的瓮棺，数量相当少。目前所见的有垣曲丰村的釜灶棺，安阳后冈以及准格尔旗大口的瓶棺，大口遗址的大口尊棺等。

一般认为，瓮棺葬是仰韶文化时期对夭折幼儿通行的葬俗，多葬于居住区，也有葬于氏族墓地的。一则由于死者尚未成年、不被视为氏族成员而不得埋入氏族墓地，二则基于“灵魂观念”及“亲子之情”而把幼儿葬于健在的亲人附近，并在葬具上凿出小孔以供弱小灵魂出入，便于得到照应。成人瓮棺葬则多被解释为对特殊身份或凶死者的处理，如阎村绘有《鹳鱼石斧图》的陶缸，有的学者认为可能是部落酋长的葬具，也可能反映了某些地域或文化的葬俗特色。

石棺

石棺就是以石材为主垒砌而成的各种不同形制的藏尸器具，主要流行于中国西北、东北地区的新石器时代和青铜器时代；在西南地区的四川川西高原、西藏的藏东高山峡谷和云南滇西北横断山高山峡谷区的青铜时代乃至更晚时期也有石棺分布。

中国有关石棺的最早记载，见于《史记·秦本纪》：“是时蜚廉为纣石北方，还，无所报，为坛霍太山而报，得石棺。”但考古发现，早在仰韶文化时期，就已有了石棺的雏形。如陕西华县元君庙墓地 M458 的长方形墓穴四周二层台上，堆放三至四层砾石，厚约 20 厘米，形成石棺（椁）；龙山时代的陕西神木石峁墓地多使用石棺，其结构是在墓坑底和四周衬铺石板，上面再盖石板而成棺材状；在甘肃景泰县张家台马家窑文化半山类型墓地中，也清理出 11 座石棺墓。

东北地区最早的石棺墓见于红山文化，如辽宁建平和凌源两县交界处的牛河梁村发掘的积石冢群中就出土有十多个大小不同的石棺。其中最大的一个，长宽都约3.5米。而一般的仅有1.5米，宽0.5米左右，最大的石棺长宽各约3.5米。每座积石冢内，一般都埋葬有数十人，分别依各自的身份而被安置在大小各异的、用石板拼对而成的长方形石棺中，棺上再覆以石块构成一座积石冢的整体。红山文化的石棺是迄今发现的时代最早的石棺墓。在东北地区属青铜时代的西团山文化、夏家店上层等文化中也发现有较多的石棺葬，一般认为这是中国古代边地民族的一种葬俗。

此外，江苏灌云大伊山遗址出土的一批距今约六千年的石棺，是用天然石片制作而成，石板嵌入泥中作棺壁，用石头铺盖在棺壁上作棺盖。甘肃景泰张家台墓地发现的11具石棺，都是用板石拼凑而成，是当地所产的赭红色和灰色板岩，只是稍加整理修改而已。在元君庙仰韶墓地等处也有发现石棺。如元君庙M458，墓口东西长2.8米，南北宽2.1米，墓深0.4到0.44米左右。二层台里口东西长1.7米，南北宽0.9到1米左右，二层台高0.32米。二层台下部是黄土，高0.1米左右，上铺砌砾石，厚0.2米左右，形若石椁。

木棺椁

木棺或木椁，就是指用木材制作的葬具。木质葬具是中国古代最主要的葬具类型，广泛分布于各地并流行于各个时代，而其渊源则可追溯到新石器时代。

原始时期的木质葬具主要流行于黄河流域，在长江下游崧泽文化中晚期以及良渚文化中也有少量发现。迄今考古发现最早的木棺雏形是仰韶文化时期半坡遗址的墓葬M152，在该墓穴四壁曾发现有木板痕迹，但不见底板和盖板。及至龙山时代，晋西南陶寺墓地的大中型墓葬中一般都发现有木棺痕迹。黄河下游大汶口文化中晚期的一些大墓中也曾发现有木质葬具。如大汶口墓地的M10，墓底有二层台，根据遗迹推测应有用圆木卧叠构成的“井”字形木椁，并另有棺类葬具。山东龙山文化大型墓葬中则普遍发现有木质葬具，如在诸城呈子遗址中，占总数5.7%的大型墓葬均有木质葬具；泗水尹家城发现一座有椁有棺的大墓；临朐西朱封发现一座有重椁一棺的大墓。

目前发现木棺数量最多的是黄河上游甘青地区的马家窑文化和齐家文化，最具代表性的是青海柳湾墓地。如在柳湾墓地共清理了半山类型墓葬257座，广泛使用木质葬具；马厂类型墓葬872座，其中729座墓有木质葬具，占总数的83.6%；齐家文化墓葬366座，其中有木质葬具的有288座，占总数的78.7%。甘青地区史前文化的葬具多用松柏类树干制成，可分为以下几种类型：

梯形木棺，即一头大一头小呈梯形的木棺，见于马厂类型墓葬。棺的四壁由半圆木或木板围拼而成，棺板表面未经刨光，均保留原来的劈裂面，有的还有树皮的痕迹；四角的接合采用穿榫法，即边壁挖槽、端壁作榫、紧密合缝；有的棺上有盖。木棺大小不一，大者如M571长2.26米、宽0.74~0.94米；小者如M459长1.1米、宽0.36米；一般木棺长约2.米、宽0.4~0.6米，如M432长2.3米、前挡宽为0.6米、后挡宽0.3米、高0.6米。

吊头木棺与梯形木棺相似，唯两壁板伸出挡板约0.1~0.3米，伸出挡板的部分被称之为“吊头”。木棺四角接合法与梯形木棺相似，也采用穿榫法。吊头木棺主要发现于马厂和半山类型墓葬中，半山类型墓葬的吊头木棺一般长约2米、宽0.4~0.7米；马厂类型墓葬的相对较大，如M1060的木棺长4米、宽1.24米、吊头长0.2米，常被用于多人合葬墓。

长方形木棺整体呈长方形，有底有盖。其结构是：棺盖上和棺底下各置2~3道等距离的小木板（每条小木板宽约4~8厘米），棺两侧壁外各竖置2~3道与盖、底同等距离的木条，用穿榫法加以套合形成加固棺身的木框。木棺一般长约2米，最大者长可达4米。如M829，木棺保存较完好，长2.2米、宽0.45米、高0.4米；木框架竖木条长0.48米、宽0.04米，横木板长0.56米、宽0.06~0.08米，卯眼径0.02米。在马厂墓地中，长方形木棺的数量最多，达531座，占木棺墓总数的73%左右。

垫板是一种用一块大木板或2~3块小木板拼接成长方形的、用于放置尸体的葬具。垫板的长短因人而定，没有固定的尺寸。如马厂类型M1335的垫板长约1.5米。宽0.46米；齐家文化类型的M947，板长仅0.6米、宽0.28米，为一儿童墓。在马厂类型墓葬中，垫板发现较多，约占木棺总数23%；齐家文化类型墓葬中的垫板发现较少，仅占木棺总数的5%，且多为儿童墓使用。

此外，在陶寺墓地发现有横断面为梯形和平面呈“Ⅱ”形等的木棺。如M1650的木棺痕迹横断面呈梯形的长方体，长1.9米、盖板宽0.5米、底板宽0.65米、头端高0.56米、足端高0.37米，其外还发现有束棺的麻绳；M3106的墓坑，平面略呈“工”字形，木棺的前后挡板均宽出两侧壁板而作“Ⅱ”形；M3135则在墓坑底处四角各立一圆木柱，四个角柱之间连以木板，形制较为特殊。

独木棺形似独木舟，即将一段圆木相对的两面稍削平，然后将中部凿空成船舱状；独木棺两端多为平头，齐家文化有少数削成弧形，有的棺上另置一棺盖，一般长约1.5~2米，宽约0.5米。如马厂遗址M558的木棺长1.74米、宽约0.4米。齐家文化墓葬中的独木棺数量较多，可占木棺总数的64%，而马厂类型仅占3%左右。

木材棺还包括树皮棺和船棺。

树皮棺是指一种以树皮装殓死者尸体的原始葬具。它的出现，与当时低下的生产力和生产工具的简陋密切相关。它很可能要早于石棺、木棺等葬具的产生。树皮棺只有少量发现。据李恭《昭乌达盟石棚山考古新发现》一文说，1987年，在昭乌达盟石棚山，发现一处保存相对完好的原始社会氏族墓地。该墓地的多数墓的墓底，有桦树皮，而且有的尸骨上有树枝，非常明显，死者用的是由桦树皮制成的树皮棺。另外，江苏南通吉家屯新石器时代文化遗址中也有发现树皮棺。

船棺是指一种形状类似独木舟的葬具。由于它多用独木制成，故又称“独木棺”。在马家窑文化马厂类型墓葬中有船棺出土。此墓葬中出土的独木棺，形状类似独木舟，就是用大圆木一段，把中部凿空成船舱状，底部也稍加修改，长约1.5米至2米，宽0.4~0.5米。齐家文化墓葬也有船棺大量出土，不过有的独木棺在棺上另置一棺盖，棺的两端有的是圆弧形，船棺的制作比马厂类型墓葬中的独木棺又有所提高。先秦及秦汉时期盛行的船棺葬当渊源于此。

由上可见，木棺葬是黄河流域史前文化的一个显著特征，黄河上游地区普遍流行木棺葬，黄河中、下游地区木棺主要发现于大、中型墓葬中，主要显示的应是死者生前的身份、地位。

除这些以外，原始人还用苇席、竹篾、兽皮等作为葬身之葬具。如江苏青墩新石器时代墓葬遗址，就曾发现用苇席作为葬具的例子。

第二节 原始时期埋葬方式

一、葬式

仰葬式

仰葬指人死后直接入土安葬，死者面朝天，平放四肢，呈现出生前最自然的仰卧姿态。这种方式在我国新石器时代早期就已经盛行，裴李岗墓地上的墓葬，也是单人仰身直肢葬为主。另外大地湾遗址发现的11座墓葬，能辨别的葬式均为单人仰身直肢葬。山西襄汾陶寺龙山文化类型的墓葬，都是身体仰着四肢伸直，头朝东南。山东大汶口遗址发掘的近百座墓葬中，大部分是单人仰身直肢葬。还有王因遗址的墓葬，仍是仰身直肢葬为主。800多座齐家文化墓葬中，也是仰身直肢葬最为常见。同一时期的南方墓葬，盛行单人仰身直肢葬。如马桥、广富林、越城、草鞋山、张陵山、寺墩等地的墓葬里，能辨别出葬式者，大都是单人仰身直肢葬。崧泽墓地的97座墓葬中，大部分为单人仰身直肢葬。南京北阴阳营266座墓葬中，仰身直肢的为最多，被发掘的上百座屈家岭文化墓葬中，成年死者基本上都是实行单人仰身直肢葬。而福建昙石山墓葬均为单人葬，一般为头向东北的仰身直肢。从此以后，这种葬式成为我国汉族地区非常普遍的葬式。

侧葬式

死者尸体入埋时，身体侧卧，双手垂直贴身，两脚伸直并拢的葬式叫做侧身直肢葬。这种葬式在新石器时代墓葬中都有发现，是一种比较特殊的葬式形式。

屈肢葬式

一种将死者的肢体弯曲、紧缩后安葬的葬式叫做屈肢葬。它分为蹲式和卧式两种。蹲式像活人蹲坐姿势，两只手紧缩在一起，大腿、胫骨紧贴并且臀部不着地。卧式分为侧卧、仰卧、俯卧三种。其下肢弯曲的程度由股胫骨之间的内角大小而定。

就现有的考古资料来看，屈肢葬的历史大约能够追溯到十万年以前的更新世晚期和旧石器时代中期莫梯利亚文化时代。这一时期在法国、巴勒斯坦与克里米亚发现的尼安德特人的墓葬已经有了这种葬式，可是不流行。旧石器时代晚期，大部分都已是屈肢葬，方法是把腿折叠起来，紧靠身体，使人深信曾用绳子捆绑过。进入新石器时期，这种方式更加流行，遍及世界各地。在中国的墓葬中均发现有屈肢葬式。根据统计，出土的单人屈肢葬超过600 例。其中，单人侧身屈肢葬在西北地区盛行，四川巫山大溪文化遗址则以仰身屈肢葬尤为盛行，广西一带还是以屈肢蹲葬为主。

屈肢葬的意义，按照国内外学者的意见，主要有以下几种：首先是认为这种葬式可以节省墓地和人工，其次是认为这种做法合乎休息和睡眠的一般姿态，再次是认为这种姿势象征母体内胎儿的样子；最后是认为用绳索将死者捆绑起来，能够阻止死者灵魂离开身体，向生人作祟。

俯葬式

俯葬是指一种扑倒姿态的形式。它的形成发展大约与仰身葬一个时期。这种葬式在新石器时代颇为流行。例如长江下游的马家浜文化，主要实行单人俯身葬。仰韶文化墓地中也有一些俯身葬例发现，如半坡遗址的成人墓中，有 15 座为俯身葬；北首岭墓地有十多座俯身墓葬；此外姜寨遗址也有俯身葬发现。大汶口文化和黄河下游的裴李岗文化、龙山文化墓地，以及大溪文化墓地等都曾发现过这种葬式。考古学者在青海贵南县尕马台遗址中发现四十多座俯身墓葬，不论男女老少都是采用俯身葬。这种现象在我国考古探索中极为少见。以前有学者认为，俯身葬的墓主身份是奴隶或近似奴隶的人，但从尕马台墓地的情况分析，还不能表明这种俯身葬的墓主都是奴隶，因为处在这个发展阶段上的齐家文化，尽管已出现殉葬墓，但还没有可能出现成批殉葬的奴隶墓。俯身葬的意义，一是可能与当时人们的观念有关，二是在个别地方，这种葬式被专门用于对凶死者的安葬。

一次葬式

我国新石器时代诸文化中普遍流行一次葬，一次葬顾名思义就是对死者进行一次性葬埋。大多数是单人墓，也有个别合葬墓，合葬 2 个人或 2 个人以上。据考古资料显示，一次葬尤其是一次多人合葬，早期大都是同性成年人合葬墓，也有母子合葬墓，中晚期出现有异性成年人合葬墓。

一次葬的尸体放置形式除在半坡、北岭及姜寨见到少数俯身、侧身或屈肢的外，基本上均为仰身直肢，除王家阴洼墓地可能因其结构方面的原因致使死者头向东偏南或北偏东外，其他各地的尸体均为头向西或西偏北。

二次葬式

二次葬，又称迁葬、洗骨葬、捡骨葬、残骨葬等，是采用风化、土化、火化、水浸等多种方式使死者的皮肉和内脏等器官组织腐烂之后，再把骨骼收拾起来进行一次或两次以上处理的葬式。

在我国大多数省份的新石器时代墓地中均发现有大量二次葬的墓例。如元君庙、史家村、姜寨、横阵村、下王岗等墓葬遗址中均发现有大量的迁葬墓。而南方的大溪文化墓地、崧泽文化墓地、南京北阴阳营墓地、昙石山文化墓地等也多有二次葬情况存在。

根据考古资料来分析，这些二次葬大致可以分为单人二次葬、多人二次葬及与一次葬者合葬的二次葬等类型。总体来说，在单人二次葬中，夭折的孩童一般用瓮棺葬，但也不排除成人用瓮棺葬，如陕西临潼姜寨一号遗址。当成人进行二次葬时，头骨放置中央，下面放置为盆骨、脊椎骨等，有的骨架放置成仰身直肢和屈肢姿势，有的墓只保留部分躯干，有的是将尸体拆乱就地埋葬的二次扰乱葬。有多人二次葬，一般埋入个体比较多，在同一个坑内有许多个体。也有各个坑内情况不一，性别年龄混乱，尸骨也很混乱，带有少量随葬品的。如陕西渭南史家村遗址就是一个以多人二次合葬墓为主的墓地，其中已清理的 40 座为多人二次葬。骨架的安排头向一致，每个墓坑多者达 51 具，少者也有 4 具尸骨，男女老少都有。华阴横阵的仰韶文化墓地还出现大坑中套小坑的合葬墓。内套 5 个小坑，每坑中埋 4 到 12 具骨架，共计 44 具。

这种二次合葬墓的性质，当是血缘关系在丧葬上的体现，主要是为实行氏族和家族合葬的需要而采取的埋葬措施。这种葬式的出现与当时人们思想中的灵魂不灭观念密切相关。远古人们认为，灵魂可以随意飘离躯体，可灵魂一定会依附在某物之上，尸体皮肉腐烂后，灵魂就会进入到骨头里，远古的先民认为血肉是属于人间凡世的，灵魂却能离开肉体而单独存在，并且永远不会死掉，他们在意识里还可能盼望死者的肉质尽快烂掉，以便迁移骨骸，举行正式的埋葬，使家族成员能够在另一个世界里早日生活在一起。

单人葬式

单人葬，是指墓穴中只埋一人的葬式，又称个体葬，它可分为屈肢葬、俯身葬、仰身直肢葬、二次葬与断肢葬等。

1988年文物普查时，文物工作者在东槚柏村东南的高地上，发现了一处遗址。它东西长约300米，南北宽约50米。1988年至1990年，中国科学院考古研究所山东队两次在这里进行了发掘，发现房迹十余座，灰坑十多个，清理墓葬19座。房迹形状有葫芦形和圆形两种，均为半地穴式，每座房子的面积在8~20平方米不等。墓葬多为单人葬，也有少量的2人葬、3人葬和迁出葬等。在这里出土的陶器有钵、盘、盒、碗等；骨器有骨针、骨锥、束发器等；石器有石磨、石盘、石斧、石锛，等。通过发掘研究，我们似乎看到了七千年前东槚柏原始居民生活的概况和习俗。在这里发现的两百余件细石器中，有石核、石片、雕刻器等。

反映母系氏族公社繁荣时期的山西仰韶文化，遗址分布广，北到万里长城，南达黄河之滨，内容丰富，有村落、墓葬、生产工具、生活用品等，反映着母系氏族公社繁荣时期的情况。芮城县东庄村的仰韶文化遗址就是一个比较完整的母系氏族公社村落，文化堆积层达5万多平方米，经1958年初步发掘，仅在1000多平方米内，就发现房屋建筑遗址两座，灰坑、墓穴多处。生活用具以陶器为主，有钵、盆、碗、瓮等，红陶上彩绘着动物和鱼纹，据推测这些是他们图腾崇拜的标志。生产工具有石质、骨质的斧、刀、锛、针、锥、箭镞、纺轮、网锤、弹丸等，说明他们以农业为主兼营狩猎和渔业。墓葬有单人葬，有多人葬，这是母系氏族公社的习用葬式，反映着他们血缘关系密切的母系氏族性质。

崧泽遗址中层，是一处崧泽文化的母系氏族公共墓地，那儿曾发现过97座墓葬。这些墓葬，又可分为5个墓群，属同一氏族的5个母系家族，第84号墓中发现母子合葬情况，一具儿童骨骼紧依一具成年女性骨骼的左侧，显示了在母系氏族制下，子女在女方的氏族内长大，因而“只知有母，不知有父”。崧泽文化时期人们的生产力仍然低下，人们集体劳动，平均分配，仰身直肢的单人葬是当时盛行的葬式，少量的随葬品，如陶豆、罐、杯、盆、壶等是常见的，但也有少量的猪和鹿的牙床随葬，还有在死者口中放置玉琀埋葬的习俗。

合葬式

合葬，是指把两具或两具以上的尸体埋在一起的葬式。从家族世系来看，有同性成年人和小孩合葬、异性成年人合葬及异性不同辈分的成年人合葬；从葬埋的次数来看，能够分为一次性合葬、二次性合葬和在二次合葬中带有的极少数的一次合葬；从合葬者的形态来看，又可分为仰身直肢与侧身屈肢合葬、侧身直肢与侧身屈肢合葬、俯身直肢与侧身屈肢合葬；从合葬者的范围来看，还可分为同棺合葬、同穴合葬、同地合葬等。

从考古资料来看，合葬习俗早在氏族社会前期就特别盛行了。最为流行的是同性合葬，人们通常以亲属为单位，把本氏族部落的同性死者安葬在一起。摩尔根在《古代社会》一书中说：“凡是亲骨肉，彼此的骨肉就应当永远不分离。”到了氏族社会后期，随着父权制度的建立，男性的尊崇地位也在丧葬制度中进一步确立起来，这促使妻死之后葬在夫家墓地或实行夫妻合葬的风俗产生。大汶口墓地有 4 座这样男左女右，仰身直肢并排而葬的墓葬。齐家文化的合葬墓中，在墓穴居中心位置的是男子，女子在旁边陪从。武威皇娘娘台为 1 男 2 女，都是成年人，男的直肢仰卧在正中，两旁女的骨架屈肢侧身，面朝男子。另外，其他地方也有一些男女年龄相似的合葬墓。从埋葬情况来看，应是夫妻合葬，而且双方的地位好像是平等的。但夫妻不太可能同时逝世，因此这种合葬实际上已具有了妇女殉葬的性质。

二、葬法

土葬法

原始社会最流行的一种埋葬方法是土葬。中国最早的土葬遗存发掘在北京周口店龙骨山山顶洞里，距现在已有 1.8 万余年的历史。新石器时期，土葬已经颇为盛行。起初，尸体可能直接埋入土中。差不多距今六千年左右，人们才开始借助葬具装殓尸体，再把尸体埋入事先挖好的墓穴中。

原始人为什么要使用土葬呢？就这一点，《吕氏春秋·孟冬纪》解释道："孝子之重其亲也，慈亲之爱其子也，病于肌骨，性也。所重所爱，死而弃之沟壑，人之情不忍为也，故有葬死之义。葬也者，藏也……"可见，土葬的产生与人的许多方面有关。而且，土葬的产生同原始人的鬼魂观念有着密不可分的关系，这一点我们可以从后人的土葬观念中看出。

《礼记·祭义》云："众生必死，死必归土，此之谓鬼。骨肉毙于下，阴为野土。其气发扬于上为昭明。"在古代人心目中，人死后只有尸体埋入地下，灵魂才可以进入天堂。假如死者不能入土为安，则其灵魂肯定在人世间飘忽不定，使活人不得安宁，生者产生极大的恐惧。因此，也可以说土葬乃是生者惧怕死者而采取的一种解决方法。

火葬法

火葬，是我国古代比较流行的一种葬法，又称"熟葬"，年代极为渊溯。我国早在新石器时代就出现了火葬。1945 年，考古工作者在甘肃临洮寺洼山史前文化遗址中，发现一座墓中有一个盛有人体火化后的骨灰陶罐。1987 年 7 月，中国考古工作者在辽东半岛新金县双房石棚墓葬中，发现有火烧过的尸骨，还有陶壶和石纺轮等随葬物品。它有力地证明，中国自古就有火葬，火葬并不是由印度传入的。

火葬的产生，也源自原始人的道德观和灵魂不灭的观点。《墨子·节葬下》曰："秦之西有仪渠之国者，其亲戚死，聚柴薪而焚之，熏上，谓之登遐，然后成为孝子。"仪渠之国，据考古学者考证，大概在今天的青海、甘肃一带。因此，春秋战国时期氐羌人的这种风俗演变为寺洼文化。当然，氐羌人的这种观念在一定程度上反映了原始人的火葬思想。

瓮棺葬法

瓮棺葬是一种以陶瓮或陶罐等为葬具来安置死者的葬法，用于安葬幼童。我国含有瓮棺葬的史前文化遗址有 80 多处，瓮棺葬近 1100 座。它们分布在黄河和长江两大流域。北到吉林、内蒙古，南到云南、广东，西达甘肃、青海，东至山东、江浙一带乃至台湾。但大部分在黄河中游和长江中游地区。仰韶文化分布区是我国史前时期瓮棺葬最盛行的地区，发现瓮棺葬遗址50多处，瓮棺墓700多座。应该注意的是，绝大部分瓮棺的盖子或陶钵底部中间，有一个人工凿制或敲击而成的小洞。小洞直径一般约0.8～2厘米。有的是非常规则的圆形，还有的呈不规则状。据推测，这是当时人有意做成的，是死者灵魂出入的通道。

个别瓮棺墓葬有随葬品，约占统计总数的9%左右。就单位瓮棺葬的随葬品数量来看，数量非常少，只有一至数件陶器或装饰品等，多数安放在瓮棺内，少数放在棺旁的填土中。瓮棺的埋葬位置，通常都在居住区房屋近旁或附近，小部分与成人葬在一起。这种习俗主要源于原始人的感情——幼孩死后，其亲人不忍其远离，希望埋在附近以便照顾。

衣冠葬法

衣冠葬是中国古代一种比较奇特的葬法，它的特点是墓内无死者尸体，只埋葬死者生前穿戴过的衣帽。这种葬法，从目前我们掌握的考古资料来分析，早在新石器时代晚期就已经出现。山东大汶口墓地有5座没有尸体的墓，但随葬品特别丰富。如M126，墓穴长为4.5米、宽3.2米，是最大的一座，木椁的结构复杂，有数十件随葬的陶器精品，墓室中却仅见零星的几块人骨。M60，长4.65米、宽2.98米，同样有木椁，随葬品达50余件，仍无墓主尸骨。

有学者认为，这种衣冠葬的出现与当时社会的现实生活有关。当时，氏族部落之间经常发生抢夺财富的斗争，一些氏族首领、军事首领，为保卫氏族而在掠夺财富的战争中战死，其尸体由于许多原因无法收回。人们为了纪念他们，常常为他们举行隆重而盛大的葬礼，对他们实行厚葬，因而为他们建造衣冠冢，以祝愿他们的灵魂能保佑本氏族。

此外，天葬、水葬、野葬等葬法也流行于原始社会。受条件所限，我们今天没能找到它们的遗存。但从人类学和民俗学资料来看，这些无疑也是原始人盛行的葬法。

第三节　原始时期墓葬中的随葬物品

一、明器制度

明器，亦称“冥器”、“盟器”，是指专为死者随葬而制作的器物，一般用陶土、竹木或石头制成，也有一些是用玉和金属以及纸等制成的，以安慰死者的灵魂。《礼记·檀弓下》曰：“其曰明器，神明之也。涂车刍灵，自古有之，明器之道也。”

从现有的考古资料来看，中国古代的明器制度起源于旧石器时代晚期。在北京周口店龙骨山山顶洞人的墓葬里，考古工作者在一个女性头骨的外侧，发现有7颗打孔的小石珠。它们的制作都很精细，必须经过磨、钻等技术才能完成。石珠的表面，均用赤铁矿粉染成红色。这种装饰品应该为中国古代明器的始祖。

随后，考古工作者又在北京东胡林人墓葬中，发现一个少女身上佩戴一串用五十多颗小螺壳穿成的项链和用7段牛肋骨组成的镯。另外，还发现有2件残破的虾类制品。毫无疑问，这些随葬品同样具备了明器的雏形。

新石器时代，中国古代的明器制作已经非常发达了。如在北首岭仰韶文化墓葬里面，大约有60%的墓出土有随葬品。大汶口文化、齐家文化、河姆渡文化、马家浜文化、崧泽文化、良渚文化、大溪文化等墓地中也普遍发现有随葬品。

在出土的新石器时代随葬品中，有很大一部分是为死者专门烧制的明器。这些明器大多是日常用具，还有一些是仿制的家畜、房屋等动产与不动产。如山东大汶口文化墓地大量发现为死者烧制的仿日用品的明器，王因墓地上也发现了陶猪，大墩子发现了2件陶狗和3件陶屋。这些随葬品的明器特征比较突出，特征之一就是拥有“丧纹”。安特生在《中国远古文化》一书中指出：“其表面之花纹种类非常繁复，吾人附图所示仅其中选出之一部耳。但图案繁重之中有一种花纹，为吾人常见不爽者，乃一红色条纹，上下夹以黑色条纹，红纹与二黑纹之间，各留一缝，不施彩绘，普自黑纹之里边向中心红带伸出若干如锯齿之纹……然此种图案凡同期之殉葬陶器，几乎无器无之，但同期之家用陶器，则绝无踪迹可寻，是以吾人视之为一种与葬礼有关之‘丧纹’，固实有理由之依据也。”

明器制度的等级观念在这一时期已经初步形成，并得到了充分的体现。同一墓地中随葬品的搭配、数量和质量的明显差别，就说明了这一点。如甘肃武威皇娘娘台墓葬遗址，墓中随葬的陶器，有的1至2件，有的37件；随葬的玉和玉璧，也是如此不一般多。青海乐都柳湾墓地，墓中随葬陶器数量少者2至3件，多者达90件。陶寺墓地，有的一二百件，但小型墓却一无所有。山东大汶口墓地，随葬品最多的墓随葬品有180余件，但有些小墓根本没有随葬品。由此可见，等级的差异更是有天壤之别。山东大汶口10号墓，墓中不仅出土有80多件精美的陶器，还发现了象牙梳、玉璧环、玉指环、玉铲及成串的大理石、颈饰等。但小墓仅随葬1至2件粗劣的陶器、石器。

明器随葬这一意识形态高度发展的产物，在新石器时代晚期已形成为一种比较成熟的丧葬制度。

二、器物种类

生产工具

生产工具在原始社会的随葬品中占有非常主要的地位。因为当时生产力低下，生产工具极为缺少，它被人们视为珍宝，多被用作随葬品，这在原始社会早期的墓葬中比较普遍。如在北京周口店龙骨山山顶洞人的墓葬中，人们就用生产工具燧石当做随葬品。

到新石器时代，用生产工具作为随葬品的现象非常普遍。河南新郑裴李岗墓葬中出土有30多件石制的生产工具，有石斧、石铲、石镰、石磨盘、石磨棒等。仰韶文化的元君庙墓地也有出土生产工具，但种类和数量都很少，共计44件。但同属仰韶文化的半坡遗址，却出土有各种生产工具5275件，数量令人惊叹不已，其中农业工具为735件，主要包括：石斧313件、石铲13件、石锛71件、石锄19件、砍伐器59件、石刀217件、碾磨器11件、石杵14件等；还有一些骨蚌制的农具，如冒铲81件、蚌刀2件、骨凿77件。大汶口文化墓地也出土有大量的生产工具，其中石器有斧、梱、铲、刀、砺石等，骨、角、牙器主要有骨锥、角锥、骨针、穿孔龟甲等。

在齐家文化、良渚文化等墓葬中还出现了一些玉制的、模仿生产工具制作的随葬品。这些随葬品并不能作为实用的生产工具，只能成为专为死者制作的明器，具有礼器的特殊性能。

生活用具

生活用具作为随葬品，居主导地位。早期墓葬中用作随葬品的生活用具大部分为实用器具。如仰韶文化元君庙墓地的随葬陶器，有些还有烟熏、水锈等使用痕迹。随葬的生活用具主要为陶器，器形有鼎、瓶、豆、壶、盂、尊、盆、钵、碗等。这一时期的随葬品中还有很多是根据上述生活器具仿制而成的明器。如山东大汶口文化王因墓地出土的高杯觚形杯，当与原始宗教活动有关，是一种专为死者陪葬所用的明器。另外，大汶口文化墓地上也发现有大量手捏的或仿照日用生活器具的明器。

装饰品

装饰品在陪葬物中占有一定的地位。早在旧石器时代晚期，北京周口店龙骨山山顶洞人就用装饰品作为随葬品使用了。到新石器时代，原始人更是流行用装饰品随葬。如仰韶文化半坡墓地中，有一女子墓，出土有骨珠 79 颗和玉耳坠 1 个；元君庙 429 号墓，两个小女孩的合葬墓中有随葬骨珠 785 颗。

在大汶口文化墓葬中，装饰品是男女皆用了。王因墓地出土的饰物里有死者随身佩戴的束发器、环、坠饰等；还有由石、骨和陶等材料制成的臂镯。大墩子墓地出土有成对的牙质束发饰物、臂镯和各种料质制成的形状不同的饰物，其中有一串雕花骨珠特别具有特色。大汶口墓地上的 133 座墓葬，一大半均随葬有饰物，尤其是 10 号墓，墓主是 50 岁的女性，随葬有特别多的装饰品；她不但手上佩戴有玉臂环、玉指环，而且身上还佩戴着额饰、项饰和胸饰等物。另外，齐家文化、大溪文化、马家窑文化、良渚文化等地均发现有装饰品随葬的现象。

礼器

礼器用作随葬品的现象，早在大汶口文化的墓葬就出现了。考古工作者在 10 号墓中发现，椁外面左右各有一堆鳄鱼骨板。这种现象，在新石器时代晚期的良渚文化墓葬遗址中是普遍存在的。例如在反山墓地的11座墓中，出土随葬品1226件，其中玉器占90%还多。据发掘工作的人员分析，根据这些玉器的形状和在墓中的位置，基本上可分为礼仪用玉和佩挂装饰用玉两大类。

礼仪用玉的情况较为复杂，其中一部分是墓主人身份地位的象征物，以琮、钺、璧等为代表；另一部分似可作为别人臣服、奉献于墓主人的葬玉。牟永抗先生在一文中也说过："敛尸用的葬玉，是指琀和玉衣等敛尸专用的玉制品。考古资料所见，葬玉流行于汉代或可早到战国。它和殉葬用的玉器是两个不同的概念，后者包括死者生前的用器……其目的与其说是护尸，不如说是表明死者的身份和特殊地位。"另外，山西襄汾陶寺龙山文化遗址的早期甲种大型墓里，随葬物品有成组的鼍鼓、特磬。这显示，到氏族社会后期随葬礼器已成为一种习俗。

玩具

玩具作为随葬品，在新石器时代墓葬中极为常见。如元君庙仰韶文化墓地就发现有小孩玩耍用的陶球1件、石球5件。而姜寨墓地的一个少女墓里，也发现有作玩具用的石珠12粒。

食物遗存

食物遗存包括畜养的猪、飞禽和鱼类。如元君庙仰韶文化墓地发现有猪牙床、鸟类骨骼、鱼骨等；在大汶口文化墓葬遗址发现有猪头、猪肢骨和蹄骨及禽、兽、鱼类残骸等。这些现象都反映了当时的生产情况。

总之，男子墓内多石斧、石铲、石刀一类的随葬品，女子墓内多是些陶制或石制的纺轮，表示了男女在劳动生产中的不同分工。而玩具之类的随葬品，则常常发现于小孩墓中。

第四节　原始时期墓葬中的宗教观和伦理观

一、原始时期墓葬中的宗教观

新石器时代，是宗教信仰广泛兴起的时代，表现在宗教遗迹和遗物方面的资料比较丰富。当中国史前史发展到原始社会末期时，也就是黄河流域进入到考古学上的龙山文化时期，长江流域进入到屈家岭文化时期，这时的宗教得到进一步的发展，出现了各种带有浓厚宗教色彩的社会现象。人祭和人殉就是其中的两种表现形式。另外还有埋葬家畜如猪、狗、羊等的骨骼。此外还发现了有关占卜和巫术的墓葬文化遗存。事实上，当时人祭和人殉现象比较普遍，它可以帮助我们探讨中国原始时期的宗教形式。

人祭，在即将进入阶级社会的各原始遗址中，曾经广泛流行过。所谓人祭，多是指杀人来祭祀人格化的神灵和对山川等的自然表示崇拜，有人把这种形式叫做猎首习俗。以人为猎物的祭祀现象，是在生产力极其低下、文化十分落后的原始社会出现的，那时的人祭还不能说是阶级对抗的产物，因为在原始时代，祭祀本身也是一种极其重要的崇拜形式。

中国考古发掘中，曾获得一些关于人祭的发现。在西安半坡仰韶文化第1号房子南壁下的白灰层中，发现一个人头骨，旁边还有一个破碎的粗陶罐，很显然，这些是为房子奠基而举行的祭祀活动所留下的。从1号房子的位置和规模来看，它的位置正好在聚落的中心，又是房子中最大的一座，可能为氏族成员共同活动和祭祀的场所。

半坡遗址还出现一种割体葬仪，第66号墓为一座断肢葬，墓主人的下肢显然是被砍下后又与大腿骨放在一起埋葬的。第88号墓中的腿骨也不全，还有一些骨架没有手指骨，有些残存的手指发现于随葬品的陶器内或填土中。这些现象在一些保存相当完整的墓中，表现得十分明显，可能是死者生前曾犯有某种罪行或患有某种疾病因而被砍下手指或下肢，后来再被埋到一起的。

在姜寨氏族墓地中，发现一座老人墓，在随葬的陶罐中，发现了5块脚趾骨。同时在姜寨遗址还发现5座身首分离的墓葬，有的埋在废弃的灰坑中，有的埋在废弃的灶坑中，还有一座墓葬埋着一个成年女性，墓坑及其他骨架保存完好，右腿从膝盖以下残缺，看来是断肢后再进行埋葬的。

原始民族把断肢看成是馈赠友人的一种报答行为，或者是祭祀中的奉献行为。所以，半坡墓葬中的断肢现象，很可能与祭祀有关。

北首岭是仰韶文化中的一处重要遗址，在这处遗址的墓葬中，人祭的现象也十分明显。在保存较好的骨架中，有四十多个个体存在着肢体残缺的现象。例如 M20 残缺大部分头骨，下颚骨分成两半，左胫骨折断横放。M58 残缺右前臂，M3 残缺左股骨，M7 眉间插有一骨条，M2 右臂骨压在右肋骨下，M17 没有头骨和上肢骨，M13 下颚脱落等等。

1972 年，在中国东北的黑龙江省密山县兴凯湖畔发掘的距今六千余年的新开流遗址里，也发现有断肢的现象，其中一座墓随葬品特别丰富，但墓主人两手均缺指骨。

在西水坡仰韶文化遗址，曾发现两座灰坑葬，每个灰坑各埋一人，两具骨架都保存较好，但均无头骨。另外还有一座土坑葬，墓边清楚，骨架保存较好，但缺少左上肢和两腿的膝部以下。上述情况，可能是被猎首和断肢后埋入的。

这一时期墓葬中的猎首和断肢现象反映的可能是一种宗教仪式，《隋书·流求传》中记载："俗事山海之神，祭以酒肴，斗战杀人，便将所杀人祭其神。"《魏书·獠传》载："其俗畏鬼神，尤尚淫祀。所杀之人，美鬓髯者必剥其面皮，笼之于竹，及燥，号之曰'鬼'，鼓舞祀之，以求福利。"可见，这种祭祀是一种古老的表现形式，与仰韶文化以来出现的"割体葬仪"有着密切的联系。

考古资料和民族志的资料证明，中国古代社会的人祭，不论是用于建筑祭祀，还是农业祭祀，都具有原始宗教的性质。在原始宗教中，人与神灵之间的关系，影响着氏族公社整体的生产、生殖和生活。对神灵的崇拜，是氏族全民集体地屈服于幻想中的超自然力的支配。我们所见到的原始社会时期的猎首情况正是如此。从出猎、凯旋，到祭首、供奉等一系列活动，都是全族群共同进行的，祭祀的目的也是为了整个集体的利益。

总之，中国原始社会时期出现的人祭现象，是人们思想意识中宗教信仰的反映。被杀或被肢解的死者，大多是从战争中获得的俘虏，或是地位极其低下的奴隶。所以，当阶级出现或某一个氏族部落强大以后，弱者便成了无辜的牺牲品。

另外，出现于原始社会末期，盛行于奴隶制时代的人殉，不仅是阶级对抗的产物，也是一种残忍而野蛮的宗教行为。人殉，指的是用活人为死去的氏族首领、家长、奴隶主或封建主殉葬。被殉葬者多是死者的近亲、近臣、近侍，以及战争中的俘虏等。在阶级出现的时代里，人殉成为一种广泛流行的古代丧葬仪式。产生这种现象的主要原因，是当时生产力有所提高，商品交换的发展和私有制的产生，而这一系列的变化引起了氏族内部出现阶级分化。因此，这种宗教活动的出现，同私有制的出现是密切相关的。

二、原始时期墓葬中的伦理观

中国墓葬的起源与发展，是随着人们对生命终结的看法变化而变化的。许多人认为：最初的墓葬，是先民们出于灵魂不死观念而产生的。

“孝”最早见于商代卜辞。除卜辞外，商代金文中又有用“孝”字作人名的，但有“孝”字并不一定就有孝的观念，就像卜辞中已有“德”字，但不含有“道德”的意思一样。《战国策》、《荀子》、《庄子》等先秦著作中记载着商王武丁的儿子名“孝己”的传说，有人认为武丁的儿子“可能因对父母孝顺而得名”，这明显带有牵强和猜测的成分。

《诗经》等书认为孝有两种形态：一种是对活着的父母的孝；另一种是对过世的父母、先祖的孝，也就是对“死人”的孝。如《周颂》有“于乎皇考，永世克孝。念兹皇祖，陟降庭止……于乎皇王，继序思不忘”，“假哉皇考，绥予孝子。宣哲维人，文武维后，燕及皇天，克昌厥后”。《大雅》有“成王之孚，下土之式。永言孝思，孝思维则。媚兹一人，应侯顺德。永言孝思，昭哉嗣服。昭兹来许，绳其祖武。于万斯年，受天之祜”，“威仪孔时，君子有孝子。孝子不匮，永锡尔类”。《小雅》有“吉蠲为僖，是用孝享。禴祠烝尝，于公先王”。

新石器时代，大量的儿童瓮棺葬出现在居室附近，深刻地反映了人类原始的一种爱心。正因为亲情是人类墓葬起源的原始动力，人才会将亲人的尸骨葬在居室及附近，以便朝夕相伴。

灵魂不死观念的产生，极大满足了先民们的思亲之情，同时也给墓葬注入了的新内容。灵魂不死的观念，拓宽了先民们的想象空间。于是，从葬式、葬具、葬地的选择，到随葬物品的多寡，都随着社会的伦理思想、经济状况的变化而变化。仅以随葬品为例，在新石器早期，所有死者都有随葬品，不是斧、镰，就是石磨盘和磨棒，或陶制生活用具。随着社会对“事死如事生，礼也”观念的认同，随葬品在数量与质量上急剧增加和提高。这种文化现象，确实将中国古墓葬的文化推向鼎盛，但由于掺杂了更多的封建道德伦理思想，甚至愚昧迷信观念，因此对后世产生的消极影响，也是极深远的。

第五节　原始时期丧葬礼仪习俗

一、远古葬俗

中国的墓葬文化历史悠久。依据民族学的研究成果，很早以前，人类在特别情况下，有吃掉刚死亡的人的尸体的现象，而没有埋葬死者的想法。随着社会的进步以及人类思想意识的发展，人类逐渐对同伴的尸体产生一种崇敬意念，于是萌生掩埋同伴尸体的观念。依据现有的考古资料来看，早期智人的晚期阶段，人类便开始有意识地埋葬死者。这一时期的埋葬遗迹在世界各地都有所发现。

距今大概2万年前后的北京周口店龙骨山山顶洞人墓葬是亚洲目前发现的最早的墓葬，它是中国墓葬历史文化的源头。山顶洞遗址在北京周口店北京猿人遗址的顶部，是有关人员于1930年清理寻找北京猿人遗址堆积的界限时发现的，1933年和1934年，人们在这里发现了丰富的人类化石、文化遗物和大量的动物化石。而且山顶洞遗址被发现时还保存有朝北的全部洞顶和拱形洞口，分别是洞口、上室、下室和下窨四块。洞口高达4米，下部宽至5米。上室在东半部，下室在西半部稍低，下窨在下室深处，是一条东西宽1米的裂隙、南北长3米。洞口的最底层堆积同含北京猿人化石的堆积的顶部连接，年代比北京猿人遗址晚。整个堆积共分5个文化层，洞口和上室有3层，探索了人类化石和石制品、装饰品等文化遗物及烧烤痕迹，说明当时的洞口和上室有人类居住与活动过。下室有第4和第5两个文化层。在第4层中发现3个完整的人类头骨和一些躯干骨，而且骨骼的四周散布着赤铁矿的粉末，这表明尸骨是人有意埋葬的。

上述这些人类化石是不同年龄段和不同性别的8个个体的代表。包括有两名成年男性，三名成年女性，一名少年，两名幼儿。3个完整的头盖骨，根据调查分析判定，有一名60岁左右的老年男性，一名中年女性和一名青年女性。遗憾的是，这3个头骨标本因为战乱而失踪，值得庆幸的是20世纪30年代德国人魏敦瑞等学者记录了原标本的研究资料。

在这些山顶洞人类骨骼周围，发现石坠、兽牙、骨管、穿孔兽牙、穿孔石珠，以及海蚶壳等装饰品100多件。他们为死者戴上一些装饰品，把死者生前用过的劳动工具、生活用品等同死者合葬一块儿，并在死者的身体上、周围和陪葬品上都撒上赤铁矿粉。根据民族学的研究，再结合考古学的材料，我们能够得出这样的结论，就他们的认识而言，红色是象征鲜血的，是灵魂的寄托之处，而人只要死去，灵魂就会离开人体到新的世界中，仍然像活人一样生活，这种原始宗教意识正是撒赤铁矿粉的原因之一。

处于典型的晚期智人阶段的山顶洞人，重要特征都同现代蒙古人种相似，属于“原始蒙古人种”。他们这种早期墓葬的埋葬习俗，表明当时墓葬意识逐渐形成，为后代墓葬文化的发展起着重要的作用。

二、古葬习俗

暖坑

暖坑习俗，是指挖完墓坑后，用柴草烧燎墓坑，意思是表示让死者长眠暖和。这一习俗早在新石器时代就已经盛行，尤其在我国南方地区。如湖北黄梅塞墩墓地中，考古工作者在一部分墓坑人架底下，发现有一层很薄的灰烬，这便是烧燎墓坑习俗的遗迹。江西新余拾年山遗址，大部分竖穴土坑二次葬墓中发现有烧烤成厚2到3厘米的烧土硬壁，其中还残留粗炭。曲江石峡下层，发掘出的100座土坑墓，70%都经烧烤成红烧土硬墙壁，填土和墓底器物层中竟遗留有炭灰红烧土块层。另外，在邹县野店、房县七里河，也均有发现几座墓底遗留有灰烬。很显然，这些都是暖坑习俗的遗迹。

暖坑风俗自产生以来，一直颇为盛行。后世丧葬中类似于此的“暖墓”、“圆坑”，便由此演变而来。按汉族民间习惯，在死者入葬的前一天夜里，死者的儿子要去墓坑里过夜，目的是用活人的热气驱走墓中的寒气，以使死者安心愉快地长眠其中，表达后代以身温暖先人的厚意深情。

葬猪

葬猪风俗，是指墓葬中用猪牙床、猪颚骨或整头猪随葬的现象。

葬猪风俗为新石器时代普遍的最具时代特色的丧葬习俗。早在七千年以前的磁山文化时代，原始人就已经逐渐在墓穴中有意识地埋葬猪骨。仰韶文化时期，葬猪的风俗开始盛行，陕西宝鸡北首岭、华县元君庙以及河南陕县庙底沟等出土有猪獠牙、猪颌骨、猪骨架。大汶口文化早期的一些墓中有少量猪肢骨、蹄骨等遗物出土；从中期开始，随葬猪器官或肢体，成为突出的葬俗。据发掘资料显示，在大汶口墓地中，有 43 座墓随葬了猪头，最多的有 13 个；而三里河有一墓随葬有 37 副猪下颌骨。黄河上游的齐家文化也流行葬猪风俗，有的墓葬中被发掘的猪下颌骨竟达 68 块之多。在我国东北地区的夏家店低层文化和青铜时代的石棺墓文化中，猪骨随葬的现象特别突出，其中 90% 的石棺上散布着猪牙。此外，马家浜文化、崧泽文化等墓葬遗址均发现了随葬的猪颌骨、猪头骨。大多数考古学家认为，葬猪的数量为死者生前财富的一个标志。

归葬

归葬习俗，就是同一氏族的人死后先分别葬埋，某一氏族首领死后，人们在葬埋首领时，再把同一氏族的其他死者从墓中挖出，与首领葬埋在一起。这种归葬习俗，正是氏族制度亲缘关系的反映。在中国，考古工作者在元君庙、新开流、呈子等新石器时代墓地发现了一次或两次混合葬，这反映了以一次葬者为中心的归葬制度。

割体

新石器时代出现的一种古老葬俗是割体葬仪，盛行于世界各地，在中国，陕西、黑龙江、福建等省的墓葬遗址中都有发现。从目前的考古资料来看：这种葬仪指的是骨架中缺失腿骨、指骨或趾骨等的埋葬形式，其中缺失指骨的例子多些，而有的墓地则随葬指骨或趾骨。

例如陕西西安半坡遗址：墓 31、墓 59 中的尸骸都缺指骨，墓 66 缺小腿骨，墓 83 腿骨不齐全，墓 8 填土中有几块指骨，墓 27 陶罐内有 1 节指骨；墓 153 随葬陶器，夹有 1 块趾骨，墓 67 手指、足趾全都残缺。还有陕西临潼姜寨遗址：墓10，死者的随葬陶罐中为墓主本人右脚的趾骨；墓18，在尸架北10厘米处有2根上端砍断的男性股骨。甘肃永昌鸳鸯池遗址：墓42，尸体骨架缺指骨，在彩陶罐里面有2枚人牙、2节指骨，在彩陶瓮里面有趾骨；墓94，在尸体骨架头顶部有5节指骨，随葬器皿内有1节趾骨。黑龙江密山新开流遗址：墓6，尸体骨架缺双手指骨。福建闽侯昙石山遗址：9座包括婴儿在内的小孩墓均缺指骨和趾骨，其中墓3、7、10、12等均无指骨、足骨，墓15无趾骨，墓30无右骨和足骨。

人殉

人殉就是为死去的特权人物以死殉葬。它萌芽于父系氏族公社确立以后，它的产生同私有制的出现密切相关。

根据考古资料，我国早在公元前3000多年就出现人殉现象。如河南濮阳西水坡仰韶文化大墓中早有用人殉。45号土葬墓属仰韶文化时代墓葬，墓坑平面呈人头形。墓坑内葬埋有4人，处在中间者为一壮年男性，另外三个陪葬者为青少年，分别被葬在东、西、北三面小龛内，壮年男性的两侧用虾壳摆塑龙虎图案。最初的人殉多表现为幼儿为成人殉死，女子为男子陪葬。这反映了强者对弱者的支配与欺压。江苏新沂花厅的一处墓地中，已发现8座人殉墓，墓主人大都是成年男性，而殉葬者多是婴幼儿或少年，其中M18、M16、M60的墓主人是一位30岁上下的强壮男子，他的墓中竟殉葬5人和猪、狗各一，这些已被发现的墓葬足以体现出殉葬制有视人如猪狗的极端野蛮性和残酷性。

在河北邯郸涧沟、河南洛阳王湾等新石器时代晚期遗址墓葬中，我们能够发现这样一个不一般的现象：这些成人合葬墓有一个共同的特点，就是二人合葬，男性居左仰身直肢，女性居右侧身屈肢；而三人合葬，男性居中仰身直肢，女性在左右侧身屈肢，面朝男性。合葬墓的随葬品仍是男性多于女性。

涂朱

涂朱习俗就是在死者身上或墓穴里撒涂朱砂。这种习俗在我国起源比较早，旧石器时代的山顶洞人就曾采用过。到新石器时代，涂朱习俗在丧葬中特别盛行。如元君庙墓葬中，尸骨上已经有涂抹红色颜料的情况。此外，西安半坡、洛阳王湾、胶县三里河、襄汾陶寺、西夏侯、柳湾等都发现尸骨上残留有朱红颜料。

除尸体上撒涂朱砂颜料外，有的墓葬填土中有意掺杂了不少红烧土颗粒，这种现象在元君庙仰韶文化墓地及大汶口文化王因、岗上等多处墓地的墓穴中都能见到。如元君庙墓地 M429 是一座用红烧土块铺砌墓底的土坑竖穴墓，里面葬两位少女，其中一人的前额涂着大片红色颜料，在她的耳旁和头顶处还发现骨珠 785 颗。有的还在葬具或随葬品上涂抹朱红的颜料，如大汶口文化呈子墓地的一些棺椁的底部涂有朱红色。

很显然，往死者身上撒涂朱砂是原始人灵魂不灭观念的具体反映。因为红色象征着鲜血，而血又是生命的本源和灵魂的寄身之所。往死者身上撒红色的朱砂，表示给死者新的血液，赐予新的生命。此外，可能还含有祈福避灾的意思。

其他

除了上述割体葬仪、涂朱习俗和归葬习俗等，还有其他习俗，如原始人在死后还盛行一物分葬、人祭等。

一物分葬习俗只出现在青海大通县上孙家寨墓地。据所掌握的资料，M268 为一成年男性墓，M369 为一成年女性墓，分别出土有彩陶壶腹及底部。毫无疑问，这是生者有意识地将一件彩陶壶打破分别葬于两墓之中，是为了沟通死者的联系。

第六节　原始时期古墓搜索

一、凌家滩墓地

凌家滩遗址归属新石器时代晚期，距今 5300 多年。它位于安徽省含山县铜闸镇凌家滩村，遗址面积达 100 多万平方米，已发掘面积 2200 平方米，发现氏族墓地 1 处，祭坛 1 座，宫殿神庙遗址 1 处，水井 1 口，巨石遗迹 3 处，是典型的新石器时代中心聚落遗址。出土了各种精美玉器和其他文物共 1500 多件。

凌家滩墓地处在特别的祭坛上，这个祭坛呈圆角长方形，面积600平方米左右，祭坛上建有3个祭祀坑和4处积石圈，祭祀坑里面有陶器和禽兽骨头。从现有的资料看，该墓地共有44座墓葬，分布也较有规律，有大、中、小型三种。

大型墓基本上分布在祭坛的南边墓地南缘，按东西向排列，中型墓多分布在西部，小型墓多分布于中部，少数墓葬分布在的北部。它们大都为长方形土坑竖穴墓，这批墓葬差不多能找到墓边，墓坑基本为南北向，从随葬器物的位置分析，头向朝南。

墓葬宽度多在0.80米到1.60米左右，长度为2米左右，墓口到墓底的深度仅存0.1米到0.3米。墓坑里面人的骨架大部分已经腐朽，未发现棺椁痕迹。

凌家滩墓地中出土了许多价值连城的玉器、打磨细制的石器及少量陶器。大墓随葬品玉器为最多，石器相对少一些，陶器最少，小墓中随葬品是以工具为主，玉器较少。借此可以看出当时就已经存在的贫富分化。

出土的大量精美玉器是凌家滩墓地发掘的重要收获。这批玉器数量可观、种类多、雕琢细制、造型独特。出土的玉器种类主要有玉人、玉龙、玉鹰、玉龟、玉管、玉珠、玉扣形饰、玉龙凤璜佩、月牙形饰、玛瑙斧、长方形玉版、玉勺等。凌家滩玉器制作手法精湛，据分析，当时已经有专门的玉器制作作坊，制作玉器的工艺法有切、割、钻、磨、雕、抛光等，特别是切割、管钻技术非常发达，琢玉技术与镂孔技术也十分成熟。玉龙整体抛光细腻，雕刻的手法简练，线条清晰流畅，栩栩如生，为我们研究中华民族龙文化增添了宝贵资料。墓葬出土长方形玉版上所刻的神秘纹饰，是中国出土玉器中的极品。玉版正面的中间位置，刻有两个同心圆，内圆上刻有方心八角形图形，内外圆之间刻有8条直线把它均分，每份中都有一个箭头，外圆与玉版四角之间也有箭头，玉版边沿镂有多个圆孔。学者们多认为这些与太阳有密切关系，还有人推测这大概与我国古代原始八卦有关。另外墓中所出土玉鹰神采奕奕，双翼展翅呈猪首形状，胸腹部刻有圆内形状八角星纹，应该与太阳崇拜有关。虎形玉璜是当时部落联盟的信物，龙凤玉璜为研究当时的婚姻形态和中国的龙凤文化提供了宝贵资料。经研究，这些玉器大都为软玉，大概来自于新疆的和田。

凌家滩墓地不但向我们展示了发达的玉器工艺，也展示了凌家滩人的勤劳和智慧。

二、乐都柳湾墓地

乐都县位于青海湖东部，地处祁连山东南部最大的湟水谷地里，柳湾村隶属乐都县的高庙乡，海拔高度1950米，南面濒临湟水。而柳湾墓地在柳湾村北部，南低北高，放眼望去呈簸箕形，南北长450米，东西长250米，总面积为112500平方米。

自1974年7月至1978年，考古工作者在乐都柳湾墓地发掘出墓葬1500座，年代距今三四千年，分别是马家窑文化的半山类型、马厂类型、齐家文化和辛店文化，时间前后延续近千年。墓地发掘出各类生产工具、生活用具、装饰品等文化遗物共3万多件。

依墓葬排列位置，从东往西分为东、中和西三个墓区。它们有着不同的文化性质，东区主要以半山类型墓葬为主，西区则以齐家文化类型墓葬为主，中区则以马厂类型墓葬为主，墓地北部高地是辛店文化墓葬为主，而且，各区墓葬之间又纵横交错。

半山类型墓葬有257座，都是长方形竖穴土坑墓，南北方向，墓坑排列较为整齐，普遍是梯形松柏木棺为葬具。棺的四壁全用木板围成，四角采用“穿榫法”接合。流行单人葬和多人合葬，而单人葬以二次葬为主，另外为仰身直肢葬；合葬墓的人数是2~7人不等，其中以2到3人合葬为多，有异性合葬，有同性合葬，还有成年人与儿童合葬。同棺和同坑采用叠压葬，研究者认为这是母系氏族社会血缘关系最紧密的亲族合葬墓。随葬品以陶器最为普遍，其中以彩绘器物最具特点，彩绘花纹的纹样清晰明白，多以黑红二彩相间的锯齿纹为主体拼成各种几何形纹，结构严密。随葬的生产工具有石斧、锛、凿、骨镞、石纺轮、角锥、石球和陶球等；装饰品数量大，种类多，有串饰、石臂饰，以及各种骨片、矢菔与坠形器等。各墓随葬品数量的差别不明显，表明当时并没有出现阶级分化的现象，人际关系依然处于一种平等的状态。

马厂类型墓葬有872座，墓葬形状有凸字形墓、长方形竖穴土坑墓两种，后者可能是我国最早的土洞墓。长方形木棺为葬具，木棺四壁用木板围拼而成，棺外附加三道方形木框来固定棺身，另外还有用独木棺与垫板为葬具的。不仅有单人墓而且有合葬墓。单人墓主要以仰身直肢葬为主，其次是二次葬、屈肢葬，俯身葬为少数；合葬墓有异性合葬、同性合葬等；多于四人的合葬墓都采用同棺叠压葬，但三人合葬墓中的屈肢葬则是马厂类型的主要葬俗。该类型的墓葬出土了大量的随葬品，特别是陶器数量惊人，经过核查，完整的陶容器就有11000多件，30多种，纹样图案有505种，反映出当时制陶业的发达。其中的一件人像彩陶壶造型独特，对研究我国古代美术具有重要的作用。此外，出土有生产工具石斧、刀、镰和纺轮、骨针等，装饰品串珠、石臂饰、石贝等。这些对研究古代社会的埋葬习俗及社会性质有重要的意义。

齐家文化墓葬366座，主要是凸字形墓，分布在坪台缓坡上，头朝向坪台中心，葬具主要是独木棺，有些以长方形木棺和垫板为葬具。主要有单人葬和合葬，单人葬以仰身直肢葬为主，合葬有二人或二人以上合葬等，二人合葬为最普遍。随葬品主要有陶器，器类丰富。墓葬中还有石、骨、玉等生产工具和大量精美的装饰品出土。该类型的墓在墓葬规模随葬品的数量与质量上有着特别大的悬殊，说明当时已经有着明显的贫富分化。

辛店文化墓葬只有5座，有着明显不同于其他类型文化的墓葬风俗。墓坑多呈圆形和椭圆形，不见木质的葬具，葬式仅见单人葬，仅有仰身直肢葬和二次葬，没有合葬墓。随葬品主要是小口高颈陶壶和双耳陶罐，没有发现彩陶和三足器，纹饰也就是绳纹和附加堆纹。

柳湾墓地是迄今保存较为完整的一处氏族公共墓地。它的发现不仅为我们研究该地区的文化发展演变提供了确切的第一手资料，而且也为研究该地区的墓葬制度、社会风俗、社会性质、经济生活提供了非常重要的线索。

三、陶寺墓地

陶寺遗址位于现在的山西襄汾县陶寺村南面，东西长2000米左右，南北长2000米左右，总面积达400万平方米，是我国目前发现面积最大的一处龙山文化遗址，分为早、中、晚三期，墓地在遗址的东南部，面积3万多平方米，自1975年开始经多次发掘，清理出墓葬1300多座。它也是我国目前已知黄河中游地区唯一一处古城址和古墓地并存，并能全面地反映出尧舜禹时期历史面貌的文化遗存。

陶寺墓地已经表现出明显的等级差别，依据墓葬的规模和随葬品的大小好坏，能够分为大型、中型和小型。大型墓仅有9座，约占1.3%，中型墓占11.4%，小型墓约占87%。墓坑都是长方形，土圹竖穴，一般都是仰身直肢单人葬，头朝东南。早、中期的墓葬排列很整齐，每排不等，还有根据性别分排埋葬的情况；晚期墓常见数座或数十座一组，相对聚集，从墓位布局看，好像出现了家族墓地。

在墓葬规格以及随葬品时组合和数量方面，各类型的墓葬各不相同。大型墓的规模大多长2.30~3.20米，宽2~2.75米，有的用木棺作为葬具，有彩绘木棺，井字形木椁，而且墓主的身上均撒有朱砂；随葬品多达一二百件，随葬陶器组合往往是灶、单把罐、泥质大口罐、小口折肩罐、彩绘折腹盆、彩绘蟠龙盘，随葬成套的彩绘木器以及玉钺、石钺、瑗，石锛、石镞，此外还有“V”字形大型厨刀，以及木腔鼍鼓、特磬和整猪骨架。通常在大型墓的周围还有同时期的中型女性墓，大概是墓主陪葬的妻妾等人物，大墓墓主都是男性。

中型墓墓圹为浅坑和深坑，长2.2~2.5米，宽0.8~1.5米，深2~3.5米。葬具也是木棺，棺内铺垫朱砂。随葬有成组陶器和少量彩绘木器以及玉钺、石钺、头饰和猪下颌骨等，死者大都为男性，有的墓葬里面随葬品较少，有的没有任何随葬品。

小型墓圹狭小，通常长2米，宽0.4~0.6米，深0.5~1米。大部分无葬具，有的则用帘箔卷尸，在灰坑里埋人的现象较多，都是单人骨架，仰身直肢，大部分墓内没有任何随葬品，显示出墓主的地位极为低下，极少数的小型墓葬里随葬有骨笄、陶器等小件物品以及猪下颌骨。

陶寺墓地中的一些随葬器物极为珍贵。如陶寺早期大型墓M3072出土的彩绘蟠龙陶盘，盘里以红彩或红白彩绘蟠龙图案，龙体长而蟠曲，头好像鳄鱼首，龙纹也许是氏族、部落的标志。墓M3015出土二件鼍鼓，以鳄鱼皮蒙鼓，外壁饰粉红和赭红底色，用黄、黑、白、蓝等色绘成图案；同墓发掘一件大石磬和土鼓，它们不是普通的礼乐器，应该是象征王权的重器。一些玉器是巫师沟通天地的礼器。M3296 中发现一件铃形铜器，长 6.3 厘米、宽 2.7 厘米、高 2.65 厘米，它是一件红铜制造品，说明至迟在陶寺晚期，人们已经基本掌握了合范铸造工艺，这对研究我国青铜器的起源和发展，研究中原龙山文化陶寺类型的文化面貌都有着重要的意义。陶寺墓地出土的玉、石钺扁平磨光，刃比较厚钝，未见使用痕迹，当是作礼器之用；发现的木器种类齐全，大部分发现于大型墓中，有一件木豆，其彩皮与漆皮很像，当是我国早期漆器。此外，在一件彩绘扁壶上发现了朱书文字，也许是中国最早的文字之一。近来，在陶寺遗址中又发现了城址。对此，有些学者对当时的社会性质进行了推测，认为在陶寺早期已经有了阶级对立，国家的雏形已经形成。有人还认为陶寺遗存对于探索华夏文化有着重要价值。

陶寺墓地折射了氏族、部落内部财产和权力的集中，以及阶级的分化。对于陶寺墓地的性质，有专家认为："大约应是一个氏族内不同家庭的茔域。就整体来说，这里是一处包括两个或多个氏族葬区的规模很大的部落墓地。"

陶寺墓地给我们研究陶寺文化的墓葬习俗、社会性质、生产力水平以及社会形态提供了丰富的资料，同时为我们展现了它所具备的文明因素，使我们隐隐看到了文明曙光的升起。

四、黄帝陵

中国第一部纪传体史书是《史记》，它的第一篇文章是《五帝本纪》，记载的第一人就是黄帝。《史记》中说，黄帝是少典的儿子，姓公孙，号有熊，名轩辕。他生得眉清目秀，高大憨实，诚实而聪明，是一位非常优秀的豪杰。

那时，神农氏之世已衰，百姓生活在水深火热之中，神农氏却无力挽救。于是轩辕氏调动了人马，平定了乱局，诸侯便拥护他当领袖，可是蚩尤依然不服，更为暴虐。于是轩辕氏就率众与蚩尤战于涿鹿之野，擒杀蚩尤。诸侯从此就称轩辕氏为天子，轩辕氏替代神农氏执政，于是他播百谷草木，化鸟兽虫蛾，为中华民族的发展奠定了物质和文明基础，因此被后代推崇为中华民族的人文初祖。

他的德政广括天地，因此日月扬光，天无异灾，山不藏珍，水少波浪，史称“有土德之瑞”。土是黄色的，帝是古人对才智甚高、为群众所崇拜者的尊称，人们就称轩辕氏为黄帝。也有人说，黄帝是人名，不是帝号。据《史记》记载，他有自己的姓名，黄帝并不是其姓名，明显是尊号。《史记》还说：“黄帝崩，葬桥山。”这个“崩”字解释为死，但只用于称帝后的死亡。

因为黄帝葬于桥山，所以黄帝陵又叫做桥陵。关于这葬地的选择，据汉·刘向所撰《列仙传》记载，有点神秘：轩辕氏自己先选择了一个死的日子，向群臣告别，然后归葬桥山；可是自己又选择了一块墓地。但是山突然崩了，棺材是空的，里面只有他的剑和鞋子。这段记载好像表明，他后来成了神仙，不然轩辕氏怎么能预卜死期，而且棺材里又没有人，只有剑和鞋子呢？

在古资料中，关于黄帝这个人物向来众说纷纭，春秋时代就是如此。《大戴礼记》记载：孔子的学生宰我曾向他提问：黄帝到底是什么样的人呢？或者他就不是人，是神，不然，他怎么会活300年呢？

而孔子这样回答宰我：黄帝在位，人民从他的身上获得的好处100年；他死以后，但他的精神活在人们的心中，又是100年；他人虽然不在了，人们还遵守他的教诲，再是100年。这样一来，岂不是300年？

根据孔子的解释，黄帝就是一个似人似神的传说人物。历代朝廷都要下诏保护黄帝陵，并且帝王大多都要去祭扫黄帝陵，即使自己去不了，也要派大臣以皇帝名义去祭扫。这个规定相沿成习，直到今天。现在皇帝没有了，祭陵的人却更多。

桥陵在陕西省黄陵县城西北的桥山上。桥山总面积8500余亩，有古柏8万余株，树龄大部分在千年以上，是我国最著名，也是最大的一片古柏林。陵在山巅南面平台中央，占地1300亩左右，陵高3.6米，周长48米。陵前有明嘉靖年间唐锜手书“桥山龙驭”碑。还有祭亭1座，亭中有碑，碑高4.1米，宽1.1米，厚0.35米，气势宏伟，上有郭沫若题“黄帝陵”。陵前方南侧，有祈仙台，据说是汉武帝祭陵时所建。山的东南麓，有轩辕庙，院内面积约10亩，有14棵古柏。其中一棵，苍翠拂云，巨干虬枝，传说是黄帝手植，有“柏树之王”的美称。树旁有碑，记载树高58尺，中围19尺，上围6尺，下围31尺，庞然大物，崔嵬惊人。

据统计，全国共有黄帝陵7处，甘肃、山东、河南、河北等省都有。但国家只把陕西桥陵列为重点文物保护单位。原因是：《史记》有记载，这更有历代朝廷保护黄帝陵的通令，黄帝庙内有碑记和祭文刻石可证明。

其次，桥山黄帝陵的风水，的确不同寻常。桥山原名子午岭。沮水又称沮河，绕山南向东流，入洛河。山高而锐，远望好像卧在水波的桥，因名桥山。子午岭地处陕、甘两省的边界，是泾洛两河的分水岭，南到富平，北接白于山，桥山正是中间突起部分，盘龙冈是海拔1021米的制高点。黄帝陵正在盘龙冈南面海拔944米的位置上。北有五谷六峰，气势如“来龙”；南有七沟八梁，隔水同沮河南岸的县城、南城塔、印台山、长寿山及南山诸峰遥遥相对。印台山离桥山最近，但在几里之外，所以登桥陵向南面望，印台、长寿诸峰有匍匐北向回朝桥陵之势。

这个地形，在堪舆家眼里，常常要按太极图表述为负阴抱阳的典型。沮河蜿蜒自西而来，刚好是那条划分阴阳鱼的界线。黄帝陵居沮水的北面，桥山的南面，背负盘龙冈，陵墓正当盘龙冈的口舌位置上，遂成“神龙含珠”之“穴”。历来很多借这个地形来颂扬黄帝威德的。“山环水复，拱卫龙驭；虬髯松柏，黛色参天。攀龙髯于天上，宰树瞻谷口而长青；分鹑首于关中，瑞气迎函关而尽紫。”这里写的不光是地理风光，还包含许多神奇传说。“龙驭”指帝王陵，“宰树”就是坟头树，“鹑首”，就是天上28星宿中的“井”宿，古代把天上星宿同地面对应起来，叫做“分野”，关中之地正好对应天上的“鹑首”。“龙髯”和“谷口”两词，便涉及一个传说：据《史记·封禅书》载：黄帝在首阳山采铜，铸鼎在荆山。鼎铸成后，天上飞来一条龙，将头伸下来，要迎接黄帝上天。龙的胡须耷拉在地上，便是“龙髯”，人们就用那些古柏来象征。黄帝骑上龙以后，龙便要往上飞。黄帝的臣子和后宫随从，也都骑了上去，龙就起飞了。还有一些小臣们也想上去，急得去揪龙的胡须。龙奋力向天空飞，小臣们便使劲往下拽，将龙髯都给拔了下来，就变成了柏树，黄帝身上带的弓也掉了下来。龙还是飞走了，小臣们只好抱着龙髯和弓叫喊，仍然无济于事。黄帝升天的地点就在谷口，也就是鼎湖。“函关”和“瑞气”两词，也牵涉一个传说：战国时期，在现在河南灵宝市西南有函谷关，西至潼津，东自崤山，大山中间开裂，绝壁千仞，路就像槽，深险如函，故名函谷，也叫做崤函，关城就设在山谷中。曾有个关令尹喜守关，一天他登楼四望，见有紫气东来，就是瑞气。他预感到有圣人要经过此地，准备斋戒恭候，果然老子骑着青牛来了。传说老子就应尹喜请求，写下了《道德经》。

上述这些，都在描写桥陵的地势，而且与历史上的故事相联系，把黄帝看作圣人，想象他已经升天成了神仙。单就古人为黄帝陵所选的地理位置同整个自然环境的关系而言，我们必须承认选址及其布局是一个绝佳的造陵设计。人们只要站在桥陵上瞭望陕北大地，这一片黄土高原苍莽雄浑的气势就扑面而来；桥山簇拥着一片翠柏，顶天立地，着实令人生出一种伟大的古老民族生机无限的自豪感。并且，望眼所及的山川形势，以及想象可及的八百里秦川，山势高耸雄伟，水逶迤而纷流，都尽收眼底，融成一种旷远豁达、气象万千的景观。

五、少昊陵

唐代著名诗人高适诗曰：“前临少昊墟，始觉东蒙长。独立岂无心，怀古激衷肠。”诗中所说“少昊墟”，就是指山东曲阜。据说少昊是黄帝的儿子，嫘祖所生，姓已，名挚，字青阳。黄帝死后，被大家推举当位，搬到曲阜。少昊继承黄帝的志向，积极发展少昊文化，曲阜便成为少昊文化的中心，后代称曲阜为少昊之墟。少昊由于以五行为首的“金”标其政德，这就是所说的“以金德王天下”，又称金天氏。用百鸟名作为官名，设置工正和农正，分别管理手工业和农业。少昊陵就是少昊的墓葬所在地，在曲阜市城东4公里处的旧县村东北。

史书记载少昊在位84年，活到百年而崩，葬云阳，即云阳山，在鲁故城东门外。始建少昊陵年代不详，北宋大中祥符五年曾进行大规模整修，雕石栏、石像。政和元年又在陵墓周围砌石，俗称“万石山”，自明清以后及至新中国成立，已经多次扩建重修。至今陵园总面积达125亩，古代建筑17

间。墓陵前面石坊3间，坊额刻“少昊陵”，落款署有“乾隆元年十月初一日奉敕重建”。3间陵门，顶悬山式，上铺灰瓦和绿色琉璃瓦。享殿5间，殿内设有木质神龛，里面安置“少昊金天氏之神位”牌位，龛上有木质横匾，上写“金德贻祥”，旁有乾隆御书对联：“乾统绍轩台遵纪凤鸟，崇封传鲁阜守有熊罴。”殿侧旁东西庑各3间，顶覆灰瓦、硬山式。享殿后就是少昊陵，呈现覆斗式，底边东西长28.4米、南北宽28.2米，上面边长均9.4米，斜坡长12.2米。表面是25层2662块磨光料石砌成。顶上有小庙，进深2.6米，宽2.9米，黄色琉璃瓦铺顶。里面供少昊汉白玉石雕坐像，高1.2米，头戴七梁宝冠，足踩云勾鞋，右手扶膝，左手托玉带，飘带下垂于地。陵北是一封土坟墓，俗称“云阳山”，传为少昊墓。陵所在区域流传为黄帝诞生地寿丘，也就是少昊建都之地。

少昊陵神道南面有景灵宫遗址。根据《曲阜县志》记载，北宋大中祥符五年冬天，由于轩辕黄帝生在寿丘，朝廷在这里修建景灵宫和太极殿。元朝至正年间重修。宫殿“雄伟壮丽无比”，中殿设有玉石雕琢的龛，用来祀黄帝。殿外有人称“万人愁”的大石碑四通。现在宫殿都已经被毁坏，碑仅存有两个，形制规格相同，高达7.05米，宽3.76米，厚1.2米。龟趺高2.22米，长6.2米，宽4.6米，碑上没有字，据说建于北宋宣和年间，由于金兵侵扰，导致工程没有完成，因此后人有诗叹曰：“丰碑不书字，遗憾宣和年”。

少昊陵陵园规模不大，可是陵墓建筑造型非常独特，被称为中国古代建筑艺术的杰作。这座呈覆斗状“金字塔”形的陵墓，底部长28米，斜边长15.2米，上顶边长9.4米，正好符合黄金分割律。少昊陵因此显得巍峨壮观，带给人以美的感受。陵园经过修缮，柏桧森森，红墙绿瓦，环境幽静，游人墨客至此，莫不野兴顿生，忘掉尘世间的烦恼。清代衍圣公孔庆铎曾写诗“古皇陵寝不知年，尚有穹碑耸道边。荒殿想曾陈俎豆，废炉无复起苍烟。远村望里遥疑冢，近郭耕人认是田。帝力到今良已泯，独留遗迹镇山川。”诗中发出世事多变的慨叹，陵柏葱茏，美丽风景依旧，让人油然而生仰止之心和无尽的怀古之思！

第二章　夏商周墓葬

【凭吊诗话】

寒食家家出古城，老年看屋少年行。
丘垅年年无旧道，车徒散行入衰草。
牧儿驱牛下冢头，畏有家人来洒扫。
远人无坟水头祭，还引妇姑望乡拜。
三日无火烧纸钱，纸钱那得到黄泉。
但看垄上无新土，此中白骨应无主。

——唐·王建《寒食行》

引　言

夏商周在丧葬制度、墓葬形制、随葬明器等方面，越来越明显地体现出等级观念。葬制从夏代开始建立后，经历商代数百年后到了周代，葬制等级制度特别突出。从周代文献看，不同等级的贵族在随葬的规格上有差别。如墓道及墓内棺椁都有规定，即“天子棺椁七重，诸侯五重，大夫三重，士再重”。随葬的礼器为，天子、国君九鼎，卿七鼎，大夫五鼎，士三鼎或一鼎。实际发掘资料表明，实际情况并不完全按此规定，有的有所增减。一种可能是死者受到特殊礼遇，另一种可能是在“礼崩乐坏”情况下的僭越。至于普通百姓则属底层，有的掘穴而埋，有的连墓圹也没有，常在灰坑或灰层中发现他们的尸骨。

夏代帝王墓尚无发现，据记载为“不封不树”。禹出巡道死，即葬会稽，因山为陵。商代帝王墓可以殷墟大墓为代表。大墓有四墓道，次者为二墓道或一墓道，亦有不建墓道者（如武丁帝妃妇好墓）。殉葬的近侍置于一层台上或墓道中，墓外另有殉葬之牲、车马坑，以及大量的奴隶杀殉坑。墓上不起坟，但有的墓（如妇好墓）上已建有面积不大的祭祀建筑。周代帝王大墓形制基本同上，但诸侯亦有用四墓道者。已发现的周代大墓均采用土圹木椁形式，墓室用井干式大木堆砌。在距中原较远地区，墓葬形式常依当地的习俗而定，但总体来说，这些墓的数量不多，也不是当时墓葬的主流。

第一节　夏商周丧葬制度

一、夏代殉葬制度

夏朝时已经确立中国古代的殉葬制度。考古工作者在河南偃师二里头遗址发掘出一些乱葬坑，“骨架大都叠压在一起，并且残缺不全，如 M112 内有四具人骨架，其中一具只残存躯骨和下肢骨，无头骨，一具则只有下颌骨和下肢骨，一具仅有半个头骨与胸躯的一部分，还有一具则仅存头骨与下肢骨。据推测，这种乱葬坑大概是祭坑，不一定是墓葬”。并且，在该遗址中还发现一些无墓坑、无随葬品的墓，多出现在灰层和灰坑中，葬式分为蹲坐式、仰身屈肢、俯身屈肢、侧身屈肢及身首异处等几种。如：VM205 俯身，头向西，两手向上举过头，手腕相交，躯干弯曲，下肢伸开稍屈，据测是双手被缚惨遭活埋的。NM24 俯身直肢，头向东，左手弯曲压在胸前，右手反折背后，右下肢从髋骨下已残缺。单个的人头骨与零星肢骨也发现不少。这些全是当时的受害者，可能是奴隶。在二里头遗址八区的一个灰坑内，发现一具人骨架，“紧贴灰坑北壁，离地面深 2.2 米，整身躯是跪着伏弯状态，头向西，面向下，葬式不一般，很可能是活埋的奴隶”。二里头宫殿基址上面的灰坑与墓葬中，也埋有人骨架，或是被捆绑以后埋葬的，或是将人骨和兽骨埋在一起。例如：H108 埋了一具俯身人骨架与一具兽骨。M55 的情况也非常特别，这个墓的“墓穴非常狭窄，宽仅 32 厘米，死者两手贴紧髋骨，左右上肢骨脱位，好像被捆着的样子”，表现出死者临死时的痛苦不堪的样子。

上述这些墓葬资料有力地证明，中国古代的人牲和人殉制度到夏代已经完全确立了。

二、商代殉葬制度

殷商丧地制度

族葬是殷商时期的墓地制度。族葬，是指具有血缘关系的同一族人合葬在一起。他们生前聚集生活一起，死后也集聚在一起合葬。《周礼·地官司徒》记录了“以本俗六安万民……二日族坟墓”，“四阎为族，使之期葬”，就是指族葬。它是在原始社会氏族制度的基础上进一步发展起来的。

商代人牲

人牲又叫牲人。中国历史上人牲最为兴盛的时期是商代。商人的祭祀活动极为频繁，奴隶主贵族时常要举行祭祀祖先及鬼神等的仪式，以求得其保佑。每祭祀一次，除宰杀极其多牛羊以外，还常常要杀人用作祭品。据统计，自1933年以来的40年中，就在墓葬、杀殉坑和建筑遗址中发现了各种人牲1644人。小屯乙组第七号墓地最为突出，在此及其南面共发现了144个坑，里面有人牲601个，并同马、牛、羊、犬等动物混杂一起，其中，马、牛、羊、犬的总数才76件，只有人牲的1/10强。

1976年，考古专家又在安阳武官村北地殷王陵区发掘了191个商代祭祀坑，据不准确统计，共埋奴隶1178人。依据发掘情况看，这些人牲并不是一次宰杀后埋的，而是多次。每次祭祀时宰杀的人数多少不一样，少者一两人，多者几十人甚至几百人，最多时一次竟杀戮339个奴隶当人祭。这些人被砍杀的场景十分凄惨，从祭祀坑的人骨架中能够明显地看出，他们或上肢被折断，或下肢被砍，或脚趾被剁，或腰斩，或身首分离。牲人被杀害前，大部分是被捆绑着手脚，死时双手上举、脊椎扭转作垂死挣扎状，惨况令人发指。经鉴定，这些死者绝大多数是青壮年男性，其中也有一些10岁左右的少年儿童，甚至还有奶牙未掉的幼儿。商代统治者不仅祭祀时屠杀奴隶作为人牲，而且在建筑房屋时也要屠杀奴隶作牲品。

按胡厚宣先生研究，商宫殿和宗庙的建筑过程，有奠基、置础、安门及落成四个步骤。据商人的风俗，每一个步骤都要举行仪式。

当举行奠基仪式时，首先要派人挖好基坑，而且要在基坑底下再挖一个小坑，里面埋一只狗或一个小孩，埋时用草席把人卷好葬入坑内，然后再用土夯实，这叫奠基。之后，当置础竖柱之前，要举行置础仪式，同时要挖破基址，埋葬狗、牛、羊三牲或者用人。第三种叫安门。安门时，通常要在大门的里外左右埋葬狗和人，表示保护的意思。第四种仪式在房屋竣工时举行，在建筑物的前面再埋葬一些车马人兽，表示庆贺宫殿落成。这四个仪式的人祭，就落成仪式的规模最大。

在民国时，在殷墟小屯发现了一批建筑遗址，有一个基址的迹象说明，当时在举行落成仪式时，曾挖了 127 个坑，里面埋有奴隶 585 人以及一些车、马、羊、狗等。

商代人祭的手段极其残忍，五花八门，或活埋，或砍头，或火烧，或肢解等。由此观之，商代的奴隶主贵族对待奴隶及俘虏是如何地凶暴和残忍。

对于商代牲人的身份，暂时学术界主要有三种解释：第一是认为牲人都是奴隶；第二种意见认为牲人的身份大部分是俘虏；第三种意见认为牲人主要是俘虏，但有部分是奴隶，还有极个别是贵族。

赞成后两种观点的学者，理由有二：

第一，根据考古资料，商代用作人牲的大部分是“异族俘虏”。按照 1976 年安阳殷墟祭祀坑的发掘报告，此地共发现了 191 座祭祀坑，人骨达 1178 具。经过性别和年龄鉴定的祭祀共 100 座，人骨架个体 715 至 718 个。在可以辨别性别和年龄的骨架中，男性 339 人，女性 35 人。男性最小的为 15 岁，最大的为 35 岁。女性年龄最小者为 20 岁，最大者也是 35 岁。另外，还有 14 岁以下未查明性别的儿童 19 个，没有发现中、老年个体。从年龄来看，这些人均属于青壮年范围。据此猜测，他们生前均是俘虏。可以解释为殷人同四邻的方国部落征伐时，虏获了不同方向来的异族俘虏。

第二，根据史实资料，商代的牲人不仅为俘虏，而且部分是奴隶、罪人等。

按照胡厚宣先生对甲骨卜辞里有关牲人的研究，发现在武丁时期牲人的数量最大，并且杀祭牲人的次数也极为频繁。之后逐渐减少，至帝乙、帝辛时期为数最少。武官村 191 个祭祀坑的发掘资料证明了这个记载。如在殷墟前期大墓中，牲人比较多，而且大部分是被砍去头颅的男性青壮年，个别是接近成年的男性少年，没有发现女性；而殷墟后期大墓的牲人较少，且绝大多数是成年的女性及少年、幼童。前期的中型墓也还有用人牲的，后期就没有发现了。这些情况说明男性青壮年被俘虏后有很大一部分变为生产奴隶。

商代人殉

大概到了商代，人殉制度达到高峰时期。据考古学资料，商代人殉现象极为常见，凡是奴隶主的墓葬，差不多都有殉葬者，多者达数十甚至数百人，少的也有一二人。而人殉的对象，也从原始社会末期流行的妻妾殉夫渐渐扩大到近臣、近侍和奴隶等。

商代殉人的方式十分残酷，殉者或被杀了头，或被活埋，或和狗等埋在一起，还有的跪埋在地下。根据已发表的资料，数据比较齐全而又殉人最多的，应属安阳殷墟小屯的侯家庄 1001 号墓及武官村大墓。

侯家庄 1001 号墓，里面有殉人 23 人，分别安放在墓底、椁底附近和墓道内，西墓道的殉人有墓坑和随葬铜器，南、东墓道和东耳室中有 61 具无头躯体，均分组排列。墓中四条墓道又有人头骨 73 个，也是分组排列，这些无头躯体及人头骨应该是为墓主举行葬礼而被杀的人殉。另外墓室外还有 31 个陪葬坑，22 个坑埋有人，每坑 1 到 7 人不等，共埋有 68 人，最大的陪葬坑中棺椁完备，还有青铜礼器随葬，二层台上有殉葬人 2 个。侯家庄 1001 号墓的人殉约有 400 人左右。武官村大墓有两条墓道，南、北墓道都埋有一到两个跪、蹲姿势的葬者。墓底腰坑里埋有一个持铜戈的殉人。墓室东西二层台上有 41 人殉者，其中东侧有 17 人，西侧 24 人。这些殉者都是全躯，有的有棺木和青铜的鼎、觚、簋、刀、戈、镞及玉佩饰等器物随葬。

殉者的葬式，或仰身直肢，或俯身直肢。从骨架和随葬品的组合安排情况来看，东侧台上的死者大部分为男性，西侧大部分为女性。从这些死者的埋葬况状来看，这 41 位殉人可能是墓主人生前的亲信侍从和姬妾一类人物。另外，在墓室上部的填土中还发现 34 个人头。而这些人头是在夯筑的过程中埋进去的。武官村大墓中的殉葬人数是 79 人。

事实上，估计武官村大墓的殉葬人数远超过此数，因为该墓多次被盗，破坏严重，也无从查清此墓实际的殉葬人数。但能够肯定，此墓的殉人一定在 79 人以上。

低于上述两个墓的是山东益都苏埠屯的一号大墓。它是一座有四个墓道的大型木椁墓，这座墓墓室长 15 米、宽 10.7 米、深 8 米多，南墓道长 26 米，墓室里有“亚”字形木椁，并且墓底有腰坑。这座墓里面共有殉葬奴隶 48 人，个别放在腰坑里面和二层台上，多数放在南墓道靠近墓室之外，还分为三层，下层是排列非常整齐的全躯奴隶，中层是被砍下的人头。据此我们能够推测，这个墓的主人应是诸侯或方伯一类的人物。

据资料分析，商代中型墓的殉人数量要较大型墓少得多，通常墓室面积超过 10 平方米的墓殉人均在 10 人以上，如妇好墓有殉人 16 人，殷墟西区 701 号墓有 12 个殉人。而墓室面积在 4 到 6 平方米的通常只有殉人 1 到 4 人。

就时间上看，商代早期的人殉很少，中期以后有进一步的发展，晚期达到高峰。据统计，已发掘的商代墓葬中的人殉数量在 1000 人左右，其中二里冈超不过 10 余人，而到殷墟时猛增，尤其集中在带墓道的大墓和较大的长方形竖穴墓里。

为什么会有这种现象呢？这是因为人殉是父权家长制产生以后的产物，它反映了一种人与人之间的不平等关系。随着奴隶制国家的出现，这种不平等关系有了进一步发展，殉人成为阶级对立的标志，因此殉人的风气也风靡一时。

另一方面，商代生产力发展水平较低，而大批战俘在变为奴隶以后还不能为奴隶主贵族创造很多价值，因此便被用来殉葬。随着生产力的发展，对劳动力的需求也渐渐变大，因此一部分青壮年男俘成为生产奴隶，而人殉便多用妇女和儿童代替。

关于商代墓葬中殉葬者的身份，学术界存在很多争议。一种看法是殉人都是奴隶。奴隶说的坚持者，从殉人的起源、发展和衰落的发展过程中研究了人殉制的变迁，并把考古资料同民族学资料相结合，认为人殉现象和人殉产生的原因同当时的社会生产力水平低直接相关。

非奴隶说者认为，殷商时代的殉人不是奴隶，最起码不是生产奴隶。他们认为，既然远古时代的殉人都是墓主的近侍及妻妾，殷商时代的殉人又是此人殉制的延续与进步，那么，这些殉人绝对不可能是奴隶。据殷墟发掘资料说明，有些殉人有葬具，而且有铜礼器随葬，显然这些殉人的地位很难同某种意义上的奴隶同等并视。他们大部分是墓主的近亲和侍臣。

在奴隶社会中，奴隶是奴隶主的宝贵财产，奴隶主不会轻易把自己的财产大量当作人殉而毁掉。甲骨卜辞中的确记载了将羌人用作人殉的例子，但我们无法断言这些羌人就是奴隶。

以上两种观点，根据国内外的文献、考古及民族学等的资料来看，均具有较大的片面性。从考古资料来看，殷商墓葬中殉葬者的身份是极其复杂的。拿侯家庄 1001 号大墓为例，该墓的殉葬者分为身份较高同身份较低的两类。而身份比较高的，有下面几种情况：

一是埋在墓道里的 2 个殉葬者。他们被分别埋在西、北两个墓道中，各自拥有墓坑、腰坑，而且随葬有铜觚、铜爵、铜鼎等礼器，这说明殉葬者的身份很高，与普通奴隶有区别。

二是埋于椁室顶部的 11 个殉葬者。6 人有棺木，而且其头部的位置上散落有绿松石，应该是死者头饰的遗存。据此推测，这些殉葬者大概是侍妾一类的妇女。

三是埋于椁室外侧填土里的 1 个殉葬者。因为被古代盗坑者所破坏，目前遗留一些零乱碎骨和 4 枚贝。

四是埋于大墓外东侧一座单人墓葬中的殉葬者。它的墓室为 4.3 平方米，棺椁完备，而且随葬有成套的青铜礼器。在二层台上还埋有 2 位殉葬者，表明这个殉葬者仍有人为他殉葬。从这些殉葬情况可以看出，这些人殉者中有些可能是墓主的宠妾，有的也许是近侍与重要的随从人员。

另外，还有许多没有任何葬具的殉葬者，他们也可分为以下几种情况：

一是埋于大墓墓底小坑里的 9 个殉葬者。例如侯家庄 1001 号大墓共有 9 个小坑，墓中央有腰坑，并且在墓室四个角分设有小坑，小坑各殉有 1 人、1 戈、1 犬，这说明殉葬者大概是作为墓主人的武装护卫而埋葬的侍从。

二是埋于椁室顶部的 11 个殉葬者。有 5 人没有任何葬具，同其余 6 位头戴饰物的殉葬者完全不同，这 5 人大概是从事各种体力劳动的奴隶。

三是埋于大墓外东侧殉葬坑内的 68 个殉葬者。除 1 人有单人墓外，其余殉人分别埋于大墓东侧的 22 个殉葬坑内，每坑 1 到 7 人不等。这些殉葬者仅有一个身份较高，其余 67 人大概是墓主人的乐伎与田猎时的随从人员。

四是杀殉奴隶。大墓中共发现61具无头人骨架，73具人头骨。这些身首异处的随葬者被埋于墓道的不同夯土层里，大概是身份最低的奴隶。

根据上述情况，商代墓葬里的殉葬者，不仅有身份较高、“旋环左右”的妃嫔妻妾及臣属，也有身份较低的御者、仆从等人物。

商代人殉制不但流行于殷商王国的统治中心，而且波及统治区域，四邻方国也受其影响。根据考古资料来看，河南辉县琉璃阁，河北藁城台西村，山西灵石、石楼，惠民大郭村，湖北盘龙城李家嘴等地，均有人殉发现。

商代牲殉

商代盛行的丧葬习俗之一是牲殉。根据考古资料来看，商人用在牲殉的动物主要有牛、马、羊、猪、狗、象、鹿、猴、鸟、鱼、龟等。

牛在商代不但用于畜力、食用，而且大量用于祭祀、随葬。以牛祭祀，在甲骨文中大都有记载，殷墟也曾发现专门埋牛的祭祀坑，倒如安阳苗圃地的一个圆坑，里面埋蜷曲伏卧、四肢被捆缚的1具牛架，初步鉴定是水牛。此外，白家坟北发现牛角一堆，共40多支，似是一次祭祀的遗迹。苗圃北地的一座房子基槽里，埋有牛头多个，大概与祭祀或奠基有关。在殷墟一些小墓中，亦有用牛头、牛腿、羊腿或其他兽骨随葬的。例如小屯西北的一座殷商晚期墓里，出土1只牛头、3只牛腿、6只羊头及2只羊腿。另外1982年发掘的一座殷商晚期墓，就有牛、羊、猪腿各1只随葬。

马在商代的命运同牛差不多，除用作畜力外，多被殷王室与贵族用于随葬或祭祀。如武官大墓北墓道里，就有马坑3个，内埋16匹马；南墓道中部，有3个马坑，里面共埋12匹马。

羊在甲骨文中也有记载。用作随葬品也数见不鲜，例如殷墟小墓中就时常发现死者用整羊或羊肢随葬的现象。用狗作祭品或随葬品的现象在商代更是比比皆是。不仅殷墟王陵区发现有葬10具狗骨架的狗坑，并且连平民小墓也常常设有埋狗的腰坑。少的一只，多的数只。根据埋藏情况看，多数殉犬放置整齐，都是杀死后埋葬；小部分有捆缚痕迹，有的作挣扎状，当是活埋。

鸡是商人的主要肉食，同样用在祭祀或随葬。殷墟墓葬中鸡骨的大量发现，很有力地证明了此点。

在武官大墓中共发现3具猴的骨架，分别埋于墓室填土中层东西两侧。大概是墓主人生前玩赏之物。

另外，象、鹿、鸟、鱼等也被用作随葬品，在殷墟墓葬里有大量发现。

三、西周墓葬制度

西周的墓葬制度是商代的延续，继续实行按血缘关系为标准的聚族而葬制度。依《周礼·注疏》的记载，这时期的族葬墓地已明确划分为“公墓”和“邦墓”两种。

公墓是王室及国君等贵族的墓地，由冢人掌管，提前制订墓地规划，规定墓地范围，并画成图样；再按照宗法等级关系排定墓位，这便是《周礼·春官宗伯》记载的：“先王之葬居中，以昭穆为左右。凡诸侯居左右以前，卿、大夫、士居后，各以其族。凡死于兵者，不入兆域。凡有功者，居前。以爵等为丘封之度与其树数。”

邦墓是国民的墓地，归墓大夫掌管，也按宗法关系排定墓次。《周礼·春官宗伯》曰：“墓大夫掌凡邦墓之地域，为之图。令国民族葬，而掌其禁令；正其位，掌其度数，使皆有私地域。凡争墓地者，听其狱讼。帅其属而巡墓厉，居其中之室以守之。”汉朝郑玄解释说：“凡邦中之墓地，万民所葬地。”西周统治者使国民实行族葬，继续保持亲族关系，表面上是让他们“同宗者，生相近，死相迫”，用来加强同宗人的团结；实际上这种方法应该是当时的政治、经济、军事和社会组织形式的反映，它的目的就是为了便于统治者的统治。

而贵族内部实行的“公墓”制，更是明确地套用了宗法等级关系，例如东汉郑玄注释《周礼·注疏》记载的“子孙各就其所出王，以尊卑处其前后”，便是“公墓”制中最根本的原则。很明显，统治者对死者墓葬位次的规定，正是为了巩固加强活着的各级贵族之间的相互位置。西周时期，周族内部早就出现了阶级的分化，尤其是在卫、燕、虢等姬姓国的贵族墓地中，小型墓主人同大、中型墓的墓主人不属于同一阶层，而“公墓”制就用嫡庶、长幼和亲疏等氏族宗法关系掩盖了这种阶级关系。所以这种“公墓”制是为贵族的根本利益服务的。

据分析，西周时期的确存在着这种以血缘关系为纽带的规范化的葬制。如陕西宝鸡斗鸡台及长安沣西张家坡、虢等墓地就是“公墓”的性质。

在陕西宝鸡斗鸡台墓地有一处36座西周墓组成的家族墓地，就其排列情况看，墓地能分为2～6墓不等的各组。据考古工作者判断，各组之间大概存在着非常密切的血缘关系，可能是同一大家族内的不同的家庭。长安沣西张家坡发现的48座西周墓，也能分为3组，各组之间好像各自组成一单元，可也很难截然分开。河南浚县辛村有一处面积约为15万平方米的西周到东周初的卫国墓地，此地发现有大型墓8座、中型和小型墓29座、小型墓28座以及2座车马坑和12座马坑。根据文献记载来看，应该是“公墓”。

又如北京房山琉璃河黄土坡燕国贵族墓中已经发掘的41座墓，能分为6个组群，是属于同一族内的不同家族。有的组群中有一个相对大的墓，也许是族长或家长之墓。河南三门峡市上村岭虢国墓地发现的234座墓，都呈南北向布置，几乎没有互相叠压的遗迹，显然经过一定规划。此墓地分成南、北、中3组，每组中均有大、中、小墓差别。很明显，上述燕国贵族墓地和虢国墓地中出现的以大墓为主体，中、小型墓常常处于陪衬位置的排列迹象，表明它们均是“公墓”。

四、西周棺椁制度

棺椁制度在西周时期便已走向成熟阶段。《礼记·檀弓上》记载：“天子之棺四重。水兕革棺被之，其厚三寸；杝棺一，梓棺二：四者皆周……柏椁以端长六尺。”郑玄解释说：“诸公三重，诸侯两重，大夫一重，士不重。”

关于郑玄的解释，清代学者金鹗认为有错误，他在《求古录礼说》卷八《棺椁考》中指出：天子的下面应该是诸侯，不该再分出诸公，因此西周时期的棺椁制度应该是“天子四重，诸侯三重，大夫二重，士不重”。

西周时期是否严格实行这种棺椁制度，由于文献资料缺乏，我们不能肯定。但从目前发现的考古资料来看，还是有一定的出入。

天子是不是一椁四棺，因西周王陵到今天还未发现，所以我们无法肯定。但诸侯国君一类的大墓，迄今已发现多座，还没有见到一椁三棺的现象。例如曾侯乙墓为一椁两棺，弛伯墓也为内外重棺。由此看来，文献中所说的“诸侯三重”棺与事实不合。可是从西周中型墓来看，当时的确存在着重椁一棺的制度。

西周时期的棺椁结构很有特色。例如昌平的一座木椁墓，椁底板以11根方木纵排而成，东西两壁各存2根方木，有榫，南壁2层及北壁3层横木均有半圆形卯能够与东西方木相套。椁底另垫有2方横木，同椁壁形成“井”字形。另外，房山黄土坡第52号墓的棺椁结构亦该注意。这个墓的棺椁虽已腐朽，但从它残留的痕迹还能够看出一个大概轮廓。椁外的填土已夯实成二层台，椁同棺间还有明显的内椁痕迹，内椁与棺之间的头向空处很宽，很像是“头箱”所在，用来放置礼器之属。

第二节　夏商周墓葬形制

一、夏代墓葬形制

夏代流行土葬，墓葬形状通常为长方形的竖穴土坑墓，长约2米，宽约1米。现今发现最大的长方形竖穴土坑墓是二里头遗址的K3，其墓坑南北长2.3米，东西宽1.26米，深1.26米，并且墓坑中还挖有棺室，南北长1.7米，东西宽0.74米，深1.44米。

这一时期的木棺通常只给奴隶主使用，平民死后都是用土坯垒在尸体四周作葬具的。如《礼记·檀弓上》曰：“夏后氏堲周”。“堲周”，就是烧土为砖附于棺的四周，又名“土周”、“土棺”。《淮南子·汜论训》云：“有虞氏用瓦棺，夏后氏堲周，殷人用椁，周人墙置翣，此葬之不同者也。”汉代高诱注：“夏后氏禹世无棺椁，以瓦广二尺，长四尺，侧身累之以蔽土，曰堲周。”

朱砂铺底风俗在这一时期依然很盛行。如二里头夏文化遗址中的踢，它的棺室底部就铺有一层5～6厘米厚的朱砂。可是在同地发现的另一座墓，坑底的中部仅铺有一层厚1.5～5厘米厚的朱砂。在朱砂层下面有席纹，可见朱砂是铺在席子上面的。

葬式差不多都是单人葬，极少数的为双人合葬，以仰身直肢葬最为盛行。

二、商代葬墓形制

商代的墓上建筑已具雏形，当时的人们为了祭拜自己的祖先，在墓上建起了茅茨土阶的殿堂，作为祭祀祖先举行礼仪活动的场地。用来布置祭祀的对象——墓主衣冠或起居用具等，或陈设神主一类或布置礼器和祭品之类。殷墟妇好墓同安阳大司空村的多座墓上都有这种建筑。如妇好墓的墓圹口上压着殷代房基，殷墟发掘报告推测："墓上的房屋有可能就是为祭祀墓主而建。"这一夯土台基东西宽 5 米、南北残长 5.5 米，东面有土路，正面也许向东，与大司空村"遗址一"的方向相同。台基上有排列较规整的柱洞并埋有砾石柱础，平面构成 3 间面阔和 2 间进深的柱网。台基的东、北、西三面外围残存擎檐柱洞 7 个，没有础石。杨鸿勋先生推测："小屯五号墓上如系享堂，作为王室主要成员应当采取当时主体殿堂的形制，似可设想墓上的 F1 为'茅茨土阶'、'台崇三尺'、'四阿重屋'的一座享堂建筑。它的功能，既是一个加有顶盖的祭坛，同时又起到墓位地面标志的作用。"

商代墓葬形制大都是长方形竖穴土圹。这种形制是在平地上开掘竖穴，达到一定深度后再下棺椁。棺椁周围一般留有生土"二层台"或夯土"二层台"，为了陈放随葬品，然后再填土夯实。商代的墓葬形制就其规模可分为大型、中型、小型三大类。

大型墓主要在河南安阳殷墟西北冈和山东益都苏埠屯。假如按墓室面积为标准，能够分为甲、乙两种。

甲种墓的墓室面积在 100 平方米以上。如果以墓道为标准，它们又能够分以下两式：

甲种 I 式：有南北西东 4 个墓道。它的椁室同墓室结构又各不相同：一种墓室与椁室均作"亞"字形，一种墓室同椁室均作方形、一种墓室均作方形、椁室作"亞"字形，一种墓室作长方形、椁室作"亞"字形。殷墟侯家庄武官村墓地的 M1217，是目前被发掘的商代墓葬中最大的一个。据实测，墓室口部南北中线长 18.4 米、东西中线长 18.10 米、深 15.4 米，总面积 330.14 平方米。南墓道面积为 60.4 ×9.40 平方米、北墓道面积 41.55 ×

9.93 平方米、东墓道面积 28.90×9.60 平方米、西墓道面积 25×9.64 平方米，总面积共 1473.54 平方米。假如加上墓室口的面积，这墓总面积达 1803.54 平方米。其余一些同样的大墓，总面积也在 400～800 平方米左右，墓呈南北口，墓道有的作坡形，有的为台阶状长短不一，短者不到 10 米，长者可达 70 多米，墓室口大底小，呈方斗形；自口到底可深达 10 余米，墓室里面设东西两耳室，墓底有小坑。

甲种Ⅱ式：南北 2 条墓道，同墓室合成“中”字形。例如武官大墓，墓室作长方形竖穴，上口东西宽 12 米、南北长 14 米、深 7.2 米，总面积 168 平方米。北墓上口面积 15×5.2 平方米、南墓道面积 15.55×6.1 平方米，面积共 172.85 平方米。合墓室口和墓道口，总共面积达 340 平方米。墓底中间有腰坑，持戈人内殉。棺椁同随葬情况与上式大致相同。

乙种墓的墓室面积约在 30～100 平方米左右。以前在安阳殷墟和辉县两地发现过七八座。墓室结构似甲种Ⅱ式墓，也就是南北二墓道，同墓室合成“中”字形。后冈的 2 座大墓，墓室都作长方形，墓底中间都有腰坑。北墓道都是作台阶状，南墓道是斜坡直通墓底。椁室则不同：后冈大墓作“亞”字形，长方形。四壁都倾斜，墓壁经过捶拍，特别平整光滑。椁室由木条构成，底部木条宽 0.14 米，室壁全用木条横叠而成。

中型墓假如按墓室面积为标准，也可划分为两种：

丙种墓的墓室面积在 10～30 平方米左右。大的像琉璃阁 M141，墓口东西宽 4.7 米、南北长 6.1 米、深 4.1 米，面积 28.7 平方米。小的像陂盘龙城“李”M2，墓室平面稍像梯形，面积约为 12 平方米。这种墓有 1 条墓道为常见，也有 2 条墓道或不带墓道的。棺椁种类丰富，墓室和椁室都作长方形。有的墓还发现有建筑。

丁种墓的墓室面积在 5～10 平方米左右。在温县、殷墟、郑州、武安等地都有发现。丁种墓都无墓道，可是都有棺椁，有腰坑，少数的墓发现有建筑。

小型墓在商文化分布区内几乎都有发现，数量极为可观。从墓室面积为标准，大概可分为以下三种：

戊种墓，墓室面积通常在 3～4 平方米左右。土圹竖穴。墓室呈长方形，长2.20～2.95米、宽1.05～1.65米、深1.1～6.6米。通常都有棺和腰坑，有椁的则占一大半。

己种墓，墓室面积在1～3平方米左右。墓室现长方形，长1.98～2.80米、宽0.54～1.20米、深0.7～5.7米。通常都有棺。另外，三分之一左右的墓有腰坑和椁。

庚种墓，这种墓室面积不到1平方米。竖穴土圹。个别有棺和腰坑，但都没有椁室。

殷商王陵地址位于洹水北岸的西北岗，地势有点高，同小屯的宫殿区隔河遥望。它占地东西长约450米，南北宽约250米，分为东西两区。西区有7座修有4条墓道的大墓和1座未修成的大墓，东区有1座修有4条墓道的大墓、3座修有2条墓道的大墓和1座修有1条墓道的大墓。一些学者预测："西北冈的大墓并不一定全都是属于王的，可能只有8座带4条墓道的大墓，其形制和规模才够得上王陵，其余4座，因只有两条或一条墓道，规模又小，可能是属于王的配偶或其他人的。"

殷商王陵区的整体结构有一定的规划。西区都是大墓；东区除了大墓，还有非常多的杀殉祭祀坑。还有一些小墓，大概是陪葬墓。如葬在殷王武丁配偶妇好墓的18号墓，墓主人便是一位王室成员。

邦墓是指自由民的墓地，它是墓大夫负责掌管的范围，也按宗法关系实行族葬制度。根据考古资料，殷墟的墓葬群全是族墓地。它们几乎都集中在大司空村、后冈、苗圃北地和殷墟西区，殷墟西区的面积为最大。西区发掘出1500座墓葬，最少分为10个墓区。大司空村也能够为数个墓区。墓区同墓区之间有一定的空白地带作为界限。每个墓区大概分布有100到300多座墓葬。它们在埋葬风俗和随葬品组合等方面有一定的差异。通过对铜器铭文的研究，发现不同墓区出土的族徽图像不同，而同一墓区常常出土相同的族徽图像。由此可知，同一墓区里的墓主人在世时存在着以血缘关系为基础的氏族或家族的联系。

应该注意的是，虽然在一些墓区中贵族和平民全埋在同一个族墓中，例如殷墟西区、后冈、大司空村等处墓地。但它们在墓室规模大小、葬具形式、随葬品器物种类和数量以及殉人、殉牲等方面，都存在着显著的差别。

这些差别表明，同一氏族内不同家族的社会政治地位和经济状况上存在差别，显示了商代社会中自由民内部的迅速阶级分化；同时，它也反映商代社会中的族组织同原始社会的氏族组织有了本质的区别。

总体来说，殷墟墓葬中的族葬制，表明殷人生时聚族而居，死后合族而葬，并在墓地的分布、墓葬的形式、礼仪和随葬的器物中显示出姓、宗、族等由血缘的亲疏远近关系决定的亲族组织制度。它不仅揭示了商代社会还有着原始氏族制度的遗留，并且也是当时社会的某种经济、政治、军事和社会组织形式的折射。

三、西周墓室形制

西周时期的墓室形制基本上是商代墓室形制的延续。如果根据墓室规模的大小，能够划分为大型、中型、中小型和小型四类。

大型墓墓室规模都很大，通常墓室面积在 32 ~ 95 平方米左右，深度为 6.6 ~ 11.6 米，并且都设有椁室和墓道，殉葬车马，还附加设车马坑，甚至还有殉人。墓室结构大致同商代晚期的陵墓差不多，平面皆近方形，南北稍长，东西微窄，竖穴，上口较墓底稍大，形成微斜的墓壁。有的墓壁涂抹泥，有的墓底铺稍碎薑石。沿墓底四壁筑有土台，也叫做东南西北四阶，中间是椁室。有的椁室椁底铺盖朱砂。棺材放置中椁室中，但棺下没有腰坑。墓室南北两侧有墓道，南墓道最长的达 30.8 米、北墓道最长的达 15.5 米。河南浚县辛村发现的 5 座大墓便属于这种结构。

中型墓的墓室面积一般在 10 ~ 30 平方米左右。墓内棺椁完备，有的是重椁，有的带墓道。差不多都随葬有青铜礼器和车马器，少数的殉有车马和人，并附有车马坑。

墓室结构大多数呈长方形，个别平面接近方形，土圹竖穴，墓口稍大于墓底，少数的也有墓底略大于墓口的现象。从地理位置来看，长安地区的长方形墓，长与宽相差悬殊，有些窄长，且宽度很不一致，常常头向的一端稍宽，脚端较窄。岐山地区还发现头前另凿壁龛物，用来放置随葬器物。洛阳地区略大一些的中型墓设有折角形墓道，少数的墓并有耳室。宝鸡、岐山、浚县等地的中型墓大部分没有腰坑，长安、洛阳、北京地区的大多有腰坑。

椁室四周通常都筑土台，又叫“二层台”，也就是四阶。洛阳少数墓的椁外有积石，昌平的椁室同墓坑壁间以及椁底均有一层白膏泥。

中小型墓墓室面积通常在5～10平方米左右。墓制接近于中型墓，就是规模小一些。通常均无墓道，多数棺椁齐全，个别的有棺无椁，大部分随葬成套铜礼器及兵器，个别只随葬陶器，有的随葬车马器。殉人情况因地不同而不同，有的地区比较常见，有的地区则很少见到。墓室结构都是长方形土圹竖穴，大部分有熟土二层台。椁室结构同中型墓相同。多数均有腰坑，还有殉狗。

小型墓的墓室面积都在5平方米以下，墓长最小的不足2米，宽度不足1米。很少棺椁完备，通常为有棺无椁，少数的甚至连棺也没有，仅用席子裹尸。墓室结构是长方形土圹竖穴。有的小型墓墓室口小底大，墓壁是凹腰形，但有的在椁外筑成二层台，有的则直接留下生土二层台，个别有腰坑，坑里面埋有狗骨。

第三节　夏商周随葬明器

一、夏代随葬明器

明器在新石器时代晚期已经演变为一种比较固定的丧葬制度。至夏代，明器制度又有了进一步的发展。

如《礼记·檀弓上》曰：“仲宪言于曾子曰：‘夏后氏用明器，示民无知也。殷时用祭器，示民有知也。周人兼用之，示民疑也。’曾子曰：‘其不然乎！其不然乎！夫明器也，鬼器也；祭器，人器也。夫古之人胡为而死其亲乎！’”从儒家仲宪同曾子的谈话中，我们能够看出明器在夏朝已被正式确立为阴间死者享用的随葬品。

明器在夏代已形成一套完备的组合。以二里头文化墓葬为例，郑州上街、洛达庙、东马沟，偃师二里头和晋南东下冯等夏文化墓葬遗址中，出土有鼎、觚、爵、鬶、盘等陶器。

爵、觚、盉等酒器在夏代随葬品中占有不可忽视的地位。它们大都被奴隶主用作礼器随葬，例如《说文鬯部》曰："爵，礼器也，象爵之形，中有鬯酒。又，持之也，所以饮器象爵者，取其鸣节节足足也。"

玉制礼器也已被广泛用作随葬明器。例如"戈"原本是一种常用的武器；可是二里头夏文化墓葬遗址中发掘的玉戈显然不是武器，而仅作为礼器使用，是奴隶主贵族为随葬而特意制作的礼器。同样，"铲"最初也是一种生产工具，而同一个遗址中出土的玉铲明显是作为礼器使用的。奴隶主贵族随葬这类明器，是为了显示自己的社会权威和政治威严。

还有一点很重要，铜制明器在夏朝已经大量出现。铜爵就是当时最为特别的铜制明器。

二、商代随葬明器

至商代，墓葬中所使用的青铜明器不管是种类还是数量都有了显著的增加。例如黄陂盘龙城一奴隶主墓中，铜器达63件之多，罗山后李墓地出土青铜器达215件，名扬国内外的殷墟妇好墓，出土青铜器更是多得惊人，总共有468件，总重量达1600公斤以上。据考古工作者统计，在妇好墓出土的青铜器中，有礼器210件，按它们的用途可分为炊煮器、食器、酒器以及水器四大类。炊煮器有鼎、鬲、汽柱甑形器；食器有簋，但为数不多；酒器数量最多，有偶方彝、方彝、尊、觥、壶、卣、罍、缶、斝、盉、觯、觚、斗等；水器有盂、盘、罐等。还有不清楚用途的方形高圈足器及箕形器各1件。还有编铙等乐器，锛、凿、刀、铲等生产工具，镜和匕等生活用具，钺、戈、镞等兵器，及马饰、虎形工艺品和一些杂器。

商代青铜鼎的出现，特别引人注目。因为青铜鼎是其他青铜礼器无法替代的，是重要的礼器，是统治阶级等级制度和权力的标志。

鼎本来是一种饪食器，用来烹煮肉类食物，后来逐渐演变为用作祭祀和燕享。《周礼·天官冢宰》："掌共鼎镬。"郑玄注："镬所以煮肉及鱼腊之器，既熟，乃烝于鼎。"可见，至商周时期，青铜鼎已大多不是直接的烹煮器具，而主要是用来实牲，所以又有羊鼎、牛鼎、豕鼎和鹿鼎等多种称谓，是当时最重要的铜礼器，用作"明尊卑，别上下"。商代有一套严格的用鼎制度，中型和小型墓陪葬的鼎通常是1只或2只，很多地区大都如此。但在贵族的陵墓中，用鼎数量非常多，如商代晚期殷墟妇好墓出土有 2 只方鼎、2 只扁足方鼎、32 只大小不同的圆鼎，还有一些残破的碎片。可见，中小型墓的用鼎数量同贵族墓的用鼎数量差别很大。值得注意的是，商代的青铜鼎好像还没有固定的青铜礼器同它组合。

商代青铜礼器中的觚、爵、斝三器，尤其是觚、爵两器，则常常配套出现。鬲、盘、罍等青铜礼器却通常不起决定作用。例如墓室琉璃阁 M110 随葬了铜鬲、觚、爵、斝各 1 只，而盘龙城“楼”M5 也是随葬觚、爵、斝各 1 只，并无鬲、豆、盘之类青铜礼器。黄陂盘龙城发现的“李”M1 只出土 5 套由觚、爵、斝三种组成的青铜礼器。“李”M2 也是觚 1、爵 4、斝 3、盉 1。

由此可知，爵 1，或爵 1、觚 1，或爵 1、觚 1、斝 1，这三种组合应该是属于同一级别，并无差别，同样是区分贵族身份的重要标志器物。

在同一时期墓葬中，青铜礼器重酒器却轻视食器。根据考古资料，商代奴隶主贵族差不多将青铜酒器放置在椁内，而食器则常常放在椁外。椁外远棺，椁内近棺。这种特点，显然反映了墓主亲酒器、疏食器的意念。也就是说，凡墓主人生前非常喜爱而器重的物件，则放置在身旁；而墓主人认为不重要的东西，则放在稍远的地方。商人的这种观念，与当时的社会生活有关，根据资料，殷人在历史上曾以好酒著称于世。

与此同时，除青铜制作的礼器外，还有用玉、石和木制成的器皿。有铙、鼓、磬、埙等乐器，而铙、磬、埙三个作为一组。工具、车马、兵器等也占有一定的比重，如殷墟西区的 HPKM1004 大墓，发掘一系列的戈、矛、胄等兵器大概 70 套，仅铜戈竟达 700 件，表示死者能够直接统辖大批军队。妇好墓出土的 755 件玉器中，礼器 175 件，包括琮、圭、璧、璇玑、环、玦、簋、盘等；仪仗 54 件，包括矛、戈、钺和大玉刀等；工具 74 件，包括斧、凿、锛、锯、铲、刀、锥、镰等；生活用具 9 件，包括研磨朱砂的臼、杵、梳、耳勺、匕等；装饰品 426 件，有镯、坠、串珠等，另外还有玉人、玉兽等。在该墓出土的 63 件石器，被分为礼器、乐器及生产工具等。礼器有豆、盂、瓿、觯、罍、壶、器盖等，乐器有石磬等，工具有铲、锤、杵、砺石等，并且还有少量的装饰品、杂器。

陶制明器多出现在商代小型墓，主要种类有斝、爵、豆、鬲、簋、盆（或钵），有极少数的墓随葬陶罐等器，数量通常只有二三件。

商代墓葬随葬品的情况说明，商代奴隶主贵族以统治阶级的礼制进行埋葬的明器制度已形成。

另外值得一提的是，殷商丧葬十分重要的内容是祖祭。徐中舒先生曾根据金文认为："殷人对于祖先之敬事，较之事天尤为隆重"。因为当时灵魂不死的观念，殷人深深地信服死去的先人只是丧失了躯壳，灵魂犹在，依然可干扰人间的生活，决定人世间的吉凶成败，并能保佑或危害自己的子孙。例如《尚书·盘庚上》载殷王盘庚曰："古我先王，亦惟图任旧人共政。王播告之修，不匿厥指。王用丕钦，罔有逸言，民用丕变。今汝聒聒，起信险肤，予弗知乃所讼。非予自荒兹德，惟汝含德，不惕予一人"；"人惟求旧，器非求旧，惟新。古我先王，暨乃祖乃父，胥及逸勤，予敢动用非罚？世选尔劳，予不掩尔善。兹予大享于先王，尔祖其从与享之。作福作灾，予亦不敢动用非德"。因此，他们如敬畏鬼神一样，极其崇拜祖先。

有的考古学者认为，祖先是殷人尊崇和祈求的主要对象。殷王朝从上甲到帝辛共37王，除极少数外，绝大多数均有受到隆重祭祀的卜辞记载。例如，到目前所发现关于祭祀上甲的有1100余条卜辞，祭祀成汤的有800余条，祭祀祖乙的有900余条，祭祀武丁的有600余条。在所有卜辞里，判定是祭祀祖先的卜辞共有15000多条。此外，还有一些卜辞虽然没有清楚说明，但从内容、辞例等方面分析也可断定为祭祀先祖者，假如附上这些，那么殷人祭祖辞例的数量还应当更多一些。总之，据卜辞数量来看，祖先祭祀方面的辞例超过其他任何一类辞例的数量，这是殷人重视祖先崇拜的有力证据。

殷人祭祖常常极力追捧传说时代的最初祖先，尽量增大祖先崇拜的范围。对于女性祖先的尊崇虽然不能说同对男性祖先一视同仁，但可以说她们在祭典中也占有相当显赫的地位。事实上先祖多被分为若干组被祭祀，如大示、小示、及若干示等。他们不但尊敬崇仰王室的先祖，而且也崇仰非王室的先祖，甚至某些异姓部族的先祖。

对神灵祖先的崇拜显然源自灵魂不灭的观念，可是在它发展的开始阶段却更多地反映着列祖列宗同其后裔似亲非亲的关系，以及在同一地域里勇往直前进行奋斗的亲切情愫。在这种观念同心理的影响下，厚葬便作为当时社会的一种风尚，而且延续时间长，遍及范围广，愈演愈烈。

三、西周随葬明器

西周时代，随葬明器的范围比商代又有了进一步扩大，种类也略有增加。西周早期，奴隶主贵族随葬的明器，差不多沿袭商代晚期。但到西周中期，随葬品中铜礼器的组合发生了很大的变化，食器增加，酒器相对减少。至西周晚期，最普遍的礼器有鼎、簋、盘、壶等，鬲、豆等为次，酒器已经形成以鼎、簋配套组合的定规。鼎是奇数，分一、三、五、七、九 5 个等级；簋是偶数，分二、四、六、八 4 个等级。其他像豆、盘、匜诸器，通常只出一器，壶大多为二器，鬲则随鼎、簋的数量变化而变化。《礼记·效特牲》记载，“鼎俎奇而笾豆偶”，大概是西周中叶以后形成的新制。

西周用鼎制度，表现出非常明显的等级秩序，始终贯穿着“秩爵异级，贵贱殊等”的等级关系。据发现，这时期随葬的成奇数的鼎，常常在花纹、形制、铭文上彼此相似，但大小则不同，也就是它们尺寸大小依次递减，排列起来有利于形成有规律的序列，有的研究者称它为“列鼎而食”的“列鼎”。

根据周代礼制规定，西周时奴隶主贵族用列鼎的数目按其身份的高低而不同，从而制定成了一套比较严格的用鼎制度。对于各级贵族使用列鼎的数目，依其规定，大体上可以分为以下五等。

九鼎：据《仪礼·聘礼》、《仪礼·公食大夫礼》记载，“九鼎”系天子所用，所盛的肉食有牛、羊、豕、鱼、腊、肠胃、肤、鲜鱼、鲜腊九种，称“大牢”。《周礼·天官冢宰》记载：“王日一举，鼎十有二。”郑玄解释：十二鼎为牢鼎九、陪鼎三。

七鼎：七鼎是诸侯所用。《仪礼·聘礼》、《仪礼·公食大夫礼》及《礼记·礼器》均有记载，所盛的肉食为羊、豕、牛、鱼、腊、肠胃、肤七种，叫做“大牢”。

五鼎：五鼎是大夫所用。《仪礼》中的《聘礼》、《既夕礼》、《少牢馈食礼》、《有司彻》及《礼记》中的《礼器》、《玉藻》等均有记载，所盛的肉食是羊、豕、鱼、腊、肤五种，称“少牢”。《孟子·梁惠王下》记载：“前以士，后以大夫；前以三鼎，而后以五鼎。”同上述文献记载相符合，可以相信。

三鼎：据《仪礼·士昏礼》、《仪礼·士丧礼》、《仪礼·士虞礼》、《仪礼·特牲馈食礼》、《仪礼·有司彻》等的记载，此器物是士一级在特殊场合使用的。由于所盛的肉食，情况非常复杂，各书记载不同，《仪礼·士丧礼》说是盛豚、鱼、腊等；《仪礼·有司彻》说盛羊、豕、鱼等，也叫做“少牢”。

一鼎：据《仪礼·士冠礼》、《仪礼·士昏礼》、《仪礼·士丧礼》、《仪礼·士虞礼》及《仪礼·特牲馈食礼》的记载，此物是士一级使用的，应该盛的肉食是豚，也就是小猪。

当时的这种礼器制度，在考古发掘中得到了证实，因此上述文献记载是有一定根据的。此外，《国语·楚语下》载：“天子举以大牢，祀以会；诸侯举以特牛，祀以太牢；卿举以少牢，祀以特牛；大夫举以特牲，祀以少牢；士食鱼炙，祀以特牲；庶人食菜，祀以鱼。上下有序，民则不慢。”说明各级奴隶主贵族的用牲是有严格的等级序列规定的。

西周考古，由于王陵至今未被发现，因此九鼎墓的情况尚不能知晓。铜鼎用七具成列的，现在仅发现河南三门峡市上村岭虢国太子墓一座。出土五鼎的西周墓，目前发现有四座，例如宝鸡茹家庄的三座合葬墓及上村岭虢国墓地 1706 号墓均是五具成列。三鼎墓也有发现，例如长安普渡村的长白墓、宝鸡福临堡 F1 号墓均是三具成列。一鼎墓发现很多，如陕西岐山贺家村 5 号墓和长安普渡村 2 号墓、北京昌平白浮村 2 号墓等。

同商代相同，诸侯贵族的陵墓也常常在其附近另设坑穴，埋葬车马，叫做“车马坑”，它的规模大小也由墓主的生前身份而定。上村岭虢国墓地，虢太子墓有单独的车马坑，10 辆殉葬的车、20 匹马。而两座没有被盗的五鼎墓也均有车马坑，各殉 5 辆车、10 匹马，刚好比虢太子墓少半。而出一鼎与三鼎的墓，虽大多有车马器出土，极少有车马坑。

让人关注的是，西周墓随葬器物的摆放都有定处。如早期大型墓中随葬品的摆设是：鼎、鬲等青铜礼器之类，多在北阶；车马器之类，多在南阶或东南阶，或在椁顶之上；兵器之类，多在东西阶；衣甲贝玉之类，当作死者的贴身财富，多放在椁内和棺内。中型墓随葬品的放置情形是：铜礼器和陶器大都放在墓主人头前的棺椁之间，兵器之类多放在棺外或椁外两侧的二层台上，玉、石、蚌等器多放在棺内。中小型墓的随葬品大部分集中放在头前棺椁之间。而小型墓的随葬器物也均是集中放在头前，有的在二层台上。至中晚期，墓中随葬品的摆放发生了一定的变化，比早期更为严格、明确。如虢国太子墓的摆放情况是：椁盖上置放石戈，棺椁间的西北角置放车马器，东北角置放铜礼器，东西两侧置放兵器；棺内，耳部有玉玦，颈部有一组鸡血石串饰，胸部有石璧等。

综上所述为西周奴隶主贵族的墓葬随葬品特点，而平民墓葬的随葬品的最大的特征是：通常不随葬铜礼器，也没有兵器及车马器，只有陶器随葬。西周早期，随葬陶器种类，大部分地区是鬲、簋、罐、豆，西安西面地区多是簋、豆两器，数量不等，少的有 1 件，多的有 10 件。西周中期以后，陶明器的固定完备组合通常是鬲、盆、豆、罐。

值得注意的是，西周时期南方地区的明器制度和北方有非常大的不同。例如用鼎制度，中原地区是用奇数，而南方地区却是用偶数。安徽屯溪 1 号墓随葬 16 件铜器，除 1 件盂及 1 件残破的三足器外，其余均是成对的。另外，南方地区的西周墓，有大量的原始青瓷随葬亦为特别之处。如安徽屯溪发现的两座西周墓，均随葬有相当多的原始青瓷，共有 70 多件，器形有豆、碗、尊、罐等，豆为最多。这种情形于江苏丹徒、句容、溧水、金坛等地的西周墓葬也有发现，可见它是东南地区西周墓中的常见现象。虽然其他地区也有随葬原始青瓷的，可是数量和器形远没有东南地区那样丰富。

第四节　夏商周古墓搜索

一、殷墟墓地

提及甲骨文，大家很自然想起安阳，那里不仅风景秀丽，并且还埋藏着不可估量的地下宝藏。自盘庚迁殷到纣王灭亡，“凡二百七十三年”，商的都城一直在这。

19 世纪二三十年代殷墟被发掘了 15 次，“甲骨文”、“帝王陵”、“宫殿区”被发现。新中国成立以后，有关专家学者又对这里进行了进一步发掘，累计发掘出大小墓葬成千上万，集中的墓区达 18 个以上，墓主人的身份从万人崇敬的商王到普通的奴隶，出土物从闻名于世的重达 1700 斤的司母戊大方鼎，到栩栩如生的玉质小兔。

殷墟墓葬共分为大、中、小三类。大型墓分为两种，第一种拿安阳西北冈王陵作代表，平面呈“亞”字形、长方形和“中”字形。四条墓道为“亞”字形，例如 Hp ~ KM1001，东西长 13. 75 米，南北长 18. 9 米，深 10. 5 米，墓道、墓室总面积达 712. 75 平方米。此墓多次被盗掘，只在殉人坑中有少量铜礼器，盗坑填土中清理出大量精美玉、石、骨、蚌、白陶及黄金残器，殉人达 164 人。方形者如 HPKM1002、HPKM1003 等。如 WKGM1 墓室呈长方形，面积 168 平方米，算上墓道有 340 平方米，墓底中心处有腰坑，椁室是长方形，椁外二层台上满布殉人坑，放有随葬礼乐器。与墓主人同穴的有 34 个头骨，45 副全躯人骨架，59 副动物骨架。这个墓地也被人偷盗过，只有部分随葬品，有一件青白色大理石石磬刻有生动的虎纹，还有玉斧、柄形器等，陶器有白陶盘、尊、爵、簋、刀、戈等，骨器有匕、笄等。第二种：墓室面积约在 100 平方米以下 30 平方米以上，如侯家庄西北冈、后冈大墓等。墓室结构是南北二墓道，同墓室合成“中”字形。有很多人殉。大型墓主人应该是商代的最高统治者。

中型墓分为两类：第一类有“中”字形“甲”字形、都没有墓道，长方竖穴形，均有腰坑，墓室与椁室均作长方形，通常有人殉，面积一般在 30 平方米到 10 平方米左右。以小屯 M5 为例，墓里面 16 个殉人，6 只狗；出土铜器、玉石器、骨器、象牙器等共 1928 件，另外还有 6800 枚贝，2 枚海螺。铜器共计 460 件，而礼器 210 件，有很多前所未见的重器，如偶方彝、铜鸮等；玉器 750 件，其中有用作礼器的；还有用作仪仗的。按照铭文内容“妇好”，结合甲骨卜辞有关记录，墓主人是武丁配偶“妇好”，大概死于武丁晚期。此外，郭家庄 M160 现花园庄东地 M54 是继妇好墓之后发掘的规模较大、保存完好的贵族墓葬。出土器物种类多，大多制作精细。第二类墓都无墓道，可是都有棺、椁、腰坑。腰坑内殉狗，大部分都有殉人，通常 1 ~ 6 人，大半随葬青铜礼器，一般都有 2 至 3 套铜觚、爵、斝，还有数量不等的铜鼎、壶等，玉石器也常见于此，另外还有陶觚、陶爵、陶盘等，用来替代青铜礼器。中型墓墓主多为王室首领和大贵族。

小型墓有三类：第一类，墓室面积通常为 3 ~ 4 平方米，差不多都有椁室、腰坑。随葬物有铜觚、铜爵，还有铜觯，大多随葬陶觚、爵等，部分有殉人。墓主通常属于小贵族。第二类，长方形的，面积比第一种小，有椁室、腰坑，少数有壁龛。大部分有铜戈，通常都随葬几件陶器，少数随葬陶觚、陶爵等陶礼器。墓主人生前是一般平民，他们相当一部分是士兵。第三类，完全没有椁室，小部分有腰坑，大部分随葬陶器，这种墓的主人生前是自由民中的贫穷者。在那时，埋葬制度是礼制的重要组成部分。商代政治与宗教制度的核心是礼乐制度，是贵族奴隶主划分等级名分、处理内部关系的依据和准则。我们依据墓中出土的青铜礼器的不同可以看出，商代晚期等级分化得相当严重。依据殷墟的墓葬布局和出土青铜铭文推断，商代实行聚族而葬的制度。

二、微子墓

微子，名字叫启，是商王帝乙的大儿子。帝乙生了三个儿子：长曰微子启，第二个曰微子衍，第三个叫寿王。启、衍为庶出，于是立寿王，即后世所称商纣王，封微子启在微，微子墓在今天的微山县微山岛西北部的凤凰顶上。

微子在世的时候，正值商纣王荒淫无道、宠信妲己、残害忠良的时候，商王成汤建立的基业眼看就要毁于商纣之手。微子多次劝谏纣王，可是纣王昏庸无道，不纳忠言，“邦无道则隐，邦有道则现”，微子无奈辞官职，从当时的都城朝歌出京，到他的封地隐居起来，独善其身。箕子和比干不去，发誓效忠于君王，结果箕子沦落为奴，比干则被纣王剖取心肝，惨死在纣王之手，《论语》中记载：“微子去之，箕子为之奴，比干谏而死。子曰：‘殷有三仁焉。’”现在的微子墓前主碑刻有“殷微子墓”四字，顶端横额“仁参箕比”，其本源也就在于此。

微子归隐后，本想终老山林，没想到纣王贪暴，西部诸侯周文王和周武王乘机联络天下诸侯讨伐商，最终攻占朝歌，纣王自焚，周王朝便建立起来。商灭亡后，周武王给了纣王的儿子武庚一块封地。多年以后，周武王病死，周成王继位，成王年幼，周公辅政，而武庚趁机联合管叔、蔡叔发动叛乱，企图颠覆周朝的统治，周公亲自挂帅东征，大战三年，终于击溃了叛军，武庚伏诛。早在周武王灭殷时，微子就听说武王贤明，投奔武王，周武王依旧给他封爵，到周公诛灭武庚后，为了不绝商祀，成王就命微子代之，封他在殷商故地，建立了新的诸侯国宋，微子就是宋的开国之君。

宋的疆域在今山东和河南交界地带，都城建在睢阳，微子墓却在山东微山境内，是不是微子眷恋隐居之地而归葬？也许这只是后世之讹传？因为微子墓目前没有发掘，缺乏相关的证据。其实墓之真实与否并不重要，它承载着后着人对先贤的崇敬之情，所以，清代时墓前又立碑 3 座，迄今凭吊的人仍不绝于途。

“西边的太阳就要落山了，微山湖上静悄悄”，美丽的微山湖由于微子墓而更加美丽，山水相映，风景如画，总能让人怀想起已逝的微子。“斜光照墟落，穷巷牛羊归。野老念牧童，倚杖候荆扉。雉雊麦苗秀，蚕眠桑叶稀。田夫荷锄至，相见语依依。即此羡闲逸，怅然吟《式微》。”在现代都市生活的人们，愿不愿意与微子促膝而谈，携杖回归山林呢？

三、苏埠屯墓地

苏埠屯墓地位于现在的山东青州市东北 20 里的东埠岭上，1931 年，该地就陆陆续续出土青铜器。1965 年秋至 1966 年春，山东省博物馆在这里发掘了 4 座商代墓葬及一座商代车马坑，由于其中的 M1 规模大，规格高，引起人们的高度重视。1986 年山东省考古研究所在此地清理了 8 座墓葬，使这批资料更为丰富。

此墓葬以墓圹的形制分为带墓道的及长方竖穴形，前者如 M1 大墓为“亞”字形，M8、M11 为“甲”字形，属于大中型墓，后者便是小型墓。前者墓室面积比较大，主室是口大底小状，后者面积较小，墓壁很直。墓底都有生土或熟土二层台，有腰坑，坑里多殉狗。葬具大多是棺椁，棺差不多置于椁室中部偏南，可是随葬品大部分置于棺椁中间。已发掘的几座墓中，除M7、M8 外，都被遭盗掘。

M1 是该墓地最大的一座，长方形，南北长 15 米，东西复原后长 10.7 米，墓底南北 9.45 米、东西 5.9 米、深 8.25 米。共有四条墓道，南墓道底是斜坡形，直到墓室底部，北、东、西三条墓道同二层台相通。墓室和墓道内填土都用黄沙质土和黑褐色黏土夯打而成。

墓室中部有“亞”字形木椁室，南北及东西最大长度都是为 4.55 米，高 2 米，椁的下部铺有一层厚达 5 厘米木炭。并且木炭层下有“T”形腰坑，腰坑下层有大方坑，是奠基坑。椁室的北、西、东三面有熟土二层台。在 M1 的奠基坑和腰坑以及墓道里共殉 48 个奴隶、6 只狗和 1 只小兽。此墓因被盗，重要器物已丢失，仅残留一些小件器物及残片，铜容器有鼎、斝、爵等，兵器有钺、戈、矛、斧、锛等，还发现铜铃、蝉纹环、兽头饰等；陶器主要有盆、罐、觚、盘、盉、杯、鬲等；玉器有戈、鱼、柄形器、绿松石饰等；石器有斧、镰、钺等；另外还发现骨器、戈形饰、贝和金箔。

铜爵及铜锛的残片上都刻有“亚醜”字样。该墓所出的两件大铜钺体形巨大，一件长 31.7 厘米、宽 35.7 厘米；一件长 32.5 厘米、宽 34.5 厘米，铜钺体透雕的人面形纹饰，圆睁双目，张口露齿。后一件在正背两面的人面形口部的两侧，都有一个“亚醜”铭记。考古工作者普遍认为，M1 是商代规模最大的方国国君墓葬。苏埠屯 M2 也属于大型墓葬。

M7 在南埠岭东北边沿，墓口南北长 3.65 米、东西宽 2.6 米，墓底距离墓口深 2.9 米。墓底有二层台及腰坑，内殉 1 只狗，棺椁都已经朽，椁室呈长方形，墓主头向北，仰身直肢，殉葬有 3 个奴隶，葬于东、南、西三面的生土二层台上，没有葬具。此墓有随葬品 35 件，铜器 16 件，有鼎、簋、觚、爵等，觚、爵最为精细，刻有“亚醜”字样；7 件兵器，12 件陶器，还有石铲和贝壳等。

M8 在南埠岭中部，北距 M195 米左右，墓室呈长方形，口大底小，墓口南北长 7.5 米、东西宽 6.5 米。墓道开口在墓室南壁，呈斜坡状，葬具是两椁一棺，已腐朽，棺放置在椁室的南部。墓主骨骼已经腐朽，头向和葬式不清楚。墓内殉2只狗，北向。随葬青铜器大部分放置于椁室北部，而大量的兵器随葬于墓主的两侧。共随葬312件器物，铜器为最多。酒器器类有鼎、簋、觚、爵、卣、觯、尊、斗等；乐器11件，铙3件、铃8件；兵器235件，有钺、戈、弓和镞，镞为最多；工具杂器约28件，有锛、凿、斧、削、箍、泡等；另有陶及玉石骨蚌器。

苏埠屯墓地的大墓早已遭盗掘，青铜器组合我们很难调查研究，但从目前保存完整的M7和M8看，商朝中型墓葬的青铜器基本组合是鼎、觚、爵。

苏埠屯是山东一处重要的商代墓地，就埋葬制度、墓葬形制和随葬品组合与风格来看，此墓地的年代应从殷墟文化三期到四期。按照出土铭文内容和文献记载，一些考古工作者推断这是商的方国的故地。还有些工作者推测此墓地是“薄姑”氏国君陵寝，属于亚本醜族的文化，而M1没准就是薄姑氏的君长。还有人推断它是夏代斟灌国的墓地。

四、太清宫周初大墓

相传老子的故乡是河南鹿邑太清宫镇，1997年，该地又因太清宫西周大墓的发掘而更加闻名中外。

太清宫西周大墓坐落在太清宫遗址的东南部，是一座具有浓厚商人遗风的周初大墓。此墓是大型竖穴土坑墓，平面呈“中”字形，是由南北两个斜坡墓道和墓室组成，南北总共长49.5米，最宽处7米，深达8米。南墓道呈刀形，南北长21.5米，东西壁上涂抹有一层细黄沙，墓道底部修理平坦整齐，填土分层夯筑，在墓道中间有一人骨架，头向南，应该是人祭，北墓道平面是长方形，长16.5米，同墓室有二层台相通。

墓室是长方形竖穴，上口长9米、宽6.63米，底长8.1米、宽5.6米，在其东西两侧及北部有二层台。在南墓道和东西二层台、棺椁之间以及棺底的长方形腰坑内有13人殉葬，1只殉狗，殉人多为青少年。椁室呈井字形，中间放置木棺，都已腐朽。

墓里面随葬有较为丰富的器物，主要除放于四个边箱内，包含陶器、原始瓷器、青铜器、玉器、石器、蚌器等多件，加上骨镞、蚌泡及贝币总共1800多件，出土数量为周初墓葬所罕见。

特别吸引人的是原始瓷器 12 件，有豆、瓮、大口尊等，造型及釉色是商周瓷器中的精品，是研究原始瓷器的重要资料。在百件玉器中除礼器、工具和兵器外，雕刻加工的虎、龙、鸟、鱼、鹿等兽饰图案十分精美，造型生动。例如玉虎形跽坐人是圆雕，正面是虎头张口露齿，虎头下是人身，跽坐，双手扶膝，人背作鹄身，目视前方，昂首挺胸，器体装饰有几何纹。在这座墓中发现的商周玉器最为丰富。骨制品中的箫有 5 组，每组 13 根，都用禽骨制成，长短依次排列，是我国目前发现的年代最早的排箫实物，较之春秋中期的河南淅川下寺楚墓所出土的石排箫及战国早期的曾侯乙墓出土的竹排箫都要早，此举将排箫起源年代提前了几百年。

该墓出土的青铜器种类齐全，有 100 多件，包括礼乐器、兵器、水器、生产工具、车马器等数十个器类。出土编铙 6 件，数量非常多，在我国居于第一位。有的青铜器造型优美，形制独特，有些从来没有见过，如兽面纹青铜圆口，圆鼎，折沿，足为三柱形状接近马蹄形，口沿下施弦纹相间的兽面纹带，足根部装饰兽面纹，这是铜器中最大的一件；四耳簋两件，圆口，腹浅，高圈足，四个兽耳，耳下有长垂珥，兽头高于器口，具有明显的时代性；簋形觥，器体是圆簋形，上置器盖，呈龙首形，长颈鹿双角，臣字形目，双角之间浮雕有龙身，3 条巨龙张牙舞爪，盘绕于盖面，反映出高超的技术水平。这些青铜器都有纹饰图样，大部分是几何纹和动物纹样，兽面纹、夔龙纹为最多。

在出土的青铜器上，大部分有“长子口”等铭文，因此学者据此推测此墓主为“长子口”，长子国是商代晚期的一个重要小国，周灭商后归服于周。也有学者认为该墓是西周宋国国君的墓葬。专家根据墓葬的形制特征、随葬品组合乃至其性质特征和葬俗，推测该墓是一座典型的商代葬仪墓葬，但墓葬年代已属于西周早期。

长子口墓是淮河流域商周墓葬中规模最大的一座，是我国目前所见随葬器物最为丰富、保存完整以及时代特征明显的一座周初墓葬。它的发现为考古工作者研究商末周初的埋葬制度、社会生活制度等提供了重要的实物资料。

五、姜太公衣冠冢

去过古城临淄的游人，肯定会被四王冢、车马坑以及大武汉墓等古迹透出的王气所震撼，古风尚存，时过境迁，当人们穿过宫殿残址上的寸寸荒草时，可能会发现许多清幽的地方，坐落临淄城东部的姜太公纪念馆就位于此处。

姜太公纪念馆的建筑紧靠姜太公衣冠冢而建，在临淄，古代也曾修建祭祀姜太公的庙宇，遗憾的是早已荒废。而新建成的太公纪念馆的建筑采用中国传统的中轴线对称的风格，主殿是歇山穿堂式，正中塑有姜太公彩绘塑像，配殿中有太公先祖伯夷等姜氏族人的史迹和姜太公的文治武功。

姜太公是历史上著名的军事家和政治家，他是尧舜在世时伯夷的后裔，也叫做太公望。姜子牙，名尚，伯夷因建功封在吕，也凭封地为姓，于是也叫做吕尚。姜太公在东海上住，因此亦称“东夷之士”或“东海上人”。他由于辅佐周文王、周武王建立周王朝而著名，此外，由于他大器晚成，经历了太多困难和挫折坎坷，民间关于他的故事传说颇多。

姜太公处于商末纣王无道之时，他因为熟读兵法，学识渊博被王叔比干推荐给纣王，而纣王只让他做一个小官，他无法施展抱负，这个时候西方的周国渐兴，纣王残无仁政，吏民多归西方，姜子牙亦西去，到了一个叫硒溪的地方过着隐居的生活，而这时，姜太公已经70岁高龄了。先前，姜太公为维持生计，前后卖过肉，贩过牛羊等牲畜，但也许是缺乏经营才能，他不仅没有能够致富，并且还赔了本钱。传说姜太公还讨了老婆马氏，因为谋生艰难，二人整日吵闹不停，最后马氏不愿再陪伴姜太公过苦日子，在姜太公决定西迁时，毅然地离开了他。姜太公隐居硒溪，闲来垂钓在渭水之上，这时，姬昌治理西岐，真是风调雨顺，百姓安居乐业，姜太公耕读于硒溪，倒也自得其乐。姜太公年过七十，但是始终胸怀大志，他洞察到姬昌有灭商建国之心，肯定需要辅佐之臣，便等待施展才华的机会。

因此，太公经常垂钓渭水，其心却不在鱼，钓钩都是直的，于是后世流传着一句歇后语，“姜太公钓鱼——愿者上钩”，就这样过了几年，商纣王的统治越加惨无人道，不仅百姓怨声载道，就连八百路诸侯，除个别外，也全部反叛商王，不再听从商王的命令，此时的中原大地，就像一包火药，在高温下慢慢接近燃点，但纣王对此依然没有一点收敛，朝中的贤臣逃走了，有的像比干等被纣王杀掉，而纣王一味宠信妲己，建造“酒池”、“肉林”，只顾享乐，为了封大臣们的嘴，又以“炮烙之刑”惩罚那些不知趣的大臣。

在这种背景下，姬昌积极做着准备，他积极招募人才，却缺少一位文武兼备的将军，周文王姬昌十分头疼，接连几天几夜睡不着觉，寝食难安，突然有一天，文王做了一个怪梦，梦见东南有一只白额猛虎，肋生双翼，朝帐中扑来，而且见台后火光冲霄，姬昌醒过来，竟是一梦，急召大臣解梦，有的曰：“此梦乃王之大吉兆，主大王得栋梁之臣，大贤之客。昔成汤曾有飞熊入梦，后得傅说于版筑之间，今主公梦虎生双翼者，乃熊也，又见台后火光，乃火煅物之象。今西方属金，金见火必煅，煅炼寒金，必成大器，此乃兴周之吉兆。”官员们听完，同声道贺。姬昌听到这些后，心欲访贤，就同众官同游渭滨，到硒溪访得太公，询问太公，姓姜，名尚，字子牙，号飞熊，刚好与前梦相吻合，周文王不胜之喜，急切召乘舆，子牙三番两次拒绝，文王始乘舆，子牙骑马，同归京城，此时太公已经七十二岁了。

后来太公辅佐文王，内修外治，国富民强，直到文王病死，武王即位，姜太公乃统率虎狼之师，同天下诸侯会盟，联合伐商，在牧野一战，将商朝军队杀得落花流水，而后，大军直奔朝歌而来，纣王直到这时，才尝到什么是众叛亲离的滋味，眼看要当周军的俘虏，就点火自焚了，朝歌落陷，标志着商王朝的灭亡，周武王立镐京为都城，建立了新的王朝，便是西周。

西周建立后，分封诸王，建立了许多相对独立的小国，姜太公因为功著，被封在他的故地，便建立齐国。当时齐国的生产力还有些落后，东边的莱人听说太公封在齐，就过来争抢地盘，结果被太公打败了，用营丘为都，同时，《史记·齐太公世家》记载：“太公至国，修政，因其俗，简其礼，通商工之业，便鱼盐之利，而人民多归齐。”据史料，姜太公是一位德高望重的高龄老人，到成王时，乃使召康公命太公曰：“东至海，西至河，南至穆陵，北至无棣，五侯九伯，实得征之。”齐国从此征讨方国，于是成为东方大国。

姜太公不但是一位杰出的军事家，而且还是一位政治家，他为周王朝制定《九府圜法》，规定了太府、内府、王府、外府、泉府、天府、职内、职金、职币等9个专掌财币金融的部门及其职权，在我国经济史上具有举足轻重的意义，太公叫大农、大工、大商为国家“三宝”，农业齐备则粮谷丰足，工具齐备则器具用足，商齐备则财货富足，三宝齐聚，国家就可长治久安，繁荣昌盛，于是齐国大治。《史记·齐太公世家》称他为“兵权与奇计”的宗师，后代都尊法太公。《汉书·艺文志》著录姜太公著作：《太公》二百三十七篇、《谋》八十一篇、《言》七十一篇、《兵》八十五篇。目前传世的姜太公兵法著作有：《六韬》、《太公阴谋》、《阴符》等。

姜太公死后，是送往周国埋葬的，葬于文王和武王陵旁边，而且五世之内都可返周而葬，五代以后的人才葬于齐地。《集解》引《礼记》及郑玄都说太公死葬于周。《齐记补遗》中记载：太公葬于周，齐人弘扬其品德，葬衣冠于此。太公衣冠冢在今天的淄博市临淄区永流乡张家庄东南，高28米左右，四周因取土非常陡峭，南北50米左右，东西55米。它的前面有新建石牌坊，横批“周师齐祖”，楹联“葬衣冠永怀太公德”，“建祠宇再现武成光”。武成是何意呢？原来唐宋以前，姜太公被各代帝王封为“武圣”，唐肃宗封他为武成王，宋真宗又封其为昭烈武成王，于是墓前碑文刻“武成王姜太公衣冠冢”9字。正因为姜太公是一位全智全能、贤明圣德的人物，两汉以后，民间开始流传一些关于他的神话传说，在明代万历年间，许仲琳写成《封神演义》，把姜太公神仙化了，直到现在，许多人家盖新房时，在房梁的上面贴“太公在此，上梁大吉”的纸符，传说能够避邪气，祛鬼消灾，足见姜太公影响之大、之深，太公遗风，源远流长！

六、虢国墓地

虢国为西周时期的重要臣属国，据史料所载和学者的研究，西周时期应该有东、西两个虢国，而三门峡虢国兴起于西虢的东迁，公元前665年被晋国所灭。

虢国墓地在河南省三门峡市北郊会兴镇上村岭一带，被发现在1956年，是一处两周时期的大型墓地，整个墓地南北长590米、东西宽550米，总面积占地32.45万平方米。由黄河水利考古队担任发掘，清理出贵族与平民墓

234 座，3 座车马坑，1 座马坑，出土青铜器、玉器等文物共 9179 件。其后经过钻探与大规模发掘，包括车马坑和祭祀坑，墓地的墓葬总数在 500 座以上。

墓葬形制都是长方形土坑竖穴墓，大部分有木质棺椁，大型墓是重棺单椁，中型墓为单棺单椁，基本上在椁内棺上盖上一层木质棺罩。个别墓中有埋狗的腰坑，墓主头向多朝北。墓地中出土有十分丰富的随葬品，主要包括青铜器和玉器。青铜器为礼乐器、车马器、兵器等，并且还有许多青铜器上铸有铭文。玉器可分为礼玉、佩玉、装饰品等。随葬的青铜礼器中，鼎基本上与簋相配出土，数量按三、五、七作为级别。《公羊传·桓公二年》中何休注曰："礼祭天子九鼎，诸侯七，卿大夫五，元士三也。"周礼还规定，"名位不同，礼以异数"，"无田禄者不设祭器"。这有力证明陪葬列鼎的数目同墓主人的身份有着紧密的关系。从该墓地所出土的随葬鼎簋数目和墓葬的规模、随葬品数量及葬具配置等，我们能够看出，西周时期有很严格的用鼎等级制度。

又如 M2001 出土文物 3200 多件，其中青铜器 1700 余件，有铭文的 35 件，器物主要安放在椁和内外棺之间，各类文物中以玉、茎、铜、芯、柄、铁、剑、缀玉面罩及玉佩组饰弥足珍贵。通过铭文和文献，我们推测墓主人应该是虢君。另外 M2009 更是出有九鼎，出土文物 3600 余件，出土器物数量之丰富，在全国范围内所发掘的同时期墓葬中独占鳌头，尤其是多组成套的铜礼器与大量的玉石器更是不可比拟。该选虢君之墓，规格只次于周天子之墓。此墓中还出土有用墨笔直接在玉片上写的"遣策"，这是我国考古专家发现的最珍贵的书法标本。

按照墓葬的排列能够分成八组：第一、二、三组称为南区，有的只有中小型墓，有的大、中、小型墓葬均有。第四组、第八组能够称为北区，是 20 世纪 90 年代发掘的墓葬区。而第四、五、六组，在整个墓地的中部偏北处，从西北向东南依次排列，以中小型墓葬为主，大型墓很少。第七、八组在整个墓地的最北端，已发掘有 116 座大、中、小型墓葬、车马坑及祭祀坑，是整个虢国墓地中最重要的墓葬区，埋葬着多位国君、众多的高级贵族成员以及为他们陪葬的车马坑、祭祀坑等。第七组墓葬在北区西部，是虢季组墓葬。虢季墓已发掘，其墓主身份应是国君，为他随葬的车马坑长达47.6米。第八组墓葬位于北区的东部，是虢仲组墓葬。虢仲墓（M2009）墓主身份应是国君，虢仲墓的北、东、西三面的墓葬、车马坑及祭祀坑排列井然有序，应该与虢仲氏有关。此组墓葬和车马坑的数量达89座。

虢国墓地里等级森严，所有墓葬依其规格与墓主人身份高低，从北向南各自成组，排列有序，以界沟分区埋葬。界沟以北为国君和其同宗族的高级贵族埋葬区，界沟以南是其他高级贵族埋葬区。各组之间的空间界限比较分明，组和组之间越向北去，墓葬的规格越高，这在随葬品的数量与质量、墓葬规模上都有体现。国君与其家族的墓葬在整个墓地的北端，符合“葬于北首”，也就是北在上在前的丧葬习俗；其他贵族与平民则依次朝南实行族葬制。

从发掘情况来看，虢国墓地里面的墓葬排列是整齐有序的，可见墓地经过严格规划。并且，墓葬的排列顺序同《周礼》所载“公墓制”、“邦墓制”、“昭穆制度”等有很多符合的地方。虢国墓地是一处等级完备、排列有序、独具特色并且保存较为完好的大型邦国公墓地，为研究我国古代两周时代礼乐制度及丧葬风俗提供了确凿的实物资料。

七、晋侯墓地

晋国曾因特殊的政治地位一度叱咤风云，但由于历史文献的流失，我们无法对早期晋国历史有清楚的了解。晋侯墓地，在2700多年以后，向我们呈现出早期晋国的“庐山真面目”。

位于山西南部天马—曲村遗址中部的晋侯墓地，在1992年被人们发现，这之前十多年，考古工作者已在曲村遗址发掘了将近千个西周至战国时期的晋国中小型墓葬和数万平方米的居住址。从1992年4月开始经过近两年时间的发掘，晋侯墓地总共清理晋侯及其夫人的墓葬8组17座、陪葬墓4座、祭祀坑数十座，并探明车马坑5座。考古专家在M1、M2的北侧略偏西处发现一组两座带墓道的大墓，还有附葬的车马坑，此乃另外一组晋侯和他夫人的异穴合葬墓。

晋侯墓地南北宽130米，东西长150米，8组大墓基本上以南北两排分布，每一组都是夫妻异穴合葬墓，夫妻分葬在两个相互紧靠的墓坑中。在8组大墓中，墓葬形制是单墓道甲字形10座长条形3座、箕形1座，双墓道中字形2座（M63、M93），无墓道长方形竖穴墓1座（M102）。可惜4组7座墓被盗，它们是M6、M7、M32、M33、M1、M2、M8，10座尚保存完整，是M9、M13、M91、M92、M31、M64、M62、M63、M93、M102，其中M8与M31在一组当中，它们分别是晋侯和晋侯夫人墓。

大墓方向基本上一致，凡是有单墓道的都在墓室的南部，双墓道的在墓室的南北方，无墓道的也是南北向，墓向南稍微偏西，呈东北——西南向。单墓道长在10到20米间，宽在2到5米左右，最常见的是斜坡式，也有个别为台阶式的，墓室通常是长方形，多口小底大，个别口底差不多，墓口长一般在5到6.5米间，宽在4到5.5米间，墓室大部分是南北长、东西宽，只有M33东西长、南北宽，呈横长方形。墓深大多在7到8.4米间，只有M8深6米、M31深4.77米。

在北排几组常见的墓道中有殉车，多数墓葬的葬具是二棺一椁，M33、M6、M7、M13是一棺一椁，M2作为一椁，棺数不大清楚，M32葬具情况不大清楚。葬式凡可辨明者都是身肢伸展、仰直，M93组和M64组头向北，M91组头向南，墓位除M9、M13组男西女东外，剩下的7组都是男东女西。在墓葬中还不时能看到积石积炭。

各大墓中都挖出些青铜器，在鼎、簋数量方面M91是七鼎五簋、M93是五鼎六簋，M13、M1、M8、M64是五鼎四簋，M6、M33皆被盗不全，M9资料不具，其余各墓皆三鼎墓。就年代来说，在整个晋侯墓地中最重要的该属M8出土的晋侯稣钟了。这套编钟共两组16件，钟铭355字，载有王三十三年晋侯稣统率兵将跟随周王巡省疆土，而且受命讨伐夙夷立功受赏之事。

凡晋侯墓中都有乐器、兵器，反之晋侯夫人墓中都无，另外每一墓中皆有陶鬲1件。在晋侯和他夫人的墓葬中还出土了大量的玉石器，只M92一座墓葬中就发现了4000多件，在M8、M31、M64、M62、M91、M92、M93等墓葬中皆发现缀玉覆面，很多墓葬出土了成组的串饰以及各种动物、人物造型，其中最引人注目的是在M8、M64、M91三座墓葬中发现的金带饰和M8、M64二墓里面发现的两组7件兔尊。

由于晋侯墓地保存的完整性和排列的有序性，使学者们在周代埋葬制度的研究中大大受益。他们已对西周墓葬的“公墓制”、“邦墓制”等问题进行了研究，并且学者还对墓地出土的青铜器、玉器，从考古学、古文字学、文献学等角度，进行系统的研究，了解西周晋国的用鼎制度、用玉制度等问题，取得了不少成果，不过学者们尚未达成一致的看法。

第三章　春秋战国墓葬

【凭吊诗话】

习习谷风，以阴以雨。
之子于归，远送于野。
何彼苍天，不得其所。
逍遥九州，无所定处。
时人暗蔽，不知贤者。
年纪逝迈，一身将老。

——孔丘《猗兰操》

引　言

春秋时政治家的变革，导致了春秋战国时代墓葬习俗的变化。

儒家一直提倡孝道，他们把养生送死看得非常严肃。《中庸》说：“事死如生，事亡如存，仁智备矣。”《论语·学而篇》说：“慎终追远，民德归厚矣。”《荀子·礼论》说：“丧礼者，以生者饰死者也。大象其生以送其死也。故如死如生，事亡如存，终始一也。”当齐景公向孔子请教治政之道时，晏婴进言道：“夫儒者滑稽而不可轨法；居傲自顺，不可以为下；崇丧遂哀，破产厚葬，不可以为俗；游说乞贷，不可以为国……君欲用之以移齐俗，非所以先细民也。”

孔子特别看重孝在丧葬中的地位。在《论语》中，“孝悌”占有至关重要的地位。孔子说：“君子笃于亲，则民兴于仁。”在他观点里，孝道具有内外两个方面的意义：对内是凭借孝道启发自觉的仁心，对外是对整个人类社会历史文化的关顾。一个理想的人格便是朝这两面都充分推广的，他首先培养的是孝道，所以有子才说：“孝悌也者，其为仁之本欤！”孔子也说：“弟子入则孝，出则悌，谨而信，泛爱众，而亲仁。行有余力，则以学文。”把孝敬父母、尊重兄弟的道德修养放在第一位。

孔子还强调“孝悌”要建立在“敬心”的基础之上。他认为，孝道来自一个人的内心深处，如果对父母只有物质给予而无精神温暖，则与冷血动物无异。所以当子游问孝时，孔子答以“今之孝者，是谓能养。至于犬马，皆能有养；不敬，何以别乎?”子夏问孝，孔子也回答“色难。有事，弟子服其劳，有酒食，先生馔，曾是以为孝乎?”关键就是内心的诚敬。

此外孔子还把“孝”与“礼”结合在一起。鲁国大夫孟懿子请教孔子，回答说：“无违。”就是说要遵从礼的尊严。弟子听不懂，于是问孔子：这是什么意思？孔子回答说：“生，事之以礼；死，葬之以礼，祭之以礼。”强调无论在何时，父母的生前死后，都要严格按照礼节的规定尽孝，决不允许有一丁点违礼的现象存在。

也就是如此，当弟子宰我提出“三年之丧”为期太久的时候，孔子非常气愤地责备他“不仁”。他说：“予之不仁也！子生三年，然后免于父母之怀。夫三年之丧，天下之通丧也，予也有三年之爱于其父母乎！”孔子更清楚地说：“父在，观其志；父没，观其行。三年无改于父之道，可谓孝矣。”由此可见，孔子所说的“孝”不光是指内心的诚意，更是对先人体制与事实存在的尊重。就礼节孝道，孔子油然体会到“礼”的永久庄严。

在丧葬方面，孔子虽然力主薄葬，主张崇拜精神怀念，但这种孝道观念，确实为当时及后世的厚葬形式提供了理论依据。所以《淮南子·汜论训》说：“厚葬久丧以送死，孔子之所立也。”

至战国时期，随着社会的变化，儒家的丧葬观出现了根本性的转折，由重精神的悼念观转向重物质的悼念观，从俭朴到奢侈、从简到繁便是这一变化的特征所在。孟子和荀子就是这一时期儒家丧葬思想的代表。

孟子，名轲，邹人。约公元前390年出生，死于公元前305年。他专注学术，常以孔子的继承者自居。由于政治上的需要，孟子的政治主张比孔子更具有浓厚的道德色彩，他进一步发展了“孝悌为本”的伦理思想，“礼”就是调整人与人之间相互关系的礼节制度和道德标准，是为调节等级关系的需要而产生的。因此，人际关系中的情感和行为，都应以“仁义忠孝”作为衡量的尺度。孟子极力主张“入则孝，出则悌，守先王之道”。又说：“事，孰为大？事亲为大。”“事亲，事之本也。”还说：“孝子之至，莫大乎尊亲；尊亲之至，莫大乎以天下养。为天子父，尊之至也；以天下养，养之至也。”给父母送终“可以当大事”，君子应在父母身上宽厚孝道。孟子还强调“不孝有三，无后为大”，并且不加掩饰地指出他提倡“孝道”的政治目的是为了“人人亲其亲，长其长，而天下平”。

孟子不仅把“礼”和“孝道”作为丧葬观的基本内容，还提倡葬，为后世造成了不良的影响。据记载，孟子奉母仕在齐，母过世，孟子派弟子充虞请匠人打造棺木要好的椁，以厚葬他的母亲。充虞不了解孟子的用意，认为孟子的要求太苛刻了，棺材的制作实在是太奢侈，便问孟子有必要制作这样精美的棺椁吗？孟子对充虞说：“古者棺椁无度。中古棺七寸，椁称之。自天子达于庶人，非直为观美也，然后尽于人心。不得不可以为悦；无财不可以为悦。得之为有财，古之人皆用之，吾何为独不然？且比化者，无使土亲肤，于人心独无佼乎。吾闻之也：君子不以天下俭其亲。”他认为厚葬“非为观美也”，只有这样厚葬了父母，才算尽了心孝，讲了礼。否则就是不忠不孝，被人类所不容于天地之间。由此可见，孟子的丧葬观相对孔子的丧葬观已有了非常大的不同，这表明先秦时的丧葬观已从重精神的悼念观转移到了重物质的悼念观。自孟子以后，厚葬被冠以为“礼”和“孝”的美名，影响了中国丧葬的导向，长达数千年之久。

与孔孟同样，荀子十分重视“礼”在丧葬中的作用。他说：“礼者，谨于治生死者也。生，人之始也；死，人之终也。终始俱善，人道毕矣，故君子敬始而慎终。终始如一，是君子之道，礼义之文也。夫厚其生而薄其死，是敬其有知而慢其无知也，是好人之道，而倍叛之心也。君子以倍叛之心接臧穀，犹且羞之，而况以事其所隆亲乎？故死之为道也，一而不可得再复也。臣之所以致重其君，子之所以致重其亲，于是尽矣。故事生不忠厚不敬文，谓之野。送死不忠厚不敬文，谓之瘠。”“使生死始终若一，一足以为人愿，是先王之道，忠臣孝子之报也。”“故丧礼者无它焉，明死生之义，送以哀敬，而终周藏也。故葬埋，敬藏其形也。祭祀，敬事其神也。其铭诔系世，敬传其名也。事生，饰始也。送死，饰终也。终始具而孝子之事毕，圣人之道备矣……使死生终始莫不称宜而好善，是礼仪之法式也，儒者是矣。”

需要注意的是，荀子在强调厚葬为孝的同时，把“礼”看成了一种等级制度，主张“丧祭械用皆有等宜”。他说：“君子贱野而羞瘠，故天子棺椁十重，诸侯五重，大夫三重，士再重，然后皆有衣衾多少厚薄之数，皆有翣蒌文章之等，以敬饰之。”肯定了封建等级特权的合理性。荀子想通过这种丧葬中的等级关系，达到“生死终始若一”的政治目的，从而使封建等级制度和伦理纲常成为神圣不可侵犯的事物。

第一节　春秋时期明器制度

一、僭越非礼现象的出现

春秋时期，社会阶级关系剧烈变动，故当时社会明器制度的变化也反映了“礼崩乐坏”的社会现象。统治阶级的埋葬制度，除了按照西周中期以来的传统礼制外，各地还普遍出现了僭越非礼的现象，尤其是春秋中期，这种僭礼逾制的现象更加普遍和突出，一些平民模仿贵族礼制，用鼎随葬，打破了士与庶人之间的界限。

如在山西侯马上马村等地发现的春秋中晚期的小墓中，随葬品的组合就大都是鬲、豆、盆、罐或者鼎、罐、盆、鬲等仿铜礼器的陶质明器，有的小墓甚至还随葬有较少量的骨制车马明器。按当时礼制的规定，平民是不可以用鼎随葬的。但这些墓主已不满于原有的地位，他们尽力通过这种体现社会地位和身份的用鼎制度，希望在阴世跻身于特权阶层之中。在此，明器成了这些小墓主人僭越礼制的工具。

庶民这样，贵族士大夫更是如此。春秋中期的辉县甲墓，墓主是晋国的卿大夫，但却用了天子才能用的九鼎之礼，而且在该墓中还发现了千余个包金铜贝和骨贝等明器。侯马上马村的三鼎墓，也不合礼制的规定，使用两组10件石质编磬与一组9件钮编钟，而且还随葬了铜贝、包金贝等明器。按《仪礼·大射》规定：编磬只有天子或者诸侯才能使用，清代学者金鹗在《求古录礼说》曰：“诸侯惟有编磬，以石为之。”

湖北随州曾侯乙墓墓中更是出土了许多青铜礼器、车马兵器、金玉服饰……共达1.5万件。尤其是其中的编钟，不仅体型大、铸造精，而且每一件都可以发音，享有中国古代的一大奇迹的美誉！由于春秋各诸侯国社会经济、文化发展的不相协调，各地区的明器制度，在共性之外，也还存在着相当大的区别。下面的这些墓葬就体现了这种区别。

洛阳地区的周墓，根据随葬品的多少可以分为如下四类：

第一类随葬品有青铜礼器、兵器和车马器，个别墓还出土陶器一件。早、中期随葬品的礼器组合几乎都是鼎、簋、舟、盘、匜各一件，个别墓还有簠、罍各二件，鼎多至三件。晚期个别墓无簋，代之以豆、壘各二件。戈是最常见的兵器，几乎每座墓中都有，几乎每座墓都有戈，晚期又出现了剑。

第二类随葬品有青铜兵器和成组的陶器。

第三类主要随葬陶制明器，没有青铜礼器、车马器和兵器。陶器的组合在春秋早中期都是鬲、盆、罐，晚期组合是鼎、豆、罐。

第四类是没有或仅有少数玉石饰物作为随葬品。

春秋初期，郑国和虢国分别被称为周室的“东西屏蔽”。郑国的高级贵族墓葬的随葬品以青铜礼器、兵器、玉器和车马器组成，青铜礼器的组合基本上为鼎、簋、簠、舟、盘、匜。小墓的陶器组合大多为鬲、盆、罐、豆，与洛阳周墓相同，但也在个别小墓随葬有仿铜陶礼器，计有鼎、罍、盘、匜四种。虢国墓随葬器物的等级差别较大。第一等是七鼎、六簋、六鬲，有车马坑和乐器；第二等是五鼎、四簋、四鬲，有车马坑，但无乐器；第三等是三鼎、二鬲，也有车马坑，但与第二等一样无乐器；第四等，一鼎或二鼎，并同出盘，有的同出盆、豆等陶器，无车马器、车马坑以及乐器；第五等没有青铜礼器，只葬少量的玉圭、玉玦和石饰件或者只有一件陶器；第六等只出土陶器，组合为鬲、盆、罐、豆。

齐国贵族墓一般主要有青铜礼器、兵器、车马器和兵器。青铜礼器出土有列鼎、平盖鼎、敦、豆、壶、舟，还有编钟、编铸、编磬等乐器。小墓随葬陶器的组合为鼎、豆、壶、盘、匜、敦、舟。鲁墓随葬陶器的组合是鬲、簋、罐、豆。

须注意的是莒地墓随葬情况。1975 年在莒南县大店镇老龙腰，考古工作者发掘出两座春秋晚期的墓葬。其随葬器物的组合，陶器都是七鼎和壶、罐、甗、豆等，还有铜质的礼乐器、兵器和车马器。此两座身份为大夫的墓，其随葬的礼器却是用陶器代替铜器。

据目前考古资料表明，燕国贵族随葬的青铜礼器，通常有鼎、豆、壶、盘、匜等，此外有兵器、车马器和陶尊等。

晋国贵族墓的随葬品制度大体上是：三鼎墓设有青铜车马器，其他各设有一只铜敦、铜匜，还有陶壶等；五鼎墓设有青铜车器，设有两只簋、罐、鉴，另外还有编钟九、编磬十；七鼎墓有车马器，铜器一般还有四敦，鬲、甗、簠和方壶各二，舟、鉴和盘、匜各一，又有编钟九、编磬十。没有铜礼器的小型晋墓，其随葬陶器的组合，早期是鬲、浅盘豆、盆、罐，中期以后为鬲、鼎、盖豆和壶，或再加上盘、匜，其中鬲、盘、匜均为一件，鼎常常是两件，壶和豆则不定。

楚国墓葬，大型墓主要是青铜礼器，此外还有兵器、车马器、乐器等。在青铜礼器中，不同阶层贵族的用鼎制度是以升鼎为中心。例如楚幽王墓出九件铜鼎，淅川下寺令尹薳子冯墓出七件铜鼎。中型墓以随葬仿铜陶礼器为主，其组合通常是鬲、钵、罐。

春秋时期秦贵族墓，在关中凤翔、宝鸡、户县都有发现。从发掘的数十座贵族墓来看，其随葬品一般有青铜礼器、石圭和兵器、石璋等，少数是车马器。随葬的青铜礼器早晚期也不同，春秋早期多用青铜礼器，有鼎、簋、盘、匜、甗等几种；中晚期多数用仿铜陶礼器，所用数量以青铜礼器较少。仿铜陶礼器有鼎、簋、壶、盘、匜这几类。平民墓的随葬品以日用生活陶器为主，春秋早期的组合是鬲、罐，晚期是鬲、盂、罐、豆。

值得注意的是，春秋时期秦国的明器制度既有与中原一致的地方，又充满了鲜明的地方特色，这主要体现在以下两个方面：一是仿铜礼器在秦墓中较早开始使用，流行也较普遍；二是陶器的组合和器形也有差异。

战国时期，由于社会形态的转变，明器制度也被冲击和破坏。一方面，“礼乐征伐自天子出”变成了“自诸侯出”，又一变成了“自大夫出”，于是出现了“陪臣执国命”；另一方面，春秋时由数百个邦国林立变成几个大国割据称雄。

深刻的社会大变革，也在明器制度上得到了充分的反映。如三晋两周地区传统的葬俗，在早期的大墓中还保持着，但到中期，明器制度便大大改化，就是用成组的陶质仿铜礼器和生活用器中的陶质灯、小壶、鉴等明器随葬；中小型墓中，此明器制度更占主导地位。晚期时候，就是周文化传统地区的中原，中小型墓的随葬品也基本全是用仿铜陶礼器，且其组合也是多种多样的，有的是鼎、盖豆、壶、匜，有的是鼎、敦、壶，而最多的莫过于壶、敦或罐、敦及尊、敦等。组合形式较之春秋加多了，内容趋向简化，甚至有的连表示地位和身份的礼器鼎也不用了。明器制度的这种变化反映了时代的进步，它意味着传统的明器制度已惨遭冲击。因各国经济、政治、文化和地理的不一致，各地区的明器制度存在着鲜明的区别。如秦、楚、燕、齐和中原三晋地区，都具有自己的特点和发展规律。

比三晋中原地区大墓变化要早的有：长江流域的楚墓。在战国初期，大墓不只用一套青铜礼器随葬，而且还往往另加一套陶制的仿铜礼器，二者不可或缺。与此同时，日常生活用具中的豆、耳杯、案、俎、几等漆器也葬入墓中。所有这些“送死”之器，加上最能反映楚人思想意识和楚墓特点的镇墓兽、虎座鸟架鼓、虎座飞鸟、侍俑和木质模型的编磬、兵器、车马器等，对此之前的明器制度进行了严重的冲击和破坏。

至于楚国的下大夫墓，更是将青铜礼器和仿铜陶礼器混合使用，常有鼓、琴、瑟，和车軎、马衔、马镳等车马具。另外还随葬有木俑，漆木器、兵器基本齐备，但数量不多。

士一级墓的随葬品主要为仿铜陶礼器，只有个别墓出土铜礼器，可惜器类不全，其器物组合主要为鬲盆、豆罐、鼎簠壶、鼎敦壶；晚期战国在长沙等地还有鼎盒壶，少数墓有鼓、瑟；一般没有车马器；一半以上的墓出土有漆木器和兵器。

庶民墓的随葬品，在早期多是实用陶器；中期之后，也开始用仿铜陶礼器，一般还有少量的兵器和漆木器。总而言之，战国时期的楚地，无论大墓，还是中型墓、小型墓，其随葬用器的种类、质料和多少等都充分表现出传统的明器制度在这一地区的改化和强烈的地区、民族色彩。

中原地区的明器制度也受到了较大的冲击。在贵族墓中，青铜礼器仍受用，同时还使用乐器、车马器、武器和玉石器随葬。早期主要是铜礼器，晚期除去特大墓，普遍用陶代铜，形成铜、陶礼器并见的器物群。青铜礼器的地位不及春秋时代，这在一定程度上显示了社会意识的变化，当然也同漆器业、陶瓷业等的日益发达和青铜冶铸业的逐渐衰落有关。由于社会上礼制的松散，平民也纷纷僭越礼制而选用陶礼器作随葬品，这种现象同殷商西周时期那种贵族用铜器、平民用陶制生活器具的随葬大相径庭。

从中原地区墓葬中的明器制度来看，墓的规模可以分为如下几类：大型墓的随葬品丰富，有成套的铜礼器或者陶礼器、成编的钟磬、兵器和工具、车马器、玉石器和用来镇墓的鹿角座。中型墓随葬有陶礼器，有的墓随葬有少数的铜礼器；车马器、兵器和工具也常见，玉石器的使用次数也不少。小型墓则一般只有几件玉石器和陶礼器，也有剑和镞这两种武器，而没有戈、矛、戟，也不随葬车马器。有的小墓甚至只有数件玉石器和铜带钩随葬，也有的则没有任何随葬品。

从随葬品的种类和安置规律来看，按其用途可以分为以下几种情况：礼器有鼎、豆、壶、盘、匜、鉴、甗、鬲、簋、敦、簠、细把豆、鸟形盆、盒等。陶礼器有四种组合形式，一是鼎、豆、壶，二是鼎、豆、壶、盘、匜、细把豆，三是鼎、豆、壶、盘、匜、细把豆、小壶、鸟柱盆、筒形器，四是鼎、盒、壶。在四种组合形式中，第一种鼎、豆、壶的形制明显仿自同时期的铜器，其组合与春秋晚期的鼎、豆、罐相比也不同，就是用壶代罐，形成新的组合形式。乐器有编钟、编镈、编磬。武器和工具有剑、戈、矛、戟、斧、凿、削等，车马器有辕饰、軎、盖弓帽、衔镳、辔饰等，玉石器有璧、琮、璜、圭、璋、人面饰、珠、环、膀等，服饰杂品有镜、带钩、鹿角座等。

礼器、乐器常分门别类，但相对集中地陈放在棺外的椁室中。武器工具中，剑常佩带于身，别的陈放在椁室中，有的戈、戟置放在椁顶上，意思是保卫死者。玉石器、带钩、镜等日常用具随身陈置在死者旁边。人面饰是用璜形、梯形、橄榄形、长方形的玉石组成人面部五官的形状，缀于幕上，蒙在死者脸上，就是常说的“瞑目”。有的长方形、梯形玉石片缀于身或覆盖在棺上。

鹿角上常有彩绘，在大墓中往往成对出现，陈置椁室的一端。在辉县赵固村一号墓中，它还与铅座同出，可能是插置铅座上用作镇墓。车马器的放置方法大约可分成三类，一是在大墓附近挖车马坑，二是在墓道内置车室，三是在椁室中放置车马器。另外小墓，由于墓坑窄小，一般放在墓坑的一端。

春秋时期关中的秦墓，其独树一帜的明器制度得到进一步发展。随葬器物中少数墓有陶鼎、豆、壶等明器，大多数墓已形成以陶鬲、盆、罐、壶等明器为主的组合，簋、盘、匜已不见。晚期墓中，除常出现茧形壶、盒、甑外，一些稍大墓还常随葬秦式的铜鼎、鍪、壶等。这些随葬品虽部分是实用器物，但它们已普遍向明器化的方向发展，器形薄化，制作也较粗劣。而且，陶制明器的组合也和三晋地区墓葬中流行的组合风格截然不同。引人关注的是，战国时期的秦墓中开始出现了反映生活面貌和墓主财富的陶囷、陶车和陶牛等模型明器。

二、俑的诞生

俑是中国古代丧葬中用来随葬的偶人，是一种明器。《礼记·檀弓下》："孔子谓为刍灵者，善；谓为俑者，不仁。"注："俑，偶人也。有面目机发，似于生人。"《孟子·梁惠王上》："仲尼曰：始作俑者，其无后乎？为其象人而用之也。"

俑作为随葬品大约始于商周时期。它是由人殉制度演变而来的。在学者看来，最早的俑可能是用茅草扎成人形，因此被称为"刍灵"。大约到西周初年，洛阳等地的小墓就出现了玉质奴隶俑。

春秋战国时期，用俑殉葬的习俗开始流行起来。据的考古资料显示，山东临淄郎家庄一号墓出土的成组陶俑应该是这一时期时间最早的陶俑。这组陶俑形体很小，高只有 10 厘米左右，有男、女俑。男俑是武士，大多披着盔甲带着持物，女俑则是奴婢伎乐等。陶俑和人殉同在一墓，表明用俑殉葬在春秋战国时期仍处于草创阶段。

除了郎家庄一号墓，在山西长治分水岭的战国墓中也有陶俑出土，如十四号墓就发现18个陶质的男、女俑，身高约5厘米，造型简单，仅具轮廓，身上涂朱，还留有刀刻痕，多是奴仆形象。在湖北、湖南等省的楚墓中，也都发现了木俑，多是婢仆和武士形象。用木头刻制成人的轮廓，然后用墨绘出眉目须发等细部，有的彩绘出衣裙甲胄，也有的穿丝织衣物。通常形体扁平，也有的在躯体上另外安了手臂，手上还拿着小木剑、戈等物或演奏乐器。秦国在春秋战国时期开始把陶俑作为随葬品。近代，在铜川市北郊枣庙村出土了几件春秋战国时期的泥塑陶俑，这几件人俑是使用当地红胶泥捏塑而成，没用火烧，只在泥胎表面涂一层彩绘。男泥俑昂首挺胸，神态逼真；女泥俑身肢修长，线条柔和。这些俑多采用写实手法，强调边饰。

俑代替的是被殉葬的奴隶或是“从死从葬”的妻妾、侍臣和近臣，它的出现体现了社会的进步。

第二节　春秋战国时期丧葬制度

一、族葬制与邦墓制

春秋战国时期，尽管以血缘宗族关系为纽带的族葬墓地制度受到封建制度的强烈冲击，但仍继续保留着。

考古资料表明，这一时期发现了较多的族葬地，如山东临淄齐国故城河崖头一带的齐国高级贵族墓地，曲阜鲁城西部鲁国贵族墓地，湖北江陵纪南城附近的雨台山楚国“邦墓”地，西安半坡和宝鸡福临堡秦国“邦墓”地等。这些墓地一般严格实行族葬制。但并非所有的公墓或邦墓都严格实行族葬制，如魏国的“公墓”区位于今河南辉县固围村到汲县山彪镇一带，相距达七八公里。秦国的“公墓”区，如果还从秦昭襄王起，到秦始皇止，那么西到芷阳，东一直到临潼相距二三十公里。相距如此远，也难怪禁止王室以外的人葬入“公墓”区内。

此外，从秦国公墓的考古发现来看，也不是按昭穆原则来安排各墓的位置。如在陕西凤翔南指挥村发现的秦公一号陵园，墓地面积20万平方米，其南部有两座中字型大墓以及一座甲字形大墓，此三座大墓的右前方又各分布一座长方形车马坑。三墓中最大的一座非秦国国君莫属，不过其位置并不在墓地的正中，而是偏向右，在东端。

风翔南指挥村界内发现的其他七个秦公陵园，安排也大致如此。据此知，秦国国君墓地上的墓葬安排不仅体现了秦人以右为上的观念，而且也体现了在墓葬中国君的显赫地位。

在一些地区，国民的“邦墓”制度仍顽强地保留着。如洛阳中州路西工段战国初期出青铜礼器的贵族墓 M2717、M2719 和一些同时期出陶器的墓 M2724、M2730、M2733、M2702、M2705 互相毗邻。山东平度战国墓葬也有相似的情况出现。这些贫富身份悬殊的墓在同一个墓地，就说明以血缘关系为纽带的族葬制度在以上地区仍继续顽强存在着。

到了战国晚期的时候，国民的“邦墓”制度已经松弛甚至消失。如洛阳烧沟战国晚期墓，其中南区的墓 28 座葬，据出土的器物分析，除个别墓葬有铜带钩、铜镜等随葬品外，剩下的都是陶器，贫富悬殊不大。此现象说明族葬制度已经开始消失，人们不再以血缘关系聚族而葬，而是根据身份地位高低、财富多寡来选择墓地。

二、棺椁制度

春秋战国时期，森严的等级制度在棺椁中依然存在着，且越来越考究、精致。《左传·成公二年》记载：“八月，宋文公卒，始厚葬，用蜃炭，益车马，始用殉。重器备，椁有四阿，棺有翰桧。”《吕氏春秋·节丧》曰：“题凑之室，棺椁数袭，积石积炭，以环其外。”今日的考古资料充分地验证了古代的文献记载。当时的诸侯贵族流行用多重棺椁埋葬，如湖南湘乡牛形山一、二号大型战国时期楚国木椁墓，棺椁多达五重。临九 M1 楚墓同样是由 2 椁 3 棺组成，有 4 个边箱。

春秋战国时，木椁的结构大多由顶、周、底三部分组成。就是在墓坑底部横放两根垫木，上面铺椁底板，四周底部用木板砌成椁室四壁，为挡板和墙板。椁室内用隔梁、隔板分成头箱、棺室或都边箱，里面放着棺具和随葬品。有的在头箱、棺室或者边箱上装着分板，然后在椁室上加盖板。从现有的考古资料来看，湖北随州曾侯乙墓的椁室是相当大的。据考古发掘资料记载，该墓整个木椁含有盖板、墙板、底板，总共171根长条木垒叠而成。木椁用材经专家鉴定，全部是梓木。

曾侯乙墓木椁的总面积达195平方米，用12道椁墙隔成4个椁室，每一道墙用上述的6根长方木料垒成4个室，以中室最大，东室第二，西室排第三，北室最小。以上所指的都是各个椁室的内空，如果再加上椁墙的厚度，那么每个室的长、宽均需加1.1米左右。在4个室的底部，都有门洞相通。中室通西室、东室的门洞，是把最底下的墙板截去一段，所以最底下一块墙板的厚度正好是门洞的高度。门洞都是方形，中室通西室的门洞在中部，宽0.44米，高0.55米，通东室的门洞在北部，高0.6米、宽0.47米；东部有通北室的门洞，距离中室通东室的门洞不远，高0.35米，宽0.4米，它不是把最底部一块墙板全部截断，而是将这块厚木料的下部挖成方洞。在椁中室的底部还铺着竹席。各室的四面墙上还留着一些木钉，或许是用来挂帷幕。在椁盖板之上，覆青膏泥与木炭之前，先铺满竹席；竹席上面，再覆盖一层绢帛，最上面又铺一层竹网。竹网的经篾较粗，纬篾较细，交织成六棱格或者梯形格。

木椁是作为地上居室的象征物而产生的，因此先秦木椁具有象征地上建筑的特点，可以从各级贵族的居住制度来分析椁制。按照周代宫室制度，诸侯有前朝（堂）、后寝（室）、左右房，后部称为北堂，有的寝下有室。对照战国楚墓木椁，其第一等，头箱象征前朝（堂），棺箱象征寝（室），边箱象征房，足箱象征北堂和下室，都符合诸侯的形制。

战国时的诸侯，差不多都已称王，所以原来（周制）中的诸侯之制，就是这时期列国中封君等最高贵族之制。例如信阳长台关MI出陶大牢九鼎，使用的是春秋中期至战国时期的列国卿制，江陵天星观MI的墓主是邸阳君番乘力，从此二例可推知这类椁制为封君或卿一类贵族之制。大夫的宫室，也有左、右房，可它的基本制度有前堂与东房、西室，合乎第二等；一等墓一般出少牢五鼎，合乎大夫之制。第三等是象征前堂、后室之制，一般出土一鼎，知属士制。第四等常常是见不到随葬品的小墓，这一等的墓自春秋至战国又都有一些只出日用陶器的墓，可知本属庶人之制，只是因为战国时庶人同士之间的界限往往被打破，故此与第三等墓的棺椁制度也往往相混。

这个时期的椁室，也有的用石头垒筑。如《礼记·檀弓上》载宋国“桓司马自为石椁，三年而不成”，受到孔子的严厉批评和指责。河北平山中山国王墓的椁室就是用石块筑成，厚约2米，十分坚固。另外，山东临淄齐国贵族墓的椁室也常常用天然石块砌建，它的里面有一具木椁。如1984至1986年，为配合辛店齐鲁乙烯厂建设工程而出土的4座东周大墓，其中一座墓的椁室四周就是用自然巨石块垒砌而成，用卵石填缝。椁室长6.9米，宽2.25米，高3.2米。

春秋战国时期的椁制与棺制所属的级别一样。已知的战国楚墓的遗存有：第一等皆四或三层棺；第二等皆二层棺，仅望山M2是三层棺；第三、四等皆单棺。既等级明显，而且棺的制作也有向奢华方向发展趋势。曾侯乙墓出土的墓主棺，乃这一时期棺具的典型代表。

曾侯乙墓墓主棺有内外两层。外棺用青铜框架嵌木板做成。青铜框架的设计相当奇特，结构也非常严谨。它由一个青铜框架底座，下安10个铜足，上装10根立柱，另加铜框架的盖组成。整个外棺是带足的长方盒状，长3.2米，宽2.1米，高2.19米。此种铜木结构的棺是首次发现。

青铜框架与立柱等构件，是以各部分的需要铸成的，如棺盖四周框架的构件形状，很像现代钢材的角钢形，即横剖是直角形。当中6根立柱的形状，有如现代钢材的“工”字形。四个角立柱的形状，又好像是2根“角钢”连在一起；不过四个角的立柱，也只有对角的立柱是完全一样，非对角的是另一个样。其他的形状还有的是槽形、不等边槽形和异形的。令人惊叹的是，该墓主外棺的所有此类形状的青铜用材，都可以在现代钢材中找到相同或相似的型号。

棺盖是用一个长方铜框当中加两青铜横梁构成。在横梁的两端以及盖的四角都向外伸出有铜钮，铜钮的部分也是与棺身立柱相对应的位置，棺盖的下方内外伸出有铜楔，铜楔正卡住四角和当中的立柱。当棺盖盖好后，内外楔一卡，盖身扣合就相当牢固了。

外棺在足端挡板的下方还留着一个方形门洞，高34厘米，宽25厘米，这个门洞用来供死者的灵魂出入。

外棺的内外均经髹漆。内壁髹朱漆，外壁用黑漆在地上绘朱彩，夹杂着黄色花纹。盖面铜框架饰有绹纹，木板饰龙形蜷曲勾连纹，共有5行，每行5组图案。棺盖铜框架的四侧饰云饰。棺身共有20组图案，两侧各6组，两端各4组，每组大致相同，就是用阴刻的圆涡纹为中心，周饰朱绘龙形蜷曲勾连纹，每组阴刻框线，在阴刻线和朱绘线间施黄彩。每组的外框绘绹纹，竖的绹纹外是铜立柱，铜立柱的外表施朱，铜足上施鳞纹。

外棺的这些纹饰并不特殊，但令人惊叹的是，那些蜷曲的勾连纹皆是由龙组成的，这些龙画得很简单，多数没有头，但尾是十分明显的。如果从内棺的一些其他纹饰分析，就完全可以推测，它们确是龙。故这里主要是以龙为主体的。

内棺的两侧和盖是弧形，内壁是长方盒状。全长2.5米，头宽1.27米，足宽1.25米，高1.32米。结构一般是由几块木板卯榫结合而成，在棺身的口部，四角加铅锡抓钉紧扣。棺和盖身之间，也只是子母口扣合，并没有用拴钉、暗楔。然而，墓主内棺的上漆却非常讲究，花纹相当繁杂。上漆的方法和现在一般上漆的方法相类似：先抹漆灰泥，反复打磨平滑，然后上漆。墓室里面上漆的特点就是多次抹灰，多次打磨，多次上漆，现在能见到漆灰泥厚约0.2至0.4厘米，然后遍涂红漆，在红漆上用墨、金等色绘成非常繁复的图案。墓主内棺尽管经过了2400多年，出土时漆色、漆质仍保存得很好，花纹也依然十分艳丽清楚。

盖面的图案由136条龙组成，共4行，每行17组，每组两条龙，首尾相接。有的龙画成4足，有的龙5足。棺的两侧的主体图案皆相同，就是用对开的格子门为中心，格子门的两旁，画一些神兽武士持双戈戟守卫。格子门是双扇样式，门两旁上下出斗，说明可以随便开关。每扇门上，绘上下两个“覆斗”形格子纹。两旁的神兽武士绘得可怕极了。

左边有六个神兽，分为上下两排。右手都持双戈戟，戟头朝外，最左边上下两个神兽形象一样：人头，人面，头顶上有一对尖角，双耳肥硕，躯体着鳞甲，除了上肢下肢，还伸出三对羽翼状的东西，胯下有一条大长尾；从躯体看，像鬼又不是鬼，像兽又不是兽，当中和右边的上方两个形象相同，下方两个形象一样。上方两个是兽头人面形，身也是兽形，上肢有利爪，胯下画有云纹，好像是跨在云端上面。下方两个作人首人躯，头顶角作鸟首状，也有肥硕的大耳，而且有长髯，手也是利爪状。门右边绘神兽武士四个，也是上下两排，它们的形象与紧靠门左的四个相似而对称，也就是上方两个与门左上方两个一样，下面两个和门左下方两个一样，只是都是左手拿双戈戟，戟头与门左的反向。

上面这些神兽，既手持武器，守卫在门的两旁，毋庸置疑是守护死者灵魂的。对这些神兽的看法，有人说它们是古代传说中驱鬼逐疫的方相氏，也有人认为此乃守护幽都的九伯。

在棺身左侧门左六个神兽武士上面，有四只竖立的鸟，头好像是鹰首，躯和颈都有鳞甲，有的翅略展，有的爪稍微张开，尾近似鱼尾和鳖尾的结合。左边两个头朝左，右边两个头朝右。此鸟有可能就是古书所载的鲲鹏或鸾鸟。

除棺的两侧绘有门外，棺的足挡还画着“田”字形的方窗和窗棂格。方窗格内外没有画武士把守，田字格外方窗框内，和田字窗棂间空隙画一些相互纠结的蛇，窗框外还画有一些极有趣的图案。

在棺的头挡、足挡和棺身两侧的一些部位，都是由一些龙、蛇、鸟、神组成的图案。有的组基本内容都相同，虽然是信手勾勒，绘法却很少完全一致。有意思的是这些龙、蛇、鸟、神的躯体和头，通常有几种互相联在一起，或是鸟首龙躯，或是龙首鸟躯，有的一首相连几个身子，有的又一个身躯连几颗头；因此它们看起来像龙又不是龙，像兽也不是兽，加上有的为人面，这就正像《山海经》等古籍所载的一些神。

三、墓祭制度

墓祭，也就是后世所说的“上冢”、“上墓”或“上坟”。它的起源，向来有两种截然不同的意见：一是“古不墓祭”，二是“古有墓祭”。

认为“古不墓祭”论点的学者们以清代大学者顾炎武为代表，他在《日知录》卷十六《墓祭》中指出：“古人之至于墓，皆有哭泣哀伤之事，而祭者吉礼也，无舍庙而之墓者也。”此派学者的论据主要有如：王充《论衡四讳》：“古礼庙祭，今俗墓祀。”蔡邕《独断》：“古不墓祭，至秦始皇出寝起居于墓侧，汉因而不改。”应劭《汉宫仪》：“古不墓祭，至秦始皇出寝于墓侧，汉因而不改”；《晋书礼志》载魏文帝黄初三年（公元223年）下诏曰：“古不墓祭，皆设于庙。”

持“古有墓祭”论点的学者以清代著名学者阎若璩、赵翼等人为代表。阎若璩认为魏文帝、蔡邕所说的“古不墓祭”不正确。所以，他在列举《孟子·离娄下》有齐东郭“墦间之祭”的故事用来作证“古有墓祭”外，还提出了以下证据：“（成阳灵台碑）：‘庆都仙殁，盖葬于兹，名曰灵台，上立黄屋，尧所奉祠。’非祭墓之见于集乎？《韩诗外传》曾子曰：‘椎牛而祭墓，不如鸡豚逮亲存，非墓祭之见于子乎？《周本纪》：‘武王上祭于毕。’非墓祭之见于经乎？（朱子曰：‘墓祭，《周礼》上已有了。’指此）。更可言者，孟子之前，孔子卒，葬鲁城北泗上，鲁世世相传，以岁时奉祠孔子冢。岂非礼之祭而敢辄上圣人之冢者欤！”

赵翼虽然也持“古有墓祭”说，但他并不赞同阎若璩滥引史料的做法，他认为：“按《周礼》虽有成葬而墓祭之文，乃葬日，孝子先归虞祭，为使有司在墓一祭地神，实非祭先祖。（冢人）所云凡祭墓为尸，（檀弓）所云有司设奠于墓左，亦然。其祭先祖于野者，特（曾子问）望墓为坛以时祭耳，然亦以宗子出奔，庶子不敢主祭于庙，故然……（史记）武王上祭于毕，马融以毕为文王墓地名，其后武王、周公亦皆葬此，然司马贞、林有望以为祭毕星而非祭墓。又按《竹书纪年》：‘纣六纪，文王初禴于毕’，则文王已祭毕，非祭墓可知也……盖三代以上本无墓祭，故辛有见被发祭野者以为异……《孟子》东郭墦间之祭，虽属设祠，然其时必已有此俗。《史记》：孔子没，鲁世世相传以岁时奉祠孔子冢，是春秋战国已开其端”。赵翼所方可谓立论正确，其考证亦令人信服。

墓祭礼俗确立于春秋战国年间，这同当时社会政治、经济等的重大变革有着密切的联系。杨宽先生在《试论西周春秋间宗法制度和贵族组织》一文中指出：春秋时代国君有大事，除了到宗庙同祖先请示和报告外，还到墓地向祖先请示和报告的，但是，他们到宗庙和到墓地去请示报告是有差异的。一般到宗庙去请示和报告的，大多都是正常行动，如为了会盟、朝聘、出征而出行，或者出征之后凯旋、出行之后有功劳回来等等。有些突然发生的重大灾难和事故，也有向宗庙报告的。说到墓地向祖先报告的，都是紧急事故。或者是因为国都被攻破，快要国亡，或者是因为国都将会被强迫迁移，或者因为在内战中失败，将要出奔。如郑国的军队攻入陈国，吴国的军队攻入蔡国，陈侯和蔡侯都曾跑到墓地去祭告。

当发生了紧急事故时，子孙到墓上向祖先请示和报告，是不会有什么祭祀仪式的。《礼记·檀弓下》记述颜渊说："吾闻之也：去国，则哭于墓而后行；反其国，不哭，展墓而入。"郑玄注："展，省视之。"

须注意的是，在墓前设立长久性的祠坛用来祭祀死者的形式也是在这一时期开始流行的。《史记·孔子世家》记载孔子安葬后，"鲁世世相传以岁时奉祠孔子冢"。（集解）引（皇览）说："孔子冢去城一里。冢茔百亩，冢南北广十步，东西十三步，高一丈二尺。冢前以瓴甓为祠坛，方六尺，与地平，本无祠堂。"

四、居丧制度

居丧是人们为了表达对死者的悼念之情而产生的一种习俗，有的被称为丁忧，有的被称为守丧或值丧。关于它的起源，从考古和文献资料分析，很可能出现在氏族社会前期。在当时，人类认为死者灵魂不灭，可能会祸福于活着的人。出于这种观念，产生了居丧习俗。在居丧期间，氏族成员，特别是死者的亲属要遵照一套非常严格的禁忌，如忌讳提死者的名字和运用有关的词汇等。

随着历史的发展，居丧习俗中的有关禁忌也愈来愈多，饮食、服饰等生活起居方面的事情也被人们列入禁忌中去。居丧的时间更是愈来愈长，在春秋战国以前，居丧的时间并无明确的规定，因人、因时、因地、因财力而有所差别。大约到春秋战国时期，儒家因为政治目的对居丧产生了浓厚的兴趣，而且用礼制和道德的形式、手段指引人们遵守等级化的居丧制度。这以后，居丧制度成为中国古代丧葬制度中一项重要的内容，影响了中国社会几千年。

据《礼记》、《仪礼》等文献资料可知，先秦儒家的居丧制度可分为饮食、哭泣、居处、容体、言语、作乐等。现在分别阐述如下：

饮食

儒家在饮食方面的规定，最严格的是斩衰之丧——父母之丧，规定：君父始死，必须绝食三日。《礼记·间传》曰：“斩衰三日不食。”

《礼记·问丧》说：“亲始死……水浆不入口，三日不举火，故邻里为之糜粥以饮食之。”

《礼记·丧大记》载：“君之丧，子、大夫、公子、众士皆三日不食。”三天后，孝子们虽然可以吃饭，但限制仍然很严，每天早晚只能吃一溢米制成的粥。《仪礼·既夕礼》曰：“啜粥，朝一溢米，夕一溢米，不食菜果。”

《礼记·间传》云：“故父母之丧，既殡食粥，朝一溢米，莫一溢米。”又曰：“父母之丧，既虞卒哭，疏食水饮，不食菜果；期而小祥，食菜果；又期而大祥，有醯酱；中月而禫，禫而饮醴酒。始饮酒者，先饮醴酒。始食肉者，先食干肉。”

《礼记·丧大记》说：“君之丧，子、大夫、公子、众士……食粥，纳财，朝一溢米，莫一溢米，食之无算。士，疏食水饮，食之无算。夫人世妇诸妻皆疏食水饮，食之无算”。又云：“大夫之丧，主人、室老、子姓皆食粥，众士疏食水饮，妻妾疏食水饮。士亦如之。既葬，主人疏食水饮，不食菜果，妇人亦如之，君、大夫、士一也。练而食菜果，祥而食肉。食粥于盛不盥，食于篹者盥，食菜以醯酱。始食肉者，先食干肉。始饮酒者，先饮酒醴。”

上述是一般情况下对于父母之丧饮食的一些规定。按儒家礼制，在特别情况下这些规定也可以作变动，如《礼记·杂记下》中记载：“三年之丧，如或遗之酒肉，则受之必三辞。主人衰绖而受之。如君命，则不敢辞。受而荐之。丧者不遗人。人遗之，虽酒肉，受也。”

郑玄注云：“受之必正服，明不苟于滋味。荐于庙，贵君之礼。”孔颖达疏言：衰绖而受之，虽受之而不得食也。尊者食之，乃得食肉，犹不得饮酒。故《丧大记》云：“既葬，若君食之则食之，大夫父之友食之则食之矣。不辟粱肉，若有酒醴则辞。”

据此可知在居丧期间，倘若有尊贵的人馈赠酒肉，丧主为了表示礼貌和尊敬，可以接受别人馈赠的食品，并可以吃掉。但酒绝对不能接受，更不用说饮用了。此外，如果丧主有病或年纪相对较大，为了较圆满地完成送死的大事，可以饮酒食肉，用来养身健体。《礼记·杂记下》记载：“丧食虽恶，必充饥。饥而废事，非礼也。饱而忘哀，亦非礼也。视不明，听不聪，行不正，不知哀，君子病之。故有疾饮酒食肉，五十不致毁，六十不毁，七十饮酒食肉，皆为疑死。”

郑玄注云：“君主病之，病犹忧也。疑死，疑犹恐也。”孙希旦《礼记集解》则说：“目昏则视不明，耳聩则听不聪，肢体惫则行不正，心志瞀则不知哀。四者，皆哀毁之过也。病，谓病其不知礼也。”

由此可见，儒家礼制的这一规定是为了让丧主“达礼”起见。《礼记·曲礼上》记载：“居丧之礼……有疾则饮酒食肉，疾止复初。不胜丧，乃比于不慈不孝。五十不致毁，六十不毁，七十唯衰麻在身，饮酒食肉处于内。”

《礼记·杂记下》记载了孔子的说法：“身有疡则浴，首有创则沐，病则饮酒食肉。毁瘠为病，君子弗为也。毁而死，君子谓之无子。”由此可见，儒家居丧饮食规定虽严格，但因为病弱不能送死时，也可以施用相应的方法加以补救。这体现了儒家“立中制节”、“过之者俯而就之，不至焉者跂而及之”的指导思想。

居处

儒家礼制对居处有严格并且细致的规定。这些规定中斩衰之丧是最为苛酷的。《仪礼·既夕礼》云：“居倚庐，寝苫枕块……寝不脱绖带。”

《礼记·丧大记》说：“父母之丧，居倚庐，不涂，寝苫枕块……君为庐宫之。大夫士袒之。既葬柱楣，涂庐不于显者；君、大夫、士皆宫之。凡非适子者，自未葬以于隐者为庐……既练，居垩室，不与人居……既祥，黝垩……禫而从御，吉祭而复寝……妇人不居庐，不寝苫。”

《礼记·杂记》曰：“大夫次于公馆以终丧，士练而归，士次于公馆。大夫居庐，士居垩室。”又说：“三年之丧……庐垩室之中，不与人坐焉。在垩室之中，非时见乎母也，不入门。”《礼记·间传》曰：“父母之丧，既虞卒哭……柱楣剪屏，苄剪不纳。期而小祥，居垩室，寝有席。又期而大祥，居复寝。中月而禫，禫而床。”

《礼记·问丧》说：“成圹而归，不敢入处室，居于倚庐，哀亲之在外也。寝苫枕块，哀亲之在土也。”从这些记载可以看出先秦儒家丧制中的居处规定是：未葬之前，孝子居住在庐舍之内，即文献所说的“倚庐”。所谓

“倚庐”，据唐代贾公彦疏：“居倚庐者，孝子所居，在门外东壁，倚木为庐。”孝子因何要住在门外的庐舍中呢？郑玄解释：“言亲在外在土，孝子不忍反室自安也。”

可知，这也是儒家仁孝不忍之心的体现，是鉴于“人情悲慕之实”。又据儒家礼制，嫡长子庐于正室门外的东北角，但是庶子因不需要接待吊丧的宾客而搭了一个庐在正室东南角的隐蔽不显的地方。此时的庐舍只用茅草遮掩，没有涂泥。若是国君，则可以在庐外用帷幕遮住，呈宫殿围墙状；大夫和士的庐舍则要暴露在外，不能用帷布遮盖。就寝时不能用席子，而只能用草编成的垫子代替，并用土块作为枕头，这就是所谓的“寝苫枕块”，而且睡觉不脱绖带。

既虞以后，则是“剪屏柱楣”。据贾公彦的解释，所谓“剪屏柱楣”是：“既虞之后，乃改旧庐，西乡开户，剪去户傍两厢屏之余草。柱楣者，前梁谓之楣，楣下两头竖柱，施梁，乃夹户傍之屏也。”

据《礼记·丧大记》的记载：丧葬之后，可以在庐屋四周草墙涂上泥土，用来避风寒，但涂时只能在庐舍隐蔽的地方施土，不能在明处涂泥。但君、大夫、士的庐屋可以用布遮住。另据《仪礼·丧服》所记载，此时的丧主可以垫着席子睡觉。

既练以后，丧主的居住条件可以改善了。丧主可以住在垩室里面。所谓垩室，据郑玄的解释即：“于中门之外，屋下叠墼为之，不涂塑，所谓垩室也。”贾公彦疏云：“以为垩室，明非正寝，但于中门外旧庐处为屋以居而已。”孔颖达云：“垩，白也；新涂垩于墙壁令白，称饰也。”《释名》云：“垩，亚也，亚次也，先泥之，次以白灰饰之也。”可见垩室比庐舍的居住条件要好，庐舍只用土涂墙，未经粉饰；而垩室却在泥土上面用白灰加以粉饰，环境自然要比庐舍好得多。

大祥之后，则从垩室移居正寝，但仍然不能铺床。既禫以后，才可以在床上睡觉，过平日的“正常”生活。

哭泣

先秦儒家对丧事中的哭泣礼比较重视，而且有明确的规定。如《仪礼·既夕礼》曰：“居倚庐……哭昼夜无时……”

贾公彦疏曰：“哭有三无时：始死未殡已前，哭不绝声，一无时；既殡已后，卒哭祭已前，阼阶下为朝夕哭，在庐中思忆则哭，二无时；既练之后无朝夕哭，唯有庐中或十日、或五日，思忆则哭，三无时也。朝一哭、夕一哭而已者，此当士虞礼卒哭之后，彼云卒哭者，谓卒去庐中无时之哭，唯朝夕于阼阶下哭。丧中三无时哭外，唯此卒哭之后、未练之前，是有时之哭，故云而已。”

祥以后的哭泣礼节，在《礼记·丧大记》中有记载：“祥而外无哭者，禫而内无哭者，乐作矣故也。”由此看来，祥时在门外能大哭。在室内，有的因为思念逝去的亲人，有的因为宾客来吊祭父母，随时都可以哭。禫以后，则可与平时一样，寻欢作乐，不用哭泣了。此外，《礼记·丧大记》对哭泣的场次和礼节等也有具体的规定：首先在举行招魂仪式时要哭。人刚死时，丧主啼哭，接着兄弟哭，然后妇人才让跟着哭。“既正尸……有司庶士哭于堂下……外命妇率外宗哭于堂上……凡哭尸于室者，主人二手承衾而哭。”

如大夫亲自来吊祭，则身为士的丧主要跟着哭。“妇人迎客、送客不下堂，下堂不哭。男子出寝门见人，不哭。”

《礼记·杂记下》又载：“唯父母之丧，不辟涕泣而见人”；“童子哭不偯，不踊”；“有殡，闻外丧，哭之他室”。

容体

先秦儒家丧制对居丧时的容体同样有详尽的规定。《礼记·间传》曰：“斩衰何以服苴？苴，恶貌也，所以首其内而见诸外也。斩衰貌若苴，齐衰貌若枲，大功貌若止，小功、缌麻容貌可也。此哀之发于容体者也。”

郑玄注云：“有大忧者，面必深黑。止，谓不动于喜乐之事。”孔颖达疏说：“苴是黧黑色，止平止不动也。大功转轻，心无斩刺，故貌不为之变，又不为之倾，止于二者之间。小功、缌麻，其情既轻，哀声从容，于理可也。”

吴澄云：“《仪礼经》‘斩衰、苴绖、杖’，‘齐衰、牡麻绖’，《传》云：‘苴，麻有蕡者。牡麻，枲也。’斩衰服苴，谓衰裳、绖、杖并苴色也。苴色苍黑，貌之以恶似之。首其内而见诸外，谓内有哀情则外有此恶貌也。枲无子，麻色亦苍而黑浅，齐衰称轻于斩，衰绖不用苴而用棠。若苴若棠，貌各如其绖之色也。止，不动也。貌活动者像春之生，貌静止者像秋之杀。若止，有惨戚，无欢欣也。容貌，谓貌如平常之容。小功、缌麻之服虽轻，然情之厚者，貌亦略变于常，其或不能，然而但如平常之容，则情不为厚，而亦未至于甚薄也。”

《礼记·曲礼上》也记载说：“居丧之礼，毁瘠不形，视听不衰。”《礼记·檀弓上》云：“始死，充充如有穷。既殡，瞿瞿如有求而弗得。既葬，皇皇如有望而弗至。练而慨然，祥而廓然。”孔子也说：“敬为上，哀次之，瘠为下，颜色称其情，戚容称其服。”据此可知，儒家追求的哀容是在讲究内在情感表露的同时，必须要与外在的容体配合而成，也就是所谓“表里一致，内外如一”。如果“居丧而不哀，在戚而有嘉容”，则是没有礼貌，受人痛恨。

言语

至于居丧时的言语，儒家也有规定。《礼记·间传》：“斩衰唯而不对，齐衰对而不言，大功言而不议，小功、缌麻议而不及乐，此哀之发于言语者也。”《礼记·杂记》：“三年之丧，言而不语，对而不问。”

《礼记·丧大记》说：“父母之丧……非丧事不言……既葬，与人立。君言王事，不言国事；大夫、士言公事，不言家事。既练……君谋国政，大夫、士谋家事。”《礼记·曲礼》云“居丧不言乐”。

《仪礼·既夕礼》曰：“非丧事不言”。据郑玄的解释，“言”是“言己事也，为人说为语”，“议”是指“陈说非时事也”。

孙希旦《礼记集解》曰：“唯者，应人而已，对则有言辞矣。对者，对其所问而已，言则及于他事矣。至于议，则又有论说之详焉。及乐，谓及于听乐也。此与上节，皆谓始死时之声音、言语然也。”上述表明，居丧时孝子的言语应出于自然，与丧事无关的事一律不谈，最好保持沉默。为何要这样呢？班固《白虎通德论丧服》回答说：“思慕尽情也。”这句话表明了儒家规定言语礼节的意图。

此外，儒家对居丧时的沐浴、作乐等也有规定。如在沐浴方面，《礼记·杂记下》说：“凡丧，小功以上，非虞附练祥，无沐浴。”《礼记·檀弓下》云："孰有执亲之丧而沐浴佩玉者乎？"

《礼记·丧服四制》云："三日而食，三月而沐。"这就是说，小功以上，居丧者在居丧期间是不允许沐浴的。

作乐

在作乐方面，儒家也很重视。据礼制规定，父母之丧不准举乐。《礼记·杂记下》说："父有服，宫中子不与于乐。母有服，声闻焉，不举乐。妻有服，不举乐于其侧。大功将至，辟琴瑟。小功至，不绝乐。"

《礼记·丧大记》曰："疾病，外内皆扫，君、大夫彻县，士去琴瑟。"礼制还规定，丧期之内不准操办婚嫁喜事，夫妻也不能同房，有官职者还得解官居丧，等等。

综上所述，儒家的居丧礼节是根据丧服制度中的亲疏远近制定的，也具有等级性的特点。关系愈亲近，居丧期间的行为节制就愈严厉，限制的范围也越广。反之，节制非但要宽松得多，而且限制的范围也很小。中国从原始社会开始的守丧习俗经过儒家这一番加工改造，形成了一套标准化、等级化和系统化的仪礼丧葬制度——居丧制度，它对后世的影响巨大。

五、墓上建筑

春秋战国时期，墓上建筑的发展较大。在陵墓上建造享堂已是诸侯列国流行的通制，这是有资料可证的。

河南辉县固围村有三座魏国王室墓，墓上都覆盖着宏伟的瓦顶"享堂"建筑，基址范围要比墓室宽一圈。如二号墓的享堂是七开间，其中包括砾石散水在内的基础25～26米见方；两旁"享堂"的建筑规模稍小一点，是五开间。三号墓的基础长宽19米，一号墓的基础长宽也在18米左右。

河北邯郸、永年境内的几座赵国王室墓，非但在陵墓封土上可见大量的板瓦、筒瓦等享堂建筑遗物，而且在一陵墓周围也发现了范围大约500米见方的陵墙残迹。

河北省平山县中山王陵享堂的发掘与兆域图的出土，证明了战国时期是举行墓祭而且有享堂建筑的。一号墓的"封土平面呈方形，由下到上形成三级台阶，现高约15米"。封土和平台都夯土筑成。第二台阶里面的夯层薄而坚硬，第一台阶夯层较厚。第二台阶上有回廊建筑遗迹，第一台阶内侧有散水。散水的砾石铺砌，宽约1.1米。底盘台基比高出散水1.3米，平面为方形，边长5.2米。

这个台基上的中心夯土台平面也呈方形，边长4.4米。中心夯土台残壁，壁面用草筋泥打底，澄浆细泥罩面，表面再“粉饰成白色”。残壁残留有壁柱槽，下部是粗糙的暗础，埋深0.2米。东、西两壁的壁柱间3.6米，南面是3.34米。这些古墓的发掘，给我们研究先秦时期秦国的墓葬制度和秦国历史提供了非常大的帮助。

六、陵园规划

战国时期陵园规划别具特色。河北平山县中山王墓陵园中出土了一金银错的“兆域图”铜版，版长0.94米，宽0.48米，厚约0.01米。“兆域图”或者叫“兆窆图”。“兆域”一词出于文献，意思就是“墓茔地”或“陵墓区”，“兆窆”也是“墓葬区”的意思。据此知，中山王墓出土的“兆域园”是一幅关于王和王后的陵园规划图。

据这幅图，我们可清楚地看出中山王墓陵园的整体建设状况：

陵园有五座享堂，其中正中为“王堂”，就是中山王的墓上“享堂”。王堂两侧是“王后堂”和“哀后堂”，即哀后和王后的墓上享堂，各与王堂相隔百尺。两后堂的外侧80尺外各有一个“夫人堂”，即夫人墓上享堂。这五个享堂的面积不同，王堂、哀后堂、王后堂各有200尺，两夫人堂是150尺。

五座“享堂”的周围是一垣墙，称为“内宫垣”。“内宫垣”上有五个小门，南面正对王堂是一正门。后面是四个城门，城门正对两个陵墓之间的四个间隙的地方。每个小城门通过一个方圆100平方尺的庭院，自西向东，它们的名字依次是“瘤宗宫”、“正奎宫”、“执旦宫”、“大将宫”。

围绕四个庭院，在内宫垣外又有一道“中宫垣”。“中宫垣”在对“内宫垣”城门处，也有一个城门，与内宫垣城门和王堂是相通的。

考古学者推测，规划中还有大范围的“外宫垣”未标注在图上。在一、二号墓以东约1.5公里处，挖掘出一块大型砾石碑刻，从碑文可知是为守陵官员所立。由此推测外宫垣范围接近3公里。

从碑文上还获知，陵园禁区里还有池囿等林园内容；几道宫垣可能尚有墙基遗存。从这一构图布局上可以看出，远古的建筑者们有着较丰富的建筑经验，在处理王、后陵墓这一题材上，运用了严格的中轴对称布局，在建筑体量和位置经营上，充分体现了意识形态上的要求。从王、后墓和夫人墓来说，不但在体量上有符合宗法制度尊卑等级的比例关系，并在位置经营上有前后、高低关系，甚至大台基座均做了相呼应的处理。构图中使用了对位来安排后部四宫同前部五座享堂的关系，表现出了建筑群严肃的秩序感。在建筑空间和体形关系上表达了尊卑等级的观念，也体现了陵园的气氛，所有这一切，反映出建筑构图知识的丰富。

河南辉县固围树有三座远近闻名的魏国大墓，它的布局设计和兆域图的规划设计颇相似，也是选择山南高地，北距共山顶峰2公里。从辉县发掘报告可知墓地范围很大，约600米，东、北、南三面均是断崖古路，中心凸起部分为平台式高地，东西宽150米，南北长135米，呈长方形。

这平台式的高地，宛如一座城基，因此村人有“共城”的传说。实际它正是一个以岗坡为基地，微加人工建造的一座“回字式陵园”。陵园中心东西并列三墓，墓上享堂遗址最大的是中墓，长宽均约28米；西墓较小，东西17.7米、南北约18.8米，东墓长宽均是1.9米。由此可见，这种加大居中享堂突出整座建筑群立体感、反映等级观念的陵园设计规划，已是战国时期各诸侯国国君陵墓规划的核心。

第三节　春秋战国时期墓葬形制

一、坟丘和“陵”

春秋战国的墓葬形制发生的诸多变化中，最明显的就是高大封丘，以及大量的墓上建筑的出现。

春秋之前我国除东南地区外，一般都选择“墓而不坟”的埋葬形式。但到春秋时期，东南地区所流行的封土为坟的埋葬形式已传入中原广大地区，而且被人们所青睐。对此，古代文献明确的记载，如《礼记·檀弓上》载，孔子在葬其父母之后说：“吾闻之，古也墓而不坟；今丘也，东西南北之人也，不可以弗识也。于是封之，崇四尺。”于是，自春秋时期开始这种墓上封积泥土，隆而为丘的坟墓形式在各地流行起来了。

坟丘墓的兴起同当时社会的发展息息相关。春秋战国时代是一个礼崩乐坏的时代，传统的墓而不坟的埋葬形式已不能顺应时代发展的需要，是因为传统的葬制将墓建在地下，即使墓室宏大，随葬品丰厚，人们仍然很难了解死者生前的身份地位，当然也不能达到封建统治者确立封建等级制的政治目的。

坟丘墓的出现弥补了这一缺陷，它通过其特别的形式向世人一览无遗地展示了死者的身份和地位，成为社会等级的标志。诚然，春秋战国时期战争频繁，百姓四方迁徙，人们为了便于寻找亲人的墓地，因此采用了易于识别的“封土为坟”葬制。这便是唐代孔颖达所谓的“今丘也，东西南北之人也不可以弗识也。今既东西南北，不但在乡若久乃归还不知葬之处所，故云不可以不作封坟记识其处”。

战国时期，坟丘墓已盛行开了。北方有燕、齐等国，南方有楚国，西方有秦国等都广泛采用了这一墓葬形式。如河北易县燕下都故城附近的墓地，有20余座方锥形大墓，高约10到15米，每边长40到50米。楚墓更为普遍，如江陵雨台山楚墓，“墓地在发掘前已是岗地和水稻田，封土全部被挖掉，仅M555尚存残高3.35米、直径18米的封土”。

随着坟丘墓的兴起、普及、发展，墓名也发生了明显的变化。春秋以前的史料皆称墓葬为“墓”，指的只是放置尸体的地方，并非就是后人观念中的掩埋着尸体的“一抔黄土”。从《汗简》一书，我们可见“墓”字的初文构形，像用手拿着尸体到荒野的样子，其造字意义与《孟子·滕文公上》“上世尝有不葬其亲者，其亲死则举而委之于壑”的说法相一致。到战国时期，由于墓葬普遍具有高起的土筑坟堆，故此人们称之为“坟墓”、“丘墓”或“冢墓”。

“坟”原来是指高土堆，后随着坟丘墓的兴起，人们将“墓”上面高出地面的那堆封土也称为“坟”。但此时“坟墓”两字尚有严格的不同，故

《礼记·檀弓上》有“古也墓而不坟”这样的字眼。“坟”在时人眼里，仅是指“墓”上高出地面的那堆封土，而地下埋葬尸体的那部分只能叫“墓”，而不能叫“坟”。战国之后，墓上面有坟成为定制，于是人们便将它们混为一谈了。

“丘墓”、“冢墓”的出现同样与“坟墓”相似。“丘”字在甲骨文和金文中都像地面上并立的两个小土峰。《说文》载：“丘，土之高也，非人所为也。”“冢”字原是指高起的山顶，如《诗·小雅》：“山冢卒崩”，《毛传》：“山顶曰冢”。《周礼·春官宗伯》郑玄注：“冢，封土为丘垅，象冢而为之。”因为坟墓形状像“丘”、“冢”，故人们通称为“丘墓”、“冢墓”。《战国策·东周策》：“薛公故主，轻忘其薛，不顾其先君之丘墓。”《吕氏春秋·怀宠》：“至于国邑之郊，不虐五谷，不掘坟墓。”《史记·田单列传》：“单又纵反间曰：吾惧燕人掘吾城外冢墓，僇先人，可为寒心。”

从战国时期开始，君王的坟墓称作“陵”。《国语·齐语》曰：“陵为之终。”注曰：“以为葬地。”清代著名学者顾炎武在《日知录》卷十五《陵》中述道：“古王者之葬，称墓而已……及春秋以降，乃有称丘者：楚昭王墓谓之昭丘，赵武灵王墓谓之灵丘，而吴王阖闾之墓亦名虎丘，盖必其因山而高大者，故二三君之外无闻焉。”

《史记·赵世家》：肃侯十五年起寿陵；《秦本纪》：惠文王葬公陵，悼武王葬永陵，孝文王葬寿陵。始有称陵者。至汉则无帝不称陵矣。”以上所述表明，君王坟墓称“陵”，是从战国中期的赵肃侯等人开始的。他们的目的在于表现他其高大雄伟，如《说文阜部》：“陵，大阜也。”

二、坟丘墓等级

坟丘墓作为封建等级制的标志，其使用有严格的规定，身份越高，坟丘越大；反之，则否。《周礼·春官宗伯》云：“以爵等为丘封之度，与其树数。”《吕氏春秋·节丧》曰：“审棺椁之厚薄，营丘垄之大小，高卑薄厚之度，贵贱之等级。”《墨子·节葬》曰：“王公大人有丧者，云棺椁必重，葬埋必厚，衣衾必多，文绣必繁，丘陇必巨。”《礼记·月令》说：“饬丧纪，辨衣裳，审棺椁之薄厚，营丘垅之大小、高卑、厚薄之度，贵贱之等级。”

那么，具体有什么规定呢？《白虎通德论崩薨篇》引春秋含文嘉曰：“天子坟高三仞，树以松；诸侯半之，树以柏；大夫八尺，树以栾；士四尺，树以槐；庶人无坟，树以杨柳。”

三、墓室形制

春秋战国时期的地下墓室仍然沿袭商周以来的墓室形制，即长方形土坑竖穴墓，个别的是凸字形土坑竖穴墓。大墓的墓坑长宽约 10 到 20 米，深 16 到 17 米，个别也有长宽不足 10 米的。有的大墓还存留着腰坑。有的大墓还沿袭商周大墓的做法，在墓坑的一端或者两端辟斜坡墓道。墓道多是单墓道，双墓道较少，无墓道者最少。

墓室正中构筑木质椁室，椁里面安置双层或三层套棺。有的大墓附近还挖有车马坑，有的在墓道内建有车室，也有的在凸字形墓坑中突出的地方专埋车马，更有在椁室中放车马器作为象征性的车马。

在地面上筑有高大的坟丘，形状各异，《礼记·檀弓上》载孔子曰：“吾见封之若堂者矣，见若坊者矣，见若覆夏屋者矣，见若斧者矣，从若斧者焉。”东汉学者郑玄描述这四种封土的形状是：“四方而高”，“旁杀平上而长”，“旁广而卑”，“旁杀刃上而长”。我们无法确定这种理解是否正恰原意，但据当前资料分析，那会儿确实存在着形态各异的坟丘墓，其中以覆斗形或方锥形居多。

在中原地区，中型墓的墓葬形制主要是传统的长方形土坑竖穴墓，坑长 3 至 4.6 米，内放一棺一椁，少数是一椁两重棺，有的设有头龛。战国晚期出现空心砖墓和洞室墓。洞穴墓是把原土坑竖穴墓的墓室用作墓道，另外开辟一侧洞作为墓室，墓室形制颇为奇特。它又可分竖穴洞室和横穴洞室两种。一般墓室小于墓道。空心砖墓就是在长方形竖穴土坑内以空心砖构筑椁室，以此代替传统的由木材构成的椁室，里面放有木棺，其顶盖用木材铺砌。这两种墓的出现，应当是春秋战国时期墓室形制的重大变化之一。

须得注意的是，春秋战国时期除传统的长方形土坑竖穴墓之外，还出现了石室墓、崖洞墓等墓地形制。

在大墓中常常会看到石室墓。例如河北平山发现的战国时代中山国王墓，1 号墓墓圹主室长宽 29 米，南北墓道通长 110 米，厚 2 米左右的椁室用石块垒砌而成。

把高出地面或水面约 30 至 50 米的悬崖洞穴稍加修改即成墓室——崖洞墓。在一些相对宽大的洞穴内，还往往用封门板把洞穴分隔成几间。洞里所放的棺木，少的只有 1 具，多的可达 10 具。这种崖洞墓在江西、福建一带流行。

土墩石室墓流行于江浙平原、丘陵地区，墩子外围直径一般在 10 ~ 20 余米，内部墓室都用大小不等的石块堆砌而成，墓室长 7 ~ 10 米左右，室顶高度约 2 米，洞室一端有入口。

第四节　春秋战国时期丧葬礼俗

一、隆丧厚葬渐成风气

春秋以后，周王室衰落，各诸侯国自行其是；到战国，各诸侯国又自行称“王”，全不将周天子放在眼里，所谓“礼崩乐坏”。天下处于无主状态，丧葬也变得“无序”了。“周礼”失去约束力，各诸侯王按照自己的喜好大搞隆丧厚葬，大出其风头，“陵墓”即是该时代的产物。

《墨子·节葬下》反映了这时隆丧厚葬的无序状况：“王公大人有丧者，曰棺椁必重，葬理必厚，衣衾必多，文绣必繁，邱垄必巨；存乎诸侯死者，虚车府，然后金玉、珠玑北（比）乎身……匹夫贱人死者，殆竭家室乎！……曰天子杀殉，众者数百，寡者数十，将军大夫杀殉，众者数十，寡者数人。”《吕氏春秋·节葬》：“国弥大，家弥富，葬弥厚，含珠鳞施。”高诱注：“鳞施，施玉匣于死者之体，如鱼鳞也。”玉匣，即玉衣。后来，汉代帝王、贵威殓服时竟用之。以此，可知春秋战国时期，中原的隆丧厚葬之风相当普遍，老百姓也倾家荡产办丧葬。

与此同时，墨子及墨家学派首举反对“隆丧厚葬”的旗帜，并提出了有关葬礼的具体设想。

这时，知识阶层中另一些人对当时的隆丧厚葬，乃至西周以来的丧葬文化及丧葬操作程式持玩世不恭的态度，他们构成一类特殊的反对派。如庄子，其妻死，他“鼓盆箕踞而歌”，惠子指责他，他就大谈“生死转换”、“生死同一”的理论，人死后不过是躺在自然界这个“巨室”里安静地休息，没有什么值得悲伤的，“吾以天地为棺椁，以日月为连壁，星辰为珠玑，万物为赍送。”如此葬式真是太丰富太完备了！至于尸体会被禽兽吃掉，那埋在地下也会被蚂蚁吃掉的，给谁吃不都是一样？

还有一位原壤，是孔子教交。《礼记·檀弓下》载：原壤母死，孔子去给他帮忙修整棺材。原壤却敲着木头，说：“手好久没有通过唱歌表达心思了啊！”于是便一边敲着木头一边唱起歌来。孔子装作没听见。事后，孔子的随从问孔子为什么不和原壤绝交。孔子说，亲人总归是亲人，老朋友总归是老朋友啊。《论语·宪问》又载：一次孔子与原壤等人外出，原壤走到前面去了，分开两条腿坐在地上等孔子一行。孔子赶上来后，开玩笑骂他：你这家伙，小时候不懂礼节，长大了又无贡献，老了还不死，真是个害人精！并以手杖敲他的小腿。这是两个年老的朋友在开玩笑，就像两个老朋友见面后，互相拍着肩膀，说：“你怎么还没有死呵？”以平常的方式表达相互的亲近。孔子与原壤大约是少年之交，对此，历代注释者均不得其义。其实，原壤是一位愤世嫉俗者，且有相当的学识，如庄子一类人物。

这一类出世主义者，先秦典籍中多有记载，不过，庄子、原壤尤显特殊而已。他们反对当时的丧葬习俗，既心怀不满，又无力改变现状，并放弃了对社会的参与愿望，便以一些放纵不羁的怪诞的行为来表达自己的反对情绪。

战国时期，各诸侯国交战频繁，从理论上看应当是限制了隆丧厚葬的发展，但从《吕氏春秋·节葬》所言看，当时的隆丧厚葬似乎并未稍减，诸侯王“陵”也是这一时期的产物。秦始皇统一中国，他以为从此天下安定，可以无限制地奢侈享受了，因而大修其陵墓，将隆丧厚葬推向登峰造极的地步。然秦帝国至二世而亡，这一势头也被暂时压抑下来。

二、丧葬礼仪等级色彩

中国的丧葬礼仪，从诞生之日始，便涂上了等级制的色彩。如在丧葬礼制方面，很细致地区分出尊卑贵贱，使君臣士应“丧祭械用，皆有等宜”、“贵贱有等，长幼有差，贫富轻重皆有称者”，等等。

虽然同样是死，只因身份的不同其叫法便五花八门。《礼记·曲礼下》云：天子死曰崩，诸侯曰薨，大夫曰卒，士曰不禄，庶人曰死。”郑玄注曰：“异死名者，为人亵其无知，若犹不同然也。自上颠坏曰崩。薨，颠坏之声。卒，终也。不禄，不终其禄。死之言澌也，精神澌尽也。”

孔颖达曰：“崩者，坠坏之名，譬若天形坠压然，则四海必睹。王者登遐，率土咸知，故曰崩。薨者，崩之余声也。诸侯卑，死，不得效崩之形，但如崩后余声，劣于形压也。卒，毕竟也。大夫是有德之位，毕了生平，故曰卒。士禄以代耕，而今遂死，是不终其禄。死者，澌也。澌是消尽无余之目，庶人极贱，生无令誉，死绝余芳，精气一去，身名俱尽，故曰死。”在这里，贵贱身份的差异是何等强烈！给“死”冠以不同的称法，是为了“别尊卑”、“通贵贱”，追求“等级贵贱之序”。如《白虎通》曰：“天子称崩何？别尊卑，异生死也。”

即使招魂用的复衣，人数和地点也会因贵贱尊卑而有严格的不同。《礼记·丧大记》曰：“小臣复，复者朝服。君，以卷。夫人，以屈狄。大夫，以玄赪。世妇，以檀衣。士，以爵弁。士妻，以税衣。”给天子招魂，需 12 人，在明堂的皋、库、雉、应、路五门和四郊招魂；给诸侯招魂 9 人或者 7 人，在库、雉、路三门招魂；给大夫以下的人招魂，4 个人自庙门，他们同样也应死得其所。天子与诸侯虽然都死于路寝，但天子有 6 寝；诸侯不但只有 3 寝，而且其路寝之制要小于天子。卿大夫、命妇应死于嫡寝——大夫处理政务的地方。士和妻则应死于自己的正室。

死者的饭含之物，亦有严格的规定。《周礼》曰：“君（诸侯）用粱，大夫用稷，士用稻。”《礼记》曰：“天子饭九贝，诸侯七，大夫五，士三。”《春秋·说题辞》则曰：“天子以珠，诸侯以玉，大夫以璧，士以贝，庶人以饭。”

大小敛所用敛衣也有严格的规定。先秦礼制这样规定：士袭衣三称，大夫五称，诸侯七称，公九称。小敛，尊卑通用十九称。大敛，士三十称，大夫五十称，君百称。敛衣质料的好坏也因身份地位的不同而不同。《礼记·

丧大记》曰：“君锦衾，大夫缟衾，士缁衾。”同样，大小敛所用席子也因死者身份不同而不同。“君以簟席，大夫以蒲席，士以苇席。”

对等级差异和阶级性有更强烈显示作用的是棺椁的使用。《荀子·礼论》曰：天子棺椁十重，诸侯五重，大夫三重，士再重。《庄子·天下》曰：“天子棺椁七重，诸侯五重，大夫三重，士再重。”《礼记·檀弓上》与《礼记·丧大记》等曰：天子棺椁四重，诸侯三重，大夫二重，士一重。虽然，这些古籍记载的棺椁制度五花八门，但其所规定的等级制却是相同的。而且，儒家礼制还对棺椁的大小、用料等作出严格的规定。棺饰的使用同样因等级的不同而不同。地位愈高，棺饰就愈华丽；身份地位愈低，棺饰就愈简陋。

此外，在春秋战国时期明器的使用也有明确的规定，《仪礼·既夕礼》郑玄注曰：“士礼略也；大夫以上，兼用鬼器、人器。”

殡的形式和礼节同样受身份等级的影响而有所区别。《礼记·丧大记》这样说：天子殡的礼节是将棺（又称柩）置于车上。载柩之车绘有龙饰，外面再加椁，椁边上挂有绣着黑白斧纹的帷幕。车的四周围用丛木，在上面制成屋顶状，整个涂以白垩。诸侯殡的礼节是将柩放在车子，四周以丛木围之，丛木的上端在棺上合拢，像屋顶，涂以白垩。

大夫的殡，是用棺衣覆于棺上，用废辅置棺放在两墙下，三面以丛木围着，用废辅置棺放在西墙下，三面用丛木围着，斜靠于墙。除去靠墙的一面，其他三面均进行涂饰。士的殡也掘坎放棺，上部裸露并加以涂饰，再用帷幔围着。除此，殡时所用的谷物也有区别。国君所用的黍、稷、稻、粱，用8只筐盛装。大夫所用的黍、稷、粱以6只筐盛着。士用黍、稷，以4只筐盛着。

死者何时殡葬也会因身份尊卑的不同而有所差异。《礼记·王制》所载：“天子七日而殡，七月而葬；诸侯五日而殡，五月而葬；大夫、士、庶人三日而殡，三月而葬。”《左传·隐公元年》曰：“天子七月而葬，同轨毕至；诸侯五月，同盟至；大夫三月，同位至；士逾月，外姻至。”又道：“士三月而葬，是月也卒哭。大夫三月而葬，五月而卒哭；诸侯五月而葬，七月而卒哭。”

来宾准备的赠品数目也因死者身份的高低而有别。《说苑·修文》云：

“舆车束帛货财衣被，玩好，其数奈何？曰，天子乘马六匹，诸侯四匹，大夫三匹，元士二匹，下士一匹。天子束帛五匹，玄三纁二，各五十尺；诸侯玄三纁二，各三十尺；大夫玄一纁二，各三十尺；元士玄一纁一，各二丈；下士彩缦，各一匹；庶人布帛，各一匹。天子之赗，乘马六匹，乘车；诸侯四匹，乘舆；大夫参舆，元士下士不用舆。天子文绣各一袭，到地，诸侯覆跗，大夫到踝，士到髀。”

陵墓的高低大小也有明确规定。身份地位愈高，那么墓地范围愈大，坟墓亦愈高，同样墓室的装饰和结构也就越精致豪华。《周礼·春官》曰：以爵等为丘封之度与其树数。

三、各国丧葬习俗概览

楚国

楚国的葬俗与中原地区有着显著的区别，这从楚人对墓葬基址的选定、墓葬的内外部形制、葬具和死者的头向以及葬式等方面可以清楚地看出。

楚人由于受气候地理条件、民族心理倾向以及传统的影响，一般喜欢选择山丘高地，尤其是南北走向的岗丘为墓地。这种葬俗与中原地区盛行的在地势坦荡、气候干燥的平地掘穴建坟的习俗截然不同。如目前江陵地区发现的一千多座楚墓，主要都分布在楚都郢城附近四周的山坡丘陵上，且山丘越高处墓葬越密越大，而在山丘下部近平地处，则墓葬数量相对较少，规格也很低。再如当阳赵家湖楚墓中，除了赵家湾墓区濒临湖区，地势较低外，“其他五个墓区都是分布在丘陵坡地之上，高度一般在 20 至 30 米左右”。

楚人不但选择坡丘高地作墓地，而且还特喜欢占南北走向的岗丘地。如纪南城西郊八岭山二三百座楚墓，就分布在“南北长 7.7 公里、东西宽 2.2 公里”的八道纵岭上面。在纪南城东郊董场村的孙家山墓地，由北向南排列着 11 座冢墓，封土直径在 25 至 42 米之间。江陵雨台山墓地，“墓葬多分布在南北走向的四条岗地上”。

楚墓的墓葬形制分为无封土和有封土两种。春秋和春秋以前的各类楚墓、战国楚平民墓，皆无冢丘；到战国时，楚国贵族墓葬由于周围文化的影响开始流行坟丘式，而且多为圆馒头状。但从楚墓的内部结构来看，它的圹室的构筑风俗和中原地区的东周墓葬呈现出很大的不同。

首先，竖穴土坑的墓圹形制在整个楚国具有高度的稳定性和统一性。从目前的考古资料来看，凡是楚国墓葬，不管时代早晚，在楚境什么地方，有没有坟丘，它的圹室无一例外地都作成土坑竖穴。其次，从战国早期开始，大、中型以及部分小型战国楚墓，带有台阶墓道。台阶的层数与所带墓道的长短宽窄，往往取决于坑口面积的大小，也就是说大型墓葬所带台阶多，墓道长、阔，中型墓葬次之，小型墓葬再次之。而且，楚墓圹下部填土多为白膏泥或者青膏泥。

据考古材料来看，楚墓单棺墓、一椁一棺墓和多层棺椁墓的填土，可分为下两类，一种仅填五花土或者洗沙土，一种是在墓圹上部填五花土或者洗沙土，下部近棺椁处填青膏泥或白膏泥。所不同的是，级别较高的墓填白膏泥或青膏泥的比例相对较大。

楚墓葬具有自己的特点，如棺悬底，棺底设苓床，椁分室，棺椁盖等。

楚棺有悬底和不悬底之差。悬底者分为两种形式，一是悬底弧棺，即盖板、边板呈弧形，底板悬空；二是悬底方棺，也就是盖板、边板平直，底板悬空。底板用薄木板制成，一般嵌在挡板和边板中下部或内侧中部的凹槽中，下用二三根木条衬垫，横木两端插入边板未凿透的方孔中。不悬底的是长方盒状棺。两者的使用，都有一定的地域特点。但相对来说，悬底棺使用的数量和范围较广较多一些。

例如作为楚国腹心的江汉地区，棺形几乎全为悬底，楚人之所以乐意用悬底之棺，一则出于避湿防腐的考虑，但更重要的是受灵魂升天观念的支配。悬空的棺底好似象征着天界，尸体放在它的上面，反映了人们升天的理想欲念。

苓床是一块同棺底等大的用来荐尸的“雕花板”。“雕花板”有透雕和半透雕、髹漆同不髹漆之分，而最多的是透雕髹漆者。厚度一般在 2 至 4 厘米左右，最厚者约 8 厘米。它上雕刻的图案大多是各种式样的几何形纹，也有变形龙纹、云纹和凤鸟纹等。雕工精致，线条流畅生动。漆色有黑有红，有的苓床边缘还在红地或黑地上用朱、墨、金三色彩漆成双层菱形图案，显得异常奢华。

笭床的放置，从考古资料来看，可以分为三种：一、紧贴平放在棺底板上；二、在棺底板上放置三至四根横垫木，然后将它平放在上面；三、将“雕花板”四周嵌入棺侧板内侧的浅槽中。

春秋战国之交的时候，楚国椁室形制为“Ⅱ”形，即：墓的底放一部垫木，上面放一个椁底板，再上四周堆垒一方木或者立一大木板，使它成为椁之侧板和挡板，而且使两端挡板的两头上下都伸到侧板之外，最后在椁墙四壁之上再铺盖板，盖板下面有时另铺一层分板。椁室之大者几乎成正方形，中型及小型者都是矩形，文献上统称作“井椁”。椁室内有的放一棺，有的并放两棺，有的放多层棺；有的椁室里面的垫木。上面再立四壁，有的独立构成一个方框，有的与外壁榫接，形成内椁，内椁内再放置棺木。这样在椁与棺之间，有的内外椁之间就留下一定的空间，用来摆放各种随葬品。

到战国早期，楚墓个别墓葬的椁内已有出现分格的现象。进入战国中期，这种棺椁分室的现象越来越多，而且逐渐成为楚人庶民之富者及士以上阶层广泛采用的丧葬习俗。方法是：一用隔梁相界，二用隔板相界，三用隔梁复加隔板相界，四用叠垒数层方木为格界，等等。木椁分室多少不一，少则二到三室，多则七到九室。战国中期后段以及战国晚期，楚墓有的椁室还在隔板和隔梁之间安有门扉或者窗户，使箱室间相通。

另外，楚人流行将席物之类的葬具铺在棺椁的底部和盖上。在棺椁盖板上盖铺席物，主要是为了抵御填土的下泻，故《礼记·既夕礼》将这类席物恰当地称为“抗席”。同时，楚人也喜欢用不同数量的经、纬条带串编起来的竹帘压放在棺盖上，作装饰用。楚墓内棺底板或者雕花板上更是多用席物铺设。这些现象都表明死者在另一世界，爱惜和保护竹席，并希望长久作为卧具的真实心理。因为楚地湿热，苇席或竹席都是人们常用的卧具。在时人看来，死与生没有什么不同，因此死后仍然沿用生前的习好，用席裹尸或荐尸。

吴越

吴越的丧葬习俗同中原华夏、长江中游的楚等比较，在葬法和葬制上具有鲜明的地方特色，其中最具代表性的当属墩墓葬。

土墩墓葬的历史可以回溯到良渚文化时。到西周时期，这种墓葬法已渐趋成熟，如丹徒烟墩山宜侯墓、安徽屯溪的二座西周墓和大港母子墩西周墓等就是典型。春秋战国时期，土墩墓葬在吴越地区更加流行开来，达到了鼎盛。据学者估计，仅江苏镇江地区就“大约有数千个”。

从目前所掌握的考古资料来看，土墩墓大都分布在今天的苏南、浙北、皖南和上海地区。这类墓葬的特点是，在构筑时不挖圹穴，平地起封成墩。墓地一般选择在丘陵岗阜、山坡或平地的高处。基本上没有明显的墓穴，一般只对地表稍加平整之后，铺上木炭或河卵石，就将尸首和随葬品放在上面，就近取土，埋呈馒头状，封土一般也不经夯实，故习惯上被叫做“土墩山墓”。墓墩大小不一样，一般高 2 到 3 米，个别达 5 米以上，底径一般在 20 到 30 米之间，个别大的达 40 余米。

土墩墓可分为两种，一种是一墩一葬，即一墩只埋一人，这种数量不多，约占总数的 20%，但其规模宏大，构筑也分外讲究，随葬品的数量多，质量好，例如屯溪西周墓、大港母子墩西周墓和丹徒烟墩宜侯矢簋墓都是这种类型，其墓主应是贵族。另一种是属于平民的一墩多葬墓，占总数的 80% 左右，它们一般都很少出土青铜器，随葬品多是印纹陶、混质陶和原始青瓷等生活用品，各墓多少也不等，一般是十余件。在一些贵族墓中，除出土一般的陶、瓷质生活用具外，常常还随葬有青铜礼器、乐器和兵器。

须注意的是，这种土墩墓不论大小，都不用木质葬具。

至于土墩墓葬俗，《吴越春秋》和《越绝书》等书都有反映，如《越绝书·越绝外传记吴地传》说：“夫差冢在犹亭西卑犹位，越王侯干戈人一累土以葬之。”据考证，此句意思是：越王勾践使持戈的士卒，每人盛一竹篮土用来埋葬夫差。《吴越春秋》有“越王乃葬吴王以礼于秦杭山卑犹”一语，这里既不说如何营造墓室，也不讲如何放置棺椁，而只说用竹篮堆土而葬，也正说明了这一地区盛行土墩墓的葬俗。

《孔子家语》还记录了孔子往观吴季札给儿子举行的葬礼，“其敛以时服而已，其圹掩坎深不至于泉，其葬无盟器之赠。既葬其封广轮，掩坎甚高可时隐也……孔子曰：延陵季子之礼，其合矣”。

棺悬是于悬崖峭壁上或者岩壁洞穴。这种葬法盛行于南方地区，其中越地最常见。

从悬棺葬的历史来看，现在所知道的最早的要属福建崇安武夷山的船棺葬。如观音岩和武夷台白岩保存较好的两具船棺，全长3.5~5米左右，宽约0.55米、高0.6~0.7米。棺床略上翘，尾形分叉。经碳14测定，距今已达3400多年的历史。

关于吴越地区内的悬棺葬俗，历代文献也多有记载，如萧子开《建安记》曰：武夷山，“半崖有悬棺数千”。《索隐》云：“颜氏《地理志》，建安有武夷山，溪有仙人葬处，即汉志书所谓武夷君。”武夷山北面的横杆山，“岩口有木栏杆，飞格栈道……悬棺仙葬多类武夷。”江西龙虎山的仙岩也有悬棺，宋人庄绰《鸡肋编》曰：“其高处穴中，往往如仓仓棺椁云，盖仙人所居也。”

据文献记载来看，悬棺葬的名称因地而异：福建有“仙人葬”、“仙蜕”等说法，江西有“仙人城”、“仙岩”、“仙人石”之称，广东用“蜕仙台”为名，广西则称悬棺葬为“仙人山”、“铁船山”等。然而近现代人，称悬棺葬为“岩葬”、“崖葬”、“崖洞葬”、“岩穴葬”、“岩洞墓”、“岩墓”、“岩棺”、“穴葬”、“幽岩墓”、“洞穴墓”等可谓名目繁多。

这些文献记载大部分已被考古资料证实。近些年，我国考古工作者连续在福建崇安武夷山、广西左右江流域、江西贵溪等地发现有悬棺葬的分布。这些悬棺的方式有以下四个类型：

一是在岩壁上挖孔，楔入木桩，架棺其上；有的岩壁在一两百米之上，非常陡峭，棺木大多已坠毁，岩壁上还留着桩孔遗迹。

二是利用天然岩穴，把棺木一半放穴内另一半露在外面，有的全置穴内。

三是利用两个岩壁间的隙裂，置棺木在露天之下。

四是凿岩为穴，插进去棺木，一端露在穴外。

悬棺葬的墓地大多选择在特殊的地理位置上，其标准大概有二：一为临江河溪水，二为悬崖绝壁。福建崇安武夷山“仙人葬”，墓地选在山溪旁距水面或者地面30到50米的悬崖之上；广西桂林的悬棺墓，竟然选在“绝地千尺”之上的岩穴；江西南城县的“仙人岩”，墓地则选在“临溪峭壁数百仞”的岩洞之中。可见它的葬处一般高出地面有100米左右，有的甚至达

200 多米。

它的葬法是将棺材安置在高山岩洞之中，或者半插在悬岩空隙里。在福建武夷山，“半岩有悬棺数千”，“有枯木查插石罅间”，浙江“安家之民”，“悬著高山岩石之间”，广西田阳韦氏，“置于岩中”；广西融县“铁船山”，“尾插绝顶岩间”。

按质料来说，悬棺葬的葬具可以分为两类：一类为木质，一类是陶质。前者有船棺和棺材，在福建、广西和江西等地都有大量发现，如江西贵溪仙岩的木棺，大多通体长方盒形或扁圆状，后者顶呈盝顶形，还有个别棺盖好像悬山式房顶。陶质的是用陶罐和瓷缸，这在福建和广西等地都有发现。据葬具的形式来看，则可分为四类：一是“规形而锐首式”，如江西贵溪“仙岩”的悬棺就是这类形式。二是“四方函”式，沈莹在《临海水土志》中所载的“安家之民”就是采用这类葬具。三是“筒棺”式的“圆棺”，这是在广西同正县发现的。四是船形棺，尸体置于船舱之上，仓上加盖，福建、江西和广西壮族自治区等都发现有这类葬具。

各类悬棺的葬次有很大不同，大致来讲，有一次葬和二次葬的不同。据文献记载和考古资料来分析，大多数地区实行一次葬，极少数地区实行二次葬。一次葬是把尸体放在棺材里，然后及时把棺材放到悬崖绝壁上，葬具为大棺。二次葬的具体情况较复杂，多种多样，有的“于村外搁尸三年而葬”，有的取死人的骨头，用“小函子盛，置山岩石间”，有的则先是“洗骨”然后再葬。

关于悬挂棺材之法，自古以来就仁者见仁，莫衷一是，甚至还披上了神话的色彩。如《稽神记》曰：“建州武夷山，或风雨之夕，闻人马箫鼓之声。及明，则有棺椁在悬崖之上。”而刘锡藩则说是“神巫有奇术”，有的更是将这归结成神仙所为。从目前的研究成果来看，悬置方法至少有以下几种：

一是下垂法，就是在较高的岩壁上，用绳子把棺材由上而下放到所需的位置上，然后悬置起来。据唐代张鷟《朝野佥载》卷四十一《五溪蛮》所载，湖南五溪人就是用这种“自山上悬索下柩”的方法。

二即吊装法。船棺是自下而上吊装进洞的，“其中很可能使用了某种最原始的机械”。还有学者考辨广西岩墓后，发表言论说：“今以田阳韦氏为证。韦氏旧为壮族大姓，据说其祖先数代即是岩墓，在狮子山。山腰有岩，如狮子张口之状。韦氏当时用绳曳棺而上，置于岩中，不封口，子孙至今拜扫不绝。”

三乃筑土台法。即在较低的岩壁前，筑土成台，将棺材运及岩洞，然后撤土卸台。刘锡蕃《岭表纪蛮瑶山异闻》曰：“凌云岑氏祖墓在半山石岩间，每逢清明，其子孙必祭于塔（蚯）下……然悬棺山半，事岩已罕闻，意者当土酋威尊无上，殚民之力，筑土为台，运棺其中，事后台卸土撤，而棺乃独立岩际。”

四是栈道法，就是顺着事先铺设好的栈道，将船棺运入岩洞。这些方法有的在近年已被考古学者们用实验方法加以证实，有的则需作进一步的探究才可确认。

悬棺葬反映了死后升天的思想。它流行的地区都是古代越、濮等民族及其后裔生活之处。这里高山层叠，峰峦入云。人们把高山险峰看作神灵居住或者通天的捷径而崇拜。山峰高大耸天，常被古代的人们看成是去往上天之路而受崇拜。山峰的雄伟及难以接近，被古人幻想为神灵的住所而受崇拜。于是，生活于山区的人们便把这些高耸入云的大山看作神圣的处所，期望有朝一日自己也能够升天，居住于其间，更接近“神人之天国”。

福建崇安武夷山葬有船棺的崖洞口相邻的缝隙间就插着一些横木条，被人称作“虹桥板”，据说是为了“沟通道路，虹桥跨空”，使死者的灵魂上天。悬棺绝壁之上，可以起到防止人兽侵犯的作用，保护死者的灵魂免遭侵扰。有人认为悬棺坠落可以泽福后人子孙，如《云南志略诸夷风俗》记：“土僚蛮……人死则以棺木盛之，置于千仞巅崖之上，以先坠者为吉”；也有人认为，棺木高悬可以使“子孙高显”。综上所述，可以看出，悬棺葬反映了古人独特的思想意识和宗教信仰。

秦国

秦的祖先起于西北，最早在今甘肃省东部活动，后来逐渐东徙，和周人发生多次接触。秦襄公时受到周封开始列为诸侯，进入汧渭岐沣地区，从此开始经营关中地区。秦在春秋时是五霸之一，战国时又成为七雄之一，而且统一了全国，建立了中央集权制的大秦帝国。

春秋战国时期，秦人的丧葬习俗同中原地区相比，有以下特点：

一是屈肢葬式。屈肢葬在秦国非常盛行。从考古资料来看，陕西境内除了凤翔外，宝鸡地区的阳平、福临堡、李家崖、茹家庄、034 工地、姜城堡，084 工地、户县电厂，西安的半坡、东十里铺、西北第一印染厂，长安沣西，咸阳黄家沟，大荔朝邑，耀县等地，都发现过这种葬式，其中宝鸡地区最为集中。

秦国的屈肢葬最有特色的是“蹐屈特甚”，不管是屈肢葬者或殉人，其下肢的蹐屈都在 30°~90°之间。从它的形式来分析，秦国常用的屈肢葬方法有侧身屈肢、仰身屈肢、蹲踞等。我们需注意的是，春秋时期的秦国还出现了一些独立的屈肢葬者。到战国中晚期，此独立的屈肢葬者，在秦国更是占有绝对优势。这同过去屈肢葬多是殉奴的现象相比，表明使用这种葬式的死者身份已发生了质的转变。当奴隶从军之后就从最下贱的社会地位中解脱出来，它标志着奴隶制度的崩溃和封建制度的建立。

战国时期屈肢葬的屈肢程度有两种形式：一种是蜷屈较轻的，在三晋等地流行。其屈肢的程度较之以前要轻微得多，姿势亦较自然。如中原地区的屈肢葬，股骨和胫骨间的夹角都大于 45°，一般在 90°至 135°之间，170°左右的也不少。如上村岭虢国墓地、后川战国墓地、洛阳中州路东周墓的屈肢葬就是很好的证明。一种是蹐屈很严重的秦国屈肢葬，在陕西和甘肃等地流行。

二是墓葬形制。春秋战国时期秦人的墓葬形制很有特点。从目前的考古资料来看，除了边远地区外，土洞墓最早在关秦墓中被发现。最初的土洞墓应该是半坡秦墓的Ⅰ式，就是在竖穴墓道的长侧边向里挖横用来放墓室。

因这种形式的土洞墓易塌陷，后来又连续出现了Ⅱ式和Ⅲ式。Ⅱ式就是在竖穴墓道的长侧边向里掏纵深长墓室；Ⅲ式是于竖穴墓道的一端向里挖纵深的狭长墓室。这些土洞墓常常还带有放于随葬器物的小壁龛，墓道比墓室较宽较大。

巴蜀

据宋治民先生《四川战国墓葬试析》一文研究，巴蜀文化系统的墓葬根据其墓葬形制的不同可分成船棺葬、无葬具的竖穴土和独木棺墓等类型，其中独木棺墓和船棺葬是两个系统，独木棺墓到目前为止只在川西成都附近见过，两者的随葬器物也有一定的区别。

船棺葬的兴起是在巴蜀地区，进而流行起来，是一种颇具特色的丧葬习俗。如蜀地蒲江东北乡船棺葬墓地出土的二座船棺葬墓，墓坑是狭长竖穴土坑。棺具是两头平齐的槽形独木舟状船棺，是用一段楠木对剖成两半制的，一半凿去树心制成棺身，另一半作棺盖用。棺具上下四周都用灰白色膏泥填满封固，用来防潮防腐。墓坑填土是原坑土，土色同坑壁四周的土色一致，没有夯筑。随葬器物主要是巴蜀式的器物，主要有武器和生产工具，有浓烈的地方特色。

有的船棺葬并不挖掘墓坑而是直接掩埋，例如绵竹清道船棺墓。该船棺在距地表深1.8米左右的砂卵石层中，没有墓穴，埋葬时只把船棺放在沙石滩上，再用沙石土埋好。有的学者认为，这种不挖墓穴直接掩埋之法似乎有葬俗上的渊源，亦可能同早期蜀墓不挖墓穴或者挖浅小墓穴的传统有关。此外，将船棺直接埋在河滩上，也可能是蜀人沿水路送魂丧葬习俗的反映。此墓可谓是蜀人独特的丧葬习俗典型的例子。

巴人的船棺葬和蜀人不同，它流行的是两端上翘的舟船形独木舟式船棺，并非蜀地常见的两头平齐的槽形独木舟式船棺。据考古资料来看，巴人船棺最长的约6米左右，最短的也在4米之上，平均长5米多，宽1米有余。是截取大楠木一段，依照木形，将其上面削去一小半，正中挖凿船舱用来放置尸体和随葬品。底部也被削平，两端由底部向上斜削使它翘起如舟船的两端。有一部分船棺在船舱中另外放一小木棺用来殓尸体以及随身物品，其他的随葬器物比如陶器、铜器等则放在棺外“船舱”中，船棺在这里实际上已相当于椁的作用。

巴人船棺葬的墓坑是一个狭长形竖穴土坑，与船棺的形状稍微相似而且稍大。坑内填土同墓坑四壁的土质土色完全相同，是原坑土，未经夯打，较为疏松。比较晚的墓墓底铺着一层薄薄的与红赭石末相同的土红色土，棺底上铺着一层白色泥。随葬器物中铜器最多，包括容器、武器、工具等，主要是巴蜀文化系统的器物，另外有一些楚文化和中原文化系统的物品。

巴蜀地区船棺葬的兴起和流行，首先同巴蜀先民生产与生活习俗密切相关，是古代巴蜀以生事死葬俗的直接反映。《四川船棺葬发掘报告》记载道："船棺葬者除非长于舟楫和傍水而居的民族，否则不会把葬具费偌大的工夫来凿成舟形。船棺从其大小及制作来看，是非常实用的。"

据推测，此种葬具或者本来就是墓主人生前在水上使用过的交通工具，死后便用之盛放尸体，船棺葬者若不是一种同水源有着密切关系的民族，绝不会把葬具制成这般形状。以舟为葬具，或许是表示以水为家这种信念。另外，巴蜀船棺葬还是巴蜀祖先"送魂"这一宗教观念的产物。《蜀王本纪》中有这样记载："李冰以秦时为蜀守，谓汶山为天彭阙，号天彭门。云亡者悉过其中，鬼神精灵数见。"考古学家们经长期研究也得出这样结论，用船当作葬具，在他们的心目中就是利用船员、水道，将死者的灵魂送回故乡。究竟巴人家在何处？在清江流域或在嘉陵江江源？因没有确切依据，不敢妄言，可将灵魂送回想象中的故乡，却在用船作为葬具的事实中充分地反映了出来。

第五节　春秋战国时期古墓搜索

一、孔氏家族墓地

孔林在曲阜市城北 1.5 公里处，出了曲阜城北门，有一条通向南北的神道，它两侧桧柏挺拔，古干虬枝，姿态万千。道中有一座石坊巍然屹立，题为"万古长青"，系明代万历年间所立，到今为止已经有五百多年的历史了。万古长青坊两旁建有巨碑亭，一碑上书有"大成至圣先师孔子神道"。神道尽头，陵门在望，坊额"至圣林"，久仰的孔林尽在眼前。

孔林乃孔子和他的后裔的墓地。根据史册记载："孔子死，葬鲁城北泗上"，春秋之前的葬制，"不坟不树"，所以，孔子的墓还是"墓而不坟"，在东汉桓帝永寿三年，鲁相韩敕修建孔子墓，在墓前开始建造神门，用许许多多户供应孔墓洒扫，那也只是"地不过一顷"。他以后的历代帝王不断赐予墓田、祭田，墓前建筑同样经过了多次重修和扩建，规模不断扩大，如今的孔林通过修整后，墙垣共长达 7 公里，墙高 3 米～4 米，总面积达到 7.8

平方公里。林内有林立的碑碣，成群的石仪，参天的古木，丰茂的花草。

北魏郦道元《水经注·泗水》这样记载，当孔子死之后，“弟子各从四方持奇木来植，故多诸异树”。到目前为止孔林内已经有柏、桧、楷、朴、洛离、女贞、五味、樱花等树木几十种，大约十多万株，很多树种在其他地方很少见到或者有的已经绝种，其间还夹杂野菊、半夏、柴胡、太子参、灵芝等名贵物种，形成孔林内独有的奇异美景，从这一点上看，孔林实际上又是一座古老的珍奇植物园。

如果你徜徉于林中，只见浓荫蔽日，墓冢累累，便会有一种孤寂凄凉的情怀。顺着神道向前行走，经过洙水桥、挡墓门，便来到了供奉孔子的享殿前。享殿前的甬道两侧分别排列着华表、文豹、角端、翁仲四对大型石雕，都是北宋宣和年间雕刻。清代雍正年间将翁仲移于子思墓前，又替换刻了一对代替。享殿坐北朝南，一共有5间，歇山顶，前廊出厦，飞檐挑角，上面覆盖有黄色琉璃瓦，是孔林的主要建筑。

享殿之后乃孔子之墓，墓冢酷似马背隆起，此种墓葬形式俗称“马鬣封”，用来标示墓主人的尊贵。墓之封土周围环绕着红色围墙，封土高6.20米。墓前巨碑篆书乃黄养正所书，其上刻有“大成至圣文宣王墓”，此碑立于明代正统八年，此外有“宣圣墓”石碑一通。墓碑前面置石坛。

孔子墓东侧是他儿子孔鲤之墓，南面是他孙子孔伋之墓。该布局寓意“携子抱孙”。孔子墓西面有3间房，旁边立有《子贡庐墓处》石碑。据史册记载，孔子死后，弟子皆结庐守墓长达3年，只有子贡思慕情深，3年后又居3年始归。

孔子墓的东南面有宋真宗、清圣祖、清高宗来这儿祭奠孔子的驻跸亭3座。再南为子贡手植楷，这树原来高达四丈五尺，围一丈，清朝光绪年间惨遭雷击，仅存枯木1米多。

孔氏家族的墓地，从孔子以下，已经经历七十七代，形成了以三代墓为主体的墓区。四代孔白墓在孔子墓的西北面，五代孔求墓在东北面。此后，历代墓都以孔子墓为中心而排列。因为年代长远，除三代墓世祀不绝，还保持着完整的神道石仪和墓碑祠坛外，四代至七代墓，都只是粗略知道大体方位；八代至四十一代墓，除去孔宙、孔彪，多数无迹可寻；四十二代之后的墓大部可以找到，元明清三代墓保存得基本完好。林内地下墓室尚未发掘。地上建筑和设施，宋之前的已很少遗存，少数汉代墓碑已移入孔庙。

孔仁玉墓墓主就是“中兴祖”，就在孔子墓东北约40米处。墓的南面有明正统年间补立的墓碑。孔仁玉，字温如，孔子的四十三代孙子。后梁末帝乾化三年，他的父亲被孔庙洒扫户孔末所杀，时仁玉生甫9个月，乳母张氏抱匿于外。后唐明宗长兴元年，孔末伏诛，方得主孔子祀。孔氏家族称他为“中兴祖”。

元朝有衍圣公墓4座，在孔林西北边，只有墓碣。五十一代衍圣公墓前石碣是笏头碣。在孔子墓西面金大定年间的孔瓌墓碣也是笏头形状。元泰定年间，五十四代衍圣公孔思高晦升到三品，墓碑碑首始镌双螭。

明代总共有十代的11座衍圣公墓，也在孔林的西北面，自东往西，斜向依次排列。墓前皆立墓碑及石仪、诏旨碑、神道门等。自明初，衍圣公官秩升至二品，墓前添设神道碑。五十九代衍圣公孔彦缙在景泰三年“改给三台银印，如正一品”，神道碑与《奉天诰命碑》始为龟蚨螭首形制。五十五代衍圣公神道碑乃宋濂所撰文。六十一代衍圣公墓碑系李东阳篆书。六十二代衍圣公墓碑是严嵩篆书。别的墓碑、神道碑、诏旨碑也多是朝中权贵所书。

明清两个朝代，衍圣公墓前立享堂最早是六十一代的孔弘泰，在原祠坛的位置建了3间享堂，迄今为止仍然留有石柱础。这之后建享堂的有六十二代闻韶、六十七代毓圻、七十二代宪培、七十三代庆熔。

清代共有十二代衍圣公，死于顺治四年的六十五代仍葬在明代衍圣公墓区，之后十一代都葬于林的东北边。非嫡支后裔的墓葬则多以宗户自成范围，分布在各个地方。

历代衍圣公，只有清朝六十七代毓圻墓前建有圣旨御碑亭，内立雍正帝表彰毓圻的御碑。七十二代宪培墓前建有于氏木坊。乾隆帝想和孔府联姻，但是满汉不能通婚，于是变手法，便先让他女儿认汉族大臣于敏中为父，再用于姓身份嫁给宪培作为妻子。道光五年，为祭于氏而建了此坊。

葬于孔林不是嫡亲后裔的著名人物，有清雍正年间的兵部尚书孔毓恂，清初文学家孔尚任等。

孔林的规模同历代大量的整修有关，自东汉至北宋，孔林的设施逐渐齐备。元明两代完成了孔林主要神道和建筑的创建，形成一座规模宏伟的墓地林园。元文宗至顺二年，孔子的第五十四代孙曲阜尹孔思凯，因为樵林难禁，首建作周垣重门，重门就是今天的大林门。明永乐十二年，五十九代衍圣公孔彦缙恢复扩建思堂，又建了墓门3间；二十一年林垣大多因为时间太长而毁坏了，曲阜知县孔克中重修葺且加以增拓，周十多里。

弘治七年，六十一代衍圣公孔弘泰重建驻跸亭、林墙，创修享殿，神门扩建成城楼，而且重新修建了洙水两桥，植松柏数百株，奠定了其内部的主要格局。嘉靖二年，御史陈凤梧重修洙水桥，而且还建了洙水桥坊和子贡庐墓堂。万历二十二年，巡按连标、巡抚郑汝璧除了整修享殿斋室，还又在大林门之南创建石坊、碑亭，栽神道柏几百棵，使孔林神道就这样完工了。

清代对建筑进行了几次整修。康熙二十三年，康熙帝到孔林祭奠，又扩建了十一顷多，使孔林面积达到二十九顷四十亩九分。雍正八年，重修门坊、林墙。民国期间只有很少被修复。“文化大革命”的时候，孔林不少墓葬被盗，石仪仆地。1979年后又慢慢被修复。

漫步于孔林神道的时候，孔林给拜谒者以无尽的遐思，历朝各代的谒圣题诗无不寄予了万千感慨。金代文学家党怀英在《谒圣林》中写道：“鲁国遗踪堕渺茫，独余林庙压城荒。梅梁分曙霞栖影，松牖回春月驻光。老桧曾沾周雨露，断碑犹是汉文章。不须更问传家久，泰岱参天汶泗长。”

“郁葱佳气昼沉沉，五里如云属孔林。路接龙门连草色，冢封马鬣护松荫。树无垂棘连苍汉，鸟不营巢足好音。千古神明钟秀地，此生何幸一登临！”明代范雯《谒圣林》真实地反映出游者的共同心声，孔林之胜甲天下！

二、秦公一号墓

陕西凤翔县，从公元前679年到公元前385年的294年里，一直都是秦国都城——雍城。从20世纪50年代后期起，考古工作者开始对雍城进行大规模钻探发掘，最大的收获是在雍城南郊的三畤原上发现的秦公的陵区，目前在陵区内发现了14座陵园，49座大型陵墓，呈“丰”字形、“中”字形、“甲”字形、“刀”字形等，而且发现了许多的陪葬坑，这里埋葬了二十二位秦公。陵区东西长达12公里，南北宽约3公里，总面积约36平方公里。

在雍城02号秦公陵园中的隍壕有外、中、内三重。外壕指的是整个陵地外围沟，中隍是指几座陵墓组成的分陵园的围沟，内隍是指某一个陵墓其自身的围沟，有的在四周都留有缺口通道，把雍城秦公陵区的外兆、中兆、内兆连接起来，总长约35公里。这个发现对研究秦国埋葬制有重要意义。

坐西面东，平面呈中字形的秦公一号墓是一号陵园，其东西全长300米。墓室是长方形，深24米、东西长59.4米、南北宽38.4米。东墓道长156.1米，西墓道长84.5米，总面积达5334平方米，这么大的规模为先秦所仅见。大墓挖出土方约8300余立方米，所用木材约220余立方米。M1墓室上面与东墓道相连的地方，还发现了柱洞和建筑倒榻后凹字形板瓦互相衔接叠压，这应该就是遗存在秦墓的享堂建筑。

在墓室里有三层台阶环绕，宽约2到6米，第三层台阶中部为椁室，椁室呈曲尺形，深4.2米，分为主椁室与副椁室。主椁室在正中，主椁是长方形木制榫卯结构，用枋木修筑而成，中部有南北向枋木隔墙一道，又把主椁分为东西室，与资料中“前朝后寝”制度类似；副椁室位于主椁室西南，也是长方形，规模较之主椁室小一点，与主椁室是相通的，可能是盛放大件礼乐器处。主副椁的底部、顶部和四周与椁室土圹之间的小缝，都用木炭填充，主椁顶部的木炭达到0.5至0.8米。在它的南北两侧层台上也都发现木碑，这是迄今为止留下来的最早符合诸侯二碑之礼的下棺碑。

在大墓的填土中，前后共发现人骨20具，动物骨骼2具，人骨都放在土坑中，这些土坑有的呈椭圆形，有的呈长方形。在墓室的三层台和西墓道与墓室相连的地方清理出殉人骨架166具。

据殉葬的位置和葬具的差异可分为两类：一类为箱殉，共72具，分布在曲尺形椁室的周围，葬具为用枋木垒成的长方形枯木箱，殉葬者蜷曲得比较严重；另一类为匣殉，共94具，分布在箱殉以外靠近墓室四壁的地方，葬式呈蜷屈状。大墓被后代盗扰过200多次，还是出土了铜、铁、金、陶、石、玉、漆器和纺织品等3500余件文物。

铜器有镜、削等；铁器有铲、环等；金器有鸟、带钩等；陶器有鼎、豆、簋、盘等；玉器主要有戈、璜、璋、璧等，数量相对较多；此外还有漆猪、漆盒等，石磬上刻着“天子匽喜，龚桓是嗣”，由此表明墓主乃春秋中晚期的秦国国君景公。

在主椁室的底部、东西壁还有南北两侧都呈凸字形的细长榫头，指向主椁室土圹的南、北壁，据学者分析，榫头可能就是“黄肠题凑葬制”。据周礼所载，当时“黄肠题凑”只有天子才可享用，但秦人好大喜功而且受到浓厚的厚葬思想的影响，故秦公帝陵中不断地出现超越礼制的事。

虽然该时期的周天子墓尚未被发现和发掘，对其规模不能明确知晓，但是秦公一号墓规模确实超越了当时秦国的国力水平，也是其他诸侯国不能比拟的，标示了春秋中晚期“礼崩乐坏”的社会变迁。秦公一号大墓采用了“黄肠题凑”，成为迄今为止我国发现的时代最早的黄肠题凑墓。

春秋时期秦国国势的蒸蒸日上，因秦公一号墓而重现风采。它的发掘，成为我们研究先秦时期秦国的墓葬制度和秦国历史的“重型炮弹”。

三、越王大墓

为了建造一座墓葬，挖去山体岩石 1 万立方米，填筑木炭 1400 立方米，填充青膏泥 5700 立方米，修筑主墓室用去木材约 500 立方米，堆筑封土用 1 万立方米，挖围沟 4 万立方米。谁有如此巨大的力量，谁有这么豪迈的气概？这就是浙江绍兴印山的越王墓。据推断，墓主是春秋末年越王勾践的父亲，越国的一代国君允常。允常，有些书中也叫元常，在公元前 510 年已即位称王，“越之兴霸，自允常矣”，允常驾崩于公元前 497 年。

印山大墓发掘后，它非凡的气势，宏大的规模，豪华的墓室，十分讲究的填筑工艺，令世人惊叹。这座墓道只有一条甲字形墓葬，墓坑长 46 米，宽 14 米，深 12.4 米。墓室长 34 米，宽 6.7 米，高 5 米。主墓室都用巨大的枋木构筑，呈狭长条两面斜坡状，横断面为三角形，形式奇异，构筑豪华，主墓室内面积 160 多平方米。坑内木结构墓室各种枋木 189 根，约计 500 余立方米。墓室里面独木棺长达 6.04 米，宽 1.12 米，用一巨型圆木制成，一半用作棺，另一半用作盖，而且里外髹漆，棺内深 0.4 米。如此巨大的独木棺也是前所未见，被称为迄今知道的最早的独木棺。墓道填土以及整座大墓的内外封土达 4 万立方米。印山四周隍壕总长 888 米，宽 16 至 19 米，深

2.1 至 2.7 米，挖土总量约 4 万立方米。隍壕间南北长 320 米，东西宽 265 米，陵园水平面积 85000 平方米。

印山大墓除了巨大的墓坑，长长的墓道，宏伟的墓椁，雄壮的墓室，更使人惊叹的是长方形围绕整座陵山的隍壕结构。正是它，把该大墓推向顶级地位。隍壕实际上是护城沟，沟内无水，原设在城的周围作护城河，后来设在陵园四周，用来显示帝王的高贵身份。一般诸侯国君主不敢胡乱行事，但是在古越地的印山越国王陵恰恰敢于配建如此宽广浩大的隍壕，这恰好与陵主当时的地位和身份密切相关。纵观我国已发掘王陵的隍壕结构，陕西凤翔秦公一号墓配有内外隍壕，且印山隍壕也是江南地区已发掘王陵中一处，怪不得 1998 年国家文物局有位领导视察到印山大墓的隍壕后，感慨万分地脱口说道："北有秦陵，南有印山。"

在建造过程中，大墓的防腐填筑措施非常严密，首先在墓的底部铺一层厚 1.65 米的木炭，大约是 1400 立方米，青膏泥约计 5700 立方米，其数量在全国也是少见。这些严密而科学的防腐保护措施，可以很好地保护墓室。在它上面建立主墓室，主室外用约 140 层树皮包裹，树皮外还填筑 1 米厚的木炭层，然后用青膏泥一层层夯筑到墓口。墓口上又用版筑方式夯打出一个长 72 米、宽 36 米、高 10 米的封土堆，夯面光滑平整，加工相当细致。

绍兴印山大墓因其宏大的规模、独特的形制和豪华的墓室而闻名远近。但由于大墓未能躲过古代盗墓贼贪婪的目光，随葬品只剩下玉镇、玉剑、玉矛、玉镞、长方形玉饰、残雕花木器、篾席等 30 件，墓道中出土青铜铎一件和木质夯具二件，更没有留下能显示墓主身份的直接物证，导致墓主人究竟是谁至今还不太清楚，使人们既赞叹它的巨大规模，又不禁产生遗憾之感。

有的学者认为这座墓的墓主应当是越王勾践。但从它的位置和构筑形式还有《越绝书》、《绍兴府志》所记载的情况看，通常认为印山大墓就是春秋末年越王允常的"木客大冢"。印山越王墓，狭长条两面斜坡状的木制墓室，在全国范围内也属第一次发现，墓内巨大的独木棺更富有越文化的鲜明特色，是我国古代形式多样的墓葬形式的典型代表之一。它的发现对我们研究越国的埋葬制度，推动越文化研究有重大意义。

四、管仲墓

“兵车半偃息民灾，仗义尊王田垒开。自古英雄谁无死，至今疆场羡奇才。”此乃前人凭吊管仲墓时题的诗句。管仲墓位于淄博市临淄区齐故城东南的牛山下，“遥望城东南，列冢相比次。烟草二三里，俱含悲凉意。……秋风起暮鸦，云阙谁复记？樵牧陟其巅，狐狸穴其隧。徒令行道人，并下牛山泪。”虽荒草凄迷，管仲的名声却是没有人不知道的。管仲名夷吾，字仲，谥敬，颍上人，春秋时期著名政治家、军事家、思想家，他一生仕于齐，帮助齐桓公成就霸业，使他成为“春秋五霸”之首，在我国历史上影响深远。

管仲虽出身鄙野，但他胸怀大志，发奋读书，是当时有名的人才。后世关于他的许多故事十分有趣，在此略举一二，可追慕先贤，也可思悟一些为人处世的道理。

管仲家里很穷，他有一个叫鲍叔牙的好朋友，家境比较殷实。两人合伙做生意，并且一块儿参过军，打过仗。生意是合伙的，管仲本钱少，赚了钱之后，管仲反倒多拿一份，鲍叔牙的手下不服，认为管仲“揩油”，鲍叔牙却还替他分辩曰：“不是这么说，他家里缺钱，我乐意多分一些给他。”众所周知的成语“管鲍分金”就是从这儿来的。

谈及打仗更把人笑坏了，进攻时，管仲一直躲在人们的后面，退兵时，他却跑在前头，看见的人都笑话管仲贪生怕死，鲍叔牙护着他道：“你们真的认为管仲贪生怕死吗？照实说，为的是他母亲老了，又多病，他不能不留下自己尽孝道。”这些话后来传到了管仲的耳朵里，他长叹一声，道：“生我的是父母，了解我的，只有鲍叔牙！”这两位好朋友虽交情至深，但各为其主。管仲是公子纠的老师，鲍叔牙则是公子小白的师傅。那会正逢齐襄公执政，他荒淫无道，非但与自己的妹妹乱伦，残害妹夫，还不理朝政，齐国眼看就要乱起来了。各位公子害怕被株连，纷纷跑到其他国家去避难。管仲和公子纠跑往鲁国，公子小白则和鲍叔牙跑到了莒国，同是他们各自的姥姥家。这之后齐襄公因为“吃瓜换班”的事被大将连称和管至父杀掉了，大臣们一些主张立公子纠，另一部分人则主张立公子小白，两位公子为争夺王位都忙着往回赶。管仲曰：“公子小白在莒国，比咱们近，如果他先回去就麻烦了，请让我带一队兵马去截住他吧。”不料管仲果真在即墨截住了小白，说：“公子纠已经赶回去了，您就不用再回去了。”鲍叔牙非常认真地说：“齐国刚刚经过了内乱，这时需要一个贤能的国君，怎能还用立长不立庶的老一套呢?”他的手下也狐假虎威，管仲一看情况不妙，很没脸面地躲开了，可这样怎能交差，他就拿出了弓箭，偷偷射了小白一箭，只听小白大叫一声，吐了一口鲜血倒在车里，眼看活不成了，随从都哭了起来。

管仲这才放了心，和公子纠慢慢吞吞地到临淄去。没想到那一箭并没有伤到小白，口吐鲜血完全是表演给管仲看的，管仲走后，鲍叔牙与小白日夜兼程赶到临淄，小白当上了齐国的国君，他便是齐桓公。管仲和公子纠还在路上呢，等接了信，只能再逃回鲁国去。齐国逼鲁国交出公子纠和管仲，鲁国没办法，只好把公子纠杀了，交出管仲。

管仲来到齐国，鲍叔牙先接他，还把他介绍给齐桓公，齐桓公气愤地说：“他拿箭射我，你还让我用他吗?”鲍叔牙说：“当时是各为其主，他拿箭射你，正显出他的忠心。主公要想治理齐国，那我就足够了，如果要齐国强大，治理诸侯，那非管仲不可!”齐桓公还真是明主，他不但不计前嫌，而且很恭敬地拜管仲为相国，后来又称其为仲父，把齐国的朝政都交给管仲管理。

管仲针对齐国现状实行了一系列利民措施，齐国从此富强起来，成为东方大国。《史记》故有“齐桓公以霸，九合诸侯，一匡天下，管仲之谋也”的说法。

管仲也是一位思想家，著有《管子》一书，书共67篇，记载了他的政治主张和改革思想，他又是一位军事家，同齐桓公一块儿东征西讨，惩强扶弱，先后击败了山戎、北狄等少数民族的侵犯，为维护中原地区的繁荣和发展作出了贡献。后来，管仲患重病，去世，齐桓公非常伤心，竟然连续几天没有进饭，最后隆重下葬管仲于牛山之下。管仲墓高达14米左右，东西长34米，南北宽14米。南面依凭牛山，西临沟壑，北面因为后世取土而陡峭。1981年，人民政府拨专款在墓周修砖石围墙173米，用来保护。还在墓前立石碑两通：一刻管仲画像，一刻“齐相管夷吾之墓”，碑阴镌刻他的生平以及功绩。

五、邿国贵族墓地

邿国乃春秋周王朝时期的一个东方小国，只在极少的文献当中看到，考古资料几乎不见，几千年以来，它似乎已被历史抹掉。1995 年，在山东大学考古系主持发掘的山东长清仙人台邿国墓地发现了许多精美的青铜器、玉器等文物，其中 4 件铜器带有明确的“邿”字铭文，这使这个几乎被人遗忘的东方小国又再现风采。

邿国贵族墓地在山东省长清县五峰山镇北黄崖村仙人台遗址中，该遗址三面环水，是一典型的河旁高台遗址。1995 年仙人台遗址被发掘，出土了岳石文化、西周至汉代不同时期的一批遗迹和遗物，最重要的是 6 座周代邿国贵族墓地。

6 座墓葬都是长方形土坑竖穴木椁墓，墓口面积 10 到 20 多平方米，墓深 1.3 到 6.2 米，棺椁早已腐朽，但从其残留的痕迹可知，大多为一棺一椁，规格高的墓葬有二棺二椁，棺椁主要用料是柏木，其内都髹有黑色或红色的云雷纹等；椁室都是长方形，墓室的底部中央挖了一个腰坑，里边埋有一只殉葬狗，保存得还可以，方向与墓主相反；有的墓葬内留有二层台，其北边往往放着木制的器物箱，东西方向，与墓室、椁室方向相同，随葬品大多集中置于器物箱内和棺椁之间或者棺里面；墓内填土大多未经夯打，比较松软；墓室和棺内都用大量朱砂铺垫，极富特色；棺内人骨保存不是很好，头向西，葬式是仰身直肢。

因为整个墓地已遭破坏，故其原始结构无从知晓，但因未被盗掘，出土随葬品内涵丰富，共出土各类文物 340 余件。青铜器 220 多件，有铭文铜器 7 件，据研究，其中的 4 件注有“邿”字，礼器类主要有铜鼎、簋、敦、壶、盂、盘等，乐器类有青铜编钟、钮钟，兵器类有铜戈、剑；玉石器 40 余件，有编磬、圭、玦璧、琥、项链等；陶器 60 余件，诸如鼎、鬲、簋、豆、罐等；骨角器 10 多件，有管饰、香熏等；海贝也有 1800 多枚，以及散装的车舆等。

其中有许多随葬品是初次被发现，例如 M1 出土的双龙镂孔圆柄短剑，是用失蜡法制造，此乃我国目前所见年代最早的蜡模铜铸件。据随葬品的器物组合、形制风格、纹饰和艺术特征，学者推断出这几座墓葬的相对年代，最早的是西周晚期的M3，接下来是M1、M2、M4、M6，是从两周之际到春秋早期晚段，最晚的是M5，在春秋中晚期之际。

从这些随葬品的组合数量和规模来推断，这儿应当是周代的郜国贵族墓地。6号墓面积虽然较小，但出土随葬品却相当丰富，达170余件，其中形体最大的铜鼎，通高70.5厘米、口径77厘米；其中两件青铜方壶，形状相同，通高63厘米，有高浮雕的龙凤纹，是青铜器中的珍品。依此来看，该墓应当是郜国国君之墓。

六、田穰苴墓

春秋时齐景公在位，晏婴设计“二桃杀三士”，陷害了齐景公宠用的大力士。鲁昭公感到非常惋惜，齐景公叹了一口气，没说话，只有晏婴似乎没事地说：“这样的武人虽说有用处，可不是什么了不起的人才，今天死三个，明天就能来三十个。多几个，少几个，没什么太要紧的，咱们还是喝酒吧。”

鲁昭公走之后，齐景公很快问晏婴：“你在鲁侯面前说了大话，总算保持了齐国的威风，可是我到哪儿再找这样的勇士呢？”晏婴道：“您宠信的勇士冲锋陷阵可以，带兵打仗却不行，如果想着建立霸业，只有匹夫之勇万万不够，必须找真正的将军才行。我向您推荐一个人，准保抵得过那三个人。”齐景公一听挺有道理，当霸主又提到他的痒处，他就挺着急地问道：“谁呀？你赶紧去把他请来。”

晏婴所说的人就是田穰苴，他是田完的后代，当时还在乡下隐居着，齐景公埋怨道：“既然知道有这样的人才，为什么不早点请来？”晏子说：“有才能的人出来做事，不光要挑选主人，还要挑选同事，像穰苴这样的人，怎么能跟那些只有血气之勇的武夫一起做事呢？”齐景公这阵子还挺惋惜那三个大力士，听晏婴这样说话，心里就有些不高兴，但事已到此，他只能让晏婴把田穰苴请来，见识一下这个一个顶三个的人才。

田穰苴见了齐景公，君臣侃侃而谈，还挺对脾气，赶巧，晋国、燕国听说齐国的三个大力士死了，乘人之危，发起攻击，想捞点地盘和好处，齐景公就封田穰苴为大将，给了他500辆兵车去抵挡晋、燕的兵马。齐景公想，晋燕之兵正是一块试金石，是不是人才，到了战场上便一目了然。

凑巧的是，田大将军好久还不动身，齐景公想是不是怯阵了，就派人去探问，其实，田穰苴担心的不是晋、燕的兵马，而是齐国将士有一大毛病——不太遵守纪律，这可是战场最忌讳的，因此田穰苴想借这个机会整顿一下军纪，他就跟国君的使臣说道："我是个乡下老粗，一下子执掌兵权，当了大将，免不了有人不服气，再说没有军规的话，万一有人自以为当初有过功劳，不听军令，那可就容易出乱子，请主公派个亲信能干的大臣做监军，我才能放心。"监军的任务系监督军纪，乃一个相当重要的职位，齐景公于是把自己最宠信的大夫庄贾派去做监军。

田穰苴故意对庄贾说："明天就要发兵，一定要在中午会齐，请监军准时到营里来。"庄贾应了一声，并没有当回事，回去了。在第二天上午，田穰苴先到了军营，派人在空地上立起一根标杆，用来测量太阳的影子以便知道时间，然后就打发士兵去请庄贾。

庄贾是齐景公宠信的红人儿，根本不会把田穰苴放在眼里。那天亲戚朋友都来他家送行，大伙儿喝着酒，嘻嘻哈哈，没完没了，庄贾还老嫌田穰苴派人来催，让他在亲友面前丢了脸，磨蹭半天直到太阳偏西才坐车来到军营。

田穰苴八面威风地站在台上，指着标杆问："监军为什么这么晚才来？"庄贾醉醺醺地说："因为今儿个出兵，几家亲友都来送行，多喝了点酒，来晚了一步。"田穰苴曰："当将帅的得到出发的命令，就得撇开家，连自己的命也不顾了，现在敌人已经打到家门口来了，主公吃不香，睡不着，您怎么还有闲工夫跟亲友吃吃喝喝呢？"庄贾忙说："好在没有误了日子，将军就别再责怪了。"田穰苴厉声道："你不要倚仗国君，就不把军法放在眼里，如果都像你这样，咱们的军队还怎么能够打仗？"他转头问军法官："不按时报到的将士按军法应怎样惩治？"军法官曰："应当砍头！"庄贾听到"砍头"二字，才知情况不妙，酒也吓醒了，慌忙往台下跑。哪里还来得及。齐景公听到消息赶紧派人去救，庄贾早被杀了。通过这次整治，再加上田穰苴爱护士卒，齐军的名声从此大振，还没到边界，晋、燕的兵马早被吓跑了。中原诸侯知道了齐景公任晏婴为相、田穰苴为大司马，也都另眼看待齐国，齐国国势渐渐强盛。

田穰苴的墓冢在今天淄博市临淄区齐都镇尹家庄南，高达10米，东西38米，南北25米。东、北两面因当地人取土变得陡峭。后人路过此地大都留下了怀古追慕之作，将军的名声，因此而得以流传千古。

七、孟母林

“昔孟母，择邻处，子不学，断机杼。”国学启蒙读本《三字经》中的这个小故事记载了孟母教子成才的良苦用心。孟母是战国时期的大思想家孟轲的母亲，她在孟轲幼时，因为所在地环境不好，曾经三次迁家，为孟子成才创造良好的环境，而在孟子贪玩不想读书时，孟母又以手边的织机为例，阐述机杼断而织机停的道理，教育小孟轲努力读书，后来孟轲果然没有辜负母亲的厚望，成为儒家学派的一代宗师，其地位仅次孔子，称为“亚圣”，人们将儒家学说并称“孔孟之道”，孟母也因其教子有方被后人尊崇为教育典范。

孟母逝世后葬在曲阜城南凫村村东，这里地处平原，一望无际，仅有小山名马鞍山，山上松柏郁郁葱葱，满目青翠，可谓风水上佳之地。现在的孟母林占地45.6万平方米，而且修了享殿、望峰亭、文昌阁等建筑。

战国时期，孟轲学成以后，先后周游邹、任、齐、鲁、宋、梁等国，仕齐为“卿”数年，在梁甚受优礼，滕文公则专门辟“上宫”来请孟子，求教治国的方法。但是孟子宣扬的主张与现实相差太远，因此，其后的各国诸侯虽然对他很是恭敬，却不采用他的建议，孟子无法施展政治抱负，于是弃官而去，著书立说，作《孟子》七篇，后死于老山林。在当时，孟母林的规格虽然完备，但规模不是很大。

直到后来，随着孟轲地位的提高，唐天宝七年，遂立祠祭祀，宋景祐四年，兖州知府孔道辅访得孟母林所在，修林建祠，元延祐三年追封孟母是邾国宣献夫人，还为孟母林修墓、树碑。明代立《邾国公邾国宣献夫人神道碑》、《邾国公邾国宣献夫人碑》，置祭田，用来供每年的祭祀，设守墓林户，重修神道。清代还重修孟母墓祠，新建享堂。1985年至1987年人民政府对其进行了全面整修，新建围墙、大门，孟母林的规模达到了极致。

孟母林山林僻静，环境幽雅，陡观此林，顿生敬仰之意。林门在东南面，门前有林道。享殿是祭祀孟母的地方，可上一炷香，略表对孟母的热爱和崇敬之心。享殿之西约60米是孟母墓，墓冢庞大，约4米，围65米以上。墓前有孟母墓碑1幢，元朝元贞二年孟氏五十一代孙立。碑前有石供桌、石香炉、石蜡台各一，用来焚香、摆放供品用来表达崇仰之情。林中柔极秀极，空气也很清新，徜徉于林间，孟母的谆谆教诲和严厉督责仿佛近在耳边。虽孟子的墓地在与孟母林远远相望的邹城，但这点距离又岂能隔断浓浓母子之情！

八、曾侯乙墓

在春秋战国那个诸侯争霸，硝烟四起，礼崩乐坏的年代，曾国曾因国小势微，文献罕见，但曾侯乙墓的发掘使其成为了世人瞩目的焦点。

曾侯乙墓在湖北省随县城郊的擂鼓墩，1978年被发掘。曾侯乙墓是岩坑竖穴木椁墓，平面是不规则多边形，墓坑巨大，原深约13米左右，墓口东西最长处达21米，南北最宽处也有16.5米，总面积达220平方米。墓椁周围和上部，填充6万多公斤木炭，171根方木堆叠成的巨大木椁，正南北向，所用木材约380立方米。椁底共用了50块木板，12道椁墙将墓室分隔为东、西、中、北四室，中室、东室最大，北室最小，每室的四壁墙上都钉了木钉，可能是用作悬挂帷幔。四室上都把长方形木料用作盖板，共47块，椁盖板上铺着竹席，竹席上还铺一层绢，绢上铺一层竹网。

墓主漆绘双层棺陈置在东室中部，和主棺一块的还有8具陪葬棺，西室有13具，殉葬的都是年轻女子，中室门洞外置放1具殉狗棺。两层棺的内外都髹漆，外棺长3.2米、宽2.1米、高2.19米，棺外镶有铜框架，结构奇巧，棺身重达7吨多，这种青铜木棺是第一次发现。外棺全身外表都用黑漆染地，绘有红色黄色花纹，饰有圆涡纹、绹纹、云纹、龙形卷曲勾连纹等，棺身共有图案20组。内棺长2.5米、宽1.27米、高1.32米，棺身外部用朱漆染地，用黄黑色饰彩绘花纹，有龙凤、人兽鸟身、人面兽、神兽武士等，可能有神话寓意，图案分成多组，仅内棺头挡花纹就有30组。经鉴定，墓主是男性，年龄约在42至45岁，身高约1.62至1.63米。

该墓已被盗，但其出土的器物依然异常丰富，各类文物达15404件，有青铜、漆木、铅锡、金、石、竹、玉、丝麻、陶等，按用途可分为乐器、礼器、兵器、车马器、生活用品和竹简等。乐器有9种125件，乐种完备，用具和青铜礼器134件，车马器和兵器5919件，漆木竹器5012件，金、玉、石、角制品1644件，204枚竹简，简文也有6696字，此外还有丝麻制品、弋射用器、植物遗存和动物遗骸等。

其中用铜总量达10吨，9件金器，重量在7.29斤，是前所未见的。曾侯乙墓出土器物种类的完备、数量的硕大、重量的巨大、铸造的精美，为迄今我国先秦墓葬所仅见。

东室陪葬有漆木乐器琴、瑟，彩绘衣箱和少量的兵器，马具、玉、骨、角和金器以及用具230件。漆器尤其时代早，而且种类齐全，器形完备，彩绘内容丰富。其中5件彩绘漆箱更是难得一见的珍品，E66箱面画着火形图案，在被称为白虎的圆形腹下部，圆底，有三个尖头，王育成先生认为它就是文献中所谓的“大火星”，是指一定的时空概念。

这些图案给研究先秦时期的宗教崇拜等提供了很重要的史料。北库是武器库，放着许多的兵器、车马器、皮甲胄，还有一对高达1.25米、重292公斤的青铜大尊缶，纹饰繁缛，形体高大，盖面花纹由内向外作四重分布，有圆饼形、圆涡形、蟠蛇纹、绹索纹、弦纹、雷纹、蟠螭纹、星点纹、垂叶纹等纹饰，此乃两周时期就已经出土的最大的两件酒器。

中室的面积最大，主要是用来放置礼乐器，是当时“地宫”的宴乐大厅。南部都是青铜礼器，出土时成组成排，井然有序。中室南侧置放九鼎八簋，中室东壁放置尊盘、鉴缶、过滤器、联襟大壶等。尊盘是它的代表作，美轮美奂，二者组合使用，风格一致。尊体是喇叭口，圆鼓腹，高圈足，口沿饰有蟠虺纹，颈部是四条立体圆雕的兽形龙，身躯镂空成变形虺纹和涡纹，四足伏于颈壁，尾和腹部的龙首相连，腹部和圈足上都有四条一首双身龙，它的双身左右各攀附两条卷曲的小龙，圈足上有镂空的蟠螭纹，全尊饰蟠螭32条，28条蟠龙。盘体呈直口，方唇，四兽形足，盘口唇面饰镂空变形蟠螭纹，腹部有四条圆雕的一首双身龙，整盘饰龙56条、螭48条。

尊和盘上都刻着铭文，使用了浑铸、分铸、熔模铸造与铆接等多种工艺，由51个部件组合而成，聚集先秦焊铸工艺之大成，它的铸造工艺也被誉为“铁器普遍应用之前的先秦金属工艺的高峰”。

诸多墓葬出土文物中，最引人注目、最具学术价值的应该是其中的125件乐器，多数出土于中室中，计有编钟65件，编磬32件，此外还有鼓、瑟、排箫、笙等共115件。

全套的钟磬架安排在三面，显示了当时乐队排列形式，符合“诸侯轩悬”的规格。其中的曾侯乙编钟，都是用青铜铸造而成，有甬钟、钮钟、铸钟三类，最大甬钟重203.6公斤，通高153.4厘米。在出土时编钟被依次悬挂在钟架上，大致保持原状。编钟总音域共跨5个8度，中心音域12律齐全。

钟上共有错金铭文3755字，所有钟都见有铭文，少则3字，多则90字，钟铭内容是铭记、讲述乐律和标音关系，反映了周代在乐律学史上的成就，即使现在我们也能用这套编钟演奏动人的乐章。

出土的青铜器上刻有大量的铭文，其中“曾侯乙”出现208次，表明曾侯乙是墓主人，墓葬年代公元前433年或晚一点。

曾侯乙墓确实是一座艺术品的殿堂、一座地下乐器的宝库。它的发掘为我们研究东周考古学、工艺美术史、古代音乐学、等许多学术提供了相当重要的素材。

第四章 秦汉墓葬

【凭吊诗话】

峰峦如聚，波涛如怒，
山河表里潼关路。
望西都，意踌躇。
伤心秦汉经行处，宫阙万间都做了土。
兴，百姓苦；亡，百姓苦。
——元·张养浩《山坡羊·潼关怀古》

引　言

秦国经过苦心经营，终于灭六国而一统天下。秦国的空前强大，使得秦王朝的皇陵也表现出排山倒海、气吞山河的气势。雄伟的布局，高大的墙垣，华丽的寝殿，坚固的坟丘，丰富的陪葬，成为后来王者陵墓的样板。

在经济上，由秦而汉，生产力水平大为提高。经济上的殷实，使得生活上的奢华成为可能。“事死如生”导致厚葬之风在社会中迅速蔓延。“方今之世，奢侈罔极，靡有厌足……车服、嫁娶、葬埋过制，吏民慕效，寝以成俗。”（《前汉书·成帝纪》）“今百姓送终之制，竞为奢靡。生者无担石之储，而财力尽于坟土。伏腊无糟糠，而牲牢兼于一奠。”（《后汉书·明帝纪》）“或至金镂玉匣，（木需）梗（木丹），多埋珍宝，偶人车马，造成大家，广种松柏，庐舍祠堂，务崇华奢。”（《潜大论·浮侈》篇。）时人在事死上极尽财力，不惜倾家荡产，墓葬中埋藏之丰富，做工之豪华，令今人叹为观止。概括而言，汉代墓葬具有如下特色：石刻技艺至汉代已有很大发展。汉代富贵之家，在葬埋尸体之后，不仅要垒一大坟丘，而且还要在其前置上墓碑，碑上刻上墓主的身份、官职及生平经历等。富豪大家在人死后，不仅要立碑以识，而且要设立墓园，内中立墓阙，立石人和动物石像，以此象征主人的富有和排场。除此之外，还普遍在墓地建筑坟丘祠堂，供活人奠祭。地面上如此，地下墓中更是极其奢华。人死之后，活着的人深为死者不能再继续享用人间幸福而悲伤，为了让死者能继享幸福生活，就在墓中模仿人间生活，修建陶质或石质院落，并置备以成群的鸡、鸭、猪、狗等动物，呈现出一种人间气象。院落大小、陪葬物多寡，依据个人财力而定。雕刻技艺不仅表现于地面碑阙，也表现在埋于墓中的石雕画，而今出土的大量汉画石刻成为研究汉代墓葬文化的珍贵资料。汉代的陪葬品除了传统的实物外，还开始把金银及艺术品埋入墓中。随着民间用黏土烧制砖瓦的技术日益成熟和普及，砖瓦不仅被用以修盖房屋，而且被用作砌墓室，以保护棺木。富有之家，把砖墓仅作外椁，仍用木椁套棺，使得棺木更加牢固持久。史载西汉中期以前，夫妻合葬，因二人死的日期不相同，所以多采用异穴合葬的新礼俗。为了解决二人死期不同的矛盾，礼俗中出现了“厝”的概念。厝者，置也，停柩待葬之义。即将先死者停柩一侧，再待后死者一同安葬。此俗历经数千年的沿袭，至今民间仍有厝的葬仪。厝的实质乃为长丧久葬，是厚葬之风的重要表现。

墓室装饰方面具有如下特点：南阳汉代墓室大多由石、砖、砖石混合三种建筑材料建成，石、砖上都刻绘有画，随着时代的不同和人们思想观念的变化，汉画的内容也在发生变化。汉代贵族官僚的住宅、神庙和陵墓里的壁上都出现了绘画。南阳早期的汉墓多以建筑物为题材，画像多刻绘在墓门、主室门的主柱和门扉上，将现实生活中的建筑刻划入画面，以象征阳间住宅，南阳赵寨汉墓就只在墓门的主体和门扉上刻绘双阙和厅堂。汉武帝以后，独尊儒术，儒家思想的“三纲”、“五常”伦理道德观念也影响了南阳汉画的内容。汉墓出现诸如“伯乐相马”、“狗咬赵盾”、“二桃杀三士”等歌颂智勇忠义的画像。例如，唐河针织厂画像石墓中出土的历史故事画像约占人物画像总数的20%。汉代的谶纬迷信思想也影响到汉画的内容。在杨官寺画像石墓中开始出现白虎、双龙交蟠和执钺神人等画像，其意在辟邪、升仙。还有反映墓主人生前生活情况的画面，如将骑射田猎、车骑出行、杂技舞蹈、舞乐宴飨等，这些画常安排在墓的前室周围和主室二侧。在墓门上刻铺首衔环，凶悍的猛虎形象，用意在镇墓。门上也有吉祥的朱鸟，象征死后吉祥如意。墓葬盖顶上刻日轮和满月，日内刻三足乌，月中刻蟾蜍，日月周围繁星密布，还刻有长虹之类的天象图和二十八宿的星相图，这些都有占卜的意思，每一星相和天象都象征一种社会上的人事。同时也出现了伏羲、女娲画像，雕刻在主室两侧的主柱，这是人们对生殖的崇拜，希望在阴间也繁衍不断。

就随葬物品而言，已经体现出社会的富有和奢侈。南阳汉代墓葬随葬品的种类和数量很多，主要是吃和用的东西。随着时代的不同，随葬的物品也不断发生变化。从材料上看有金属类和陶器。金属类有：弩机、剑柄、铃、带钩、铺首衔环、五铢钱、大布黄千、大泉五十、小泉直一，车辖、当卢、镳、盖弓帽、鎏金铜钉帽、兽面形饰、铁凿等。陶器主要有：鼎、壶、敦、瓮、奁、仓、仓房、臼盘、灶、甑、炙炉、案、杯、磨、井、罐、盆、博山炉、牛、猪、鸡、鸭、乌、俑、盘、豆、狗等。从用途上讲有生活用品和钱粮武器等。

关于汉代的殡葬习俗，唐河县电厂汉墓出土的《丧葬出行图》反映了汉代南阳的送丧习俗。图左为一列送葬队伍，一人骑马肩扛铭旌作前导，其后有六辆轺车正在行进。图右一人双手执锸，旁有一株柏树。执锸掘土和柏树象征着墓地。墓前植柏是秦汉以来的风俗。《太平御览》引《风俗通》云：“墓上树柏，路头石虎。”“铭旌”也叫“柩”，稍晚则称作“幡”，是招魂的标志。《礼记·檀弓》云：“铭，明旌也。以死者为不可别也，故以其旗识之。”郑玄注：“明旌”为“神明之旌”，此处的“神明”指死者的灵魂。经济的繁荣昌盛为厚葬之风提供了物质条件。

汉武帝以前，承接秦统，阴阳五行，神仙方术于芸芸众生中极为盛行。人们普遍敬鬼事神，建功修德，以求神鬼的点化而获长生不死，因此高祖建国伊始，便“甚重祠而敬祭”（《史记·封禅书》），任巫行为国事，执掌祭祀，重大国事决策，常问巫占卜，故而在西汉的政治、文化、经济等社会生活中，鬼神气息甚浓，敬神而重巫，巫者成了联络人神交流中不可或缺的环节。民众生活中，由于统治者的倡导，出现了两大奇观：一是巫众，“范氏世于晋，故祠祀有晋巫。范会支庶留秦为刘氏，故有秦巫。刘氏随魏都大梁，故有梁巫。后徙丰，丰居荆，故有荆巫。”（《史记·封禅书》）二是庙宇繁盛。文帝时，赵人新垣平“言乞神事”，作渭阳五帝庙；武帝时，征服南越后，“乃令越巫立越祝祠，安台天坛，并祠天神上帝百鬼”（《史记·封禅书·集解》），致使“街巷有巫，闾里有祝”（《盐铁论·散不足》），鬼神观念，深入人心，上至一国之君，下至平民百姓，于其各自的内心深处，将宗祖崇拜与鬼神崇拜紧紧地凝结在一起，甘愿竭尽财力去营造地下的生活环境。

武帝时，董仲舒“罢黜百家，独尊儒术”之谏为武帝采纳后，它的核心内容诸如“天人合一”，“天者百神之大君”，“天子受命于天”等被视为正统，极大地神化了封建王朝的统治，成为统治者统治万民思想的合法工具，三纲五常成为人们行为道德的规范。君权、夫权因儒教解释的微言大义而与以前的神权并驾齐驱，受到世人的顶礼膜拜。在以后的长期发展中，给丧葬带来的直接后果便是丧葬礼仪的繁琐性。

从秦汉开始，统治者竭力推行土葬和封建迷信的丧制、丧礼，给劳动人民在经济上造成巨大的负担，在精神上带上沉重枷锁。直到现在，群众中仍存在着“入土为安”，“重殓厚葬”的旧思想。

第一节　秦汉墓式种类和明器

一、墓式种类

秦汉时期系我国墓葬形制最为丰富多彩的时期。在这一时期，墓葬的构造渐趋繁复。从墓室的形制以及结构来看，它可以划分为木椁墓、土洞墓、空心砖墓、砖室墓、石洞墓、石室墓、画像石墓、壁画墓、画像砖墓等多种。

木椁墓

秦汉时期的木椁墓承接商周以来的传统，在长方形竖穴式土坑里面修筑木椁，里面放棺。棺与椁之间的空隙用板隔成前、后、左、右或者头、侧等厢，用来置放随葬品。

高级贵族墓，通常把整个墓室的棺椁分成梓宫、黄肠题凑和便房。大墓有阶梯式和斜坡墓道，地面上堆有坟丘，有的还设了墓城、祠堂等。

如陕西咸阳杨家湾西汉早期的曲尺形大墓，它的墓葬结构是由封土、墓道、墓室三部分组成。封土稍微经过夯筑而形成，呈五花土形，现存高 4 米，长 20 米，宽 15 米。墓道平面作曲尺状，西头最宽处 23 米，南端入口处宽约 6 米；东西长达 50 米，南北长 44 米，全长约 100 米。墓道偏向北以 18.5 度的俯角向下倾斜，至北 40 米、深 12 米的地方，偏向西转折倾斜到墓室。南墓道就是墓门，西墓道就是中庭。曲尺转折处有一东西长 6.8 至 7.35 米、宽 6.5 至 7.6 米的平台，是整个斜坡墓道向西拐弯的过渡部分。作为墓室的墓坑，它的平面与方形相似，长、宽各约 20 米，距离地表深约 24.5 米。墓道和墓室内有复杂的木结构建筑，在墓道经夯的填土中以及墓葬外有 7 个陪葬坑，用砖砌或者用木材垒成“椁箱”，保存完好。

河北石家庄市北郊西汉的大型中字形木椁墓，墓圹口南北长约 14.5 米，东西宽 12.4 米，从墓圹口到椁底深 4.9 米。北墓道宽达 5.9 米，长约 14 米；南墓道长约 10 米，宽 7.8 米。墓圹口还都保留着清晰的版筑印迹。

在东、西、南三面相距墓口 2.3 米的地方，有版筑夯打的熟土二层台。东、西台宽都是 1.8 米，南台宽 2.1 米。椁室形制是一棺二椁。此外，如长沙马王堆汉墓、北京大葆台一号汉墓、广西贵县罗泊湾一号汉墓等，皆为木椁墓。

土洞墓

土洞墓又名洞室墓。战国中晚期出现。它的墓室结构可分为横穴或竖穴式土洞两种。前部一侧或两侧常设有耳室。墓道多是长方形竖井或者斜坡式。

这类墓的特点有：构造比较简单，规模较小。墓室一般长 2.5 至 3.5 米，宽 2 至 3 米，深度 5 至 7 米左右。墓道一般长 2.5 至 3.5 米，宽 1 至1.5 米。

空心砖墓

空心砖墓发源于战国中晚期。到西汉时，此种墓葬形制在中原和关中地区广为盛行。它的特点是：在横穴式土洞内用空心砖砌成墓室，墓道多是竖井式。西汉前期多是平顶单棺空心砖墓，西汉中晚期大多是双棺空心砖墓，顶部是用空心砖砌成屋顶的样子，前壁作成门洞，模仿生人住房，有极少数墓里还有彩绘壁画。

如洛阳烧沟 M184，系西汉早期的单棺室空心砖墓。墓道呈方竖井形，墓室土圹是平顶，墓室里面用 30 块印有几何纹的长方形空心砖构筑而成椁室。筑法就是铺地 7 块，右壁横放 4 块，左壁后部和后壁分别横立 2 块，左壁前部因为有通往土圹耳室的门架设 3 块，墓门过道 3 块，2 块封门砖竖立，7 块盖顶。耳室内放着陶制的随葬品。

郑州新通桥的一座西汉晚期双棺室画像是空心砖墓，墓道可能是长方竖井带阶梯形。墓室呈长方形，都是用空心砖构筑。墓室顶部用特制的两个斜面砖和三角形砖扣合为梯状屋脊形。整个墓室使用各种空心砖共 133 块。多数砖有几何形图案和画像，有很高的艺术价值。双棺空心砖墓的流行，表明夫妻同穴合葬制度已渐趋完善。

砖室墓

砖室墓，又叫小砖墓。按它的墓顶的结构，也可划分为券顶、穹窿顶等。如洛阳烧沟 M1029 乃东汉中晚期的小砖合葬墓。墓道底部是斜坡形，而且有脚窝。墓室前有一段甬道呈弧形顶券。墓室有前后室与两个耳室。前室呈长形，顶部所用的是四角攒尖的穹窿形结构。小砖铺地呈人字形。陕西关中地区从 20 世纪 50 年代以来，还经常发现砖室墓的前室顶部中心位置设有方形或者长方形的天井。

石洞墓

石洞墓出现在西汉。它的特点是先在山崖间穿凿一个巨大的洞穴，然后又凿出耳室、前室、主室或后室、附室等。河北满城汉墓、曲阜九龙山汉墓、徐州北洞山汉墓等，都是这种墓葬形制的典型代表。

满城 1 号、2 号汉墓分别是西汉中山靖王刘胜和他的妻子窦绾之墓。这两座大型洞室墓都营建在陵山上的岩石里面，墓门朝东。刘胜墓全长 51.7 米，最高处 6.8 米，最宽处 37.5 米，容积约达 2700 立方米。窦绾墓全长 49.7 米，最高处 7.9 米，最宽处 6 米，容积约有 3000 立方米。

两墓的形制、结构大致相同，全墓可分为甬道、墓道、北耳室、南耳室、中室和后室等六部分。墓道较长，呈斜坡式，用石块和黄土填。刘胜墓墓道口用土坯封门，窦绾墓用砖封门，在砖墙、土坯墙之间又用溶化的铁水浇灌，铸成一道铁墙，封闭得非常牢固。甬道紧接墓道，其两侧为对称的南、北耳室，它的西面为宽大而近似方形的中室。后室和中室之间设着石门，刘胜墓的后室在中室的西面，窦绾墓的后室则在中室的南面。

从发掘状况观察，刘胜墓的南耳室、甬道、中室和北耳室与窦绾墓的中室，原来在洞室内还建着瓦顶的木结构房屋，后来因为木料朽腐而倒塌。两墓的后室，皆是在岩洞中用石板建成的石屋，有门道、侧室以及主室三部分。在刘胜墓的后室周围还开凿一道回廊。墓内都安有排水设施。两墓各个洞室的顶部呈穹窿顶和拱形，室壁都开凿成弧形，没有发现直角相交和直壁的结构形式。据各墓室随葬器物的出土状况分析，南、北耳室是库房与车马房，中室作为宽大的厅堂，后室则是象征着卧室的内室。

壁画墓

壁画墓流行在西汉，在洛阳、梁山、和林格尔、辽阳、密县等多有发现。1957 年下半年，在洛阳老城西北 1 公里的地方，发现了一座很有价值的西汉壁画墓。此墓是以空心砖和小砖混合建筑而成。

墓室分为南北 T 字形耳室和主室。还有长方竖井形墓道，墓道东南角壁上，凿有供人上下的脚窝。壁画绘在墓门里面的门额以及主室中部的支柱、梁额、隔墙、主室顶脊砖上以及后壁。此乃事先经过周密设计、绘制，而后构筑的。比如主室墓顶的星象图，在制作空心砖时就预先留出圆形或者长方形的平面，用来放绘画；透雕花纹也是在造砖时画出轮廓，镂空后烧制，然后绘彩，最后进行安装。这可以从墓砖边沿所刻划的诸多顺序标记看出。

另外，1976 年在洛阳东站东北 0.5 公里的地方发现的卜千秋壁画墓，它的形制和结构与前面所讲的那一座西汉壁画墓相同，墓中壁画也是首先画在砖上然后再砌到墓上，而不是等墓修好之后再绘壁画。壁画的主体部分是升仙图。

画像石墓

画像石墓又名石室墓，是汉代中原和它附近地区常见的一种墓葬形制，主要集中河南南阳地区。墓的用料，有全部石筑的，也有砖石混合构筑的。

画像石的雕刻方法分为：减地深浮雕、减地浅浮雕以及线刻等。画像的雕刻部位主要聚集在墓室的门楣、门槛、立柱、过梁和门扇上。从画像石墓的形制结构来看，可以分为回字形、品字形、卜字形和多室形数种。

唐河针织厂画像石墓全是用石料修筑的回字形墓，由 1 个前室、2 个并列主室、1 个后室和东西 2 个侧室组成。墓室东西长达 5. 08 米，宽 4. 25 米，高 2. 23 米。墓门朝东，并列着 2 门，里面有中柱 1 根、侧柱 2 根、2 条门楣和门槛石和 4 扇门扉组成。

前一室东西呈长方形。主室在墓室中部，是两个东西并列的长方形石室，两个石室之间用 3 根立柱以及横梁相隔，是两个主室之间的 3 个通门。

两个主室的门，都在前室西壁上，是由 3 根立柱或者 2 条门楣、2 条门栏和 2 条封门石所组成。主室两旁是南北侧室，主室后面是后室。各室之间皆相通，形成以主室为中心的回廊。

主室周壁和墓室周壁，除墓门、主室门以及二主室之间的通门外，都是用条石横立两屋垒砌。墓室里面的底部都是用条石平铺，顶部又全部用条石覆盖。墓内画像共达 74 幅，分刻在各个立柱、门扉、门楣、前室侧壁、顶盖石朝下的一面以及主室周壁，内容有神话传说、楼阁建筑、历史故事以及人物、动物、天文星象与几何图案等，内容异常丰富。

河南襄城茨沟汉画像石墓系砖石结构的多室墓，是由甬道、左右前耳室、前室、中室和左右后耳室还有后甬道、后室等几部分组成。各个门立柱与门楣多采用石条修建，甬道、四角攒尖顶以及墓壁，都是用侧壁饰绘几何花纹的小砖垒砌。画像只雕刻在门楣上，内容是斗兽和几何形图案。

画像砖墓

画像砖墓的墓室多采用一侧边印着几何花纹的长方形小砖或者加用一部分楔形小砖券砌而成。有花纹的砖面大都朝向墓里面，使墓室显得华丽美观。比较复杂的是用甬道、墓门、前室、中室、后室以及耳室组成的多室墓，而简单的墓室只有甬道、耳室和主室。甬道与墓壁常镶嵌着方形或者长方形的画像砖。

画像砖的内容非常丰富，既有播种、舂米、收割、酿造、弋射、盐井、收获等能直接表现劳动人民生活的画像砖，同样也有宴乐、宴饮、轺车、观伎、轺车出行、辎车、车马临阙、骑欢等表现剥削阶级生活的画像砖。另外，还有一些反映神话故事、舞乐百戏等内容的画像砖。

比如四川新繁清白乡的一座东汉时期的画像砖墓，就是一座多墓室的画像砖墓。此墓是由墓道、墓门、甬道、东前室、西前室、耳室、3 个中室与 3 个后室组成。墓道到墓门全长 1.98 米，高 1.41 米，宽 1.32 米，门外用小砖封堵。甬道内是一个长 3.34 米，高 2.36 米，宽 2.36 米的前东室。前东室和甬道之间有一个门，门高 1.08 米，宽 1.05 米。在东前室两壁中间分别镶嵌 6 块画像砖，东门里的砖券中间，镶嵌着有“羽人”内容的 2 块画像砖，它的下西侧中间镶嵌 1 块画像砖。东、西两前室间用墙隔和。西前室长 3.64 米，高 2.4 米，宽 2.62 米，而且在南壁上有一侧门和中室相通。在西前室东壁中间镶嵌着画像砖 6 块，北壁中间镶嵌 3 块画像砖，画像的内容中间是“西王母”，两旁是“羽人”。西前室的西壁朝西有一门通耳室，耳室长 1.26 米，高 1.4 米，宽 2.42 米。中室在墓室中部，长 3.86 米，高 2.88 米，宽 3.08 米。东西两壁靠前端墙壁上分别镶嵌 2 块画像砖，两壁中间各自有一侧门同东西两侧室相通，两门都高 2.16 米，宽 1.15 米。两侧室分别长 3.22 米，高 2.54 米，宽 2.78 米。在西侧室的北壁中间有 3 块画像砖，中间是“西王母”，两侧是“羽人”。中室南面是中后室。中后室长 2.22 米，高 1.94 米，宽 2.36 米，东西两壁各镶嵌 4 块画像砖。东西两侧室的南面又都各有 2 个后室。西后室宽 2.12 米，长 2.22 米，高 1.58 米。东西两壁上也各镶嵌画像砖 3 块。墓顶以及门顶都是弧形拱券。据统计这个墓里面共镶嵌方形或长方形画像砖 52 块。

大石墓

大石墓是采用巨大的石块在地面上砌成形状各异的墓室，它的上面垒封土丘的墓葬。据目前考古发掘资料来看，主要聚集在四川南部和云南西部一带。它的墓室结构，四川和云南两地稍微有点不同。

一般云南的大石墓多没有墓门，建造前，首先在地面上挖一长方形土坑，坑底四周均挖出沟漕，紧靠坑壁砌着板状大石块，石块的下部插入沟槽内，两石之间的空隙处，用大小适当的小碎石填塞，底部用小石块铺地。墓室分为单室和多室两种。比如祥云检村 3 号墓，墓室分为上下两层，下层墓室又分隔成了四个仓室和两个脚箱。还有弥渡石洞山 7 号墓，在墓圹的肢骨一端用石板分隔出一棺状的箱。剩下的都是单室墓。墓室的大小不等，弥渡大石墓一般长约 1.9～2.53 米，宽 0.6 至 1.4 米，深 0.7 至 2 米；祥云检村 1 号墓比较大，长 5.65 米，深 1.8 米，宽 0.9 米。所用石块也有大小之分，祥云检村最大的一块，长 2.3 米，厚 0.11 米，宽 1.9 米。

四川南部的大石墓大体可分三种类型，都有墓门。

第一类墓室是长方形，长 6 至 7 米，高 2 米，宽 3 米。三壁皆用长方形大石竖立而成，顶部盖着大石，墓底铺垫碎石块。墓室前壁用碎石封堵，中间只留一个宽约 40 厘米的狭窄通道。

第二种墓室，外表是一石砌的圆丘形建筑，直径估计在 13 米左右，高达 3 米。圆丘中间是长方形墓室，顶部盖着一列大石，墓门是用碎石封堵。

第三种墓室呈长方形，墓门开在墓室一侧。墓壁和顶部都用大石建成，底部铺垫碎石。墓门外竖着两列大石，长 10 米，构成墓道，整体看上去呈丁字形。

这三种墓室所用的石块大小不等，其中最大的一块长 2.3 米，厚 0.6 米，宽 1.74 米。

大石墓的年代范围，大致上不过春秋战国时期，下也不超过东汉初年。

崖墓

崖墓的筑构方法，是采用在江河沿岸山腰或者山足下的岩石断崖上，挨着石头向里面凿出墓室和墓道，墓道口位置的高低，按照河床的高低而有所差别，一般大都在距离河床面十几米或者数十米的地方。

其形制结构繁简不一，大型崖墓多是由墓道、墓门、前室、甬道、后室、前堂、耳室、侧厅、侧室等基本构件组成，另外还有灶台、案龛、壁龛、龛形石棺、排水沟、石柜等墓葬附属设施。墓门系崖墓的入口，多是长方形的木框，每一层都向里收，有一到三层，墓门上方是门楣，可多达四到五层，墓门通常要封塞，有的用石门，有的用小砖、石板、条石、碎石、泥土等填塞。

前堂在墓穴的前方，属进入墓门之后的第一个厅堂，它往往是一个横长方形的大厅，大厅的壁面上有隐起的柱枋，正中有凹入的龛，它的后壁上凿开一个到几个墓穴，同后壁相连构成了一个整体，它在功能上，与祠堂类似，具有祭祀之所的作用。

前、中、后室是死者棺椁所葬之处，每室附属放置棺木的侧室和置放随葬品的耳室等。案龛与灶台是开凿在墓穴里面模仿生人居处的饮炊设施。当然，小型崖墓则要简单得多，一般只有一个墓室和一个短墓道。

石板壁画墓

石板壁画墓从东汉时期开始流行，最盛的是在东北地区的辽阳。如辽阳鹅房1号墓，墓室平面是不很规整的“工”字形，全长4.8米，左右宽3.48米，高1.48米，全是用石板构筑。墓门由门楣、门槛、门侧柱构筑而成，然后用两块石板把门封堵。门里面有前室，左右设着一大一小的耳室。后室左右也有两个耳室。前后室之间是纵长方形的棺室，中部用石墙相隔，分成左右两间棺室，中间有两窗相通，各安置一石棺床。残存壁画：前室有持经图、楼阁图、宴饮图、鹿图等，后室里面有楼阁图。

辽阳棒台子屯壁画墓，平面与“凸”字非常相似，全用青色石灰岩板构筑，左右宽8米，全长6.6米，高1.4米。前有墓门，中间是3个并列棺室，四周有通廊以及前、左、后、右四个耳室。墓里面壁画都是用墨首先勾勒出轮廓，然后再用彩色绘制，内容有宴饮、门卒、车骑出行、楼阁、宅第、庖厨等。

石室墓

在秦汉时期，石室墓的构筑和砖室墓差不多。据目前的考古资料来看，最著名的当属广州象岗山发现的南越王赵眜的陵墓。该墓在1983年6月发现，8月到10月进行发掘。共有七室，分为前后两部分。

前部有前室、东耳室、平面呈横长方形，西耳室；后部有四室，有主室、东侧室、西侧室，在主室后面由两堵石柱分隔出一个后藏室。墓室全长达10.85米，最宽处有12.5米。

全部墓室用砂岩大石板砌成，各室间以石壁分隔，前室和主室用石门封闭，石门是由石楣、门框、门槛、顶门器、门墩石组成。

另外，小型石室墓在这一时期也发现得较多。如两广地区徐闻的石室墓，平面呈长方形，全用石板搭盖。石板是来自附近海里的珊瑚石。

铜鼓墓

所谓铜鼓墓，就是用铜鼓作葬具的墓葬。例如1972年发掘的西林铜鼓墓就是用铜鼓作葬具的一座西汉早期墓。墓坑稍微趋向圆形，坑内放着互相套合的四具铜鼓，坑口加盖石板与石条。鼓里面堆放一个男性骨骸，应是二次葬。

广州象岗山南的越王墓中室石门鼓是石寨山式。骨骸是用玉管、绿松石、玛瑙串珠编缀的绢布“珠襦”裹殓。铜鼓里外置放随葬器物400余件。铜鼓、钟、带扣、铃、鞋底形牌饰，珠襦玉石饰品的造型同石寨山、李家山滇墓所出非常相似。其余的随葬器物，如铜娟、洗、骑俑、耳杯与六博四人俑同中原内地所出相同。

石棺墓

石棺墓又名石棺葬、板岩葬、石板墓。在川西一带流行。它的构筑方法是：首先挖一个长方形竖穴土坑，坑壁沿边挖凹槽，再用本地盛产的板岩或者片麻岩若干块横竖在凹槽内，形成了长方形石棺或者头大、足小的石棺。墓底不铺石板，极少数用河卵石铺砌。

葬式一般是仰身直肢，单人葬，麻布裹殓，但也有少数火葬或二次葬。尸骨以及随葬器物放进去之后，棺上再用几块石板依次衔接扣压用作棺盖，最后再在棺盖上封土。有的在石棺旁边增设副棺，两棺中间共有一石壁，棺上共用一套盖板。副棺比较小，棺里置放随葬器物或尸骨。

此外，还有砖圹墓等。例如1957年在甘肃酒泉发现的一批埋葬孩童的砖圹墓，没用木棺，有五铢、串珠项饰、陶罐等少量随葬品。

二、明器制度

秦汉明器演变

秦始皇一统中国之后，具有秦朝风格的新型明器制度也随着确立了。这种新型的明器制度具有以下两个特点：一是较多用秦式的茧形壶、甑、瓮、罐等实用陶器，或者再加上铜蒜头壶、瓶、鍪、钫等代替传统的礼器。二是许多反映日常生活的模拟器物被用作随葬品，如陶制的釜、缶、灶、盆和兵马等。这一明器制度既继承了以前的因素，同时更多地体现和反映了秦文化思想内涵的丰富多彩。

因秦短命，不可能彻底消除长期以来各地区在文化、社会风俗上的差异，故战国时期各国墓葬中所反映的随葬品制度，在秦代各地墓葬中还有比较强烈的体现。

这种现象使得各地的随葬品出现了两个特点：一是具有浓厚的地方色彩，二是多少含有秦文化的因素。就江汉地区而言，这个地区墓葬中的随葬品，除承袭战国时期楚墓中耳杯、圆盒、双耳长盒等楚式风格外，而且还随葬有铜制的鼎、壶、蒜头壶、鍪、舟、镜、带钩以及陶器中的小口瓮等。

大口瓮、圆底罐、茧形壶和彩绘壶、釜等生活用具，从器具形状到放置形式都或多或少有秦文化的因素。如蜀地秦墓所出铜制鼎、钫、釜、鍪、陶器中的茧形壶和盘等，都有同期楚地和中原秦墓所出土的同类器物的风格；而且，所出陶器中的甑、鍪、盘、兵器中的矛和小口圆底罐、戈和器物上的“巴蜀图语”等，又有浓厚的巴蜀文化因素。广东等地也是这样。总之，距离关中秦地愈近，时间愈早，其所受秦文化的影响也就越大。

西汉时期，春秋战国以来的明器制度又得到了进一步发展。随葬品的品类、分布位置、组合等都表现出时代的特色。同战国时代相比，西汉墓中青铜器的数量减少，已失去了“礼器”的性质。此类情况即使在王侯一级的大墓中同样如此，青铜器一般不会超过全部随葬品的一半，有的几乎只有整个随葬器物的三分之一。但仿制铜器的漆制以及陶质礼器在随葬品中的比例却增加了一点，甚至还有用滑石制的。

在中小型墓中，多是用陶质明器随葬。比如中山靖王刘胜墓与他妻子窦绾墓，只有 2 只铜鼎出土，但却随葬有大量的陶鼎。就珍贵的实用礼器而言，这样一个诸侯王还比不上长沙马王堆一号汉墓列侯妻子的用鼎数。这表明旧的明器制度已经被破坏，新的明器制度已逐渐形成。

而且，礼器的组合也出现了有名无实或不拘一格的鲜明变化。比如属西汉前期的马王堆一号墓，所出“遣策”中载到：漆器中有盛“醴羹”的大牢九鼎一套，放白羹的大牢七鼎二套，置中羹的羞鼎三套等，但事实上该墓所出土的实物只有一套七鼎大牢。仿铜的陶礼器，“遣策”中记录有鼎 6、钟 2 等，但事实上也只出土有 4 鼎、2 钫，名不符实。

同马王堆一号汉墓规模相媲美的杨家湾四号汉墓，在同一个坑中所出土的彩绘仿铜、漆的陶器有钟七、鼎六、小壶四、扁壶二、鸭蛋壶五，堆砌杂乱无章，看不出此墓的组合序列。

谈到西汉中晚期的大墓和各个时期的中小型墓，所葬礼器似乎更是不配套成列。此种情况表明，从西汉初年至迟从文景时期开始，随葬礼器的组合是不严格的。

诚然，旧的明器制度在西汉时期依旧存在。以列侯这一等级的贵族墓为例，马王堆一号汉墓出土的器物就保留有战国时期同一贵族墓的特点。该墓漆礼器的基本组合有鼎、盒、钫、盘、匜等，和战国时期大致相同。

此外，从该墓出土大量的木质侍俑、歌舞俑、乐俑等来看，也是承袭了战国时的旧俗。再比如湖北云梦大坟头一号墓，亦同样保存着旧礼制的遗风。此墓出土铜漆礼器一套，有铜鼎2、漆盒2、漆壶1、铜钫2、铜蒜头壶1、蒜头扁壶1、铜盘1、铜匜1、铜瓶1，另外还有许多木、漆、陶器和木偶车马和木俑，总计车2、马8、女俑3、男俑7。该墓要比马王堆一号汉墓规模小许多，但礼器依然是主体，同样说明受旧传统礼制的束缚。

西汉时，随葬车马，按其类属而言，是以前任何一个时代都比不上的。但用陶质的、木质的或泥塑的车马模型随葬的现象，不只在大中型西汉墓中常见，也在部分小墓中发现。

在南方的江陵、长沙、广州等地的西汉墓中，还发现了用木船或者陶船模型作随葬品的。

总体来说，西汉时期的明器制度，中期和前期依旧受旧制的影响，官宦和贵族常将生前所用的各种珍贵器物送进墓中。西汉中期以后，风气大改，专门为随葬而制作的陶质明器开始愈来愈多。

战国末年出现的陶灶和陶仓到这一时期开始广泛流行。此之后，比如井、磨、楼阁、田地等模型，还有猪、狗、羊、鸡、鸭等家畜以及家禽的偶像也相继出现在墓中。

在东汉时期，随葬品主要是各种陶制容器与各种专为随葬而作的陶制明器，但比较贵重的实用器如漆器和铜器等则显著减少，即使是贵族和官宦的大墓也不例外。

东汉明器制度的明显特征，是体现庄园生活的成套模型明器的盛行。同西汉相比，东汉体现地主阶级庄园生活的模型明器，不论是种类还是数量都要略高一筹。首先就种类来说，在1972年七里河出土的一座东汉晚期墓葬中，除去以前常见的模型明器外，又有舞乐、百戏俑与酿造作坊的陶模型。

在两广地区，这种用来象征大地主庄园生活的畜禽模型、俑人车马等明器，在东汉早期的大墓中经常成套出现。供祭奠用的鼎、壶、案、耳杯、熏炉以及标志财富的房屋楼阁、仓、井、灶等大量出土，且还出土了诸多新器形。如长颈壶（瓶）、龙首勺、四耳扁罐、侈唇罐等。

西汉流行的提筒、匏壶、各种联罐日渐被淘汰。干栏式陶屋已经很少见到，流行的是曲尺式陶屋以及三合院式陶屋。楼阁建筑模型明器开始出现了。到东汉后期，两广地区又出现了最有特色的三合院式的陶屋、水田附船模型、壁垒森严的城堡、形体怪异的托灯俑以及侍俑，还有装备齐全的陶船模型。双耳罐、圈足等釉陶器数目也在增多。

长沙地区亦如此，随葬品以陶器为主，流行用案、耳杯、勺、洗、盘、樽等为组合的奠器，屋、井、灶等模型明器居于要位。传统的仿铜礼器几乎已无藏身之地了。青铜制作的兵器和礼器在东汉前期已很罕见，青铜主要用来制作杂用器，如长颈瓶、碗、盘、盆、鐎壶、洗、镜、尺等。铜兵器有弩机，有时也会见到铜矛、铜剑、钢刀。后期青铜器锐减，器形承袭前期，但制作却趋向简单化。

东汉明器除用木或陶制外，在甘肃省的武威县雷台汉墓中还随葬了一批铜质的兵士和车马模型、奴婢的铸像，这在当时不能不说是一个例外。此墓是用铜质的车模型和人、马的偶像来模仿出行时的队列，队伍前面是手拿矛、戟的骑马武士，后面则是各种车辆和御车、牵马以及随从的奴婢，共有武士17人、马39匹、奴婢28人、车14辆，排列起来，相当壮观。

除这些模型明器外，铜鼓、铜钱和铜镜亦是东汉墓中的重要随葬品。而且，东汉还流行在墓中放置一种陶质的被叫做镇墓兽的随葬器物，偶尔还会在一些墓中出现铅质的买地券。

买地券与镇墓文

买地券系中国古代用地契形式置放在墓中的一种迷信物品，它并不是真正的土地券约，而乃专供阴世使用的明器。又被称为“地券”、“券别”、“地契”等。是由买地契约演变而来。在当时它可分为如下两种形式：

一是模拟真正的土地券约，比如熹平五年刘元台买地券，其铭为“熹平五年七月庚寅朔十四日癸卯。广口乡乐成里刘元台从同县刘文平妻□□代夷里冢地一处，贾家二万。即日钱毕。□至官道，西尽□渎，东与房亲，北与刘景□为家。时临知者刘元泥，状安居，共为券书平誓。不当卖而卖，辛为左右所禁固平口为是正。如律令”。

二是在前一种买地券的基础上，加进镇墓解适的文字，或者把镇墓券文作为基础，加入了虚拟夸张化了的土地价格，成为一种完全迷信用品的买地券。如延熹四年的一方买地券，其文作“延熹四年九月丙辰朔，卅日乙酉直闭。黄帝告丘丞、墓伯、地下二千石、墓左、墓右、主墓狱吏、墓门亭长，莫不皆在。今平阳偃人乡苌富里钟仲游妻薄命蚤死。今来下葬，自买万世冢田。贾直九万九千。钱即日毕。四角立封，中央明堂，皆有尺六桃券，钱布，铟人。时证知者先□曾王父母□□□氏知也。自今以后，不得干扰生人。有天帝教。如律令”。

东汉时，买地券大部分刻在长条形的铅板上，也有用陶柱或玉板的。买地券的产生，表明当时社会生活中土地兼并的激烈情形。

在当时，它以一种象征性的证券般的身份随葬在墓内，以保证墓主对墓地的所有权不被侵犯。

俑的大量出现

秦始皇一统海内，用俑随葬的习俗得到了前所未有的发展，其代表是雄伟壮观、气势磅礴的秦始皇陵兵马俑。

据史料载，秦始皇陵兵马俑坑的修建工程大约是在公元前221年秦统一六国后开始的，直到公元前209年农民起义爆发，它的修建才被迫停工。公元前206年项羽入关时焚毁。

从1974年开始，考古工作者对秦始皇陵兵马俑坑进行发掘，现在已经发掘的部分，共出土800多个武士俑，木质战车18辆，100多匹陶马，青铜兵器、车马器9000多件。若按照出土的兵马俑排列形式重新复原，只一至三号坑的武士俑就应该有7000个，100多辆驷马战车，战马100余匹，数字是何等让人惊叹！坑内的兵马俑全部面向东方排列。这些陶制的兵马俑跟真人、真马，武士俑形体一般高、神态各异，陶马昂首挺胸、神骏欲驰，让人赞不绝口。

兵马俑的制作程序异常复杂，通常是按人、马不同部位各自用陶模刻出胎型，然后套合、粘接，再雕五官、铠甲、须发、主纹等细节。其艺术形象着力追求同实物相似，细节一点都不马虎。彩绘色调明快、绚丽，对比强烈。

到汉代时，用俑陪葬的风气更是广为盛行。就所作俑的质料而言，不仅有陶、木制作的俑，且还有用金属和石质制作的俑。

在西汉时期，帝后陵墓相近的陪葬墓和丛葬坑，都出土了数目可观的陶俑。如在长陵的一座陪葬墓附近的葬坑中，就出土了3000余陶人、陶马。

同秦俑一样，这些人俑的形象主要有侍仆和士兵。马俑分为黑、白、紫、红四种颜色，形象生动，有的昂首嘶鸣，有的静立待命。马的臀部、尾部上刻着不同的数字记号。

此外，马身上还配置了彩画的辔头和鞯子等。骑兵俑身穿红、绿、紫、白等颜色的服装，上面亦都有彩绘图案纹饰。步兵俑一般作站立状，右手握着盾牌或长兵器，左手握拳下垂，身穿红、绿、黄、白等颜色的服装，身上披不同黑色的铠甲。

这些兵马俑大部分都在墓前，象征着给死者送葬的军队，而那些乐舞俑则象征着送葬的仪仗队，在东、西两排送葬的仪仗队和军队中间的车坑，当是指挥车，这种布局，反映了汉代军队的送葬制度，由此也可想象那长达几十里的送葬队伍的宏大场景。

咸阳汉安陵陪葬墓出土的陶俑，不仅有排列整齐的武士、侍仆、乐队和陶马，而且还有大量陶牛、猪和羊，它们被按类排列，头向一致。湖南、湖北地区的西汉木椁墓中，盛行的则是用木俑随葬。如湖南长沙马王堆汉墓中就有不少木俑出土，多数是家内女侍仆，另外还有乐队和歌舞俑。湖北江陵凤凰山一百六十八号墓也随葬大量木俑，不仅有骑马俑、奴仆俑，且还有木制的车、船模型和手持镬、臿、锄、斧的男女俑。

镇墓瓶

镇墓瓶是墓葬中常见的一种明器，在东汉中期比较流行。镇墓瓶上的文字大多数是朱书，有的冠以年月日，最后都用“如律令”的字样来结尾。它的作用正如瓶上朱书文字本身所表明的那样，目的是让活人的家宅安宁，使死者的亡灵在坟墓中也能够安宁，并用“天帝使者”这样的名义为活着的人解罪，为死者求福，安慰并约束亡灵，使其认识到生死的差别，不要纠缠世上生存的人。

在古代社会，镇墓瓶的使用十分普遍，就连官僚地主阶级中极有名望、地位的士大夫也不能免俗，比如陕西华阴的弘农杨氏墓中就曾出土了镇墓瓶。

第二节 秦汉墓建筑类别

一、祠堂建筑

祠堂又叫做祠庙、宗祠、享堂，这是古人用来祭祀祖先神灵的建筑。就目前的考古资料来看，它在商代就已经出现了。直到秦汉时期，祠堂才开始流行起来。有人推测，在西安一带陵墓上经常发现“冢”、“冢上”和“便”字的瓦当，就是西汉时期墓前享堂上的遗物。

这一时期有中山靖王刘胜墓、高邮天山西汉某广陵王墓，还有西汉帝陵附近的一些陪葬墓，墓上都曾发现过享堂一类的建筑。

文献记载也相当多，如《盐铁论·散不足》曰：“今富者积土成山，列树成林，台榭连阁，集观增楼；中者祠堂：屏阁，垣阙罘罳”。大臣张安世死后，汉宣帝曾“赐茔杜东，将作穿复土，起冢祠堂”。霍光死后，汉宣帝又为他“发三河卒穿复土，起冢祠堂”。许多死者甚至在生前就已经为自己营墓造祠，正如张禹“年老，自治冢茔，起祠堂”。

到东汉时，在墓前营建祠堂之风更加兴盛，祠堂便成为官僚豪族炫耀自己身份地位，展现孝廉，团结宗族、宾客及笼络地方官吏的最佳场所，在河南、山东等地如今还存有这一时期所建的祠堂，尤以山东历城县孝堂山郭巨祠、嘉祥县武氏祠最著名。

我国目前发现最早的祠堂是孝堂山石祠，该祠建于东汉永建四年以前。

单檐悬山顶，平面是长方形，室内东西宽3.805米，南北宽2.08米，前面正中用八角石柱一分为三，在八角石柱与后山墙之间放置三角石隔梁，祠室被隔成二间。

室内北部有横列东西向低矮石台一座，这是供设置牌位及祭祀所用。祠壁都用石块砌成，屋顶用石板覆盖，重量估计2万多公斤，雕刻出瓦栊、脊背、连檐、沟头。祠内石壁以及三角梁上全是画像，总共36幅。特别是车马出行图，尤为壮观。

嘉祥武氏祠建于桓帝建和元年（公元147年）左右。从1981年复原的"武梁祠"、"前石室"和"左石室"来看，武梁祠是单开间悬山顶，面宽2.41米，进深1.47米，高2米多，现存有顶石、壁石5块，画像将近百幅；祠主为武荣的前石室，系双开间单檐悬山顶，面宽3.52米，进深2.03米，高约2.55米，现存祠石16块，画像53幅。左石室与前石室的形制规模大体相同，现存祠石17块，画像40幅左右。

画像内容极为丰富，有祠主的生前活动画面，还有帝王将相、孝子、节妇、烈女、义士等历史人物画。此外，还有祥瑞，多达22种，并且都有题榜。这些画面，充分反映了当时豪强地主的生活情况和封建意识。

值得一提的是，在江苏徐州还发现了 种地下小石祠，就像青山泉白集东汉画像石墓的小石祠与墓葬一样，埋藏在地下，作为地上祠堂的象征。这在以前的考古发掘中非常罕见。

二、墓前起阙

墓前起阙风盛行于汉代。《盐铁论·散不足》曰："中者祠堂，屏阁，垣阙罘罳。"《汉书·董贤传》："令将作为贤起冢茔义陵旁……门阙罘罳甚盛"。《水经注·汶水》：漆沟水侧"有东平宪王仓冢，碑阙存焉"。其数不一，一般为二到三个。如《汉书·霍光传》云光妻"显改光时所自造茔制而侈大之，起三出阙"。

《后汉书·侯览传》云："览预作寿冢，石椁双阙，高庑百尺"。墓阙大多由石材构成，常常雕镂工丽。

《水经注·阴沟水》："城南有曹嵩冢，冢北有碑，碑北有庙堂。余基尚存，柱础仍在。庙北有二石阙双峙，高一丈六尺，榱栌及柱皆雕镂云矩，上军恩已碎。阙北有圭碑，题云：汉故中常侍长乐太仆特进费亭侯曹君之碑。”

《水经注·沔水》：“县南有黄家墓，墓前有双石阙，雕制甚工，俗谓之黄公阙。黄公名尚，为汉司徒。”

阙上勒题额，有的写官氏，有的写官职姓字，有的写官氏名字，有的只写姓字，有的详细记历官，或附记造阙年月。其勒铭词者，或记载墓主行事，或记载先代名字历官，或记作阙者姓名。就目前发现的汉代墓阙，其中著名的是山东嘉祥县武氏墓阙，四川新都县的王稚子墓阙，还有雅安县的高颐墓阙等。

这些墓阙都两两出现，立在门前道路两侧或神道两侧。它是由阙身、基座、阙顶三部分组成，顶部还有单檐和重檐之分。阙上有雕刻，除了装饰图案、奇禽异兽、人物故事之外，还雕刻出木框架结构外形，这有助于我们了解汉代的建筑结构。阙的高低是墓主的身份地位所决定的，一般高 2 到 6 米。

如建安十四年雅安高颐和延光年间的沈府君墓阙是雕刻精致、气派壮观的墓上建筑，阙高 4.8 米。

三、墓前石刻

在墓前列置石雕，可是源远流长。据文献记载，在上古时代的尧母庆都陵和尧陵前就都放有石雕的骆驼。西周初年，“汴都之南百里”的周公墓前也放置有石人。周宣王墓前尤其列置有石人、石鼓、石猊、石羊、石虎、石马等。

据说秦始皇陵上原来也有一对石麒麟，高达一丈三尺。可惜的是上述石刻如今已荡然无存，无法与文献资料印证。

据考古资料记载，墓前放置石雕从西汉中期就有。就像西汉霍去病墓，就由于墓前雄伟的成组石刻而闻名于世。他墓前石刻有圆雕的“马踏匈奴”、跃马和卧牛，线雕和圆雕相结合的卧象、伏虎、石蛙、野人和石鱼等，如今已是全国重点保护文物。

张骞等人墓前也有列置的石雕，但都晚于西汉中期，比如山西安邑社村西汉墓前的石虎、山东邹县城东匡庄古墓前的石人。值得一提的是，不仅秦及其以前的陵墓上没有发现列置石雕，就连西汉 11 座帝陵也没有一件西汉石刻。

由此，有学者推测：“秦和西汉的帝陵上，可能未置石雕”，“达官贵族墓上的石雕列置得似乎比帝陵早一些”。

至东汉时期，墓前设石人、列石兽、立石柱的风气更加兴盛。《风俗通义》卷九《怪神石贤士神》：“汝南汝阳彭氏墓，路头立一石人，在石兽后”。《水经注·洧水》记载汉弘农太守张伯雅墓：“庚门表二石阙，夹封石兽于阙下。冢前有石庙，列植三碑，碑云：德字伯雅，河南密人也。碑侧树两石人，有数石柱及诸石兽矣……石庙前又翼列诸兽，但物谢时沦，凋毁殆尽”。

《水经注·易水》引范晔《汉书》：“中山简王焉之窆也，厚其葬，采涿郡山石，以树坟茔，陵隧碑兽，并出此山”。

宋代赵明诚《金石录》卷十八《汉赵相刘衡碑》云：“余尝亲至墓下观此碑，墓前有石兽，制作甚工”。

石柱主要起坟墓的标指作用。《后汉书·中山简王焉传》李贤注：“墓前于道建石柱以为标，谓之神道。”北京石景山出土的汉幽州书佐秦君墓石柱，柱顶的方石上面刻着“神道”二字，有人推测墓碑是下葬时用来牵引放下棺椁的丰碑。

《释名释典艺》说：“碑，被也。此本葬时所设也，施鹿卢，以绳被其上，引以下棺也。臣子追述君父之功美以书其上，后人因焉。无故建于道之头，显见之外，名其文，就谓之碑也。”另外封演的《封氏闻见录》、李绰《尚书故实》、孙宗鉴《东皋杂录》、赵翼《陔余丛考》等书均有类似记载。

碑刻的出现，则源于东汉年初。宋代欧阳修《集古录》写道：“到后汉以后始有碑文，欲求前汉碑碣，卒不可得。”

有学者认为刻辞之碑当源起于东汉之初，盛行在桓灵之际，汉碑之制，首多有穿，穿之外或有晕者，乃墓碑施鹿卢之遗制。其初盖因墓所引棺之碑而利用之，以述德纪事于其上，其后相习成风，碑遂为刻辞而设。

东汉时期的豪强大族非常重视上冢礼俗，所以坟墓的建筑也很讲究，加之当时炼钢技术的进步，锋利的钢铁工具有利于开凿和雕刻石材，于是在建筑石祠、石柱、石阙的同时，也流行用坚固的石碑代替以容易腐烂的木制墓碑。

在那个时候，墓前立碑非常流行，达官贵人以树立墓碑为尚，而且就连没有官职的平民百姓也是如此。不仅成人有墓碑，就连儿童也多有墓碑，比如蔡邕就作有《童幼胡根碑》。

墓碑有的是家属或宗族中人设立的，还有弟子、门人设立的，还有故吏、友人、地方官设立的。在《金石录》、《隶释》等书中，保存了大量的东汉墓碑铭文。

除此外，《后汉书·郭林宗传》中同样反映了这一点："林宗既葬，同志者立碑，蔡邕为其文，谓卢植曰：'吾为碑铭多矣，惟郭有道无愧色'。"蔡邕作为当时的著名学者，还能撰写碑文，由此可见其风之盛不同寻常。

从当时的碑文可以看到，碑的文体已正式定型，自成一格。当时的铭还被称作辞，或系、颂，况且大多是鸿篇巨制，一般在千字以上。文体显示出受汉代诗赋等文体的影响，开始就写死者的名字和籍贯，追述祖系，然后颂扬他的功德，表示对他的哀悼，最后还经常以四言韵文结尾。就像：《延熹七年孔宙碑》首曰："君讳宙，字季将，孔子十七世孙也。"而后曰："天资醇嘏，齐圣达道……"末尾曰："延熹六年正月乙未□□□疾……于是故吏门人乃其陟名山，采嘉石，勒铭示后，俾有彝式。其铭□……"又如建宁元年卫尉《衡方碑》刚开始所说："府君讳方，字兴祖，肇先盖尧之苗……"然后说道："君天资纯懿，昭前之美……仕郡辟州举孝廉，除郎中，即丘侯相，胶东令……"最后说道："庵离寝疾，年六十有三，建宁元年二月五日癸丑卒……于是海内门生故吏，采嘉石，树灵碑，镌茂伐，秘将来，其辞曰……"立碑的目的，就是为标志墓地，对死者进行歌功颂德。

第三节　秦汉陵园格局和形制

一、秦始皇陵格局和形制

就中国的帝王陵园而言，保存较好、时代较早的一个是秦始皇陵园。从现存的遗址来看此陵园的建筑结构是南北长、东西窄的长方形，陵园有内城和外城之分。

内城的中部有条夯土墙，把内城分成南北两半。此城的北半部又有条南北向的夯土墙，把内城北半部分划分为东区和西区两部分。内城和外城四面都有出入的门。外城垣有四门，内城垣有六门。每个门上都有门阙建筑。

秦始皇的陵墓坐落在内城的南半部。陪葬墓区在内城的北半部的东区，到目前已发现墓葬 28 座。内城和外城之间，形成了四个区，分别是：东区、西区、南区、北区。

根据目前的考古勘探资料来看，只在西区内发现了遗迹，然而大量的遗迹、遗物却分布在西区。它以内城和外城的两门之间的道路为界又可分为南半部和北半部：南半部由从南向北依次排列着大型马厩坑以及 31 座珍禽异兽坑、跽坐俑坑；北半部由从南向北逐个排列着的三组就像四合院式的园吏寺舍组成。

有两个陪葬区位于始皇陵外城的东侧，一处位于外城东门大道的南面，距离外城东垣墙 350 米处有 17 座陪葬墓和几乎百座小型马厩坑，它象征着京师的厩苑；另一处是一、二、三号兵马俑坑，位于始皇陵外城东门大道北侧的，它与外城车垣墙相差 1225 米远，这组兵马俑是秦始皇生前驻扎在京城外的宿卫军的象征。

陵园整体坐西向东。其平面布局是这样的：在陵园的内城中，右边是陵墓，左边是寝殿、便殿和后宫女嫔陪葬墓。整个陵园的中心是右侧的陵墓，形成一条贯串陵园内外的中轴线。以中轴线为标准，陵园东门之外以及陵西边内外垣墙之间的陪葬坑、陪葬墓等分别排列在左右。由此使得寝殿、便殿以及园吏寺舍等附属建筑的主次关系也一目了然。也就是右为寝殿，左为便殿，寝殿体积较大，便殿体积较小。寝殿、便殿位于园吏寺舍之前。寝殿、便殿的体量高大，建筑豪华；园吏寺舍的体量小，为一般建筑。这些都等级分明，合情合理。

从内外城垣的布局来看，内城垣里面是陵园的主要设施；外城垣里除了西区之外全是空白区；而在外城垣的西区，地上和地下的设施都比较密集。这种布局格式、前后关系也一目了然。

就礼仪制度方面而言，内城垣的右部是陵墓，左部是寝殿、便殿。那个时候以右为尚，把陵墓置于右部，是为了突出它的地位，而寝殿、便殿在陵墓的左边，这样不但主次关系明确，也正如文献所说的“起寝于墓侧”。

置于陵园正门外边的是兵马俑坑。铜车马坑和各种府藏坑等象征着后宫的设施，位于陵墓封土的西边沿。珍禽异兽坑、马厩坑，位于陵墓之后外城垣的西南角。陪葬墓的分布是这样的：女嫔墓位于内城垣的左前方，公子和公主的墓位于外城垣的东南部。这种布局的最大特点是：中心突出，主次分明。这对后世产生了深远的影响。

二、汉代帝王陵园格局和形制

汉代在我国历史上有着非常重要的地位，厚葬的习俗在传统的基础上又有所加剧。黄肠题凑，金缕玉衣，有说不完的荣华富贵；穿岩凿穴，高五广陵，有道不尽的帝王尊严。汉代丧葬“事死如事生”，帝陵就是统治阶级社会活动的缩影。

汉代帝王陵园的布局基本上仿效了秦始皇陵的布局。这表现在以下几个方面：

一是汉朝诸陵在封土的周围有用夯土筑成的垣墙，墙上四面有门，门上都有双阙。这些都与始皇陵园相同。所不同的地方是始皇陵园有内外垣墙之分，而汉陵只有一重垣墙；始皇陵垣墙是长方形，汉陵的垣墙都是方形，而且汉陵的规模要小于始皇陵，始皇陵是汉陵面积的12倍。

二是在陵侧设立寝殿、便殿，汉陵与秦始皇陵一样。《汉书·韦贤传附韦玄成传》所言：“京师自高祖下至宣帝，与太上皇、悼皇考各自居陵旁立庙，并为百七十六。又园中各有寝、便殿”。

三是西汉帝陵陵园与秦始皇陵园的下面都是东门。

不得不提的是，汉陵的布局和形制与秦陵的布局和形制相比也有较大的发展。

首先，汉陵的布局和形制在同一王朝的皇室茔域内设置两大陵区。就西汉王朝而言，在京师长安城设立有长安城东南陵区、咸阳原陵区；东汉王朝也是如此，在都城洛阳设立两大陵区，分别置于东南和西北，东南陵区有明帝显节陵、章帝敬陵、和帝慎陵、冲帝怀陵、殇帝康陵、质帝静陵还有桓帝宣陵；西北陵区有光武帝原陵、顺帝宪陵、安帝恭陵以及灵帝文陵。

另外，帝王陵墓大都葬在都城北部。就拿西汉帝陵来说，多位于长安城的西北和东北，东汉帝陵多以洛阳的北邙山为陵区。这种尚北习俗，是自古以来的传统礼仪罢了，如《旧唐书·吕才传》云："古之葬者，并在国都之北域"。

《晋书·索琳传》记载，武帝即位时就开始修陵，54 年之后，"比崩，茂陵不复容物"，可见帝陵厚葬的惊人之处。西汉 11 座帝陵除了文帝霸陵和宣帝杜陵位于渭水南部，其余 9 座在渭北咸阳原地，它们分别是武帝茂陵、成帝延陵、昭帝平陵、平帝康陵、元帝渭陵、惠帝安陵、哀帝义陵、高祖长陵以及景帝阳陵，这些帝陵再加上皇亲国戚、权臣列侯的陪葬墓，东西绵延大约百里。

西汉帝陵中的霸陵是以山为陵，底部边长 150 至 170 米，高 20 到 30 多米。帝后同茔不同陵，后陵大多位于帝陵东面。

宣帝杜陵封土底部边长 175 米，顶部边长 50 米左右，现高 29 米。主墓室是正方形，四面各有一条墓道通向地宫。陪葬坑发掘面积很少，但出土的陶俑和兵器、车马器、金饼、漆器等都充分显示出埋藏物的丰富和习俗。我们从中知道西汉帝陵是当时都城的缩影，其陵园形制、布局都是模仿皇宫修建的。

阳陵是景帝刘启和王皇后的合葬陵园。陵园东西长约 6 公里，南北宽 1 到 3 公里。整个陵园是以帝陵为中心，布局相当严谨，结构复杂而规整，帝陵、后陵、南北区的陪葬坑、刑徒墓地、陵庙等建筑、阳陵邑、陪葬墓等各安其位，完全显示出严格的等级观念。帝陵平面是正方形，边长 418 米左右，四边各有夯土围墙，墙宽 3 至 3.5 米，四墙中部都有"三出"阙门。后陵很小。陪葬墓园分割非常规整，有 16 排共 107 座，已探明的各类墓葬 5000 多座，已探明 81 座陪葬坑，分南北两区，排列均匀对称。坑宽大约 4 米左右，长度非常悬殊，从 25 米到 291 米不等。

其中出土铜器、金器、漆器、玉器、蚌器、陶器、丝麻织品等，还有麦、粟等粮食标本，共计 3 万多件。大量的彩绘陶俑都属于艺术珍品，比如南区1号坑的仪仗男骑兵俑，骑战马，挎弓弩，内穿战袍，外披铠甲，前用斧车开道；还有2号坑的女骑俑也身穿战袍铠甲，挎弓弩，背箭菔，左侧带铁剑，竖旗帜，骑木雕战马，多像中老年妇女，有的颧骨特别高。还有彩绘陶制家畜、禽等。这些陶俑和动物雕塑在艺术风格上都继承了秦俑的写实风格，也有新的表现手法，表明我国古代雕塑艺术发展新阶段的开始。

第四节　秦汉陵寝布局和形制

一、墓侧设寝制度

在陵墓上设立祭祀一类的建筑，起源于殷商时期，到春秋战国时期已经非常流行，在秦代确立了制度。秦代的陵寝改变了传统做法，把祭祀建筑从墓上移到墓侧。在考古勘察中发现的秦始皇陵墓西边的一处大型建筑遗址中，出土了带有铭文的陶器残片和“乐府钟”，说明这就是秦始皇陵的寝展。这与所说的“秦始皇起寝于墓侧，汉因而不改”相符。

汉代继承了秦代的制度，在汉代也在陵墓一侧设立寝殿。如《后汉书·祭祀志下》所说：“汉诸陵皆有园寝，承秦所为也”；又言：“秦始出寝，起于墓侧，汉因而弗改”。考古的发现证实了文献记载，像汉高祖长陵、太上皇陵以及吕后陵等，在陵墓北部都发现有寝殿基址。汉代不仅帝陵和皇后陵设置寝殿，就连皇帝的父母、祖父母或兄弟的陵墓附近也修筑有寝殿。

特别需要指出的是，汉代的“寝”要比秦代更进了一步，不但有了寝殿，而且在西汉时期出现了“寝园”。寝殿是寝园的中心，寝园包括便殿的一组建筑群，正因如此，在建筑群周围营筑有墙垣，所以叫“寝园”，简称“园”。它设在陵墓附近，是陵墓的主要礼制建筑，所以又称“陵寝”。《汉书·韦玄成传》颜师古注：“寝者，陵上正殿，若平生路寝矣。便殿者，寝侧之（便）别殿耳。”

二、寝园的功能与形制

寝园的主体建筑是寝殿，是皇帝或皇后陵墓的祭祀正殿，也是墓主灵魂日常起居饮食的地方。《三辅黄图》说：“高园，于陵上作之，既有正寝，以象（像）平生正殿路寝也。”其形制也由过去陵墓上的“享堂”建筑逐渐发展而来。

考古专家发现的秦始皇陵“寝殿”遗址，东西宽57米，南北长62米，建筑物平面几乎是方形，总面积达到3524平方米。殿址是东西走向。高台殿基遗址中部周围设立有回廊，廊宽3到5米。就这座宫殿建筑的门道和地面而言，其建筑相当考究。廊前的门厅长15米，宽1米。

青石板铺设正殿内的石台阶。殿内地面是在原筑的夯土上，迭铺四层鹅卵石，中间用细砂灌缝，上铺一层2厘米厚的泥土，再铺上线雕菱形纹石。

夯土筑起的殿和所有四周的墙壁，外面涂上粗泥，再铺上细泥，然后再制成白垩。宫殿屋顶的鸱尾长达89厘米，宽是16.5厘米，高只有15厘米。用长53.5厘米，宽16厘米的铜瓦。在宫殿遗址内有直径为61厘米的夔纹遮朽被出土。

与秦代的寝殿形制相比，汉代的寝殿形制有很大的变化，建筑平面由传统的方形变为汉代时的长方形，汉代的寝殿规模和主要结构布局完全仿照宫中大朝正殿所造。

“堂”是寝殿的中心建筑。堂上有神座、几、床、匣匮、衣冠、被枕，还有其他日常生活用具，由宫人对待活人一样侍奉。平日里“随鼓漏，理被枕，具盥水，陈严具”，四次都按时向墓主进奉食品。堂内放置有钟，就在秦始皇陵寝殿附近曾出土有祭祀用的错金银铜编钟。

作为秦和西汉时期的这种“日上四食”、“日祭于寝”的陵寝制度被东汉所承袭。

《后汉书·礼仪志上》曰：“东都之仪，百官、四姓亲家妇女、公主、诸王大夫、外国朝者侍子、郡国计吏会陵。昼漏上水，大鸿胪设九宾，随立寝殿前。钟鸣，谒者治礼引客，群臣就位如仪。乘舆自东厢下，太常导出，西向拜，折旋升阼阶，拜神坐。退坐东厢，西向。侍中、尚书、陛者皆神坐后。公卿群臣谒神坐，太官上食，太常乐奏食举，（舞）《文始》、《五行》之舞。”

帝王陵墓中附属于“正殿”边侧的别殿是便殿。《汉书·韦玄成传》颜师古注曰："凡言便殿、便室者，皆非正大之处"。《三辅黄图》所言："立便殿于寝，以象休息闲晏之处也。"从其中可以知道，便殿大概和地下墓室中的"便房"没有什么两样吧，都是供墓主灵魂游乐的场所。

考古工作者认为，便殿有以下四种功用：第一，是用来存放皇帝或皇后生前用过的衣物，连同为皇帝和皇后举行葬仪时所用的器物，如"乘舆虎文衣"等；第二，进行祭祀活动；第三，在寝殿举行重大祭祀活动前后，供参与者"休息闲晏"；第四，便殿是寝园中主要官员办公的地方。它的这些功能，决定了它由殿堂、室、更衣别室和院落等建筑物相构成。

第五节　秦汉陵庙和陵邑

一、陵庙制度

宗庙经过相当长的时间发展成为陵庙，这是封建中央集权统治的必然产物，同时也是帝王陵寝制度中"事死如生"风尚的最终结果。陵庙应该是兴起于西汉。《汉书·韦玄成传》说："京师自高祖下至宣帝，与太上皇、悼皇考各自居陵旁立庙"。但根据刘庆柱和李毓芳先生研究，"陵旁立庙"制度是在汉景帝时就被正式创立，从文帝霸陵开始的。前元元年，景帝在文帝霸陵旁修建了陵庙，也就是所谓的文帝陵园；中元四年，景帝又在阳陵修建了德阳宫，这也就是阳陵陵庙。从那时候以后，这种"陵旁立庙"的制度直至汉末才逐渐消失。

二、布局和形制

陵庙与宗庙的建筑一样，陵庙的周围营筑墙垣，所以陵园又称"庙园"。

庙园四面都没有门，称司马门，门外有的有双阙。在西汉中、晚期，庙园四面的门可依据门的不同方位，在不同的门上可以放置青龙、朱雀、白虎、玄武纹饰的空心砖和瓦当。在昭帝平陵和宣帝杜陵的陵庙遗址中可以看到。

"正殿"是陵园的主体建筑，正殿四面与庙园四门相对处各开一门，称

“庙门”或“殿门”。正殿四门也是根据“四神”图案的建筑材料来显示其方位，有的庙门铜铺首就是这四种图案。正殿四周都建造了回廊。殿内所有的墙壁都有木雕的装饰品，这样增添了陵庙的神秘气氛。

对于西汉陵庙的建筑形制，由于目前只有考古调查和钻探两种方法，具体形制还不十分清楚，只知西汉陵庙的建筑形制是依照宗庙而已。从东汉光武帝陵庙前所立的“大宋新修光武祠碑”来看，汉朝陵庙建筑“穷其壮丽”，是非常宏伟壮观的。

三、祭祀活动

祭祀活动在汉代陵庙中十分频繁。《汉书·韦玄成传》记载：“京师自高祖下至宣帝，与太上皇、悼皇考各自居陵旁立庙，并为百七十六。又园中各有寝、便殿。日祭于寝，月祭于庙，时祭于便殿。寝，日上四食；庙，岁二十五祠；便殿，岁四祠。又月一游衣冠。”

每月一次的“游衣冠”是陵庙祭祀活动中最隆重的活动了。正如人们所说的“游衣冠”，也就是在陵庙中祭祀“神主”时，首先将先帝生前穿戴过的衣冠等纪念物从寝园中“请出”，把它们送到陵庙中游历一番，这样做的目的是为了引请墓主的灵魂到庙中接受祭祀。

这样的活动，早在西汉初期就非常流行了。据有关资料记录，在汉惠帝时，由于他所住的未央宫与吕太后所住的长乐宫不相连，为了相互往来更加方便，于是就在两宫之间建造了一条“复道”。而这条“复道”正好从每月高祖衣冠从“寝”到高庙的通道上面经过，正因为这样遭到了讲究礼制的叔孙通的抗议。他向惠帝进谏，他认为子孙不应该在祖先衣冠游历的道上行走。惠帝听后，于是在长安城外渭水以北又建了一座高庙，称“原庙”，原庙更靠近高祖的陵寝长陵，这样一来，不仅避免了上述矛盾，更有利于每月一次的“衣冠游”活动。

根据当时记录的文献来看，在汉代陵庙举行“月游衣冠”活动时，必须在寝园与陵庙之间建一条专用道路，这条专用道路，当时被称“衣冠道”、“游道”或“宗庙道”。这条专用道路属于主管礼制的太常管辖，假如出现什么问题，太常官必须承担相应的责任。

像《汉书·百官公卿表》所言："元朔二年，孔臧为太常；三年坐南陵桥坏，衣冠道绝，免。"可是到了西汉晚期，对"衣冠道"就不是那么重视了。如《汉书·张禹传》所言："禹年老，自治冢茔，起祠堂，好平陵肥牛亭部处地，又近延陵，奏请求之。上以赐禹，诏令平陵徙亭它所。曲阳侯根闻而争之：'此地当平陵寝庙衣冠所出游道，禹为师傅，不遵谦让，至求衣冠所游之道，又徙坏旧亭，重非所宜宜更赐禹它地。'根言虽切，犹不见从，卒以肥牛亭地赐禹。"

也就是说，除了每月一次的"游衣冠"活动，另外还有其他祭祀活动，像"五月尝麦；六月、七月三伏、立秋貙娄，又尝粢；八月先夕馈飧，皆一太牢，酎祭用九太牢；十月尝稻，又饮蒸，二太牢；十一月尝，十二月腊，二太牢。又每月一太牢，如闰加一祀，与此上十二为二十五祠"。

在东汉时，明帝又对传统的陵寝制度进行了一次彻底改革。他把每年元旦的"元朝仪"活动搬到光武帝的原陵处举行，另外还让文武百官向陵寝的"神坐"举行朝拜和祭祀仪式，作为"上陵礼"的开始。就在那个时候，他又将原来宗庙每年"二十五祠"中最主要的"酎祭礼"也移到陵寝来，按照"上陵礼"的方式一样举行，从那时候开始确立了以朝拜祭礼为主要内容的陵寝制度。

对此，清代学者徐乾学在《读礼通考》卷九十四中评说道："汉不师古，诸帝之庙不立于京师而各立于陵侧，故有朔望及时节诸祭，此实祭庙，非祭陵也。又皆祠官致祭，夫子不亲行，即世祖祭长安诸陵，止因巡幸而祭之，亦非特祭。其率百官而特祭于陵，实自明帝始也"。顾炎武《日知录》卷十五《墓祭》也说："后汉明帝永平元年春正月，帝率公卿已下朝于原陵，如元会仪，而上陵之礼始兴而十七年正月明帝当谒原陵，夜梦先帝、太后，如平生欢，明旦日吉，遂率百官及故客上陵……会毕……感动悲悌……此特士庶人之孝，而史传以为盛节。故陵之崇，庙之杀也；礼之渎，敬之衰也。"

四、秦汉陵邑

秦朝开始了陵邑的设置。《后汉书·东平宪王苍传》曰："园邑之兴，始自强秦。”秦始皇陵园内出土了两件带有“丽邑”刻辞的陶器残片。一件是残陶盘上的刻辞：“丽邑二升半，八厨”，另一件是陶器盖上的刻辞：“丽邑五斗，崔”。据有关资料记载，秦“丽邑”建制的时间是始皇十六年。始皇三十五年，秦始皇把3万户百姓都迁徙到了丽邑。

陵邑之制在汉代盛行起来。汉高祖刘邦葬在长陵，在长陵邑；孝景帝五年作阳陵邑；武帝建元二年，置茂陵邑；永光四年，元帝曾经将诸陵邑分属三辅。

至汉元帝的渭陵才不再徙民起邑。经过30多年，汉成帝又开始建造昌陵邑。由于大兴土木，使“天下虚耗，百姓罢劳，客土疏恶，终不可成”。由于这个汉成帝不得不决定“罢昌陵，及故陵勿徙吏民，令天下毋有动摇之心”。从那以后，直到西汉灭亡，诸帝陵再也没有营筑陵邑。东汉时，废除了陵邑的制度。

建造陵邑的目的，一是为了奉侍陵园。如《汉书·地理志》曰：“汉兴，立都长安，徙齐诸田，楚昭、屈、景及诸功臣家于长陵。后世世徙吏二千石、高訾富人及豪杰并兼之家于诸陵。盖亦以强干弱枝，非独为奉山园也。”《汉书·元帝纪》：“顷者有司缘臣子之义，奏徙郡国民以奉园陵”。二是为了削弱地方诸侯的势力，从而增强中央的实力，即《汉书·主父偃传》所说的“内实京师，外销奸滑”。《汉书·陈汤传》载汤上封事说：“初陵，京师之地，最为肥美，可立一县。天下民不徙诸陵三十余岁矣，关东富人益众，多规良田，役使贫民，可徙初陵，以强京师，衰弱诸侯，又使中家以下得均贫富”。“于是天子从其计，果起昌陵邑，后徙内郡国民”。

陵邑出现之初，与陵墓距离相差很远。正如秦始皇陵在骊山下，丽邑却在陵墓东北的5公里处；西汉太上皇陵和他的陵邑——万年邑相距12公里。在汉高祖的时候，开始把陵邑筑于帝陵旁边。就像汉高祖的长陵邑与陵园紧密相连，在一个围墙之内。从文帝开始，帝陵与陵邑就保持了一定的距离，最少也有一二里，最多达到了五六里。如阳陵邑在阳陵之东约2公里，安陵邑在陵北约2至2.5公里，茂陵邑在陵园西南1.5到2公里处。

西汉时，朝廷对陵邑的设置控制得十分严格。通常陵邑的设置只限于帝陵，有的竟没有与先帝合葬的皇帝之母的陵墓，等到死时来以帝陵礼仪入葬的皇帝父母的陵墓。比如高祖长陵、宣帝杜陵、武帝茂陵、薄太后南陵、钩弋夫人云陵、汉太上皇陵和宣帝父母的奉明园等。西汉一共有 11 座陵邑。

第六节　秦汉陪葬坑与陪葬墓

一、陪葬坑

在秦汉帝陵附近建造陪葬坑的制度，起源于殷商时期。秦始皇陵园在继承这一制度的同时也有所发展，不仅有大批马厩坑外，还有铜车马坑、珍禽异兽坑、兵马俑坑等其他的各式各样的陪葬坑。

汉代诸陵附近也都设有陪葬坑。考古工作者在汉太上皇陵、薄太后南陵、宣帝杜陵以及孝文窦太后陵等附近，发现或挖掘了许多陪葬坑。从这种情况来看，陪葬坑大多是砖砌或土坑，个别的也有用枋木垒成的“椁箱”，比如咸阳杨家湾 4 号墓，在这个墓的拐弯处四到五层间填土内的混塑车马坑以及西墓道南端祭祀坑的四壁还有顶盖，全部是用方木拼凑成的，但是它的底部却无木板铺垫。它们的结构明显不同，比如已发掘的杜陵的两座木构陪葬坑中，由主室和边厢、车马室几部分组成 1 号陪葬坑。

在兵马俑坑中的兵马俑，有的象征着守卫京师的禁卫军，有的象征着为墓主人送葬的军队。马厩坑是宫廷厩苑的象征，我们可以从坑中出土的器物上的“宫厩”、“中厩”、“三厩”、“左厩”、“大厩四斗三升”等铭文中清楚地辨别出。而坑中出土的跽坐俑，应该是饲养马的圉人。

二、陪葬墓

陪葬制度在秦汉时期，得到了进一步的发展。像秦始皇陵的陪葬墓，到现在为止已经有两处被探明：一处在陵园东侧的上焦村西，总共有 17 座，成南北一字形排列，间距 2 到 15 米。据推断，墓主人很有可能是被胡亥处死的秦公子、公主和秦始皇原来的近臣。另一处是在陵园内城的北区东半部，已经有一组墓葬被探出，一共有 20 多座，因未试掘，情况不明。

汉代帝陵的陪葬数量多，规模大。皇帝命令陪葬者在帝陵陵区内专辟茔地，墓上还筑有高大封土，此外冢旁还建有礼制建筑。它们大多数分布在帝陵的东面，也有的在帝陵北面。分布在帝陵以东的陪葬墓，位于东司马道南北两侧，其中南侧的陪葬墓数量较多。从安陵、长陵、茂陵、阳陵和杜陵的陪葬墓分布中可以清楚地看出来。在陵区的这种布局是仿照京师和皇宫而筑的原因。

第七节　秦汉丧葬习俗

一、习俗种类

厚葬

秦汉时期的人们相信人死以后灵魂不会灭亡，会在另一个世界里继续生活，因此厚葬便成为这一时期丧葬习俗中最显著的特色。

秦始皇陵已是众所周知的典范，根据文献记载，陵高达到五十丈，面积方圆达五里多。为了修建规模巨大的陵园，秦始皇从全国征集了七十多万民工，前后持续了三十多年。“穿三泉，下铜而致椁，宫观百官奇器珍怪徙臧满之。令匠作机弩矢，有所穿近者辄射之。以水银为百川江河大海，机相灌输，上具天文，下具地理。以人鱼膏为烛，度不灭者久之。”

现已发掘的秦始皇陵东侧的兵马俑坑，就可以充分证明上述记载，目前试掘的 1 号兵马俑坑，已出土陶俑、陶马大约 2000 件，有木质战车 20 乘，各种青铜兵器 4000 多件。估计这个俑坑内埋藏的陶马、陶俑大约有 6000 件，战车有 40 多乘。

2 号俑坑估计有 89 乘战车，356 匹驾车陶马，陶质鞍马 116 匹，各类武士俑 900 多件。

3 号俑坑计有 1 乘驷马战车，陶马 4 匹，各类武士俑 68 件。三个兵马俑坑面积总共约 20780 平方米，有陶俑、陶马 7000 多件，战车 100 多乘。陶俑身高都在 1. 8 米左右，陶俑、陶马的造像也栩栩如生。

由气势宏伟的兵马俑、富丽堂皇的铜车马，我们可以推想豪华宏丽的墓室内部。

汉代帝王的厚葬也非常突出，《晋书·索琳传》曰：“汉天子即位一年而为陵，天下贡赋三分之，一供宾客，一供宗庙，一充山陵。”

也就是说必须把每一年贡献的三分之一作为修筑陵墓的费用。

如果这种说法正确的话，那么汉武帝总共执政54年，他的茂陵就要耗费汉代鼎盛时期18年的贡献了，这是一个多么大而惊人的数字。

就现在长安西北方渭水北岸以及洛阳西邙山上座座气象恢弘的汉代陵墓群来看，《晋书》的记载确实可信。

根据《长安志》引《关中志》曰：西汉陵墓一般高汉尺20丈，方120步，其中规模最大的茂陵则高14丈，方140步。

据考古工作者亲临现场实测，茂陵现高46.5米，顶部东西长39.5米，从南到北约有35.5米宽，陵底边长240米，陵园垣墙长430米，南北宽414.87米，墙基宽5.8米，远远望去就像一座削去尖顶的金字塔，气魄颇为宏大。

茂陵不仅规模宏大，其随葬珍宝的数量之大也使后世为之惊叹不已。根据文献记载：陵中“多藏金钱财物，鸟兽鱼鳖牛马虎豺生禽，凡百九十物，尺瘗臧之”。

到汉武帝死的时候，“陵中不复容物”。相传武帝生前穿的金缕玉衣，以及外国赠送的玉箱、玉杖，还有武帝生前阅读的杂经30多卷，都被一同埋入。

尽管这些丰富的随葬品被赤眉和黄巢起义军挖去了一部分，可到了两千年后的今天，在茂陵中仍然有丰富的珍贵文物，墓地的周围出土有铜漏壶、鎏金马、犀牛尊等珍贵文物一百多件。

茂陵之外，汉代其他皇帝的陵墓也相当浩大，随葬品非常丰富，十分惊人。根据文献记载，汉文帝以节俭著称，他修建霸陵，不用金、银、铜、锡为饰，只是用瓦器。可晋人在建兴年间盗发霸陵时，仍然“多获珍宝”。昏庸的汉成帝，为了修建昌陵“大兴徭役，重增赋敛，征发如雨”、“取土东山，与谷同价”，这使得国虚民穷，“公家无一年之畜，百姓无旬日之储，上下俱匮，无以相救”。从中可以获知帝陵寝工程的浩大和耗资的巨大。

居于京师的权贵皇戚，在制葬具时，“必欲江南檽梓、豫章梗柟”。有的地方上的中小官僚同样是“厚资多藏，器用如生人”。而一些富商大贾、地主富室因为家底殷厚，更是财大气粗，他们的墓葬总是“积土如山，列树成林”。《汉书·地理志》曰：“列侯贵人车服僭上，众庶仿效，羞不相及，婚嫁尤崇侈靡，送死过度。”《盐铁论》：“死以奢侈相高，虽无哀戚之心，而厚葬重币者，则称以为孝，显名立于世，光荣着于俗，故黎民相慕效，以至发屋卖业。”“生不养，死厚送，葬死殚家。”不惜倾家荡产来办理丧事。“富者绣墙题凑，中者梓棺楟，贫者画荒衣袍，缯囊缇橐。”显然厚葬在汉代是非常普遍的习俗。许多考古资料证明了这些文献记载是真实可信的。

《潜夫论·浮侈》记载当时“计一棺之成，功将千万”，并非虚言。满城西汉中山靖王刘胜和他的妻子窦绾之墓，随葬器物竟然有4200多件，其中有许多随葬品都是非常难得的艺术瑰宝。尤其是这两墓中出土的内外镶玉的漆棺和“金缕玉衣”，十分引人注目。比如刘胜的“金缕玉衣”是由2498片玉片拼成，一共用了大约1100克金丝。

除此之外，就秦汉人的陵墓设计意图来看，秦汉厚葬更加充分反映了人们的灵魂不灭观念。

秦始皇陵的高大封土和地下的地宫，象征着其生前居住的咸阳宫。地面上的两重夯土城垣，象征着京师的内外城，也叫做大小城；外城垣东侧的兵马俑坑，则象征着守卫京师的宿卫军；上焦村的小型马厩坑群和西内外城垣之间的一批珍禽异兽和跽坐俑坑，则象征始皇生前的囿苑，供他狩猎和游乐；皇陵封土北侧的寝殿，也就是《独断》所说的“有起居衣冠象生之备，皆古寝之意也”；陵园内的便殿，则是《三辅黄图》所说的“以象休息闲晏之处也”。

总而言之，秦始皇陵园的建筑布局和设计意图，是根据“事死如生”设计的。汉代帝陵的设计也是基于这种传统的灵魂不灭的观念。他们确信人死后灵魂有知，因此要求死后也能像活着一样处理政务和饮食起居。生时有朝寝，那么他们就要求死后也有庙寝。

《汉书·韦玄成传》曰：“京师自高祖下至宣帝，与太上皇、悼皇考各自居陵旁立庙，并为百七十六。又园中各有寝、便殿。日祭于寝，月祭于庙，时祭于便殿。寝，日上四食；庙，岁二十五祠；便殿，岁四祠。又月一游衣冠。”

这种陵内建寝的想法，当然是把死者灵魂滞留陵墓室内作为前提条件。是因信死后灵魂住在陵内，故此于陵内近旁设“寝”，配置“饲官”，提供每天的饮食起居。而皇帝每月从“寝”中取出先帝衣冠游历至“庙”，就是因为相信灵魂住在陵墓的寝中。

帝王如此，汉代地主官僚阶级中同样流行着这种“事死如生”的丧葬观念。他们不仅在墓室的形制和结构上全力模仿现实生活中的地面住宅，而且在随葬品方面也尽量做到应有尽有，几乎包括了活人所用的衣食住行所有方面的物品和器具，比如侍仆、器皿、食物、动物、竹筒等。《盐铁论·散不足》曰“厚资多藏，器用如生人”，就是这一事实的有力证明。

为了让死者能在另一世界继续过美好而舒适的生活，各种各样的食物自然就成了不可取代的随葬品，以长沙马王堆汉墓为例，墓里的粮食品种有稻米、大麦、小麦、黍、粟、赤豆、大豆等；水果有杨梅、枣、梨、柿、甜瓜、橙、枇杷等；其他农产品有芋、笋、姜、菱角、藕和冬葵子、芥菜等；动物类食物也很多，兽类有猪、羊、牛、鹿、狗、兔、马等，禽类有鸡、鸭、野鸡、雁、鹌鸪、鹧鸪、天鹅、鹤、鹬、斑鸠、鸳鸯、竹鸡、火斑鸡、喜鹊、鸦、麻雀等，鱼类有鲫、鲤、银鲴、鳜、刺鳊等。它们大多被制成饼、饭，烹制成各种羹肴，加上蜜、糖、盐、酱等调味品和各种酒类，在“遣策”中有它们的名称。关于满城刘胜夫妻墓所葬的酒就更是惊人，据估计当时一共装了5千多公斤酒。

除此之外，地主官僚也在墓中放置了各种生活用具，比如盘、卮、箸、豆、酒壶、奁、甑、勺、鼎、案、杯、酒樽、镫，还有杖等。游乐的随葬器物在随葬品中也占有十分重要的地位。比如，在薄太后南陵陪葬坑中，以前出土了犀牛和大熊猫的骨骼。

风水观念

秦汉时期已有风水观念兴起来了，主要体现在葬日和葬地的择选上。

在秦代，风水术已被使用在葬地的选择上。正如王充《论衡·实知》所曰：“秦昭王十年，樗里子卒，葬于渭南章台之东，曰：‘后百年，当有天子宫挟我墓。’至汉兴，长乐宫在其东，未央宫在其西，武库正值其墓，竟如其言。韩信葬其母，亦行营高敞地，令其旁可置万家，其后竟有万家处其墓旁。”

依据《管氏地理指蒙》卷四记载，秦朝末年，李仲翔神葬城纪，他三次梦中有人提示，葬地的山形象“川”字，法当战死。仲翔没有相信，汉初之时他果然应验梦中之景，战死于狄道。

在汉代，风水观念得到进一步的发展。《汉书·郊祀志》说赵人新垣平善于望气，盲“长安东北有神气，成五采，若人冠冕焉。或曰东北神明之舍，西方神明之墓也”。可以看到，在西汉时人们已把望气与坟墓结合在一起。

在东汉时，人们将死者墓地的优劣同生者的贫富贵贱联系起来。《后汉书·袁安传》载：“初，安父没，母使安访求葬地，道逢三书生，问安何之，安为言其故，生乃指一处，云‘葬此地，当世为上公。’须臾不见，安异也。于是遂葬其所占之地，故累世隆盛焉。”《后汉书·郭镇传》也说：东汉顺帝之时，河南人吴雄幼年家贫丧母，不选择葬地和时间便将其母埋葬，巫士均言吴雄将来必招灭门之祸。然而，吴雄以及他的儿子、孙子皆官至廷尉，并未遇到凶祸。《后汉书·冯衍传》：“于是以新丰之东，鸿门之上，寿安之中，地势高敞，四通广大，南望郦山，北瞩泾渭，东瞰河华，龙门之阳，三晋之路，西顾丰镐，周秦之丘，宫观之墟，通视千里，览见旧都，遂定茔焉。”又如应劭《风俗通义》卷九《石贤士神》曰，汉代汝南地区有一座彭氏墓，墓上有石人石兽。有一天田家老母稍不留神把一块点心遗落在石人之侧，有人就胡编石人能治病，所以有人送点心给石人。这话一经传开，结果方圆几十里的人都来供奉石人。这些风水故事充分说明，东汉时期，民间有浓厚的风水观念。

选择吉日下葬的习俗在汉代也十分流行。根据文献记载，汉代已经出现了专人著的《葬历》。

《葬历》载：“葬避九空地，及日之刚柔，月之奇耦，日诘无害，刚柔相得，奇偶相应，乃为吉良。不合此历，转为凶恶。”还记载：“雨不克葬，庚寅日中乃葬。”

《论衡·辨祟篇》说：“世俗信祸祟，以为人之疾病死亡，及更患被罪、戮辱欢笑，皆有所犯；起功、移徙、祭祀、丧葬、行作、入官、嫁娶，不择吉日，不避岁月，触鬼逢神，忌时相害。故发病生祸，絓法入罪。至于死亡，殚家灭门，皆不重慎，犯触忌讳之所致也。”

人殉习俗

秦始皇统一六国后，人殉现象在秦朝回光返照。公元前 210 年秦始皇死，九月，葬始皇于郦山。秦二世胡亥说：“先帝后宫非有子者，出焉不宜。”皆令从死，死者甚众。并且，统治者为了避免泄露墓中机藏，还将建墓的工匠杀死，由此出现了中国历史上规模最大的人殉。但由于人殉在那个时候受到人们强烈反对，已经由极盛转向了衰落，只是作为奴隶制的残余而已。用人俑、畜俑及实物模型等随葬的习俗在秦朝空前发展起来，秦始皇兵马俑坑的发现就是有力的证据。

西汉以后，人殉被禁。汉武帝“除专杀之威”，对于人殉制的收敛有非常大的作用。到东汉的时候，统治者早已不能随便用人殉葬。汉宣帝的时候，赵缪王刘元“令能为乐奴婢从死，迫胁自杀者凡十六人”，结果由于这个被遭“国除”。可是，人殉现象在汉代并没有消失，东汉的著名思想家王充在鞭笞和批判世人厚葬时非常明确指出“杀人殉葬”仍在不断发生。

夫妻合葬

在汉代以前，文献上即有关于夫妇合葬的记载。依据考古发掘资料来看，汉代以前的夫妇合葬，通常是夫妇分别葬在两个并排紧靠的墓坑中，叫做“异穴合葬”。

直到西汉前期和中期的时候，夫妇合葬仍然大多采用这种方式，长沙马王堆和满城汉墓就是如此。西汉中期以后，夫妇合葬制度发生了变化，逐渐流行夫妇同墓合葬。从此以后到东汉，遂成为了制度。

纸钱

汉代盛行用钱币随葬。刚开始使用的是铜钱，许多贵族、官僚们的大墓，在墓中随葬许许多多各种各样的贵重随葬品的同时，也经常将作为财富象征的铜钱一起葬入墓中。但也许是由于社会上流行的铜钱数量有限吧，所以墓中随葬所用的铜钱数量往往很少，有的地区竟出现了用泥质的冥钱代替铜钱随葬的现象，长沙马王堆一号汉墓就是如此。到了东汉，官僚、贵族使用铜钱随葬的风气更加兴盛了，用的铜钱数量也慢慢增多，例如东汉后期的雷台汉墓，随葬的铜钱竟有28000多枚。

当然，用铜钱随葬，对于广大的平民百姓来讲，是很难承受的。于是用纸钱随葬的习俗就应运而生了。《唐书·王屿传》："汉以来葬者皆有瘗钱"，说的就是这个。

挽歌

挽歌是送死者所用的歌曲。对于它的产生年代，众说纷纭。主张先秦有挽歌者，其依据有三：一说《对楚王问》中的《下里》、《薤露》也就是先秦挽歌；二说"绋讴"也就是挽歌；三说《虞殡》是为挽歌。对上述的说法，《挽歌考》中均予以了批驳："先秦无挽歌。"

汉末谯周《法训》说："有丧而歌者。或曰：'彼为乐丧也？有不可乎？'谯子曰：'《书》云四海遏密八音，何乐丧之有！'说：'今丧有挽歌者，何以哉？'谯子曰：'周闻之：盖高帝召齐田横，至尸乡亭自刎奉首。从者挽至于宫，不敢哭，而不胜哀，故为歌以寄哀音。'"

"彼则一时之为也。'邻有丧，舂不相'，引挽人衔枚，孰乐丧者耶？"

晋代崔豹《古今注·音乐》说："《薤露》、《蒿里》，并哀歌也，出自田横门人。横自杀，门人伤之，为作悲歌，言人命薤上露，易晞灭也。亦谓人死魂魄归于蒿里。故有二章，其一曰：'薤上朝露何易晞？露晞明朝更复落，人死一去何时归？'其二曰：'蒿里谁家地，聚敛精魄无贤遇。鬼伯一何相催促，人命不得少踟蹰。'"

"至孝武时李延年乃分二章为二曲，《薤露》送王公贵人，《蒿里》送士大夫，庶人；使挽柩者歌之。世亦呼为挽歌，亦谓之《长短歌》，言人寿命长短定分，不可妄求也。"

由这些可知，在汉武帝立乐府之前，民间丧葬仪节中早已有送死的挽歌，可《薤露》和《蒿里》被乐府采录，经李延年改制后，在社会上得以广泛流传。

到东汉时，挽歌被列入丧制。《后汉书·礼仪志》："《登遐》中黄门、虎贲各二十人执绋。司空择土造穿。太史卜日，候司马丞为行首，皆衔枚。羽林孤儿，《巴俞》擢歌者六十人，为六列。铎司马八人，执铎先。"

在那个时候，上到帝王将相，下到平民百姓，送死的时候都普遍使用挽歌。丁孚《汉仪》曰："永平七年，阴太后崩，晏驾诏曰：'柩将发于殿，群臣百官陪位，黄门鼓吹三通，鸣钟鼓，天子举哀。女侍史官三百人皆著素，参以白素，引棺挽歌，下殿就车，黄门宦者引以出宫省。""太后魂车，鸾路，青羽盖，驷马，龙旂九旒，前有方相，凤凰车。大将军妻参乘，太仆妻御，（女骑夹毂）悉道。公卿百官如天子郊卤簿仪。后和熹邓后葬，案以为仪，自此皆降损于前事也。"

民间也是这样，《搜神记》卷六记载："汉时，京师宾婚嘉会，皆作魁櫑，酒酣之后，续以挽歌。魁櫑，丧家之乐；挽歌，执绋相偶和之者。"

《后汉书·周举传》曰："梁商宾客在洛水，酒阑倡罢，继以《薤露》之歌，坐中闻者，皆为掩涕。"

守冢和墓祭

在汉代守冢已成了习俗。西汉建立的初期，汉高祖刘邦派 20 家人为始皇帝守冢，并分别遣 10 家为楚王陈胜、齐愍王、魏安釐王守冢。到了汉代诸帝陵，则不但迁徙山东豪强地主在陵旁，设置陵邑，还设置了"陵令"、"饲官"、"寝庙令"、"门吏"、"园长"等官僚机构，负责陵园管理，岁时祭祀。比如汉武帝的茂陵就有 5 千多人在侍奉，他死后还把数千名年轻貌美的女子放在陵中，让这些年轻美貌的女子侍奉他的"灵魂"起居，早晨供梳理洗漱之具，每天提供四食，夕供寝具，就像活着时一样。

汉代时墓祭已十分盛行。世俗这样认为："墓者，鬼神所在，祭祀之处。"因此人们在墓前建立祠堂，用来作为奠祭死者的场所。根据文献记载，汉司隶校尉鲁峻冢，"冢前有石祠、石庙"。

而汉荆州刺史李刚墓"有石阙、石室、祠堂三间，椽架高丈余，镂石作椽瓦屋，施平天造，方井侧荷梁柱，四壁隐起，雕刻为君臣、官属、龟龙、麟凤之文，飞禽、走兽之像，作制工丽，不甚伤毁"。再加上引国相王吉被诛杀，桓典为此"负土成坟，为立祠堂"。

除此之外，在汉代墓祭时也有避讳的习俗，禁止刑徒参加墓祭就是其中之一。人们认为先人的阴宅是墓室，灵魂就在这里，受过刑的人去祭墓，会有损祖先之德。

二、礼仪类别

玉衣

玉衣又叫做“玉匣”、“玉柙”，是汉代皇帝和高级贵族死时所穿的殓服，起源于春秋战国时期死者脸部被覆盖的“缀玉面罩”和身上穿的“缀玉衣服”。它的形制和编缀方法，很明显受到当时铁质甲胄的影响。

根据目前已有资料分析可知，形制非常完整的玉衣，外观和人体形状非常相似，可以划分为头部、上衣、裤筒、手套和鞋五个部分。头部是由脸盖和头罩构成，上衣由前、后片和左右袖筒构成，裤筒、手套和鞋都是左右分开的。由许多玉片组成的玉衣，玉片之间根据死者的身份地位分别用纤细的金丝、银丝以及铜丝来编缀。死者用玉衣作为殓服，目的是为了使尸骨永存不朽。

用金丝编镂的玉衣叫做“金缕玉衣”，通常情况是天子所用。正如晋代葛洪《西京杂记》卷一曰：“汉帝送死皆珠襦玉匣。匣形如铠甲，连以金缕。武帝匣上皆镂为蛟龙鸾凤龟麟之象，世谓为蛟龙玉匣。”《后汉书·仪下》注《汉旧仪》记载说：珠襦“以珠为襦，如铠状，连缝之，以黄金为缕。腰以下以玉为札，长一尺，广二寸半，为柙，下至足，亦缝以黄金缕。”

1968 年，在河北满城西汉中山靖王刘胜和其妻窦绾墓中，首次发现完整的金缕玉衣。刘胜的玉衣全长达到 1.88 米，脸盖上刻有眼、鼻和嘴的形象，上衣的前片作成宽阔的胸部和鼓起的腹部，后片的下端制成人体臀部的形状，左、右袖筒和裤筒全是上粗下细，裤筒也制成人腿的形状，形状就像真的一样，把鞋作成方头平底高腰状。

刘胜的整套玉衣由 2498 块玉片组成，一共有金丝 1100 克左右。窦绾的玉衣非常瘦小，头部除在脸盖上有眼、鼻和嘴外，还在头罩两侧弄出两个圆形的耳罩；上衣的前、后片没有按人体臀部的形状去作，却是做成衣服的样子，用的玉片一般较大，玉片之间不是用金丝编缀，而是用织物、丝带粘贴编织而成；其他部分则与刘胜玉衣相同，都用金丝编缀。玉衣全长达到 1.72 米，由 2160 块玉片组成，所用金丝重 700 克左右。自刘胜玉衣个别玉片背面残存的编号数字可以看出，当时可能使用了人体模型来制作玉衣的，首先在模型上划出纵横的格，然后再逐格编号，制成玉片，根据人体各部位的不同形态，设计出许多不同形状和大小各不相同的玉片。

除刘胜、窦绾墓外，还有河北定县中山孝王刘兴墓、山东临沂刘疵墓，以及河北邢台南曲炀侯刘迁墓都曾出土西汉时期使用的金缕编缀玉衣、玉面罩等。根据这些可以充分看出，“在西汉时期，玉衣的分级可能尚未定制，所以王侯的玉衣也可以用金缕编缀”。

用银丝编缀的玉衣称“银缕玉衣”也叫“玉柙银镂”。据《后汉书·礼仪下》记载，被诸侯王、列侯、始封贵人、公主所用。

在徐州市九里区拾屯镇刘楼村南出土的火山子顶部汉墓，墓主系西汉早期刘氏家族成员，他们身上的银缕玉衣结构十分清晰，上衣和下衣没有衔接，使用圭形玉片较多，其制作工艺整体结构已经走向成熟。

考古专家认为，这对研究西汉早期玉衣的形制有重要意义。此外，河北定县东汉中山简王刘焉的玉衣是鎏金的铜镂，他的玉衣可能与银镂的差不多。

铜镂玉衣，根据《后汉书·礼仪志下》记载，是“大贵人，长公主”和高级贵族所使用。王仲殊先生说：“估计袭爵的列侯也在铜镂之列。”

曹魏黄初三年，由于殓以“金缕玉衣”而被盗掘，魏文帝曹丕下令禁止使用玉衣。然而在实际的考古发掘工作中并未发现东汉以后的玉衣，足以看出玉衣仅仅是被用于汉代。

黄肠题凑

汉代丧葬礼仪中比较盛行的一种葬制是黄肠题凑。据汉代礼制，黄肠题凑以及梓宫、玉衣、便房、外藏椁都是帝王陵墓中的重要葬制。《后汉书·礼仪志下》载：“治黄肠题凑便房如礼。”刘注引《汉旧仪》曰：“梓宫柏黄肠题凑椁。而臣下或亦僭用之。”

《群书治要》引崔寔《政论》说：“送终之家亦无法度，至用橘梓黄肠，多藏宝货，烹牛作倡，高坟大寝。盖汉天子之椁，以柏黄肠为里而表以石。”由于经皇帝特赐，个别勋臣贵戚也可使用。

《汉书·霍光传》：“光薨，上及皇太后亲临光丧。太中大夫任宣与侍御史五人持节护丧事。中二千石治莫府冢上。赐金钱、缯絮、绣被百领，衣五十箧，璧珠玑玉衣；梓宫、便房，黄肠题凑各一具，枞木外藏椁十五具。东园温明，皆如乘舆制度。”

《汉书·董贤传》：“令将作为贤起冢茔义陵旁，内为便房，刚柏题凑。”

《后汉书·梁商传》：“商薨，赐以东园朱寿器，银缕、黄肠、玉匣、什物二十八种。”

除此之外，还有僭用黄肠题凑者。比如《盐铁论·散不足》：“今富者绣墙题凑，中者梓棺椁（木便）。”

根据文献和考古资料来看，一种在陵墓椁室四周用柏木枋堆垒成的框形结构是黄肠题凑。三国时魏人苏林在注释《汉书·霍光传》中还说“黄肠题凑”：“以柏木黄心致累棺外，故曰黄肠；木头皆内向，故曰题凑。”据大丧条下刘昭注补引用《汉书·音义》曰：“题，头也。凑，以头向内，所以为固也。”由于这些可以了解，“黄肠”就是指堆垒在棺椁外的柏木，“题凑”也就是所谓的木头头部向内堆放的墓葬结构。

其制大约在春秋时期已经出现，如《礼记·丧大记》郑玄注：“天子之殡，居棺以龙辅，攒木题凑象椁。”

当时的题凑是天子之葬，诸侯不可以享用。战国时，礼乐之制各自僭越，与此同时厚葬之风也随之兴起。《吕氏春秋·节丧》载道：“国弥大，家弥富，葬弥厚，题凑之室，棺椁数袭。”

《史记·滑稽列传》记优孟对楚庄王道：“臣请以雕玉为棺，文梓为椁，枫豫章为题凑。”

《吴越春秋·阖闾内传》载吴王葬女滕玉：“凿池积土，文石为椁，题凑为中。”在那个时候，凑木好像有一定的规格，如在1978年河北平山三汲战国中山王墓中出土的《兆域图》夫人堂铭文称：“题凑长三尺。”

《礼记·檀弓上》记载：“柏椁以端长六尺。”郑玄注曰：“以端题凑也，其方盖一尺。”由这些可知，此时的题凑木长3到6汉尺，断面为1平方汉尺。这在考古发掘中已经被证实了。

1950年在河南辉县发现的战国时期魏国王室墓，其椁室系用长短木枋纵横迭错堆垒而成。木枋长者4.2至4.5米，短的也有1米，木枋径为20到25厘米。棺室周围四壁木枋堆垒共有17层。这种纵横垒筑的木枋，这种凑之制是我国古代早期的形态。

直到西汉时期，题凑之制逐步走向成熟，因用柏木构筑，故被叫做“黄肠题凑”。

到目前为止，所发现最早的黄肠题凑墓存在于河北省石家庄市北郊小沿村，据发掘者推测，墓主是西汉初赵王张耳。其题凑结构位于椁外，题凑和木椁四壁是垂直状态。题凑东、西壁横铺；南、北壁纵铺，其题凑形制与固围村战国 2 号墓不同。

从那以后，湖南长沙象鼻嘴文景的长沙王墓、陡壁山 1 号汉墓、河北定县八角廊汉墓、北京大葆台汉墓、江苏高邮天山汉墓等都有“黄肠题凑”葬制的发现，这些使我们对这种葬制有了更清晰的认识。

燕王是大葆台 1 号墓的墓主，在题凑外侧围有由扁平立木构成的双层外回廊是该墓黄肠题凑的特点，题凑内部的空间有前室、后室和内回廊三部分，后室中部是重椁和三层套棺，因此题凑并不是直接构筑在外椁四周。

题凑是用 1.5 万多根黄肠木堆垒而成，高达 3 米，直到墓室顶部，南北两壁顺向纵铺，东、西两壁顺向横铺，每壁都有 30 层，在南壁正中设有门，与通道相接。在四角交接处、南北壁黄肠木端头垂直顶靠在东、西壁黄肠木身上。

这样的话，从内侧看，则四壁全见“木头”，也就是所谓“题凑”。黄肠木大多数是平整的，表面被打磨光滑，是棕褐色，它的木质很好，经鉴定是柏木，通常情况下，长 90 厘米，宽 10 厘米，高也是 10 厘米，有的也有高宽各 20 厘米长的，尺度与文献记载完全相符。把黄肠题凑顶部加上一层压边木，目的是来巩固整个题凑，未见任何榫卯结构。题凑高度超过椁室的高度，与后室和外回廊壁板的高度差不多，墓室顶根在题凑上面，这使题凑起到承受墙的作用，墓室被连成一体，这样一来墓室结构更为严紧。

作为题凑内的前室——由三梁四柱构架成的高大宽敞的厅堂里，放有两具漆榻，别处还发现有陶器、博具还有一些禽兽的骨骸，与生人宴享场所相似，可以看出墓室结构布局进一步模仿地上宫室建筑。

高邮天山 1 号墓是西汉晚期的，其黄肠题凑的建造方法与题凑的原型完全不同，是西汉中晚期黄肠题凑的一个类型。这个墓的黄肠题凑形制特别复杂，保存却非常完整。平面呈方框形，南北长达 13.5 米，东西宽也有 11.2 米，高 4.1 到 4.5 米之间。四周一共使用了 857 根木料。每根方木通常宽 0.40 米。题凑木相互之间用阴阳榫搭扣在一起，彼此同时又全部嵌置在一个框架结构中，从而形成一个与墓室连为一体的牢固的整体。题凑南北两面都有门一道，门外是用短题凑木封闭，这样使整个墓室俨如方城。题凑的外面，东西分别有一条侧廊。东边的侧廊长 22.51 米，宽 1.30 至 1.62 米，高达到 1.70 米，内部用间柱平均分成 8 间；西侧廊长 21.24 米，宽 1.55 至 1.62 米，高 1.60 米，把内部用间柱平均分成 8 间，存放灶、井模型和仪仗、车马等。

题凑之内与中椁之间，东西分别修有 5 间厢房。内椁分为前室和后室，前室放置漆坐榻、漆案等。后室放置两重相套的棺具。不得不提的是，这座墓的题凑木非常有特点，在 857 根楠木木头上，都涂有一层黄色颜料，两端横截面中心部位都嵌着小方木块。研究者推测，题凑木上涂上黄色颜料，大概与用楠木代替柏木有关；在两端中心部位镶嵌小方木，好像是《盐铁论·散不足》所说的“绣墙题凑”的依据吧。

在东汉时期，由于大型砖室墓和石室墓的盛行，古代的木结构“黄肠题凑”葬制开始走向灭亡，取而代之的是一种由石块构筑的“黄肠题凑”。在《后汉书·礼仪志下》载，建造陵墓时，“方石治黄肠题凑便房如礼”。

目前考古已经发掘出土有多座黄肠石墓，像河北定县一东汉诸侯王墓中出土的 400 多块黄肠石，大部分被凿成近方形，长宽分别是 1 米左右，厚约 0.25 米，其中有铭刻或墨书文字的有 174 块，以进贡石材的县名和石工的籍贯、姓氏或尺寸为内容。题凑由黄肠石垒成，在围绕砖构墓室的外侧，砖室上面又被平铺三层石块。以黄肠石建成一个封闭的空间，同高邮天山汉墓的题凑结构相似。

河南孟津的邙山上曾经也发现过一座东汉晚期的黄肠石墓，有的黄肠石上刻有文字，姓氏或尺寸是主要。新中国成立前，邙山上出土了许多黄肠，如周进的《居贞堂汉晋石影》著录有 13 万刻有东汉年号的黄肠石。

郭玉堂《洛阳出土石刻时地记》载：“汉黄肠石，刻永建、阳嘉年号，出土处在洛阳城东北三十里邙山岭上耀店村、后沟村、三十里铺、象庄村一带。”

东汉皇陵所在地是邙山，这些黄肠石应该属于帝王或贵族“黄肠题凑”。除此之外，在江苏徐州土山一带东汉晚期王室墓葬中也发现10多方黄肠石。它们有的被用来砌造墓壁，有的仅仅用于封堵墓门或墓道，实际上已失去了原来木陶“黄肠题凑”墓的作用，只不过保留了一些象征的意义。

旌幡

汉代丧葬礼仪中，极为普遍的现象是出殡用旌幡。旌幡的全称是旌旗画幡，又叫做旌铭或铭旌，是死者出殡时灵柩前张举着的一种旗幡，通常上面写的是死者姓名、官衔，有的还绘有画，在入葬时再覆在棺材上，它的长度约2米多，恰恰与棺材的长度相当。使用旌幡的目的，首先在于表示生者对死者的哀思，还用来显示死者身份地位的差别。

《后汉书·赵咨传》：“复重以墙翣之饰，表以旌铭之仪。”《礼记》曰：“铭，明旌也。以死者为不可别，故以其旗识之。”又，古代学者在《国语·周语上》“故为车服旗章以旌之”时说：“旌，表也。车服旗章上下有等，所以章明贵贱为之表识也。”

除此之外，旌幡的用处还在于导引死者的灵魂上天，这个作用可从旌幡上所绘的图案中清楚地看出。

在湖南长沙马王堆1号墓、3号墓和山东临沂金雀山9号墓、甘肃武威县磨咀子汉墓等处都有发现汉代旌幡，其中马王堆1号墓出土的那件最受人关注。

马王堆1号墓出土的旌幡是一件彩绘帛画，出土的时候画面朝下，覆盖在内棺的棺盖上。旌幡是“T”字形，下边的四角都缀有飘带，全长2.05米，下宽0.477米，上宽0.92米。它的顶端边沿有一根竹棍，竹棍的两端分别系有丝带，可以用来悬挂。

另外，旌幡的顶端附近还放有一个系罗带的玳瑁璧，这个系罗带的玳瑁璧可能与旌幡有相当密切的联系。旌幡的绢地是棕色，用朱砂、石绿、石青等矿物颜料绘成神话传说，还有人物等图像。帛制的旌幡上有着细致、精美的图案，所以这个旌幡也被人们称为“画幡”或“帛画”。

帛画的内容有三个部分，上部代表天上，中部是代表人间，下部则是代表地下。在天上境界画有月、日、星斗、扶桑树还有蛇身神人像等。

上部的最下面的门状物和汉阙的一样，可能代表天门吧。阙上所伏着的两只豹，凶猛狰狞，也许是守卫天门的动物。楚俗中掌握人间生死的大司命和少司命是阙内对坐的两人，这与所谓接纳死者灵魂升天的迷信有关。画中所绘的天门大开的情景，则被汉人看成是最大的祥瑞，也是死者所希望的最大幸福。至于画中一女子在弯月下腾空飞翔，一定是墓主人死后羽化登仙、飞升天国的写照。在帛画中间的人世图，主要表现的是墓主人出行及其家中生活的情景。

在帛画的下部画地下境界，正中一力士手托也许代表大地的白色扁平物。在周围都画有鸱鸮、灵龟等神物。其中的蛇、鱼，大概与古人所言的“人死复生”的传说有关。而“水府”很可能和“黄泉”、“九泉”的观念有关。这幅的帛画，色彩绚丽、线条流畅、构图严密对称，表现了非常高的艺术水平，也是我国美术史上的罕见杰作。

马王堆2号汉墓、临沂金雀山汉墓的旌幡与马王堆1号汉墓大体相同，都有细致、精美的彩色图画。除这个以外，旌幡上书写墓主姓名、籍贯，在考古中也有发现。如甘肃武威磨咀子23号墓出土的东汉铭旌，麻布上有墨书篆文两行，“平陵敬事里张伯升的柩过所毋留”，两行铭文之上分别画一个圆形，左是“朱地墨乌，右为墨绘回龙而身涂朱者”，铭旌的上端用一树枝作为横轴。关于上面的绘画，以前解释为“内绘四灵之二”，但有研究者认为这样的解释不合理，认为上面的绘画代表着日月的形象，左侧很明显是太阳及金乌；右侧为月亮，所载者应是蟾蜍，可能由于画面不清晰，致被误释为龙。

1972年发现的在54号墓出土的东汉铭旌，除质地是绢外，其形制与前一件完全相同，上有单行的墨书篆文，作“姑臧东乡利居里出口”，铭文的上面，也有日月图像，右侧是三足乌、七犀狐，左侧有玉兔、蟾蜍。这些特点与帛画的旌幡十分相似。

三、丧服制度

居丧制度

秦始皇统一六国后，建立了中国历史上第一个统一的中央集权制的封建政权。为尊崇皇权，秦始皇开始用法令的形式首先在国恤中以强权实行居丧制度。

《晋书·礼志中》曰："秦燔书籍，率意而行，亢上抑下。汉祖草创，因而不革。乃至率天下皆终重服，旦夕哀临，经罹寒暑，禁塞嫁娶饮酒食肉。"

根据儒家礼制的规定：臣为君服斩衰三年，民为君服齐衰三月。而秦律偏偏规定臣与百姓全部为天子服丧三年，所以《晋书》的作者认为"率意而行"。秦始皇规定天下臣民全部为天子居丧三年，还不准饮酒食肉、嫁女娶妇，很明显不太符合现实，因此《晋书》说他"制不称情"。

秦始皇这样做的目的，是想用神化皇权的办法，使臣民对最高统治者崇拜，进一步达到巩固君主权势的目的。可是，这个法令加速了秦朝灭亡的过程，它使阶级矛盾激化，使秦王朝很快在农民起义的烈火中瓦解了。

汉代时的居丧制度出现了礼、法的统一。西汉初年，汉高祖由于江山草创，下令承袭秦制，"因而不革"，"率天下为天子修服三年"。事实上刚实行不多长时间，汉文帝就意识到"其制不可久行"，就在遗诏中改变了这一制度。等到了汉武帝时期，由于社会财富迅速增长，整个地主阶级的奢侈僭越之风也逐渐发展起来。

文帝时的那种"清静无为"已经不适应这种形势。与此同时，统治者已经意识到儒家的"德"政和礼制有利于稳定社会、加强思想控制，与秦代单纯用"刑"镇压的法家统治相比，有其独特的优越之处。

因此，汉武帝即位以后，一方面大规模开展立法活动，另一方面又努力提倡儒家礼仪，使儒家礼仪融合到法律之中。当时，就有一种以儒家礼制为本、法制为用、礼刑结合的法律。

这一时期，居丧制度仍然在上层社会中推行。由于最高统治者意识到"礼以坊民"，应该以身作则，然后用自己的行动和说教去影响平民百姓。

这样王室诸侯便成为第一个禁约的对象，如有违制者要受到严厉的处罚。如汉武帝元鼎元年，隆虑侯陈融、堂邑侯陈季须都由于在为母居丧期间奸淫、兄弟争财，而服罪自杀。元鼎三年，常山王刘勃也是因为在为父宪王服丧期间奸淫、饮酒作乐，被他的庶兄刘税告发，除去爵位，徒徙房陵。

汉武帝以后，历朝均遵遗制。如刘贺因居丧违礼被废去帝位，《汉书·

霍光传》曰：汉昭帝驾崩，因昭帝无子，大将军霍光等文武大臣迎立昌邑王刘贺继承皇位。可刘贺在居丧期间，并无悲哀之意，昭帝的灵柩还停放在前殿，他竟然让随从的昌邑乐人吹箫、击鼓、唱歌、演戏。除此之外，还经常派人去买狗肉、猪肉，自己私下偷偷吃掉。刘贺还和随从的昌邑官员一起偷吃祭灵用的供牲食品和美酒。他即位的第 27 天，就和宫女蒙等开始淫乱。由于刘贺居丧作乐、饮酒食肉及淫乐等丑行违背了居丧制度，招来朝廷上下的一致不满，因此即位不到一月的刘贺就被废去了皇位。

居丧已成为朝野上下的普遍风尚，东汉时期，这在王室中特别突出，例如《后汉书》卷四二《东平王苍传》记载："敞丧母至孝，国相陈珍上其行状。永宁元年，邓太后增邑五千户。"《东海王强传》说"顺帝诏曰：'曩者东平孝王敞兄弟行孝，丧母如礼，有增户之封。"正因为东海王居母丧如礼，寝苫三年，才受到了顺帝的褒美。除此之外，济北惠王也是这个样子。《后汉书》卷55《济北惠王传》记载："次九岁丧父，至孝。建和元年，梁太后下诏曰：'济北王次以幼年守藩，躬履孝道，父没哀恸，焦毁过礼，草庐土席，衰杖在身，头不篦沐，体生疮肿。谅暗已来二十八月，自诸国有忧，未之闻也。朝廷甚嘉焉，今增次封五千户，广其土宇，以慰孝子恻隐之劳。"《后汉书》中的《任城孝王尚传》说，任城王尚也"博有孝行，丧母服制如礼"，由于这个曾受到桓帝嘉奖，增封三千户。卷五十《彭城靖王恭传》曰："和性至孝，太夫人薨，行丧陵次，毁过礼。傅以相闻。桓帝诏使奉牛酒迎王还宫。"当时的最高统治者对居丧遵礼者给予褒美，对违礼者也给一定的处罚。例如安帝元初五年，赵惠王刘乾由于居父丧私下纳妾淫乐，被安帝削到中丘县封地。可以明显地看出，王室居丧行礼在东汉中后期已成为一种制度。由于王室的影响，上自公卿，下到士大夫，竞趋此风。按照东汉丧制，官僚士大夫"无服丧定例"，人们为父母居丧，"行不行，仍听人自便"。但是在统治者的大力提倡与褒美之下，为父母守丧已成为官僚士大夫的普遍习俗，胡广、薛包、黄琼、鲍昱、戴幼起等均是当时的代表人物。不得不提的是，两汉时期的居丧制度已逐步向法律靠近。这表现在以下两方面：第一是，禁止居丧求仕。《汉书·扬雄传》注引应劭曰："汉律以不为亲行三年服者不得选举。"第二是，禁止居丧婚嫁。《太平御览》卷中引董仲舒断狱例曰："夫死未葬，法无许嫁。"

三年之丧

在先秦社会三年之丧并未通行。可到了汉代，由于儒家思想成为主体的社会意识形态，儒家三年的丧葬制度也逐渐被推行。

在汉代初期，儒生叔孙通为草业初辟的大汉帝国确定的宗庙仪法，有浓厚的儒家伦理道德色彩，三年之丧制度好像也就是在那个时候纳进了皇家丧礼之中，与此同时在上层社会得到推广实行。

明朝学者张燧说："汉初礼文，大率皆承秦旧。秦，无礼义者也，其丧礼固无可考，然杜预言秦燔书籍，率意而行，亢上抑下。汉祖草创，因而不革，乃至率天下皆终重服，旦夕哀临，经罹寒暑，禁塞嫁娶饮酒食肉，制不称情。"

至汉文帝驾崩之时，一纸短丧遗诏，在朝野内外掀起了一场关于长丧、短丧的争论。据《汉书·文帝纪》的记载，汉文帝遗诏的内容是：朕闻之，盖天下万物之萌生，靡不有死。死者天地之理，物之自然，奚可甚哀！当今之世，咸嘉生而恶死，厚葬以破业，重服以丧生，吾甚不取。且朕既不德，无以佐百姓；今崩，又使重服久临，以罹寒暑之数，哀人父子，伤长老之志，损其饮食，绝鬼神之祭祀，以重吾不德，谓天下何！朕既不敏，常畏过行，以羞先帝之遗德；惟年之久长，惧于不终。今乃幸以天年得复供养于高庙，朕之不明与嘉之，其奚哀念之有！其令天下吏民：令到出临三日，皆释服。无禁取妇嫁女祠祀饮酒食肉。自当给丧事皮临者，皆无践，经带无过三寸。无布车及兵器。无发民哭临宫殿中。殿中当临者，皆以旦夕各十五举音，礼毕罢。非旦夕临时，禁无得擅哭。以下，服大红十五日，小红十四日，纤七日，释服。就在这里，把儒家的三年之丧制度"以日易月"改成三十六天，并且把这个确定为制度。儒家原先的服丧三年的主张，到此时就被文帝一纸遗诏给修正了。

到了武帝初年，"好儒术"的窦婴、田蚡两人想恢复儒家原来的三年之丧制度，但最终以失败而告终。到了哀帝的时候，三年之丧又被提倡。

哀帝诏说："河间王良丧太后三年，为宗室仪表，益封万户，博士弟子父母死，予宁三年。"

履行三年之丧就可得万户的封赏，博士弟子员有父母死亡的，也可以诏准告假丁忧。此是统治者有意加以倡导这个制度。王莽专政的时候，开始盛倡三年丧制。《汉书·王莽传》曰："平帝崩，大赦天下。莽征明礼者宗伯凤等与定：天下吏六百石以上，皆服丧三年。"又说："居摄三年九月，莽母功显君死，意不在哀。令新都侯宗为主，服丧三年。""建国五年二月，文母皇太后崩，莽为太后服丧三年。"就这样，正式取消了汉文帝的短丧制度。

到了东汉光武帝刘秀执政期间，国政逐渐趋向简易方便，由于这个原因他遗诏丧葬制度"如孝文皇帝制度，务从约省"。就在这一时期，三年之丧在社会上流行开来。

《后汉书·韦彪传》说："彪孝行纯至，父母卒，哀毁三年，不出庐寝。服竟，羸瘠骨立异形，医疗数年乃起。"

《后汉书·鲍永传》说永迁扬州牧，"会遭母忧去官"。《后汉书·廉范传》说："范，父遭丧乱，客死于蜀汉，范遂流寓西州。西州平，归乡里。年十五，辞母西迎父丧，归葬服竟，诣京师受业。"

《后汉书·刘平传》曰："拜济阴郡丞，太守刘育甚重之，任以郡职，上书荐平。会平遭父丧去官，服阕，拜全椒长。"

《后汉书·江革传》云："建武末年，与母归乡里及母终，至性殆灭。尝寝伏冢庐，服竟，不忍除。郡守遣丞掾释服，因请以为吏。"

上面所说的这些事例，据杨树达先生考证都发生在光武帝执政的年代。不言而喻，儒家的三年之丧制度由于封建最高统治者和儒家的反复倡导、宣扬，到那个时候已深入人心，导致光武帝不许大臣"告宁"，"如孝文皇帝制度"的短丧遗诏也变成了一张空纸。光武帝以后，儒家的三年之丧制度更加盛行了。不但孝子贤孙们都遵守这个制度，就连女子同样也遵守它。《后汉书·和熹邓皇后传》曰：后父训，"永元四年，当以选人，会训卒，后昼夜号泣，终三年不食盐菜，憔悴毁容，亲人不识之"。假如大臣不服三年之丧，便被天子所讥。到明帝的时候，天子自己也行三年之丧。到安帝永初三年，当邓太后临朝执政时，又提倡三年之丧。《后汉书·刘恺传》云："旧制，公卿、二千石、刺史不得行三年丧，由是内外众职并废丧礼。元初中，邓太后诏长吏以下不为亲行服者，不得典城选举。"这一诏令，后来也被列入其中。从那以后，把行三年之丧作为选举仕进的一种资格。时间越来越长，儒家的三年之丧制度终于成了“天下之通丧”。

第八节 秦汉名墓搜索

一、秦始皇陵

秦在今甘肃天水附近，那是孝王辟方封伯益之后的地方。到秦庄公，才搬到大丘，即今陕西兴平县之东南槐里城，庄公之后是襄公，毫公由于护送周平王东迁洛邑有功，被封为诸侯，被赐予岐山以西土地，从此“开地千里，独霸西戎”，秦开始走向强盛。又因商鞅变法革新，秦更加繁荣昌盛。到了秦始皇时期，“奋六世之余烈，振长策而御宇内”，终于完成了统一中国的伟业。

秦的发展过程，历经了整个春秋战国时期。秦的都城因国势的发展，一迁再迁，从甘肃一直迁到陕西咸阳。王陵也追随着都城，最终也迁到了咸阳附近。因此秦国有四个陵区，由西向东移动：西垂到雍城到栎阳到咸阳。西垂陵区在今天天水市西南方礼县附近，濒临西水。雍城陵区在今宝鸡市的东面凤翔附近。栎阳陵区在今咸阳东北，高陵附近。咸阳陵区也就是东陵，在新丰县西南，也就是今西安市东郊白鹿原一带。

为什么要在渭水之南开辟第四个东陵区？秦始皇为何不在第四个陵区为自己筑陵，而单独在东陵的北面为自己另造一座？

依据各种历史和地理情况推测，至少有这样一些理由：其一，骊山地处灞、渭两水间。它的东方，左有崤函的固牢，右有武关的险恶，前进能够看见中原大地，退居可守关中沃野，原本是一处战略要地。因此骊山一向有烽火台，设有烟墩20余所。周幽王为赢得宠妃褒姒一笑，烽火戏诸侯就在此。这里是一片咽喉要地，一直以来受到统治者重视。其二，这个地方为“骊山北构而西折，二川溶溶，流入宫墙”的阿房宫所在地，水抱山环，是风景形胜之处。周天子常与宫人到此游玩。秦穆公也在这里修过行宫。秦始皇当权后，便把阁道修到骊山。从这些遗迹中可以看到，骊山灞水一带，历来是统治者游乐之地。后来的上林苑、乐游原，均是历史上著名的胜地，就在这一片。将陵墓建在这里，自有好风水可选。

近代有学者对咸阳、长安一带的风光作过这样的评价：“一无所有，气象万千。”这一概括博得广大学者专家赞许，因为它精辟地说出了八百里秦川的恢宏气势。前望秦岭，后望九峻，东有华岳，西有岐山，浩浩荡荡八川分流，景象的确磅礴空阔，所谓“一无所有”，不是说什么也没有，而是说那里的天地万物形成一体，生成了一种浩然之气，因此才显出“气象万千”的壮观景象。

公元前246年，秦始皇登基，当时才13岁；公元前230年灭韩国时，大约29岁；公元前221年，他就统一了全国，不过38岁。没有超常的见识和胆略，怎么能把一个四分五裂的国家统一起来？并且他还为促进国家统一、民族融合，创建了一系列制度和条件：书同文、车同轨、统一度量衡，大开通往各地的驰道，废封国行郡县，法律、行政全定于皇帝。正是因此，中华文化才有了空前发展的可能。秦始皇为中华民族开辟出了一个广阔的发展空间。有位美国人写了一部《世界历史上最有影响的100人》的书，将秦始皇列为第十八位。

作为一代帝王，对人对己对历史，当然有自己独特的看法，最能集中体现这一点的，莫过于他自封“始皇帝”这个名号。

“皇帝”这个词，战国时代就已经出现。《庄子·齐物论》和《尚书》里都有，都是用来称呼前代帝王的，表示一种崇敬赞扬的意思。因为“皇”字有辉煌、美丽及伟大的意思，带有神的意味，“帝”字则是至高无上的主宰。把这两个字放在一起，就给前代帝王套上了一层神圣的光环，显得非常英明而伟大。因此皇帝是一种尊号。秦始皇自认为“德兼三皇，功高五帝”，因此《史记》说：他就采用了上古“帝”的位号自封，这便是“始皇帝”了。由他开头，皇帝的称号便一直用到清逊帝溥仪。

由此可见，秦始皇自视极高，因此他要造陵就不能和前人造在一起，必须另开局面。这只是一个方面。另一方面，秦始皇是秦庄襄王的儿子，他13岁登基。他自幼就听到过自己有两个父亲的风言风语。他甚至对自己母亲出身姬妾一事特别反感，更憎恨她同宦官嫪毐关系密切。因此在他执政9年，大权在握之后，先镇压了宦官之乱，同时他也不放过吕不韦，让他服毒自杀。他对母亲也采取了隔离的办法，迫使她走出咸阳宫；还下令说：有以太后的事为借口进谏者，杀无赦。从这一连串行动来看，在这种复杂的感情背景下他不进东陵，要在骊山北麓自辟陵园，也是合乎情理的事。

单从环境来看，秦始皇为自己选的这个地点，确实很有特色。当然我们不知道他是如何考虑的，史籍上也没有相关记载，所以我们也无从查考。从秦始皇陵的陵址同周围环境的关系来看，至少能够指出这样一点：风水很好。根据卫星从高空拍到的图片看，从华山到骊山，山的姿态如同一条游龙，逆渭水西进。秦始皇陵的地理位置恰如龙头的眼目位置。依据风水学的说法，这一选址就成“画龙点睛”之笔。

秦始皇陵南倚骊山，北临渭水，选取游龙饮河态势。《水经注》说，渭水在这里，原来是要向北流的。由于秦始皇要在这里为造陵取土，就把地挖深了，成了一个池就是“鱼池”，水就先向东流再转向北。这便是利用挖土引水从而向东。我们事实上已经看到古人按风水学筛选又按风水学改造环境。

秦陵兵马俑陪葬坑被称为“地下兵团”一点都不过分，它们是庞大的有组织的军阵，受最高统帅秦始皇本人的直接指挥，它们的原型即跟随秦始皇灭六国、横扫天下的秦国部队。

秦陵兵马俑是在 1974 年 3 月，陵东西杨村农民因为要抗旱打井才发现的。经过有关方面认真发掘之后，才知道这只是秦始皇陵的陪葬坑。

兵马俑陪葬坑坐西面东。发现最早的是 1 号坑，长方形，东西长 230 米，南北宽 62 米，深约 5 米，总面积是 14260 平方米。四周有斜坡门道，左右两旁又各有 1 个兵马俑坑，分别被叫做 2 号坑和 3 号坑，3 个坑呈“品”字形排列。

在 1 号坑中，现在已经发掘武士俑 500 多件，6 辆战车，24 匹驾车马，还有青铜剑、金钩、戈矛、弩机以及剑镞等实战用的铁质或铜质兵器。俑坑东端，另有 210 个和真人同高的陶武士俑，排成 3 列横队，每列有 70 人，其中除 3 个领队身穿铠甲外，剩下的全是短褐、裹腿，免盔束发，挽弓挎箭，手执弩机，像极了待机出发的前锋。它的后面是 6000 个铠甲俑组成的主体部队，人人手拿3米长的戈矛戟等长兵器，与35辆驷马战车间隔在11条东西走向的过洞里，排成38路纵队。东西两端和南北两侧，分别有1列武士俑，很像卫队，似乎在预防主体的侧尾受到袭击。

显而易见，这是一个编制完备、军容严整、威风凛凛、装备精良的军阵。它依然是当年秦始皇扫平六国大军中的一支标兵队伍，而且是步兵、车兵混合编制的矩阵缩影。无论从它惊人的数目还是其卓越的质量而言，都具有巨大的感染力。

2号坑是在1976年5月发现的，1994年3月开始发掘。它位于1号坑北边，两坑相去20米。总面积达6000平方米，由4个不同兵种构成4个单元，大约有土陶俑1000多件，兵马和鞍马500余匹，作曲尺形布阵：第一单元，在坑东突出部，是以334件步兵俑组合的1个小方阵。第二单元，在坑的南半部，是以64辆驷马战车组成的1个方阵，每乘战车又有军俑3件。第三单元，是坑的中部，由19乘战车和100余件徒手随车兵俑组成的一个方阵。第四单元，在坑的北半部，由战车6乘、鞍马与骑兵俑各124件组成的骑兵方阵。

这4个单元，既可以各自成阵，又可相互联系，组成一个有机的整体，彼此呼应，可攻可守，它的布局有很强的自我保护力，且有反应迅速、行动敏捷的特点。4个单元中，其中3个军阵配有车兵。整体而言，战车大约占据军阵一半以上面积，可见我国在秦代战争中，车兵已经占据了主力地位。这些形象可以让人联想，秦始皇当年挥师东进横扫六国时的“挥剑决浮云”、“虎视何雄哉”的气概。

3号坑在2号坑偏西、1号坑偏北25米的地方，平面是凹字形，面积520平方米，只有68件陶俑和4马1车。东边是1条长达11.2米、宽3.7米的斜坡门道，与门道相对应的是一个车马房，两旁各有一个东西向的侧室，共出土陶俑64件。它们的排列编组同前述1号、2号坑不同，以上两坑陶俑好像都是按照作战布阵的需要而排列的。而3号坑里的陶俑，则没有明显的队列形式。它们所拿武器也不同：1号、2号坑内陶俑持弓箭等远射程兵器以及近距离格斗用的戈矛一类。3号坑内只发现了一种有棱无刃的铜殳，在秦代，这是仪仗兵所执的兵器。在一个侧室里还发现一堆动物骨头，很可能是用来占卜的。据这几点与坑内布局推测，这 3 号坑当是这支地下大军的指挥部。

4 号坑是一个空坑。据考古专家断言，因为陈胜、吴广已经起义，来不及再制作什么东西，所以仍是空坑一个。把 3 个陪葬坑里的陶俑合计在一起，约 7000 多件，战车约 100 余乘，马 400 余匹，各种兵器 10 万件还多。仅数量就足够令世人大吃一惊了。

自从 1974 年发现了秦始皇陵兵马俑陪葬坑以来，考古学家就在那个区域进行了多次勘探调查，获取了丰富的资料，也知道了整个陵园的布局。它好像是一国的都城，有 3 层城墙：外面两层皆为长方形，在内城南端的中园，是一个方形墓墙。四壁开门，上建阙楼。据已发现的残迹，可以想象在项羽举火之前，这墓墙和阙楼该是多么宏丽辉煌。城的北面，是礼仪性的陪葬墓与建筑物；城外东部是兵马俑陪葬坑、马厩坑，以及另一批陪葬墓；西侧则是烧砖制瓦、材料加工的工场和工匠的墓地。

这样一个庞大复杂的工程究竟需要多少劳工呢？《史记》上说有 70 多万，其实远不止。因为这几千个兵马俑的隐蔽处，都刻着文字，有的是“宫得”、“宫强”、“宫进”、“宫朝”、“宫颇”等，有的则是“咸阳敬”、“咸阳衣”、“咸阳夫”等，还有的是“安邑书”、“栎阳重”。这表明，俑不是同一处塑造。咸阳、安邑、栎阳都在咸阳附近，写地名的俑，显然就是出于那些地方的作坊之手。带有宫字的，可能是出于宫廷的作坊。这些俑身上的暗记表明，雕塑者是来自不同地方，这些制作者应该远不止 70 万。

至于所耗财力，据《晋书·索琳传》记载，有一回，皇帝问索琳：汉代帝王陵中，为何有那么多珍贵的东西呢？索琳答曰：汉朝天子即位一年后，就开始营造陵墓，天子在位几年，陵墓就建筑几年。而且还要把天下三分之一的贡品用来造陵；剩下两份一份供宗庙，一份供宾客。国赋的三分之一是何等一大笔经费！汉承秦制，在造陵的费用上，秦始皇的预算不会比西汉皇帝的小。没有国家巨额经费的支持，这样庞大且旷日持久的造陵工程是根本无法实现的。

如此之大的工程，如此之巨额的经费，如此之多的人马，如此重大的一件事，没有人去管理是不行的。据《史记》记载，先后曾主持过这项工程的人有吕不韦、昌平君、李斯和冯去疾等，都是宰相一级的大臣。实际执行的，则是管理刑徒的部门和少府，原因是在那里劳动的大都是犯人和征来的劳工。当然，陵墓选址、式样、布局等关键问题，都是由秦始皇亲自做的决定。为了加大监督和管理，还在那里成立了一个叫“丽邑”的行政管理机构，这就是后来汉代依陵设邑的滥觞。把城墙附近和城墙内的区域叫“丽山国”，把陵称作“丽山”，把从事造陵的人称作“丽山徒”，对他们完全实行军事化管理。这一切看似都很周密，但是谁能料想15年后秦亡：“楚人一炬，可怜焦土！”

为了营造自己的地下天堂，秦始皇用上了当时社会上一切最先进的科学技术和最精美的文化艺术。

就出土的兵器而言，都不是专门为陵园而造，而是当时实用的东西。但不论是弓、弩、箭镞等远射程兵器，还是近距离格斗所用的戈、矛、戟、钺或者刀、剑、钩、殳，都可称作我国青铜兵器中的极品。其先进性主要表现在：

青铜是锡和铜的合金。冶炼时，因两者的比例不同，所得青铜硬度就有所差异。秦始皇陵陪葬坑出土的兵器，其青铜的硬度是最理想的，这说明当时的冶金技术已达相当高的水平。

这些兵器在土里掩埋了两千多年，竟然还锋利如新，没有锈斑。这使人们异常吃惊。经过现代化学分析，发现兵器表面覆盖着一层灰黑色的光泽，证明当初制作的时候，已经经过铬盐氧化处理。

在兵器中，也有较少的箭镞和剑是由铁制作的。在那时已可用金属铁来制作武器，这本身是很先进的。因为铁的物理性能比铜更适合制兵器。

其科学技术的先进性不仅仅表现在兵器上。例如在出土的铜车上装有箙，这是一个长方形的盒子，与皮革制品或传统的竹木完全不同，一面有口，有盖，可开可闭，两端又各有一个铜钮，用一条精美的铜链相连，有链就可把箭挂在任意处。

在陵园内发现的一个陪葬坑，里面有两辆大型彩绘铜车马。它们本来是放在一个木椁里的，后来木椁腐烂，泥土把铜车马压成了碎片，总计有3000余块。专家们通过研究、拼装，总算使这两乘稀世之宝“康复”。复原之后，这两乘铜车马所焕发出来的精美和豪华，使每一个见到它们的人都万分惊叹。它们的出土，说明秦王朝的确有一种非凡的气象，不只是因为它有秦始皇那样足以雄视古今的皇帝，更是因为它拥有能够制作和设计出这样精美华丽的金属工艺品的工匠。无论是整体设计还是各个部件的大小比例关系，或制作的工艺，它们令现代人为之叹服。以两个最细微的饰物举例：其一是装在车上的错金银伞杠，另一个是挂在马颈上的金银项圈，其精致、豪华，真是让人不敢相信那会是几千年以前的制品。

在雕塑艺术上，秦始皇陵同样表现出了震撼人心的成就。兵马俑坑里的武士俑，高1.75至1.96米，陶马高1.5至1.72米、长2至2.03米。它的型体和真人真马一样。人的相貌，个个棱角分明，神情都是处在临战的严肃与紧张状态。他们的发型，有圆髻与扁髻两种，但形式多样，辫式也各异。他们的胡须分络腮胡、三绺胡、八字胡，还有长须等7大类，每类又都有一些差别。比如八字胡，有两头翘的，也有两端平直下垂的。他们的脸型，大体是民间画家平常所概括的8种类型：风字型、同字型、官字型、日字型、田字型、甲字型、由字型和申字型，各具意味。

同样，这些人俑的服饰也是一个亮点。相同的兵种，会因为官阶不同，而有不同的铠甲和不同的冠戴。更令人难以置信的是：铠甲虽然都是泥塑，仿皮革的，仿金属的，仿棉麻制品的，形象上也有明显不同的质感。这种细微差别，甚至表现在头发是怎么梳理的，靴上打的结是怎么系的，鞋面的作料是如何拼缝的。

千人千面、异质异形，故可以大体区分出他们之中，哪些是关西大汉、哪些是北方军人，哪些是关东勇士，哪些又是来自西南的健卒。官阶、年龄、民族、心理等特征，或显或隐都流露在蛛丝马迹间。在这样一个数量惊人的群雕中，形象、神态如此丰富生动，说明它们是现实生活的升华，又经过一点艺术夸张，绝对没有模式化、概念化。这算得上是我国一部秦代军人风采的百科全书。在我国美术史上，它也是独一无二的伟大杰作，也是一部秦代审美观念的大辞典。

二、汉茂陵

汉茂陵，是西汉武帝刘彻的陵墓。位于西安市西北40公里的兴平市

（原兴平县）城东北南位乡茂陵村。现为全国重点文物保护单位。建元二年（前 139 年），武帝刘彻在此建寿陵，公元前 87 年武帝死后葬于此。《晋书·索绋传》云："汉天子即位一年而为陵，天下贡赋三分之一，一供山庙，一供宾客，一充山陵。"也就是说，汉武帝动用全国赋税总额的三分之一，作为建陵和征集随葬物品的费用。建陵时曾从各地征调建筑工匠、艺术大师 3000 余人，工程规模之浩大，令人瞠目结舌。茂陵高 46. 5 米，顶端东西长 39. 25 米，南北宽 40. 60 米。据《关中记》载："汉诸陵皆高 12 丈，方 120 丈，惟茂陵高 14 丈，方 140 丈。"上述与今测量数字基本相符。茂陵总占地面积计为 56878. 25 平方米，封土体积 848592. 92 立方米。陵园四周呈方形，平顶，上小下大，形如覆斗，显得庄严稳重。

汉武帝的梓宫，是五棺二椁。五层棺木，置于墓室后部椁室正中的棺床上。墓室的后半部是一椁室，它有两层，内层以扁平立木叠成"门"形。南面是缺口，外层是黄肠题凑。五棺所用木料，是楸、梓和楠木，三种木料，质地坚细，均耐潮湿，防腐性强。梓宫的四周，设有四道羡门，并设有便房和黄肠题凑的建筑，便房的作用和目的，是"藏中便坐也"。《汉书·霍光传》曰："便坐，谓非正寝，在于旁侧可以延宾者也。"简单地说，便房是模仿活人居住和宴飨之所，将其生前认为最珍贵的物品与死者一起殉葬于墓中，以便在幽冥中享用。"黄肠题凑"是"以柏木黄心，致累棺外，故曰黄肠。木料皆内向，故曰题凑"。汉武帝死后，所作的黄肠题凑，表面打磨十分光滑，颇费人工，要由长 90 厘米，高宽各 10 厘米的黄肠木 15880 根，堆叠而成。

公元前 87 年，汉武帝死后，入殡未央宫前殿。据《西京杂记》记载，"汉帝送死皆珠襦玉匣，匣形如铠甲，连以金缕。"梓宫内，武帝口含蝉玉，身着金缕玉匣。"匣上皆镂为蛟龙弯凤鱼麟之像，世谓为蛟龙玉匣"。汉武帝身高体胖，其所穿玉衣形体很大，全长 1. 88 米，以大小玉片约 2498 片组成，共用金丝重约 1100 克。

茂陵的地宫内充满了稀世珍宝。《汉书·贡禹传》云："武帝弃天下，霍光专事，妄多藏金钱财物，鸟兽钱鳖牛马虎豹生禽，凡为九十物，尽瘗藏之。"《新唐书·虞世南传》也载道："武帝历年长久，比葬，陵中不复容物。”从以上记载可以看出，因为汉武帝在位年久，又处在经济繁荣的鼎盛时期，所以随葬品很多，除190多种随葬品外，连活的牛马、虎豹、鱼鳖、飞禽等，也一并从葬。另据记载，康渠国国王赠送汉武帝的玉箱、玉杖，以及汉武帝生前阅读的30卷杂经，盛在一个金箱内，也一并埋入陵墓之中。

这座在汉代陵墓中最为高大、宏阔的帝陵，是“汉兴厚葬”的典型。造陵工期长达53年，耗资占到当时皇朝每年供赋的三分之一，陵高“违规超限”达46.5米，四周边长达千米，状如覆斗，被西方学者喻为“中国的金字塔”。方中（地宫）的随葬品多得“再塞不进”。陵园的建筑遗址比比皆是。自汉唐以来，政要学士，文人墨客等在此留下了无数的诗文墨迹、楹联匾额，衍生了光彩夺目的“茂陵文化”。例如：“茂陵烟雨埋冠剑，石马无声蔓草寒”（唐·薛逢），“汉家天马出蒲梢……茂陵松柏雨萧萧”（唐·李商隐），“画栏桂树悬秋香，三十六宫土花碧”（唐·李贺），“英雄从来只数君，荒坟犹自上侵云”（清·徐开熙），“茂陵何崔峻，巍巍一望中”（费尚彬）等。

三、南方汉代陵墓

马王堆汉墓

马王堆汉墓在湖南省长沙市区东郊四公里处的浏阳河旁的马王堆乡，是西汉初期长沙国丞相、轪侯利仓的家族墓地，1972年至1974年先后在长沙市区东郊浏阳河旁的马王堆乡挖掘出土三座汉墓。

1971年底，当地驻军在马王堆的两个小山坡建造地下医院，施工中经常遇到塌方，用钢钎进行钻探时从钻孔里冒出了呛人的气体，有人用火点燃了一道神秘的蓝色火焰……湖南省会长沙市的东郊有两座土丘，因外形很像马的鞍具被当地人叫做“马鞍堆”，后来讹传为“马王堆”。据一本地方志记载，马王堆是五代十国楚王马殷的家族墓地。被点燃的那神秘的蓝色火焰让人感到恐惧和不解。最早接到消息的湖南省博物馆的侯良马上意识到，人们遇到的是一座古代墓葬，在湖南土话里把这样的墓叫火坑墓。1972年1月，考古队正式对神秘的墓葬进行了科学挖掘。这个墓葬南北长20米，东西长

17 米，属于大型的古代墓葬。

马王堆汉墓的地面上，原有大小相仿的两个土丘，东西并列，底径各约 40 米，顶部圆平，高约 16 米。当地原是一片四五米高的土丘，造墓时先在土丘上挖出墓坑的下半部，再用版筑法夯筑出墓坑的上半部和墓道，入葬后填土夯实，筑起高大的坟丘。3 座墓的墓坑，形式基本相同，都是北侧有墓道的长方形竖穴。1 号墓的墓坑最大、最深。墓口南北长 19.5 米，东西宽 17.8 米，以下有 4 层台阶，再下则是斗形坑壁，直达墓底。墓底长 7.6 米，宽 6.7 米，深 16 米。另外两座墓的规模略小，墓坑较浅，墓壁只有 3 层台阶。2 号墓墓底长 7.25 米，宽 5.95 米；3 号墓墓底长 5.8 米，宽 5.05 米。3 座墓的墓底和椁室周围，都塞满木炭和白膏泥，然后层层填土，夯实封固。1 号墓填木炭厚 0.4 ~0.5 米，总重量约达 1 万多斤，分布在木炭层外的白膏泥，厚 1 ~1.3 米，黏性甚强，渗透性极低，对于密封起决定性作用。1 号墓的白膏泥堆积既厚又匀，封固严密，使深埋地下 10 多米的椁室形成高标准的恒温、恒湿、缺氧、无菌环境，基本排除物理、化学、生物等因素对各种物质的损毁作用，故墓内的多层棺椁、墓主尸体及随葬器物都完好地保存下来。另外两座墓，特别是 2 号墓，则因白膏泥堆积较薄，分布不匀，密封程度不好，墓内的保存情况较差。

1 号墓和 3 号墓的棺椁都保存相当完整，结构大体一致，但规模有一定的差别。1 号墓的庞大椁室和 4 层套棺，采取扣接、套榫和栓钉接合等方法制作而成，约用木材 52 立方米。椁室用厚重的松木大板构筑，长 6.73 米，宽 4.9 米，高 2.8 米，下置垫木和两层底板，再树 4 块壁板和 4 块隔板，便形成居中的棺房和四周的边箱，上部覆盖顶板和两层盖板。4 层套棺用梓属木材制作，内壁均髹朱漆，外表则各不相同。外层的黑漆素棺体积最大，长 2.95 米，宽 1.5 米，高 1.44 米，未加其他装饰。第 2 层为黑地彩绘棺，饰复杂多变的云气纹及形态各异的神怪和禽兽。第 3 层为朱地彩绘棺，饰龙、虎、朱雀和仙人等祥瑞图案。第 4 层为直接殓尸的锦饰内棺，盖棺后先横加两道帛束，再满贴以铺绒绣锦为边饰的羽毛贴花锦。3 号墓的椁室南边箱多一纵梁。套棺 3 层，外棺和中棺的外表均髹棕黑色素漆，未加其他装饰，内棺则在加帛束之后满贴以绒圈锦为边饰的绣品。2 号墓从残存的痕迹看来，结构和1、3号墓有所不同，椁内置2层棺。

马王堆汉墓两千多年来从未被盗，保存完好，因此出土了大量的文物，特别是一号墓出土的历两千年不腐的神奇女尸及三号墓出土的大量帛书文献，为西汉初期历史考证提供了翔实的资料，震惊了世界。出土时，一号墓由于用白膏泥密封好，因此女尸历经两千年仍保存完好，被发现时，曾有气体喷出燃烧，但由于没及时收集气体，不知具体成分，成了千年女湿尸仍保存完好的难解之谜。据考证，女尸为利苍的妻子辛追，年龄约50岁，出土时软组织有弹性，关节能活动，血管清晰可见，为世界考古史上前所未见的不腐湿尸，此后将此类古尸命名为马王堆尸。尸体经湖南医学院专家解剖后保存在湖南省博物馆，长期向游客开放，已经吸引了来自世界各地的游客。出土文物还有漆器、彩绘帛画、“遣策”竹简、纺织品和衣物、帛书和医简、乐器等。

楚王陵

在公元前201年，刘邦封与他同父异母的兄弟刘交为楚王，都彭城。高祖刘邦手下的许多开国功臣都是彭城人，因此，楚国地位比较特殊。直到今天为止徐州地区基本可以认定为汉代楚王及王后陵墓的有8座，这8座属西汉时期，形式完全是“依山为陵，凿山为藏”。这8座陵墓分别坐落在狮子山、北洞山、土山、龟山、石桥、驮蓝山等地。

狮子山是徐州东郊的一座小山，由于形状像狮子而得名。狮子山的汉墓位于主峰南侧。

汉墓深入山中60多米，南北总长117米，东西最宽处达到13.2米，总面积约851平方米，由外墓道、内墓道、耳室、天井、侧室、甬道、棺室以及陪葬墓等部分组成。此墓早年曾被盗，但内墓道的三间耳室幸免，此墓主体建筑部分的随葬品位置大部分保持原状。

该墓在结构上是墓道及天井规模非常宏大，而墓室部分却比较狭窄。通道用16块重6吨的巨石堵住，通道中部安装了一道木门。墓主葬于前堂东侧的玉棺中。

后室地面及墙壁不平，具考查可能是当初凿墓时发现这个地方有大型山体裂隙而暂时改变了墓室布局，由于这个原因导致别于“前朝后寝”制度。

这个墓一共出土文物2000多件，种类有银、金、铜、铁、玉、陶、漆、骨等。其中玉器精巧绝伦：其金缕玉衣用5000多片非常优质的和田玉玉片制成，玲珑剔透，是到现在为止所发现的质量最好的玉衣，堪称绝品；玉棺由1800多块不同样式的青玉片拼成各种图案，十分华贵；还有玉器200多件，独具风格，如螭龙玉饰、双龙玉佩、玉枕、玉戈等，工艺非常精巧，很繁杂却能现出大气磅礴的气势。

墓中还出土了我国汉代最大的银盆和银绢，分别重3140克和4810克。还有200多枚印章和80多枚封泥出土，为研究西汉早期楚王国官制、印信制度、区域地理、行政制度等提供了相当充分的资料。尤其是出土的戈、戟、矛、剑等，填补了汉初冷兵器研究的空白。

西南文化墓葬

早在2000多年前，许多不同的民族在西南边陲生活着，他们创造出了独特、神奇而又绚丽的青铜文化，其中分布在滇池地区的滇文化最为主要。以滇文化分布区为中心，西到安宁，东至曲靖，南到元江。“滇”是汉族对当时生活在此地的部落联盟或早期国家的称呼。公元前4世纪到公元前2世纪后期，是滇地青铜文化的鼎盛期，此期间的出土物有着浓厚的南方民族的色彩。

在晋宁石寨山墓地已发掘墓葬86座，出土文物4000多件。都是竖穴土坑墓，坑壁不平整，地面无封土，有的就选择在岩石间的空隙开凿处，坑的大小根据岩石的空隙而决定，岩石壁作为墓坑两壁的界。较大的墓内通常有漆木棺，棺内外涂有红、黑、绿三种颜色的漆，或在棺上绘有纹饰。还有的有木椁，中小型墓就没有葬具了。

除个别合葬墓外，大多数为单人葬。这里有仰直肢、叠肢、断肢，还有二次葬都有许多种葬式。墓中遗物丰富，最多的一座墓能出土600多件随葬品。青铜器的器形和花纹带有浓厚的地方特色，比如尖头锄、贮贝器、铜鼓、干栏式房屋模型、动物透雕饰牌等，除此之外还有金器、铁器、玉器等。

贮贝器是这些文物中最能表现各民族生产生活形象的，贮贝器形状非常像铜鼓或束腰圆桶，人物、牲畜、房屋等立体模型在器盖上面和腰部铸。在一件能够反映祭祀场面的贮贝器上，铸有人物形象127个和一间干栏式建筑，这些人中，有观看的，有乘马的，有步行的，有击鼓的，有执刀杀牛宰羊的，还有被缚待刑的。

洱海地区的青铜文化与滇池地区的既有差别又有联系，这些都表现在墓葬资料上。祥云大波那木椁铜棺墓大约是在西汉，椁室用长条形巨木叠架，葬具是方形铜棺，下面还有足，整体形象简直像一座干栏式的房屋。有鹰、燕、野猪、虎、鹿、豹、水鸟等图案在外壁。随葬器物有铜鼓、葫芦笙、钟等乐器，与此同时还有铜制的锄、锛、剑、啄、矛、尊、钺、杯、釜、豆等。

在楚雄万家坝墓地发掘了79座墓。其中大墓墓室有腰坑、生土台、边桩和垫木。葬具共有三种，有的是用两块圆木拼成中间挖槽的有盖船形棺，有的是带盖独木棺，还有的是无盖独木舟形棺。小墓通常没有葬具。出土的主要是铜器。

在西汉末年和东汉时期，中原与云南地区文化得到充分交流，云南墓葬形制和随葬品也受到影响而逐渐趋向中原了。比如在云南曲靖、昭通、陆良、昆明等地发掘的东汉墓，大多数都有墓道、前后室和耳室，随葬品也主要是陶制仓、井、灶、池塘模型、水田和家畜、家禽及陶俑。

在贵州西北赫章县和威宁县境内夜郎故地，考古学家很早以前就发掘过西汉时期的土坑墓。尤其有些二次葬的墓葬很有特色：死者的身躯、四肢都看不到，仅仅用纺织物或草席包裹人头，放在铜鼓、铜釜或铁釜内。当地所产的陶器是主要的随葬品，铜器具有本地的特色，除此之外也有中原生产的。推测是夜郎国的遗存。到东汉时期，“夜郎”也盛行起了砖室墓、石室墓和崖墓，随葬品中几乎没有民族特色的器物了，与中原几乎一致。

四、山东半岛汉墓

济北王陵

位于山东长清两座毗邻的小山上的济北王陵，墓主大概是西汉济北王刘宽和他的夫人。已被发掘的刘宽墓埋葬年代在公元前87年左右。此墓全长85米，最深处达到22米，总凿石量高达10000多立方米，是已发现的汉王陵中凿石量最大的。

它是“甲”字形岩坑竖穴墓，墓室从山顶上向下开凿，估计修墓时是想做成崖洞墓的，由于这里的石头质量不适合凿横洞，才“因陋就简”造成现在的模样。从斜坡墓道向东看，墓道内放置3辆马车和2辆小车，用金银装饰的车非常漂亮。

主墓室内总共有5重棺椁，墓主人面部用玉覆面，身上有玉制九窍塞和玉雕猪形手握。出土文物总计2300多件，除上面介绍的，还包括有十多块金饼和大量玉器、铜器、漆器等。

刘宽是个荒淫的国王，由于同他父亲的妃有染，且曾在祭祀场合诅咒皇帝而被武帝召往京师问罪，刘宽于是畏罪自杀，他的身上只有玉覆面而无玉衣可能就是这个原因吧。

洛庄汉墓

大约4万平方米的封地，主墓室和东西墓道总长180米，36座陪葬坑、祭祀坑墓道与主墓室之间九曲相连，众星捧月般环绕主墓室周围……

2000年，一个叫做洛庄的小村西考古学工作者位于山东章丘市，清理发掘了一座西汉王陵的陪葬坑，根据考查表明，汉初被吕后封来此地建立吕国的吕台是这座工陵的主人，他是吕后的亲侄子，也是吕国的第一任王。

洛庄汉墓是土坑墓，主墓室是长方形，面积达到1295平方米。主墓室东西各有一条墓道，墓室与墓道之间由九个转折过渡，他们的形状很奇特。虽然主墓室到现在为止还没发掘，但陪葬坑的数量和祭祀坑的数量以及三层的布局足以让学界称奇，从那里出土的文物也非常令人震惊。

一套19件编钟和六套107件编磬出于乐器坑中，这一发现改变了学界关于秦汉金石之乐已消失的说法。出土的一件錞上铸有一头苍鹰，由一笔画成，笔触显得非常简洁苍劲，艺术手法独具匠心。

由149件乐器构成的庞大乐队，应该是一支“宫廷乐队”。

车马坑中出土的三辆实用马车全部是驷马所驾，朱轮华毂，金涂五末，车身全部绘彩色流云纹，用鎏金装饰马，极尽奢华之能事。三车的形制结构与秦始皇陵的铜车马特别相似，对研究秦汉王车制度尤为重要。

其中1号车为立车，车的左前方悬一鎏金强弩，车的左边箙箙内有45

枚铜镞。2、3号车全是安车形制，2号车车身比例与秦始皇陵2号铜车相似，属坐乘车，而3号车全长达到6米多，只后车厢就长2.1米，人可轻松在里面躺卧，所以有可能是卧乘车。

除此之外在犬马陪葬坑中还出土了40多件带有北方草原地区风格的纯金马饰，还有许多铁嵌金和铜鎏金的马饰，其中的两件鎏金当卢艺术风格相当鲜明，非常像括于叶形外沿中的一匹蜷曲飞腾的骏马，如过云，如流水，如矫健的龙。

仓储陪葬坑出土许多具有山东本地特色的漆器、大多数都带有铭文的青铜器、量器、衡器等。在34号陪葬坑发现的百多件羊、兔、狗、猪等家养动物骨架，也是汉代王陵考古新发现。主墓室四角外都有大型木俑、木马陪坑葬，这也是耐人寻味的地方。

给鉴定墓主身份提供直接证据的是很多陪葬坑中出土的“吕大行印”、“吕大官印”、“吕内史印”等吕姓封泥，这些不起眼的印着字的泥巴为我们讲述了在一个前所未有的历史时期下一个家族的繁荣景象。

银雀山汉墓

山东省中南部的临沂市，西汉的时候归属东海郡。市区的东面和南面各有一座小山岗，这两座小山岗东西对峙，分别叫做金雀山、银雀山，都是汉代重要墓地。

出土大批竹简的1、2号墓是银雀山最重要的两座墓。它们都是在岩石上被开凿而成的竖穴墓，没有墓道，葬具都为一棺一椁，在椁室内分成棺室和边箱两个部分。棺身外髹黑漆，内髹朱漆。随葬品有陶器、漆木器、铜镜、钱币等多达90多件。

另外就是大量的竹简，总共达到4974枚，简文用毛笔蘸墨书写而成，字体属于早期的隶书。根据从两墓出土的钱币和2号墓出土的《元光元年历谱》推定，1号墓下葬的年代很可能在公元前140年到公元前118年之间，2号墓下葬年代很可能在公元前134年到公元前118年之间。

1号墓的竹简在边箱北部出土，其中比较完整者有4942枚，每枚长度大约是27.6厘米，也就是说相当于西汉时一尺。1号墓竹简内容主要包括《孙膑兵法》、《孙子兵法》、《尉缭子》、《六韬》、《守法守令十三篇》、《晏子》、

《元光元年历谱》等先秦古籍，还有古佚书。

《孙子兵法》是孙武所著，一共有13篇，这在《史记》中有比较明确的记载，而《汉书》却记载《孙子兵法》总共有82篇。这两个的记载有所不同，引起后人的猜测，人们认为现存的《孙子兵法》十三篇是曹操根据前人的著作进行较大幅度的修改而成的。这次在西汉墓出土的《孙子》十三篇，证实了《孙子》十三篇是孙武的原著，而不是汉末人的作品。

银雀山汉墓发掘的最重要收获是《孙膑兵法》竹简的出土。文献记载，孙膑是孙武的子孙，并且也有兵法传世。可从东汉末年曹操的《孙子》十三篇未提及孙膑等情况来看，《孙膑兵法》失传已经很久了。

竹简上记载有齐威王问孙膑和孙膑与田忌之间的对话是这次在竹简上发现有《孙膑兵法》的主要依据。简上所记《孙膑兵法》同《孙子兵法》的内容有所不同。

《孙子兵法》所说的兵要比较多，《孙膑兵法》则有一部分论阵势、将略。以前有人认为孙武就是孙膑、《孙子兵法》十三篇也就是所谓的《孙膑兵法》，由于这两部兵书同墓出土，终于解决了这一千古疑案。

在边箱南部出土的是2号墓的竹简，总共有32枚，基本完整。每枚长度相当于汉尺3尺，《元光元年历谱》是其内容。元光是汉武帝年号，元光元年也就是公元前134年。

此历谱以十月为岁首，是迄今为止中国发现的最早、最完整的古代历谱，它对研究古代历法有不可取代的重要价值。

银雀山汉墓竹简首先解决了两部兵书之间的关系问题，还澄清了关于一些古书的疑问，如证明《尉缭子》、《六韬》、《晏子》等书不是后世人们所伪造的，因此肯定了这些书的真实性和史学价值。另外这些竹简对研究我国古代历法、书法、兵法等都有非常重要的价值。由于墓中随葬品不多，所以估计墓主可能是西汉时期开阳县的士族。

张良墓

张良墓在微山县，在微山岛西南部微山南麓，他的墓上有封土堆，是用红黄黏土拌和鹅卵石夯筑而成的，夯土层如今很容易辨别开来，封土高15米，占地面积1万平方米左右，墓的前边有“汉留侯张良墓”题字石碑，为清代乾隆二年立。墓的东面本有张良祠，让人感到可惜的是在“文化大革命”中被拆除了。

张良，字子房，城父人，曾为汉代王朝统一天下立下汗马功劳，汉高祖刘邦表扬他所立下的汗马功劳说他“运筹帷幄之中，决胜千里之外”，他是人们最熟悉的西汉杰出人物。张良祖辈几代一直辅佐战国时的韩王，在秦灭韩之后，张良便发誓与秦为敌，“弟死不葬悉，以家财求客刺秦王”。

张良曾在秦始皇东巡的途中，在阳武博浪沙埋伏下杀手击杀秦始皇，结果以失败告终，事情暴露后张良隐姓埋名，四处流浪。后来，张良到了下邳，就在那儿藏了起来，可心里还一直想着报仇的事。

有一天，张良独自一个人出去散步，一来是为了解解闷，二来也想暗地里寻找与自己志同道合的人，一起谋划大事。正当他走到汜水桥的时候，他看见一个老头坐在桥头上，身上穿着一件土黄色的大褂，跷着二郎腿，他脚上的鞋“呱嗒”、“呱嗒”打得脚心直响，就像打着拍子。张良并没有在意，可就在张良漫不经心走上桥头经过老头身边的瞬间，老头脚上那只晃悠的鞋突然掉到桥下去了，张良没有理睬，刚要走开，老头马上说了一句：“小伙子，下去把我的鞋拣上来。”

张良当时心中很不高兴，桥这么高，他不是存心折腾人嘛，就凭他公子哥的脾气，不但不拣，还得赏给老头两个耳刮子。可一看老头，胡子、眉毛都白了，年过七旬，就是叫一声爷爷也不算过分，于是他真的把鞋子给拣上来了，张良刚要走，老头又说了一句：“给我穿上。”说着就把脚伸向张良。张良一愣，又是生气又是想笑，心想反正鞋子已经拣起来了，干脆好人做到底也没有什么大不了，于是他就把鞋给老头穿上了。老头很满意地点点头，转身就走了。

张良很奇怪，老头连句谢谢也不说，简直是有点太过分了吧，他就跟在老头后面，想看看老头究竟是干什么的。老头一直走到僻静处，转身看见张良跟着他，停下脚步，对张良说：“你这小子有出息，我倒愿意教教你。”张良一听，原来是一位高人啊，他没有说话就跪下，拜了几拜，算是拜师了。那老头还要弄清楚他是不是有诚意，就对他说：“五天以后，天亮时分，再到桥上相会。”五天过后，张良早早起来，梳洗一番，赶到桥头，一看那老头竟然已经在那儿了，赶紧上前行礼认错，老先生说：“去吧，再过五天，早点来。”说完他就走了。张良愣了一会儿，有气无力地回来了。

又过了五天，天还没亮，刚听见鸡叫，张良就急忙往桥上赶，到那儿一看，那位老先生已经等了一会儿了，张良感到非常不好意思，还没解释呢，老先生瞪了他一眼，说：“过五天再来！”就又走了。这次张良真生气了，自己胸怀大志，假如连这点诚心都没有，那将来还会有什么作为呢？他想起了国仇家恨，翻来覆去怎么也睡不着，起床干脆不睡了，半夜里就去桥头上等着。

刚过了不久，老先生就来了，看见了张良，笑眯眯地走了过来，说：“你把这本书好好地读一读，将来准能做帝王的老师。”边说边递给张良一本书，张良接过来一看，原来这本书是《太公兵法》，张良很有礼貌地接过来，请问老师的名讳，老先生笑着说：“你问这个干吗？我没有名字，你要学成，还得十年。以后你经过济北谷城山，见到黄石，那就是我。”张良还想再问一些问题，老先生头也不回就走了。

后来，张良用心学习，把整本《太公兵法》背得滚瓜烂熟，在秦末战乱之中他所学到的充分施展，张良先是辅佐项羽，但没有被重用，后来又转投刘邦，成刘邦的重要谋士。张良在攻城略地的战役中奇谋很多，还善于诱导刘邦树立自己的君王形象。

当刘邦率兵进入秦都咸阳时，看见秦宫内的珍宝、美女馋涎欲滴，想全部占有。刘邦辅将樊哙考虑到以后一定能称霸天下的大计，建议刘邦退出咸阳，封存府库，不动分毫，但樊哙粗人粗语，不善言辞，刘邦不听他的劝告。张良开导刘邦说：“……忠言逆耳利于行，良药苦口利于病，愿沛公听樊哙言。”并向刘邦解释了两种做法哪个有利哪个有害的道理，刘邦自然不会满足于当前的一点利益了，而想独霸天下，这才按照谋臣的计策行事，并同关中人民约法三章，目的是为了收买人心，于是得到了广大群众的拥护，为以后汉军暗度陈仓、挥师关中打下了良好的基础。

张良虽然功劳很大，然而他却非常谦虚。汉初定天下时，刘邦论功行赏，想要封张良齐地三万户。

齐地是当时的富饶之乡，同张良同朝的相国萧何仅被分到一万户，于是张良推辞说："陛下用臣计，幸而时中，臣愿封留足矣，不敢当三万户。"刘邦于是封张良为留侯，食邑一万户。张良的为人品质决定了他不贪不争，他的朴素为人以及知恩图报的性格在他的自述中也经常表现出来，他曾言："家世相韩，及韩灭，不爱万金之盗，为韩报仇强秦，天下震动；今以三寸舌为帝者师，封万户，位列侯，此布衣之极，于良足矣。"刘邦得到张良，是刘邦的福分，更是汉王朝的福分。

吕后元年，张良死，死后被追封为文成侯，厚葬之，为他立祠庙，世世享祭从未间断。

五、其他汉墓

满城汉墓

中山靖王刘胜是景帝爱子，他在位长达42年，由于荒淫奢侈而名闻当时，死后葬在易水南岸的陵山。刘胜和他的妻子窦绾一起被葬在陵山东坡近山顶处，两墓的门相距120米，墓前辽阔平坦而背依峰峦起伏的太行山，这样好的地形是风水学上所谓的"宝地"。两墓与文帝霸陵都是开凿于山岩之中，"因其山，不起坟"。

刘胜墓全长51.7米，最宽处达到37.5米，最高处竟有6.8米。而窦绾墓全长40米，最宽处竟有64米，最高处是7.9米。两墓结构形制基本相同，都由墓道、南北耳室、甬道、后室、中室几部分组成，墓室内还有完整的排水系统。

这座墓是考古学家发掘的未经盗掘的汉代诸侯王陵，两墓一共出随葬品9000多件。10辆华丽的马车显示出王者的风范，最具特色的还是铜器，许多精品铜器堪称国宝。

比如朱雀衔环杯，全部是错金并镶嵌多种形状绿松石，好像一只朱雀矗立于两高足杯之间的兽背上，展翅欲飞。又比如长信宫灯，全部是鎏金，造型就像跪坐的宫女双手持灯一样，而内部中空无底，所以能通过调节灯的开窗大小来调节亮度。

另外，还有许多精美玉器、带错金银花纹铜饰的漆器、金银医针等。像一件玉璧，玉质洁白晶莹，透雕双龙卷云纹，纹样优美，造型生动。

满城汉墓“金缕玉衣”的发现最让世人震惊。刘胜穿的玉衣用金丝1100克，玉片2498块；窦绾的玉衣用金丝700克，玉片2160块组成。古人认为玉就是所谓的冰结之物，可以使人永保不腐，于是用玉衣来保存尸体。可是昂贵的玉衣却没有能让他们永世不朽，窦绾早已尸骨尽朽。墓中还有大酒缸、盛食物的大瓮、青铜浴盆以及马拉的石磨，磨下还有一个大铜漏斗颇能表现墓主生前生活。

楼兰城郊古墓群

对中原的人们而言，大漠古国楼兰，总是笼罩着一种神秘的氛围。楼兰是西汉时期西域的三十六国之一，是闻名世界的古代丝绸之路上的重要交通枢纽，也是亚洲腹地的交通要道和军事要塞，曾经在东西文化交流中起过重要作用。

现在这座曾经辉煌的古城已被黄沙埋没了。

1980年，在罗布泊地区的铁板河河湾附近发掘了一座楼兰居民的墓葬，这座墓葬是一座长方形土坑竖穴墓，埋葬的是一位女性，尸体用毛毡和羊皮包裹，面部同样用一块羊皮遮盖，羊皮上又覆盖一编筐，再用芦苇秆和红柳枝覆盖整个尸体，最后是用土掩埋。

有人认为这具楼兰女尸有古雅利安人种的特征。1998年清理城郊古墓群时，出土有彩绘木棺、1件狮纹毛毯和2件漆杯。彩绘木棺相当完整，用红、黄、白、黑、绿色彩绘钱纹、花卉纹和朱雀、玄武图案，色泽就像新的一样。这表明古楼兰与中原地区有密切联系。

从1901年斯坦因发现尼雅遗址到现在，尼雅考古已有一百多年了。1995年、1996年考古工作者发掘了15座贵族墓葬。墓穴直接在沙丘上开挖，四角竖立着木桩，有的在棺木两侧放木板，周围用苇草、麦秸等填得结结实实，内放棺木。葬具都是用胡杨木制成，有榫卯连接的矩形箱式木棺、独木船形棺和覆瓦式三种木棺。

埋葬人最多的是箱式棺，随葬品数量多，种类多；船形棺葬单人或多人，随葬品大多都不一样。个别棺盖上盖有绣着花的毛毡或地毯。出土遗物相当丰富，随葬的木器、陶器、食品等大多都是放置在棺内足端，男性身旁多放箭菔、弓箭、木叉、马鞘、铜镜、梳篦等，而女性头端或胸前则放有化妆品、女红用具等。

由于独一无二的地理气候条件，墓主大多数已经是干尸，但衣着华丽织锦或毛料衣装。有绣字“王侯合昏千秋万岁宜子孙”的锦袍、“五星出东方利中国”的锦护膊、皮质弓箭袋、玻璃器、蜻蜓眼料珠等精品文物。

在鄯善县西约45公里的火焰山北麓曾发现东周和汉代的车师人墓葬40多座。这些墓上面都用长方形的石堆作为标志，石堆通常长2.5米、宽1.5米、高0.2到0.5米。

竖穴偏室的形制属于汉代墓葬，有不规则的长方形竖井式墓道，深约3米，在其底部南侧掏出墓室，墓室平面是不规则的长方形形状，墓室与墓道之间留有大约0.4米高的生土二层台。用一排短原木封闭墓口，墓道口通常覆盖一层树枝、芦苇和杂草等。葬具一般都有尸床，形状像木床，上铺树枝，有的还铺毛毡、羊皮褥子、毛织品。值得一提的是一座女性墓，她的头发保存完好，长发梳辫，外面还带着毛质网状发套。除此之外，随葬品有漆木器、陶器、毛毡、银器、皮革、丝织品等。

新疆营盘古墓

根据发掘的墓葬资料看，营盘遗址在西域历史及中西交通、贸易、文化交流等方面有不可取代的价值。东汉时，北道由于位置重要被继续使用。到了魏晋的时候，营盘仍然是中转站，仍具有非常重要的战略地位。营盘的这种特殊位置，使它成为东西方文化的交汇融合之地。

就在新疆库鲁克塔格山南麓，孔雀河故道北岸，楼兰故城向西200公里处，有一处用营盘古城作为核心的遗址。这里有烽燧、古城、佛寺，也有大面积的古代墓葬群。在1989年，文物工作者调查时发现并清理了被盗的9座墓葬，得到了一批重要文物。

1995年，考古人员同样在那里发掘了32座墓葬，与此同时清理了100多座被盗墓葬。15号墓因保存完好并极具特色而轰动一时，它为中西文化交流研究增添了新证。

从形制上来看，M15好像没有什么特别之处，也是长方形土坑竖穴，长2.9米，宽1.46米，深1.8米，墓底有0.25米左右的生土二层台。

可是二层台上平铺了22根胡杨木棍，其上放着芦苇草席、骆驼刺枝、麦草以及苦豆草各一层，厚度达到了0.25米左右，这一现象非常罕见。墓室内放着一具四足长方形的箱式木棺，非常精致，木板结合处有的用细腰嵌榫法，有的用铆销法连接，最后还垂直楔入木销进行加固。

木棺外壁全是纹样。在盖板和两侧板上，则用锐器在白色底上刻画出距离相同、大小相等、排列有序的圆圈，然后再用直线把圆圈连接起来，形成有规则的菱形格，再在格内填上各种图案，有花卉、卷草、花瓶、蔓草、树叶、树枝纹等。两端的挡板中分别刻画了一个大圆圈，两侧还用石榴花点缀。

整个彩棺构图十分严谨、色彩鲜艳而庄重、画技娴熟、线条流畅。木棺的外面还覆盖着二条长方形的彩色狮纹绒毛毯。棺内葬着一个男子，仰身直肢，身上盖淡黄色绢衾，头枕鸡鸣枕，用麻质面具罩着面部；他身穿红地对人兽树纹厨袍、淡黄色内袍、毛绣长裤，脚上穿的是绢面贴金毡袜，腰间还系着绢质腰带，其上还挂着香囊、帛鱼；左臂上还系着长方形刺绣护膊，头的右侧放着长方形残锦片，胸前和左手腕处分别放一件冥衣。

这座墓位于一处台地上，地势较高，当遇到洪水或降雨时，墓室中不容易积水，再加上干燥的气候，尸体的身体、面部已经干缩了，成了一具干尸。

墓主的面貌和打扮非常少见：他头发浓密，呈棕色，长长的头发在脑后挽成单髻，并用绢带系扎；眉毛、胡须、眼睫毛十分清晰；鼻孔用缠绕成“T”形、表面用贴金箔的丝织物封塞着；下颌用淡黄色的绢带紧托着，在头顶系扎；丝棉把整个头部都缠裹了，用淡黄色绢带把四肢缠绕着。像死者这种罩面罩、葬冥衣、四肢缠帛的习俗非常独特。所有的丝织品不但色彩鲜艳、制作工艺也高超，而且纹样也带有明显的希腊艺术风格，十分罕见。

根据对出土物和干尸面部特征进行的分析，M15的年代是东汉中晚期，墓主很有可能是一位西方的富贾。

丝绸之路从古到今就是东西方交流的重要通路。在西汉时期，丝绸之路北道的必经之处是营盘。营盘在西汉前期被纳入汉朝的版图，营盘成为汉政府监控西域、抵御匈奴的战略后方。

第五章　魏晋南北朝墓葬

【凭吊诗话】

西河寂高业，北海望清尘。
音徽谁与寄，尚德在伊人。
遗文重昭晰，绝绪复纷纶。
露华尚朝日，兰生无久春。
芳猷动渊思，抚轼履高辰。
山风起寒木，野雀乱秋榛。
垄草时易宿，素轨邈难遵。
——南齐·柳恽《奉和竟陵王经刘瓛墓下诗》

引　言

魏晋南北朝时期的墓葬制度，大体上承袭汉代。但经过汉末的战乱，社会经济受到严重的破坏，统治阶级的厚葬之风不得不有所改变。

考古调查发掘证明，自魏晋以降，规模宏大、雕刻精致的画像石墓已很少见了。贵族官僚的墓，一般都是砖室墓，有时设石门。和汉墓相比，墓室的平面布局简化，面积减小。但是，在墓室的细部结构和设施方面却有一些新的发展。例如：洛阳西晋墓中有角柱与斗拱，南京东晋墓中有直棂窗。从汉末、魏晋开始，各地都流行在墓室中设棺床。在长江流域的晋墓中，有时还有灯龛和台桌。这些结构和设施，都是用砖砌成，使得墓室更像现实生活中的居室。在黄河流域，砖室墓的墓道甚长，其接近墓室的部分是一段隧道。随着年代的推移，隧道逐渐加长。到了北魏，有的墓在隧道的顶部开天井，直通地面。北朝后期，有些大墓的隧道长达20米，天井有三四个之多。这是出于对现实生活中的住宅的模仿。天井愈多，愈显得门多宅深，院落重重。魏晋之际，辽东、河西等地区的豪族大姓，沿袭汉代旧制，营建砖石结构的大墓，在墓壁和砖面上施彩画，其题材多与汉墓壁画相似。在中原一带，却很少有在墓内绘壁画的；但到了北魏，壁画又重新流行。长江流域的东晋和南朝，则流行用模印着画像的砖来装饰墓壁。

这一时期的随葬器物，主要是陶瓷器，如杯、盘、碗、壶、果盒等饮食器皿和熏炉、唾盂等生活用具。其形制往往因地区而有差异，有的器物仅见于南方而不见于北方。总体说来，瓷器的数量激增，长江流域尤其如此。起初是少数男女侍者和武士，大约从五胡十六国时期开始，又大量增添骑兵、步卒、文吏、武弁以及吹鼓手之类，除家内奴婢外，大部分是墓主人出行时的仪仗队，它们具有明显的军事性质，反映了当时各地统治者拥有私人的武装部曲。大同北魏前期的司马金龙墓和洛阳北魏后期的元乂墓中的仪仗俑，竟达数百件之多。北魏后期，在墓门的两侧，还往往有一对形体特别高大的守门卫士俑。在南方地区，除陶俑外还有瓷俑，但用俑随葬的风气不如北方盛。从汉末至魏晋，统治阶级常乘牛车，长期因袭不改。在两晋南北朝时期，贵族官僚墓中多用陶制的牛车模型随葬。上述由各种陶俑组成的仪仗行列，便是以牛车为中心的。

用陶制的“镇墓兽”随葬，是从西晋开始的。西晋墓中的镇墓兽往往只有一件，作四足直立状。北魏墓中的镇墓兽成双，置于墓门的两侧，作卧伏状。到了北魏后期，墓中的两件镇墓兽，一为兽面，一为人面，都作蹲坐状。长江流域的东晋、南朝墓，镇墓兽多保持西晋时的形态，缺乏变化。魏晋南北朝时期开始在墓内置墓志。两晋的墓志，或为石质，或为砖质，形状多为长方形，而洛阳发现的年代较早的西晋墓志则作碑形，可见它是从墓碑演变而来的。到了北魏后期，才流行方形有盖的石质墓志。从此以迄隋唐，乃成定制。山西省大同北魏文明太后冯氏的方山永固陵及孝文帝的万年堂，为北魏帝陵。墓室都分前后两室，与一般贵族墓之为单室相比，显示了帝陵的特殊规模。永固陵坟丘之前设石殿，应是继承东汉的陵制。南朝的帝陵在江苏省南京和丹阳。陵前有很长的神道，两侧立石兽、石柱和石碑等。墓室皆为单室，室内有用模印画像砖拼嵌而成的大幅“竹林七贤”图和“白虎”、“狮子”图等，与北朝墓内流行施彩色壁画的风格相比，显示了南朝陵墓在墓室装饰方面的特色。

第一节 魏晋南北朝丧葬制度

一、居丧制度

魏晋南北朝时期的墓葬制度，大体上承袭汉代。但由于魏晋南北朝并非儒学独盛，而是儒、佛、道杂糅的时代。因此，孝子对丧事的处理，就出现了许多让人无法理解和接受的做法。

《晋书·阮籍传》这样记载“（阮籍）性至孝，母终，正与人围棋，对者求止，籍留与决赌。既而饮酒二斗，举声一号，吐血数升。及将葬，食一蒸肫，饮二斗酒，然后临诀，直言穷矣，举声一号，因又吐血数升，毁瘠骨立，殆至灭性。裴楷往吊之，籍散发箕踞，醉而直视，楷吊唁毕便去。或问楷：‘凡吊者，主哭，客乃为礼。籍既不哭，君何为哭?’楷曰：‘阮籍既方外之士，故不崇礼典。我俗中之士，故以轨仪自居’。时人叹为两得。籍又能为青白眼，见礼俗之士，以白眼对之。及嵇喜来吊，籍作白眼，喜不怿而退。喜弟康闻之，乃赍酒挟琴造焉，籍大悦，乃作青眼。由是礼法之士疾之若仇，而帝每保护之。”

像这样的事例在当时较为多见，这在“礼法之士”看来是“大逆不道”之举，没有人性道德可言，中国传统丧葬礼俗中，儒家一向强调居丧悲哀，在居住、饮食、容体、哭泣、衣服、言语等方面有忌讳和限制，正如所说的“亲始死，水浆不入口三日”，“父有服，宫中子不与于乐；母有服，声闻焉，不举乐；妻有服，不举乐于其侧”等。可是，王戎、阮籍等人竟在父母之丧时公然“饮酒食肉”，弹琴、弈棋作乐，这明显是与儒家礼法作对，故此，“礼法之士”对阮籍、王戎等人是疾之若仇，怒目相向。

事实上，阮籍、王戎等人在外表上放荡不羁但内心哀伤过人的矛盾情形，是时代、社会的必然产物。由于传统的名教被司马氏等践踏破坏，使信奉名教的阮籍、王戎等人在心灵上遭受极大的创伤，他们无奈之下只好寄悲愤于琴酒当中了。

北魏之时，统治者将厚葬作为一种“孝行”加以提倡，比如河东闻喜人吴悉达，“迁葬曾祖已下三世九丧，倾尽资业，不假于人，哀感毁悴，有过初丧。有司奏闻，标闾复役，以彰孝义”。一些儒家士大夫的丧葬将传统的孝道观与佛道思想结合在一起。如《南史·张融传》记载，张融临死遗令要左手持《孝经》、《老子》，右手执《法华经》。

经过汉末的战乱，魏晋南北朝时期的社会经济受到严重破坏，统治者执政时间较短，多则也仅几代，所以大多不敢继续进行从春秋战国延续下来的隆丧厚葬做法，而是倡导从孝治理天下。体现在丧葬上，就是将居丧制度法律化。《晋书·孝友传》强调：孝“用之于国，动天地而降休征；行之于家，感鬼神而昭景福。”《晋书·郑默传》讲：默“寻拜大鸿胪，遭母丧。旧制，既葬还职。默自陈恳至，久而见许，遂改定法，令听大臣终丧，自默始也”。这些足以证明，为了推行儒家的礼制，统治者用法律首先强制大臣实行。

二、墓地制度

魏晋南北朝之时，由于土地所有制的发展，世家大族的墓地制度逐渐流行起来。当时的世家大族对茔域非常重视，他们在生前讲究门第，而死后要求祔于祖茔；即便是客死异乡，亦要不辞千里归葬故土。因此，当时世家大族的茔域，占地广阔，高冢累累。通过对一些世家大族墓地的发掘，人们对这一时期的墓地制度有了一定的认识。

根据徐苹芳先生的研究，就在家族茔域之内，父子兄弟墓位的排列方式，从总体上来看，可以分成三种形式：

第一种是父子兄弟顺排为一行。比如江苏宜兴西晋周氏茔域，先后发掘了6座墓，从周宾、周鲂、周处、周玘到周彝共四代，自北向南按预定的墓位依次排列。南京老虎山东晋琅琊颜氏茔域，共发掘了4座墓葬，从西向东排列，兄弟子孙共三代。河北赞皇东魏赵郡李氏兄弟，亦为自西向东排列为一行。

第二种是前后左右依次按长幼辈分排列。比如南京象山东晋王氏茔城，就以东晋初年尚书左仆射王彬墓为主，他的左右两墓分别是儿子王兴之墓、长女王丹虎墓，这两墓并列葬着。而孙子王闽之墓则葬在父亲王兴之墓的后面。这种排列是子墓在后，祖穴在前，左右排列，同辈都在一行。但王彬之继室夏金虎墓竟另葬在象山之东麓。长幼嫡庶，这大概是沿用传统的昭穆葬法。

除此之外，南京老虎山东晋左光禄大夫颜含家族茔域、河北景县北魏高氏茔域还有河间北魏邢氏茔域等，都是按从长到幼并且分前后左右的顺序而排列。

第三种是坟院式的茔域。在中国西北地区，甘肃敦煌、新疆吐鲁番阿斯塔那以及雅尔湖等地都有这种形式流行。

其特点是在地面上建平面方形的坟院，并用砾石堆砌院墙和山门。坟院内的墓葬有的向左，有的向右，呈斜行排列，有的呈横行排列。

敦煌发现的前凉时期张氏坟院中的 5 座墓，就是由左向右呈斜行排列，右下角的墓为公元 369 年下葬的张弘妻汜心容的墓，好像是这个坟院中时代最晚的墓。

新疆吐鲁番阿斯塔那发现的这种坟院比敦煌的要晚一个世纪多，它是麴氏高昌时期才出现的，一直持续到唐代。坟院内墓葬的排列，整体上从后向前按照从长幼辈分的顺序排列，比如麴氏高昌时的张氏坟院埋有 60 多座墓，一共经历了大约二百年，就是按辈分由后向前排列的。

三、明器制度

魏晋南北朝时期，明器制度在两汉的基础上，融会了边陲少数民族地区的文化特点，较汉代又有了明显的变化：铜器非常罕见，漆器明显减少，汉代供储藏用的大型陶器到那时也不多见了，而瓷制明器的数量却在大增，在南方的长江流域更是如此。

形制较小的陶瓷器，如杯、碗、盘、果盒、壶等饮食器皿以及熏炉、虎子、唾盂等生活用具成了墓中的主要随葬品了。它们的形制因地区而异，特征非常明显，有的只在南方能见得到。

汉代以来流行的庖厨明器和家畜、家禽模型明器虽在东汉继续沿用，已经逐步走向衰落了，且这些明器形体不大，制作也是比较粗劣简陋。而以牛车为中心，包括男女侍俑、镇墓兽、武士俑在内的俑群，从西晋中晚期就成为具有典型意义的随葬器物。

在随葬陶器中，还有具有时代特征的方形多子桶、翻口罐等物品。在长江流域的东吴和西晋墓中，也常用一种奇特的谷仓罐随葬，可没流行多久就绝迹了。不得不提的是，有佛教色彩的明器也在墓中出现。例如武昌莲溪寺墓中出土了前额带有类似“白毫相”的陶俑和带有佛教造像的鎏金钢带饰，南京一带东吴墓出土的陶制谷仓罐上还经常贴有佛像。到了南北朝时，瓷制明器由于受到佛教艺术莲花图案的影响更是流行了。

第二节　魏晋南北朝墓室形制

一、砖室墓

凸字形券顶墓

东晋较常见的一种墓室形制是凸字形券顶墓，其特征是墓室平面呈凸字形。这种墓的墓室两壁用三层平砖纵砌，然后再用一层横砖平砌，很少一部分墓砌有置放随葬品的祭台。通道结构与墓室一样，仅比墓室要窄，通道口用砖封堵，有的在通道中设有木门。铺地砖大多数成席状。到南朝早期的时候，凸字形券顶墓的券顶多用楔形砖，因此增加了两壁的厚度。南朝后期的凸字形券顶墓，其墓室结构又发生了变化，某些大中型墓的左右壁和后壁成弧形，壁龛少见，墓内设石棺床和祭台，墓道中也有石门。

凸字形券顶墓一般都有排水系统。除此之外，墓内还有方形阴井，井口设有陶或铜制的漏水板，墓底砖下所留的水槽可将墓内积水排出，然后再由墓前预先修筑的排水沟流出。

刀形券顶墓

刀形券顶墓的明显特征是甬道偏在长方形墓室前方的一侧，墓室平面呈刀形，单室券顶，多是中小型墓，墓室后壁设有壁龛。北京地区的西晋墓，无论大小，其墓室平面多为长方形，且通道不在墓壁居中处，而是偏向左侧，使整座墓平面呈刀形。

长方形券顶墓

长方形券顶墓的特征是墓室平面呈长方形，上砌券顶，一般用砖平铺地，无通道，大多数墓没有棺床。

穹窿顶墓

穹窿顶墓从三国东吴之时兴起。它的墓室结构为两种：一种是墓室顶部用四角向上砌券，称“四隅券进式”；一种是墓室四壁向上砌券，称“四边券进式”。从它们的建筑原理上来看，这种墓比较坚固，特别是“四隅券进式”墓顶，因为它可以将墓顶上的封土重量平均地传向四壁，所以可以有效地提高抗压能力。毫无疑问，这是中国墓葬建筑技术史上的重大进步。不过，这种墓室结构也有一个缺陷，就是当穹窿顶墓的顶部楔形砖遭到破坏，有的位置一空，顶部就会全部塌陷。穹窿顶墓有单、双室之分。

单室窟窿顶墓的平面是凸字形，即通道和墓室都用三顺一丁砌筑构成基墙，基墙两端也向中斜，四转角是弧形，接缝处做成“倒人”形，墓顶是方锥式或者圆锥式不定，合缝处则用一块菱形砖密闭。这种类型的墓大多没有棺床和祭台，有的墓砌有凸字形小龛。通道和墓室相接，中有木门，最后用砖密封。这种类型的墓室结构应该是西晋到东晋早期的。

双室穹窿顶墓又可以分为两种：一种是前后室全部采用穹窿顶结构，可后室比前室大得多，其墓壁砌法是先用三顺一丁，只砌两层，再用“倒人字”斜砌法，四壁收拢渐成穹窿顶。铺地砖同样成“人”字形，却无棺床和祭台。这种墓室结构数量不多。另一种是前室穹窿顶、后室券顶，墓室内都砌有棺床和祭台。这两种类型的墓都有排水设施，早期是用瓦管连接，后期则用砖砌。其流行时期是三国中期到西晋末期这段时间。

主室和侧墓

这种墓的结构和平面呈凸字形的券顶墓一样，只是在墓室的一侧或者两侧都有一个侧室。

多室砖墓

在三国早中期的时候，多室砖墓非常流行。这种墓通常有前、后两室，前室平面大多是方形，设左、右两个小耳室，后室平面是长方形，其间用通道相连。墓门前有比较短的通道和长斜坡土墓道。1978 年在华阴县发现的两座西晋墓地都是多室墓，墓室券顶，分墓道、前室、南耳室、后室、北耳室。

彩画砖墓

魏晋南北朝时期的彩画砖墓，又叫做壁画墓，是从秦汉时的画像砖墓发展而来的，这种墓在河西地区的敦煌、酒泉等地多有发现。这些彩画砖墓规模特别大，有多间墓室，总长度大约在 6.55 至 11.9 米之间，墓道长 15 到 29 米。墓上的封土堆高 1 到 3 米、宽 12 至 18 米。墓门起多层拱券，再用砖砌建高大而结构复杂的门楼。

以嘉峪关市新城乡发现的 1 号墓为例，该墓有平面呈方形的前室和平面呈长方形的后室：前室长达到 2.8 米、高有 3.5 米，是覆斗状的盝顶；后室长达到 4 米、高有 2.6 米，是拱券顶。在前室的两侧还分别有一个较小的耳室。每个室之间用甬道相连，前室门前有甬道通墓门，再前接长 28 米的斜坡墓道。在前室东西两壁上部，分别有半开假门，门四周用条砖砌成门框，门扇下部彩绘有铺首衔着门环，上部绘有展翅而立的凤鸟。前室四壁以及后室后壁都嵌有彩画砖，每壁嵌砌四到五层。砖面是横置的，故画砖都呈横长方形画面，四周勾以红赭色边框，一砖一画，都有独立的题材，互相并不相贯，但同一壁上或者相近的几幅组合起来后，就可表现同一主题。后室画砖的内容简单，有女侍、衣物等，就像表示墓主人居室内的情况。前室画砖的内容十分丰富，以厨房炊作、墓主人家居宴饮等当时的生活作为主题。

圆形和半圆形单室墓

圆形、半圆形单室墓流行于今天的河北、北京地区。比如河北平山县的崔昂墓，由通道、斜坡墓道和墓室三部分组成。通道是用砖筑成的，前端有石门。墓室平面是圆形，直径达到 10 米左右，穹窿顶是用砖筑成的。墓室北部用青砖砌出半圆形棺床，其上并列崔昂和其前后两位夫人的尸骨。北京王府仓北齐墓，就是一座半圆形单室砖墓。除此之外，在山东临淄发现的十几座崔氏墓葬，是长斜坡墓道带短通道的圆形墓室墓。

二、土坑墓

土坑墓流行于五胡十六国和北朝时期的北方地区，墓主人通常是北迁的汉族士族还有鲜卑贵族。比如辽宁省北票市北燕冯素弗夫妇墓，地面上保存长 10 米、宽 6 米、高 2 米的封土。夫妇两人同茔异穴。

冯墓墓圹是长方形，上大下小，圹口长 8.1 米，宽 4.46 到 5.2 米，底长 6.25 米，宽 3.4 米，深 3.8 米。椁室采用白色砂岩砌筑，椁顶用 9 块相当重的条石横搭而成，椁的上口长达 4.25 米，宽在 1.34 到 1.53 米，高 1.7 至 1.75 米。椁室内有彩绘，放有木棺。冯妻的墓室形制与这个完全相同，只是尺寸微小了一些。

陕西关中地区发现了许多多室土洞墓。这些墓有前室和后室，通常设有天井以及过洞。西安市南郊发现的三座并列的族墓葬，墓室都是这样。这些墓的墓道朝南开。墓由前室、后室、前通道、后通道、天井、斜坡墓道、过洞构成。其中两座的后室的北壁设有头龛。这三座墓的墓室，前、后室通长为 11.5 到 12 米，宽 4 至 5 米，深 12.5 到 13 米。斜坡墓道常包括天井、过洞，通道通长 41 到 43 米，墓道坡度约 28°到 30°，上口宽在 3.8 米和 4.0 米之间，下口宽 1.2 至 1.4 米。

新疆吐鲁番地区也多有土洞墓发现，大型土洞墓前有斜坡墓道，墓室有方形和前窄后宽的方梯形两种，都是 3 米长左右。方形墓有的还带有耳室，墓室顶部大多数是盝顶。有的墓中绘有墓主人生活的“画稿”。比如六区 3 号墓出土的“画稿”，是上下两幅粘接而成的。上部画悬幔，幔下右侧画男主人坐在榻上，榻后挂有弓箭，男主人前有 2 属吏侍坐，1 个女人跪向主人进食。下部正中画了 1 舞女和吹箫、击鼓的男伎乐各 1 人，再下绘厨事和食具，左侧画树木和牛车。

三、石室墓

东北地区流行用石块、石板砌筑墓室。比较大型的石室墓，通常由耳室、回廊、椁室组成，墓壁绘彩色壁画。墓中埋葬人数比较多，好像家族丛葬。

辽阳北园墓用大块石板支筑，长有7.85米，宽是6.85米，高有1.7米，包括回廊、6个耳室以及3个椁室。墓门的后面是狭长的前廊，两侧分别有1个耳室。椁室位于墓室的正中，被回廊环绕，3个椁室并排。墓室内有绘彩壁画，内容极其丰富，有宴饮、楼阁、属吏、杂技、舞乐、仓廪、斗鸡、车马出行等。

棒台子M2，长4.66米，前宽5.96米，后宽有5.12米，室内高达1.9米，由2个墓门、2个回廊、4个耳室和2个椁室组成。墓内主要的壁面都有绘彩壁画，以楼阁、门卒、车列、出行、流云装饰等为内容。门卒绘在墓门两侧。宴饮图的中心人物是坐在帐下的墓主人夫妇，他们的身后有侍者。这一较重要的画面，绘在右耳室。右耳室内还有属吏图，并有“议曹掾”、“主簿”等题榜。左耳室内绘有出行，后廊后壁绘有楼阁。这些壁画的内容均为墓主人在世生活的片断。

四、崖墓

崖墓是古人开凿于山崖的墓葬，存在于战国至魏晋南北朝时期。东汉至六朝，四川地区流行崖墓。以乐山地区的为代表，往往几十座聚集在一面山坡上。有单室、双室，也有多室。有一些在墓门、墓壁及石棺上雕刻图案，题材与当地同时期的画像砖类似。

第三节　魏晋南北朝丧葬礼俗

一、相墓术

相墓术，又叫做相冢术、经墓术、占墓术、阴宅风水术、堪舆术等，源于远古自然崇拜中对地形的崇拜。到了秦汉时期，慢慢流行起来。从那以后，有关“风水”、“龙脉”等的择地风水说风靡一时。其中郭璞的《葬书》，被后人视为相墓术的鼻祖。

郭璞，字景纯，河东闻喜（今属山西省）人。《太平广记》卷十三称他“周识博物，有出世之道，鉴天文地理、龟书龙图、爻象谶纬、安墓卜宅，莫不穷微，善测人鬼之情状”。文献记载有些夸张之辞，不过他的确是一个博学高才之士，曾注《尔雅》、《夏小正》、《山海经》、《方言》、《穆天子传》、《楚辞》；又曾经创作了不少诗文，因此后人不仅称他为文学家、训诂学家，更推崇他为术数家、神仙家。在古代，民间就有许多关于他相墓、占筮、成仙、望气的故事。郭璞的母亲死了，他在暨阳处择了一块地来葬母，离水只有百步远。有的人认为墓地离水太近了水会淹墓。可郭璞预测水会退去。后来果然沙土上覆，墓周围几十里都成了桑田。从那以后，人们称他为神仙。

《葬书》共1卷，据说是郭璞所撰。据《四库全书总目》记载：《葬书》一卷，旧本题晋郭璞。璞有《尔雅注》。葬地之说，莫知其所自来。

《葬书》堪称中国古代相墓术的经典之作。此书文字精练，涉及面较广。

《葬书》记载：“葬者乘生气也。”“《葬经》曰：气乘风则散，界水则止。古人聚之使不散，行之使有止，故谓之风水。”可是又说：父母子孙本同一气，互相感召如受鬼福，故天下名墓在在有之，盖真龙发迹，迢迢百里或数十里结为一穴，及至穴前，则峰峦矗拥，众水环绕，叠嶂层层，献奇于后，龙脉抱卫，砂水翕聚，形穴既就则山川之灵秀，造化之精英凝结融会于其中矣。“苟盗其精英，窃其灵秀，以父母遗骨藏于融会之地，由是子孙之心寄托于此，因其心之所寄，遂能与之感通，以致福于将来也。”因此把死者同生者、人世间的幸福同葬地的优劣相对应，明显加重了相墓术的迷信传奇色彩。在这一理论的影响下，相墓术更加流行，并在后世丧葬习俗中占有不可或缺的地位。

二、佛事

人们通常所说的佛事，就是指佛教徒祈祷、诵经以及供养佛事等一些活动。在魏晋南北朝时期，同丧葬有关的佛事地就是七七斋、水陆法会及盂兰盆会了。

七七斋是指死者断气身亡之日起，到七七四十九天之内，作为丧家要诵经、斋僧，每七天一次，总共七次，世称“七七斋”。按佛教轮回观，人死后在七七四十九天内，分七个阶段随业力受生，所以死者家属要在这段时间里斋僧念经，作种种功德，来替死者消弭恶业，投入良善之家托生。

根据文献记载，七七斋最早见于北魏胡太后父亲国珍之丧。《北史》卷80《胡国珍传》中记载："国珍年虽笃老，而雅敬佛法。"及薨，"诏自始薨至七七，皆为设千僧斋，斋令七人出家；百日设万人斋，二七人出家。"

《北齐书·孙灵晖传》："绰死后，每至七日及百日终，灵晖恒为绰请僧设斋"。从那以后，七七斋一直在中国盛行不衰，一直流传到现在。

水陆法会是"法界圣凡水陆普度大斋胜会"的简称，也叫"水陆道场"、"水陆会"、"水陆大会"、"水陆斋仪"、"水陆斋"、"悲济会"等。据宋代名僧遵式的《施食正名》，谓系"取诸仙致食于流水，鬼致食于净地"，因此叫"水陆"。

水陆法会作为中国佛教的一种非常隆重的经忏法事。举行法事的时间比较长，最少是7天，多者可达到49天。规模很大，最少的僧人数足十人，多者成百上千。礼佛拜忏，诵经设斋，追荐亡灵。供品以饮食为主，供养菩萨、诸佛、五岳、天神、大地、河海、冥官眷属、龙神、城隍土地、儒士神仙、饿鬼、畜生、六道、善恶诸神和地狱众生等水陆一切鬼魂。相传是从南朝梁武帝开始的。

《佛祖统纪》卷三十三有这样记载：梁武帝梦神僧告之曰：六道四生，受苦无量，何不作水陆大斋以拔济之……帝即遣迎《大藏》，积日披览，创立仪文，三年而后成……天监四年二月十五日，就金山寺依仪修设。帝亲临地席，诏祐律师宣文……常设此斋流行天下。

至宋代，杨锷采用密教仪轨编撰成《水陆仪》，对于水陆法会的流行起到了必要的推动作用。到了这时，水陆法会盛行于世，特别是成为战争以后朝野经常举行的一种为超度死者亡魂的大规模法会。

当然，这种风俗也普遍流行于民间风俗之中。比如苏轼就为其亡妻王氏设过水陆道场，祈求超度，以示追悼，并且撰有《水陆法赞》16篇，号称"眉山水陆"。

盂兰盆会仪式创始于梁武帝萧衍，同样是灵魂不灭观念的产物，作为中国民间丧俗中的重要仪式之一。根据佛家的解释，"盂兰盆"是救倒悬，也就是救度死者亡魂倒悬之苦。

《盂兰盆经》载，释迦牟尼弟子目连用天眼看到死去的母亲生活在饿鬼道，就像处于倒悬，受尽苦难而不能救拔，于是他求佛救度。释迦要他在七月十五日众僧自恣时分，集百味饮食放在盂兰盆中，供养十方僧众，凭这样的功德使母解脱苦难，再生人世或天界享受福乐。佛教徒举行的盂兰盆会就是根据神话而来，成为佛教超度祖先的一种仪式。

三、招魂葬

招魂葬在魏晋南北朝时期也是一种流行的葬俗，当时称招魂虚葬或者招葬，这种葬式的突出特点是在墓中不放尸体。

在魏晋南北朝时期，社会动荡不安，战争接连不断，有的人死于乱兵，骸骨无存；有的父子异邦，生死难料。于是，招魂虚葬便在民间广泛地流行起来。

当时的南方也出现了招魂虚葬情形，如《晋书·东海王越传》载公元311年，西晋东海王司马越死于项，他的棺柩为石勒焚烧。越妃裴氏“太兴中，得渡江，欲招魂葬越”。

东晋元帝诏有司详议。博士傅纯曰：“圣人制礼，以事缘情。设冢椁以藏形，而事之以凶；立庙祧以安神，而奉之以吉。送形而往，迎精而还。此墓庙之大分，形神之异制也。至于室庙寝庙祊祭非一处，所以广求神之道，而独不祭于墓，明非神之所处也。今乱形神之别，错庙墓之宜，违礼制义，莫大于此”。

因此元帝下诏不许。但裴妃自作主张，置皇命于不顾，葬越于广陵。

《晋书·五行志》曰：“孝武晏驾，而天下骚动，刑戮无数，多丧其元。至于大敛，皆刻木及腊，或缚菰草为头”。

当时流行兵死者不能进入墓域。仁寿元年，隋文帝就此事下诏，指出“亏孝子之意，伤人臣之心”。“入庙祭祀，并不废阙，何至坟茔，独在其外？至今已后，战亡之役，宜入墓域”。有研究古史者发表文章论述道：“禁兵死不入墓域，盖先人之灵，恒栖丘垅，恶见子孙之伤残，与汉人受刑者不上丘墓，张猛不欲其头过华阴历先人之墓同，亦重视形魄之见也。”

四、潜埋虚葬

潜埋虚葬，简称为虚葬，一曰伪葬，是十六国北朝时期在上层统治者中间流行的一种特殊葬式：墓主的尸体埋葬于别处，同时备礼仪文物埋入没有墓主的坟中。

提及潜埋虚葬，不禁让人想起曹操设七十二疑冢的传说故事。元朝陶宗仪《辍耕录》卷26《疑冢》条说：“曹操疑冢七十二，在漳河上。”马端临《文献通考·王礼考·山陵》也说：“世传曹公疑冢七十有余，其防患至矣。”所谓疑冢，也就是虚葬。

1957年，文物考古工作者对河北磁县的曹操72疑冢做过调查。调查发现：“据县志记载，为三国时曹操置之，民国以来经人盗掘，方知这些土冢大部分为北齐、北魏王公要人之墓。但这些记载是否与事实相符，目前尚难定论，只有待以后的发掘来证实。”调查的过程中，工作人员发现其中一冢前面保存较完整的石碑，据石碑可知该冢是北齐忠武王高肃墓。

据《晋书·石勒载记上》记载，就在那一年石勒母亲王氏去世，石勒将她“潜窆山谷，莫详其所。既而备九命之礼，虚葬于襄国城南”。后赵建平四年石勒死，也采用了同样的葬法。“夜瘗山谷，莫知其所，备文物虚葬，号高平陵”。

《太平寰宇记》引《郡国志》曰：“勒尸别在渠山，葬之，夜为十余棺分道出埋，以惑百姓。”石虎死后同样“伪葬”，“自别于深山”埋之。

除此之外，南燕也就是拓跋魏早期亦流行过这种葬式。南燕建平六年，慕容德死后，“为十余棺，夜分出四门，潜瘗山谷，莫知其尸所在，虚葬于东阳陵”。

《宋书·索虏传》记载拓跋鲜卑的风俗：“死则潜埋，无坟垅处所。至于葬送，皆虚设棺柩，立冢椁，生时车马器用皆烧之，以送亡者。”

据《资治通鉴》记载梁，武帝太清元年八月甲申：“虚葬齐献武王于漳水之西；潜凿成安鼓山石窟佛寺之旁为穴，纳其柩而塞之，杀其群匠。及齐之亡也，一匠之子知之，发石取金而逃。”

由这些我们可以推测到，在十六国北朝的时候，上层统治集团流行用潜埋虚葬这一特殊葬俗。

五、渴葬

所谓渴葬，也就是还不到葬期而提前埋葬，也叫做稾葬。早在《公羊传·隐公三年》中就有相关记载："不及时而日，渴葬也。"注："渴，喻急也。"《释名·释丧制》记载："日月未满而葬曰渴。言谓欲速葬，无恩也。"

渴葬在南北朝之时很流行，《徐勉传》这样记载道："时人间丧事多不遵礼，朝终夕殡，相尚以速。勉上疏曰：'《礼记·问丧》云：三日而后敛者，以俟其生也。三日而不生，亦不生矣。顷来不遵斯制，送终之礼，殡以期日，润屋豪家，乃或半晷。衣衾棺椁，以速为荣。亲戚徒隶，各念休反。''故属纩才毕，灰钉已具。忘狐鼠之顾步，愧燕雀之徊翔，伤情灭理，莫此为大。且人子承衾之时，志懑羽绝，丧事所资，悉关他手。爱憎深浅，事属难原。如觇视或爽，存没违滥，使万有其一，怨酷已多，岂若缓其告敛之晨，申其望生之冀。请自今士庶宜悉依古，三日大敛。如其不奉，加以纠绳。"

六、凶门柏历

凶门也就是今日所说的扎牌坊之类，柏历也是以柏作栏。蔡谟说道："以二瓦器盛始死之祭，系于木，裹以苇席，置庭中，近南，名为重，今之凶门是其象也。礼，既虞而作主，今未葬，未有主，故以重当之。"范坚同样说："凶门非礼，礼有悬重，形似凶门。后人出之门外以表丧，俗遂行之。薄帐，即古吊幕之类也。"这种装饰起源很早，不过在晋时非常流行。

《晋书·礼志》这样记载道：成帝皇后杜氏山陵曾作凶门柏历，当时诏称大为烦费，故此曾有大臣提出加以禁止。

《晋书·琅琊悼王焕传》载孙霄奏疏曰："凶门柏历，礼典所无，天晴可不用，遇雨则无益。"又说："凶门两表，衣以细竹及材，价值既贵，又非表凶哀之宜。"

到南北朝之时，盛行的凶门柏历仍然沿用不衰。

《南史》卷二十七《孔琳之传》记载："凶门柏装，不出礼典，起自末代，积习生常，遂成旧俗，爰自天子，达于庶人。诚行之有由，卒革必骇；然苟无关于情，而有愆礼度，存之未有所明，去之未有所失，固当式遵先典，厘革后谬，况复兼以游费，实为人患者乎。凡人士丧仪，多出闾里，每有此项，动十数万，损人财力，而义无所取。至于寒庶，则人思自竭，虽复室如悬罄，莫不倾产单财，所谓'葬之以礼'，其若此乎？谓宜一罢凶门之式。”

还有《宋书·礼志二》记载：“宋文帝元嘉十七年七月壬子，元皇后崩。兼司徒给事中刘温持节监丧。神虎门设凶门柏历至西上皞。”

七、归葬

所说的归葬，就是把客死他乡的尸骸运回家乡埋葬。这种葬法在魏晋南北朝之时较为盛行。《魏书·赵琰传》中记载：赵琰，祖籍天水人。“初为兖州司马，转团城镇副将。还京，为淮南王他府长史。时禁制甚严，不听越关葬于旧兆。琰积三十余年，不得葬二亲。及蒸尝拜献，未曾不婴慕卒事。每于时节，不受子孙庆贺。年余耳顺，而孝思弥笃。慨岁月推移，迁窆无期，乃绝盐粟，断诸滋味，食麦而已。年八十卒。还都洛阳，子应等乃还乡葬焉。”

《北史·崔承宗传》也有类似记载：“其父于宋世仕汉中，母丧因殡彼。后青、徐归魏，遂为隔绝。承宗性至孝，万里投险，偷路负丧还京师。”

《北史·张谠传》中记载道：张谠死，“子敬伯求致父丧出葬冀州清河旧墓，久不被许，停柩在家积五六年”。

《颜氏家训》终制篇记载：“先君、先夫人皆未还建业旧山，旅葬江陵东郭。承圣末，已启求扬都，欲营迁厝。蒙诏赐银百两，已于扬州小郊北地烧砖，便值本朝沦没，流离如此，数十年间，绝于还望。今虽混一，家道罄穷，何由办此奉营资费，自咎自责，贯心刻髓。计吾兄弟，不当仕进。但以门衰，骨肉单弱，五服之内，旁无一人，播越他乡，无福资荫；使汝等沈沦厮役，以为先世之耻；故靦冒人间，不敢坠失。兼以北方政教严切，全无隐退者故也。今年老疾侵，傥然奄忽，岂求备礼乎？”“孔子之葬亲也，云：'古者墓而不坟，丘东西南北之人也，不可以弗识也。'于是封之崇四尺。然则君子应世行道，亦有不守坟墓之时，况为事际所逼也！吾今羁旅，身若浮云，竟未知何乡是吾葬地，唯当气绝便埋之耳。汝曹宜以传业扬名为务，不可顾恋朽壤，以取湮没也。”

八、墓志

墓志也是魏晋南北朝时期较为流行的一种重要随葬品。从考古资料来看，墓志通常情况是方形石质，有盝顶盖，大多都平放于墓室中墓门前、墓主头前或甬道之中。关于墓志起源，目前学术界还没有达成一致见解，具有代表性的有以下几种：

一是始于西汉。清·叶昌炽《语石》卷四：“王氏萃编曰：《西京杂记》称前汉杜子春，临终作文刻石，埋于墓前。《博物志》载西京时，南宫寝殿有醇儒王史威长之葬铭，此实志铭之始。”

二是始于东汉。罗振玉《辽居稿》延平元年贾武仲妻马姜墓记跋：“汉人墓记前人所未见，此为墓志之滥觞。”马衡《中国金石学概要》第四章记载墓志之制“始于东汉，《隶释》载张宾公妻穿中文，即圹中之刻”。赵万里《汉魏南北朝墓志集释》卷一冯基石椁题字说：“近年陕北出土郭仲理石椁（按属东汉）亦皆有铭。或以砖，砖之有字者尤多，稍后以志铭代椁铭，与前世风尚殊矣。”

三是始于魏晋。日本有学者认为由于魏晋时代严禁在墓前立碑，所以在墓中埋下小型的石碑来代替墓碑，可将此看作是墓志的起源。

四是始于南朝。清代学者顾炎武《金石文字记》卷二大业三年荥泽令常丑奴墓志跋写道：“墓之有志，始自南朝。《南齐书》云：宋元嘉中颜延之作王球石志。素族无碑策，故以纪德。自尔以来，王公已下，咸共遵用。”

清代端方《陶斋藏石记》卷五记载：“刘怀民志作于大明七年，适承元嘉之后，此志铭文字导源之时代也。”

还有学者认为，这四种说法有依文献，有据实物，有引政令，有就铭文，所以都不够全面。要想明了墓志的起源，除了要分析、研究公认为是墓志的墓中铭刻之外，还需要把其他各类墓中铭刻材料均加以归纳分析，特别要研究它们的出土情况、形制、文体、内容及埋设目的等。有学者对汉魏南北朝时期的墓葬铭刻进行了分类研究，得出的这样的结论：在南北朝时期基本定型的墓志，它的形制受到墓砖铭、墓碑等器物的影响。其文体、内容则自告地状开始，吸收了墓砖铭、柩铭、墓阙铭、墓碑、神道、墓门等各种刻铭的表现形式，而不断充实、变化、发展。

瘗埋就是为了与墓柩铭、砖铭、墓碑、神道、墓门等完全一致。所以，我们追溯墓志这条长河的源头，应该把西汉早期的告地状作为其滥觞，两汉时期，应该称为墓志发展史上的第一个阶段。到魏晋时期是墓志史上发展的第二阶段。在当时的阶段，盛行一时的墓碑因为统治者的严厉禁止被迫从地面上转入地下，与圹中的铭刻器物汇合，形成形制较小的石志。这一转化在刻制工艺上、文体上、形制上等方面都给墓志的发展很大的影响，从而推进了墓志的定型化。南北朝时期是墓志发展史上的第三阶段，即定型阶段。

第四节　魏晋南北朝名墓搜索

一、曹植墓

“煮豆燃豆萁，豆在釜中泣。本是同根生，相煎何太急！”这首七步诗是很多人耳熟能详的，它便是由三国时期著名文学家曹植所作。千百年来，人们吟唱此诗，佩服他的才思敏捷，同样为他成为权力斗争的牺牲品而叹息！

曹植，字子建，魏武帝曹操的儿子。他年刚十岁便“诵读诗论及辞赋数十万言，善属文”，曹操对其钟爱有加。《三国演义》上讲，曹操在邺城建铜雀台，要求诸子登台作赋，其中只有曹植一挥而就。曹操对此大加赞赏，曾经几次想废长立幼，由于大臣们的劝告才没有那么做。这不可避免地使曹植招曹操的长子曹丕的嫉恨。

曹操死后，曹丕即位，他开始变本加厉地迫害曹植，他杀害了曹植的朋友丁氏兄弟，不断迁徙曹植的封地，并禁止曹植离开其封地与其他诸侯交往。生活在如此黑暗的社会环境中，曹植不但郁郁寡欢，还有时刻掉脑袋的危险。

有一次，诸侯王例行朝拜皇帝的途中，被禁锢在狭小封地的曹植对美好的山河浮想联翩，他所作的赋中不禁流露出怨怼之词，这又一次让曹丕动了杀机。曹丕以曹植文思敏捷为名，逼迫曹植在七步以内作一首诗，不然就以欺君之罪论处。欺君可是杀头的罪名啊，人们不禁为曹植捏一把汗！

曹植满怀悲愤，诗句随之涌出：“本是同根生，相煎何太急！”据说曹丕因此诗而动了恻隐之心，未将曹植置于死地。曹丕死后，其子曹睿即位，曹睿对曹植的猜忌更加严重，这使曹植深感处境孤危，最后郁郁而终。

曹植在曹丕父子的迫害下生活多年，其间曾被多次迁徙封地。

曹植在《求通亲亲表》中曰：“每四节之会，块然独处，左右惟仆隶，所对惟妻子，高谈无所与陈，发义无所与展。”诉说了他孤独凄凉的悲惨处境。又曰：“号称六易，居实三迁。连遇瘠土，衣食不继。”他所遭受到的迫害，由此可见一斑！

公元229年曹植被封为东阿王时，曾经登上鱼山，喟然有终焉之志。他徙封陈王九个月就病逝了。他的儿子遵从曹植生前的遗愿，在鱼山为他营造了墓穴，他归葬在此。

今天的曹植墓位在东阿县鱼山西麓。坐东向西，依山营穴，用砖土垒就。《三国志·魏书》记载："初，植登鱼山，临东阿，喟然有终焉之心，遂营为墓。"墓室为前堂后室砖室墓。前堂见方4.35米，后室长达2.20米、宽有1.78米。墓壁用青砖错缝平砌而成。前堂后室之间辟门，也用砖封护。清理出石璧、石圭、玛瑙、青玉璜和云母片，还有罐、杯、盆、灶、盘、车、案、禽畜俑等各式各样的132件陶器。

墓前左侧有清光绪二十五年重修碑楼1座，单层硬山式建筑。内放有隋开皇十三年立曹植的墓碑。碑圆首方趺，趺座半入土中，不知道具体的高度。碑冠与碑身为整石雕成，通高2.47米、宽1.03米、厚0.21米。碑身高1.80米，镌文22行，每行字数在42到44之间，共935字。此碑很早以前湮没在大清河中，清代被捞出，又被放在墓前。此外还有题咏、记事4方碑碣。墓园十分简陋，一派萧条肃杀之气，雨中凭吊，更令人痛断肝肠！

曹植是建安时重要的作家，他继承了汉代文学质朴劲健的风格，同时加强了文学特色，形成他自己清新刚健的风格，对我国古代诗歌的发展作出了重要贡献。南朝文学家谢灵运赞叹说，"天下文章只一石，子建独得八斗"，因此后人用"才高八斗"来形容知识渊博、著述颇丰的人。曹植受到人们经世不绝的敬仰，慕名前来谒墓者很多，凭吊的诗文自然很多了。

清初文坛著名文学家王士祯曾作凭吊诗："昔诵君王赋，微波感洛神。今过埋玉地，重忆建安人。名岂齐公干，谗宁杀灌均。可怜才八斗，终古绝音尘。"诗句赞颂曹子建的八斗之才、怜惜他遭到的迫害。历史在诗人心海中荡起了连绵起伏的波涛，这正是曹植墓的文化魅力所在。

二、象山王氏墓地

美丽的南京古城有着悠久的历史。西晋灭亡以后，东晋政权遂偏安一隅，迁往江南，并定都于此。南京北郊的象山王氏墓地就是那段历史的见证。

琅琊王氏在两晋之时，一直都是名门望族，尤其在东晋政权中有着举足轻重的地位，那个时候就有“王与马，共天下”的说法了。象山的王氏墓地的主人是王氏家族的一支，东晋尚书、左仆射王彬的家族墓葬群，占地面积达到5万多平方米。

这里先后出土了10座东晋时期的墓。这些墓分别在四处排葬，总体上按长幼尊卑的顺序排列。墓葬都是砖的，形状有的是凸字形穹窿顶的，有的是凸字形券顶的，还有的是长方形券顶的。这些墓的形状和结构很相似，这里仅以7号墓为代表作如下介绍。

7号墓位于象山西麓的半山坡上，墓门朝西稍微偏南，整座墓保存相当完整。该墓为一座平面成凸字形状的穹窿顶砖室墓，全长5.3米，宽3.22米，高3.42米，由棺室和通道两部分组成。棺室长3.90米，宽3.22米，高3.42米，平面近似长方形，四壁用三层平砖纵砌而成。左右壁略向外鼓呈弧形。左右后三壁的中间分别砌有直棂假窗和壁龛，龛里还放着一个青瓷碗。甬道全长1.42米，分内外两进，中间用门槽作为界，原先这里曾安装木门，如今已经朽了。内外甬道都是券顶结构的。内甬道的两壁用三纵一横三层的横砖砌成，然后再起券；而外甬道则是用六层横平砖起基的，在上面加两层四纵一横砖后再起券。铺成人字形的铺地砖，表面被装饰着粗绳纹，两头的一侧还印着“X”字纹。墓室和甬道内均置放着随葬品。

王氏墓地共出土近300件随葬品，有青陶器、瓷器、铁器、铜器还有金银、水晶、琥珀、玉石饰品等。陶制的牛、马、牛车和大型的案、榻、几等，让我们看到士族子弟现实生活的一个侧面。

士族在东晋南朝时占有不同寻常的地位，士族子弟到了一定年龄就可直接做官。他们不仅工作清闲，俸禄优厚，而且提升很快。许多士族子弟不学无术，过着非常奢侈的生活。他们死后，便将生前的用品做成模型随葬，目的是在另一个世界也同样享受生前的生活。

除此之外，墓地还出土了8方墓志，书法隽永，是中国书法史研究的珍贵资料；志文所涉及的家世渊源、士族通婚等许多内容是非常宝贵的文献资料。

王氏家族墓地不但是东晋偏安江南的历史见证，同样也是人们了解东晋时期士族制度及其生活的一个窗口。通过这个窗口，人们可以更准确地了解当时的历史。

三、南平地区魏晋南北朝墓葬

政和松源、新口南朝墓群

1983年8月，福建省博物馆考古人员在政和县石屯乡松源村和东平乡新口村先后发现一批南朝砖室墓，择其较为完整的6座分别进行清理。

松源村东面庐塘山的3座墓，前后相邻，墓室平面分别呈“刀”形、凸字形、十字形凸字头，方向均为西南。刀形墓全长4.92米，宽1.1米，墓砖侧面印人形、叶脉、双鱼、兽面鸟形、菱形、网格花纹。纪年砖一为“大明六年七月廿八日起公”，另一为“大明六年七月作壁”，字体介于隶楷之间。凸字形墓，全长5.1米、宽1.3米，墓室内壁四角及两侧壁正中对称另砌砖柱券顶一道，砖侧面印叶脉、交叉花纹。十字形凸字头墓为多室券顶结构，全长7.76米，宽4.02米，由甬道、前室、主室和主室前部两侧耳室组成。墓内壁左右对称相间加砌砖柱券顶28道，墓底自甬道至主室后部（棺台）铺砌成梯级状平台，墓砖侧面印交叉花纹。

松源村北面的虎咬垅山，仅清理1座凸字形砖室墓，西向，全长7.2米，分为甬道、前室、后室三部分，墓室内壁左右对称相间加铺砌砖柱券顶30道，砖侧面印纹交叉花纹。

东平乡新口村牛头山的两座南朝砖室墓，平面都是凸字形，东南向。1座全长6.36米，券顶残缺，砖侧印叶脉、人形花纹，隶体纪年砖为“元嘉十二年七月十二日陆氏”。另1座全长5.64米，墓室后壁正中加砌一砖柱，砖侧印人形、交叉花纹，纪年砖反书“永明五年起□”。以上6墓共出土瓷、陶、石、铜、铁、金、银器74件，其中瓷器56件，石质品8件，主要器类有青瓷盘口壶、钵、盅、盘、罐、盖罐、带把钵、碗、五盅盘、分格盘、盘托耳杯、瓶、鐎斗、盘托三足炉、博山炉、灶、陶纺轮、陶盅、滑石猪、铜杯、铁剪、金钗、银钗、银项圈、银镯等。

6座墓的时代，其中3座墓有纪年为据，另3座墓虽无纪年，但墓室底部都呈梯级状，都有对称砖柱券顶的做法，与建瓯水西南朝宋元嘉二十九年

(452年) 墓和木墩梁天监五年 (506年) 墓相似，各墓出土遗物大同小异，都以青黄釉日常生活用器为主，器形风格亦大致相同，其年代应为南朝宋、齐，至迟不晚于南朝梁。

建瓯木墩南朝梁墓

在建瓯小松乡木墩村西北约100米山坡上。1957年7月，省文物管理委员会和建瓯县文化馆发现并进行发掘清理。墓为券顶花纹砖多室结构，方向北偏西60度，通长8.45米，宽2~3.6米，高2~3.37米，内壁每隔0.2米加砌一道宽0.4米、厚0.2米的砖柱券顶。墓室平面分为甬道、前室、后室及耳室，自封门至后壁底部砌成前低后高的三段平台，第一段为甬道，长1.32米，宽0.75米，高2.1米。第二段为前室，通长3米，宽3.6米，高3.37米，底部分为二级，第一级高出甬道0.1米，第二级又高出前部0.15米，靠近后室两侧各有一券顶耳室，耳室长0.75米，宽1.12米，高1.75米。第三段为后室，高出前室0.2米，长4.1米，宽3.6米，高3.17米。墓砖侧面印莲花，方格和米字格纹。纪年砖书“天监五年作”，“太岁丙戌七月”。随葬品分置于前室后部及两侧耳室，以青黄釉瓷器为主，主要器类有双耳壶、碗、三足盘、带盘三足杯、鐎斗、分格盘、小盂、鬼灶以及残铁剪刀、残陶纺轮等18件。此墓规模较大，布局结构象征死者生前居所广庭深院，墓主可能是一位南迁入闽士庶中之较有声望者。

浦城吕厝坞两晋、南朝墓群

位于浦城县莲塘乡吕厝坞村。1986年，福建省博物馆与浦城县文化馆在七坊山清理已遭破坏的砖构券顶单室墓4座。其中，平面呈刀形2座，凸字形1座和双凸字形1座，均坐东朝西，墓与墓间隔1~1.8米，墓前有弧形砖砌坟圈残段。墓砖纹饰有蝉形纹、网格纹、叶脉纹、四出方孔圆钱和团莲等。纪年砖为“元康六年秋冬告作宜子孙王家”、“元康六年□□公王家宜子孙”、“王家”、“元康六年王家”等。出土主要器类有青瓷盘口壶、钵、碟、盘托耳杯、虎子、勺、狗圈模型、金、银发饰、铜带钩、铁刀、铁剪以及陶纺轮等。同年，省考古队又在吕厝坞西北的会窑社山的西南坡地，清理6座塌顶或部分损坏的砖构券顶砖室墓，其中5座为晋代凸字形单室墓，1座为南朝时期四级多砖柱墓，规模较大，分甬道、前室、后室三部分。墓砖纹饰有绳纹、蕉叶纹、四出钱纹、米字纹、网格纹、三线半圆纹、人面纹、菱格纹、月牙纹、连线纹、十字纹、篦梳纹、交叉纹、莲花纹等。墓砖纪年有“永嘉五年”（公元311年）、“咸康五年”（公元339年）、“兴宁三年”（公元365年）、“兴宁元年”（公元363年）等。出土器类有青瓷盘口壶、双耳罐、钵、碗、盅及铁刀、银钗等。

建瓯阳泽东晋墓

在建瓯市阳泽村东北约50米的山坡上。1987年，建瓯县博物馆清理。墓为砖构券顶单室，方向140度，平面凸字形，全长4.45米，甬道长0.94米，宽0.68米，高1.46米，墓室长3.38米，宽1.02米、高1.86米。墓砖花纹为叶脉、弧线、同心圆，纪年砖隶体反书：“太宁二年（公元324年）六月廿日□□□起”，“咸和六年八月五日黄作”。随葬品有青瓷钵、碗、盅等4件。

建瓯小桥东晋墓

位于小桥乡西南约1公里的鲤鱼山下，面对小桥至后塘公路，东南与小桥村办茶厂相邻，坐南朝北，有两墓并列，相距约4米。1982年5月，农民在挖掘宅基时发现，经建瓯县博物馆清理砖室，两墓各分墓道和墓室两部分，左墓平面呈“凸”字形，长3.9米，宽1.4米。右墓呈“刀”字形，墓道偏左，长约3.9米，宽1米。墓砖花为凸焦叶脉纹、交叉纹和古钱纹。墓底用素面红砖呈人字平铺。纪年砖为“永和三年六月”，墓室出土陶瓷器8件，其中双系盘口罐1件、双系罐1件、盅1件、盂3件、陶纺轮2件，造型小巧玲珑，釉色莹润。

建瓯水西南北朝墓

位于城郊水西放生池山，北距建瓯汽车站约1公里，东向为今放生池村落。1965年5月，基建平整土地时发现砖墓2座。一号墓方向朝南偏西50°，平面呈“十”字形。墓室全长6.48米，宽1.8米，墓底由前至后分成3级，后部为棺台，长3.5米、高2.5米，中部长1.9米、高2.9米，与左右耳室同一水平面，前部长1.9米、高3.2米。主室拱顶之下又相间砌出4道拱券。左右耳室为台座，拱顶下两壁前方门顶砌拱券2层。门道地面比主室前部低0.25米。进门处堵封门砖一层，作纵向平砖叠砌。所有墓壁均用平砖纵向叠砌。墓底铺地砖如席纹。墓砖长方形，拱顶砖断面如梯形，长的一侧印有2个交叉纹，短的一侧只印1个。墓壁还有几处铭文砖，横印两行阳文：“元嘉廿九年七月廿二日郡卿封孝廉郎中令詹横堂”。葬具已腐朽，仅在淤土中散见少许碎末。出土文物有青釉盘2件、碗5件、罐1件、石雕卧猪2件。二号墓在一西南约10米处，方向朝南偏西，规模比一号墓小，但墓室结构、墓砖花纹基本相同，无铭文砖。出土青釉托盘1件、双杯盘1件，釉色润泽，花纹细致，工艺颇佳。据考古鉴定，两墓应属同一时代。

邵武南朝墓

在邵武市区东北方向1公里俗称“冢窠”处，1981年1月，发现南朝墓葬群，清理其中1座。墓坐北朝南、券顶，墓顶距地表120厘米，墓平面略呈凸字形，有甬道、前室、后室，甬道长0.87米、宽0.62米，前室深1.2米、宽1.7米，后室（棺室）深3.2米、宽1.4米。墓壁、封门墙及墓底均用平砖平铺叠砌，左右壁高1.2米处起券，券顶用刀形砖拱砌，平砌长0.35米、宽0.16米、厚7.5厘米，侧面或端面印有忍冬、钱纹、叶脉、人物等纹饰。刀形砖长0.35米、宽0.17米，一侧厚5.5厘米、另一侧厚7厘米。有2块残刀形砖上印有“永明”、“十一年”铭文，说明该墓系南朝早期墓葬。出土青瓷盅5件、青瓷碗1件、青瓷桥形系罐1件、锈铁剪（残）1件，铜钺1枚（已腐），碗、盅均为直口、弧腹、矮实足，釉呈青黄色，有开片，胎釉结合不好，釉剥落严重。

邵武水南南朝墓

位于城关水南桐子林山坡。1972年3月，县砖瓦厂基建挖土时发现。省博物馆派员清理，共发掘4座墓葬，分别编号是M1、M2、M3、M4。M1墓室为花纹砖券状单式墓结构，平面呈长方形，长3.4米，宽0.9米，高1.4米，墓砖花纹呈对角交叉。出土器物有瓷碗、杯、五杯盘等共3件，均为釉色剥落的青黄色釉器皿。M2墓室结构、墓砖花纹均与M1相同。出土器物有釉色剥落的青黄色瓷双耳罐2件、碗4件、羽觞1件。M3墓式结构、墓砖花纹亦与M1相同。出土器物较丰，有双耳罐3件、碗2件、五杯盘1件、杯3件、卧式五底石猪2件和铁剪刀、发钗各1件。还有1枚铜钱已锈破，文字无法辨认。M4墓式结构、墓砖花纹均同前。平面呈“凸”字形，墓室底部分前、中、后三部分，前低后高，每部分高出 0.2 米。中部比较集中放置随葬器皿，后部为棺台。出土器物有：青黄釉五盅盘 1 件、碗 7 件、灯盏 1 件、瓷灶 1 件、小杯 1 件，四耳罐、六耳系罐各 1 件。还有一面铜镜，直径 9.5 厘米、厚 0.3 厘米，半圆纽，边作波状纹饰，纽处绕以方形框 2 层，因锈蚀文字无法辨认。

邵武水西南朝墓

位于城关水西山麓，面对建溪、背靠山坡，距南武公路北侧约 50 米。1964 年 8 月，县森工局基建时发现。经省文物管理委员会考古工作队清理发掘 2 座，分别编号为 M1、M2。M1 墓朝南偏西，为单式砖砌卷状墓，平面呈“L”形，全长 3.98 米、宽 0.76 米、高 1.9 米。墓砖花纹有对角交叉、卷草纹、交叉半弧形纹等。墓室前半部左壁间伸出平砖 2 块，中间相距 0.19 米，上置小碗 1 件。墓底地砖作两横两纵垂直平铺。出土器物有：双耳大盘口壶 1 件、双耳长瓶 1 件、大小四耳盖罐 3 件、五盅盘 1 件、碗 6 件、瓷盘 1 件，釉色均为青黄色，大部分已脱落。此外，还有八乳倒钩连纹铜镜 1 面。M2 墓在 M1 墓的东北角，相距约 25 米。方向朝南偏西。墓室平面呈“凸”字形，全长 4.4 米、宽 1.4 米、高 2.6 米，结构与 M1 墓相同，墓砖花纹亦同。出土器物有：双耳大盘壶 2 件、六系罐 2 件、四系罐 5 件，釉色青灰完好。还有青瓷长颈瓶 2 件、大小碗 11 件、五杯盘 1 件、托盘 2 件、瓷盘 2 件、铜镜 1 面。

松溪渭田西晋墓

在松溪县渭田乡渭田村附近。1973 年，农民开山种橘时发现，省博物馆进行清理。墓系砖构券顶单室，长 8.65 米、宽 1.85 米，高 2.45 米，墓砖花纹多为古钱、蕉叶，纪年砖为“永兴三年八月二十二日”。随葬器物有青黄釉盘口壶、罐、虎子、盂、铜锥斗、铜洗盘、铜镜、铁刀、金手镯、银耳挖等。

四、三燕墓地

辽宁省北票市四家板村的西面、大凌河畔边有一片看上去没有什么特殊地方的山坡地，因为那里土质疏松，很多村民便来这里取土。20 世纪 70 年代，村民取土时，发现了许多墓葬，随后不断有文物出土。这引起了文物部门的高度重视，从1993年至1998年，辽宁省文物考古研究所在那里工作了6年，发掘了369座墓葬，取得了十分惊人的成果。于是，这里成为人们关注的焦点。发掘的资料表明，这是一片三燕时期的鲜卑贵族墓地。

鲜卑族是我国北方的古老民族之一，曾生活在大兴安岭一带，过着游牧的生活。后来，拓跋鲜卑建立了强大的北魏帝国。

北票喇叭洞墓地正是十六国之时，鲜卑族的一支慕容部的贵族墓地。通过发掘，出土了一大批内容十分丰富的三燕文化遗物，有铁器1200多件，陶器600多件，铜器300多件，除此之外，还有金、玛瑙、银等装饰品1000多件。这让我们真正地感受到了三燕文化的丰富内涵。

喇叭洞墓地出土物丰富且精美，可是它的意义远远不止这些。根据文献记载，十六国时期，披甲骑具装的骑兵已经成为军队的主力，可是在考古发掘中未能找到甲骑具装的实物，人们心中产生了疑问：究竟是文献记载有误呢，还是考古资料匮乏呢？

1998年朝阳市一座前燕墓出土的一件实物为人们解除了疑惑。此次发掘，在M5、M17中都出现了这种实物，其中M17出土的一套非常完整。这一发现为研究十六国的历史提供了更加充分的资料。

M17为一座长方形土坑竖穴墓，墓圹长5.2米、宽4米、深4.8米，墓底放着一具宽1.3米、长3.6米、高0.9米的木棺。木棺周围是一圈经过夯打的熟土二层台，棺盖上方用石块压着，然后填上土，逐层夯实。墓内出土了许多随葬品。墓主人脚下摆放着盆、平底釜等铜器。棺前的右边存放着一把铁剑和一把铁矛，左侧放着铁矛、陶缸和环首铁器。完整的甲骑具装就放在棺的下部。除此之外，还有马饰件。

发现三燕文化葬俗的新特点是这次发掘的另一个收获。在以前的发掘中，三燕文化墓葬中的木棺、石棺通常是头大尾小的形式，这次发现的大部分墓的木棺是前后同宽的矩形了。且有些埋葬习俗在以前的三燕墓葬中也是没有见过的，如随葬环首铁器以及铜鹿形器、鎏金小铜脸等。这都是鲜卑民族的文化特色，是了解鲜卑民族文化的素材。

五、北齐库狄迴洛墓

北齐库狄迴洛墓在山西省寿阳，是一座土冢砖室墓，由墓道、封土堆、甬道、墓室四部分组成。保存完好的封土堆高大如丘，四周坡斜，顶部圆平，经过一千多年的风雨侵蚀，仍然高达 12 米，底部的直径有 49 米。墓道呈斜坡状，长 11. 86 米，宽 2. 40 米。墓道尽头就是墓门。

墓门是用长方形灰白色的粗砂岩做成的，高 1. 7 米，宽 1. 44 米。门上有莲花形的门簪，正面还有一对铁门环，环上横挂一把鎏银铁锁。墓门、门楣上都画着壁画，其他部位均涂有二层赭红色，鲜艳得就好像是新的一样。通道是墓门与墓室之间的通道，平面是长方形，约有 3. 10 米长，1. 80 米宽，券顶高达到 2. 36 米。地面和两壁分别用不同的方法用砖砌成，两壁还绘有人物壁画。顺着通道一直往前走便进入墓室。墓室的平面差不多是正方形，四壁稍向外鼓出。南北两壁等长，为 5. 44 米；东西两壁也等长，为 5. 42 米；券顶高有 4. 60 米左右。

木椁是颇具特色的房屋形木椁，放在墓室的中部。虽已被压毁，各部构件都脱节了，但我们仍能看出它的大体建筑形式。木椁平面是长方形，东西分别长 3. 82 米，南北宽 3. 04 米，高约 1. 20 米。木椁成斗拱结构，四角梁上还饰着鎏金龙首等饰品，前檐部位嵌有鎏金铜挂钩，目的是用来挂帐幕。这座木结构的房屋形椁室，为研究我国古代木构建筑提供了宝贵资料。

除此之外，墓室里还随葬着玉器、金银器、鎏金器、玛瑙器、釉陶、铁器、陶俑、动物模型和墓志等。鎏金器形制特别小巧，光亮如新，有些是南北朝墓罕见的。铁器中的一件木鞘铁剑令人惊奇，铁剑已腐朽了，可木鞘却保存很完整，全身涂有红地墨彩纹饰，木鞘上套着九道凸弦纹的铜箍，两端和颈首处都有铜饰。釉陶器的数量很多，以前很少见，但制作粗糙，属于低温釉陶，是专门用于随葬的。陶俑是模制的，因此各种俑的形状相同。其中有一件老叟舞蹈俑，其体高身细，笑态可掬，作举手屈膝载歌载舞状，形态生动，是北齐俑中极其罕见的珍品。墓志记载了墓主人的姓名和下葬时间，可用来纠正史书记载的一些错误，从而补充文献中的不足。

库狄迴洛墓营建极具规模，墓内的房屋形木椁雕镂精细，壁画鲜艳而富丽。墓内出土物既有极高的欣赏价值，又有很重要的历史价值。

第六章　隋唐五代十国墓葬

【凭吊诗话】

他乡复行役，驻马别孤坟。
近泪无干土，低空有断云。
对棋陪谢傅，把剑觅徐君。
唯见林花落，莺啼送客闻。

——唐·杜甫《别房太尉墓》

引　言

在以黄河流域为主的北方地区，北魏以来的墓葬制度，经隋代，至于盛唐，一脉相承。当时贵族官僚的大墓，都是采用斜坡式的墓道，包括一段很长的隧道；隧道顶部开天井，两壁设龛。懿德太子墓有天井 7 个、壁龛 8 个，章怀太子墓有天井 4 个、壁龛 6 个，正三品司刑太常伯李爽墓有天井 3 个、壁龛 2 个，天井和壁龛的多寡基本上与墓主人的官品爵位相一致。隋代流行以土洞为墓室，高级官僚的大墓亦不例外。入唐以后，则多采用砖室，土洞墓已降为低级官吏或平民所用。一般的官僚，其墓室都为单室。二品以上的大官，除主室以外，有时还设简单的前室。成王李仁墓、章怀太子墓及“号墓为陵”的懿德太子墓和永泰公主墓，则都有前后两室。从初唐到盛唐，贵族、官僚墓中流行壁画。一般是墓道前部两壁各绘青龙、白虎，墓室顶部绘日、月、星辰，其他则有鞍马、明驼、牛车、列戟、步骑仪卫、属吏、男女侍者以及乐舞伎等，各绘在墓内的相应部位，其内容和规格视墓主人的身份而有所区别。

隋唐墓的随葬品以大量的陶俑为主。大约从武周时开始，陶俑多施三彩釉。陶俑可以分为出行时的仪卫行列和家居时的家臣侍者两大类。前者自隋至初唐多武装俑，以后逐渐减少，武周时出现高大的马俑和驼俑。后者自初唐至盛唐不断增多，乐舞俑和游嬉俑等皆属此类。受佛教影响，镇守墓门的一对武士俑在盛唐时演变为天王俑，其特点是脚踏伏兽或鬼魅。镇墓兽继承北魏后期以来的形态，一为人面，一为兽面，而武周时则又进一步演变为头生角、肩附翼或手握蛇的怪兽。隋代开始出现的人身禽兽首的十二时辰俑，到开元、天宝之际更为流行。陶俑的数量，因墓主人身份而有不同的限额，懿德太子墓的陶俑总数达千件之多。方形有盖石墓志在唐代使用得更为普遍。墓志的大小，随墓主人的身份而有等级之分。例如：三品官的墓志多约72 厘米见方，一品官如杨思勗及章怀太子雍王李贤、成王李仁的墓志皆为88 厘米见方，永泰公主的墓志最大，为114 厘米见方。懿德太子如天子之制，不用墓志而用玉册。

安史之乱以后，唐代墓葬制度发生了显著的变化。首先是墓的构造简化，短而狭的竖井式墓道代替了斜坡式的长墓道，因而天井和壁龛也不见了。墓室的规模缩小，壁画亦十分罕见。陶俑的数量减少，制作粗简。天王俑和镇墓兽越来越简化，在有的墓里已不用。只有十二时辰俑仍较流行。

长江以南广大地区的唐墓，有竖穴式土坑墓和砖室墓两类，形制简单，规模甚小。砖室墓多为长方形，有的两室并列，夫妻各葬一室。广东省韶关张九龄墓，主室平面呈方形，四壁施彩画，前方甬道两侧还各设一耳室，规模较大，形制与北方地区的砖室墓类似。总的说来，南方地区唐墓中的随葬品多为陶瓷器皿，陶俑甚少见。

唐代帝陵除少数是“积土为陵”的以外，大多数都是“依山为陵”。唐高宗与武则天合葬的乾陵，以梁山的主峰为中心，筑平面略呈方形的内城，四面各开一门，门外置石狮、石马和石人。南面的朱雀门是正门，入门即为献殿。自南面远处第一道门阙至内城的朱雀门，神道长达3 公里，两旁列瑞禽、瑞兽、马、武将、文臣以及外国首领的石雕像，并树“述圣记碑”和“无字碑”。乾陵的宏大规模，充分显示了大唐帝国极盛时期的强大国力。

五代十国是中国历史上一个分裂割据的时期。中原地区的王朝不断更替，前后有梁、唐、晋、汉、周五代。其他地区主要在南方则有十个割据的王国：长江下游的吴、南唐、浙江一带的吴越、福建一带的闽、四川一带的前蜀、后蜀，两湖地区的楚、南平，两广地区的南汉和山西境内的北汉。这一时期由于军阀混战，政权更迭频繁。五代前后七十多年共有十三个皇帝，死于非命的就有八个。所以，这个时期的陵寝建筑所剩无几，在陵寝制度上也基本没有建树。

第一节　隋唐墓室形制

一、隋代墓室形制

从目前掌握的考古资料来看，隋代的墓室形制主要分为土洞墓、砖室墓、土坑墓多种，其中尤以单室土洞墓最流行。

土洞墓

隋代时，北方中原地区主要流行土洞葬，其中以单室为主。单室土洞墓又可分为长斜坡多天井、过洞的土洞墓以及竖井墓道的土洞墓。除此之外，单室土洞墓又可以根据墓室的耳室、平面情况和棺床的安放位置以及随葬品的多少，分为方形、长方形、铲形、弧方形、刀把形等。

长斜坡多天井单室土洞或土坑墓，全长通常在 40 米以上，天井和过洞都在 3 个以上。墓室长、宽都在 4 米左右，面积大约为 15 平方米左右。隋初墓道通常位于室中南部，隋末墓道东移到室南偏东。棺床大多数居于墓室的西侧，开始出现位置不定的 2 个或更多的小龛。墓室中通常设有石棺床、石门，还有石棺和石椁。地面上都有高大的封土堆和石象生。就像目前已发现的公元 582 年使持节、司徒公李和墓，开皇十三年，即公元 593 年骠骑将军、河东公李椿的墓，开皇十五年（公元 595 年）洮、甘二州刺史段威的墓，开皇二十年（公元 600 年）使持节大将军、凉州刺史、赵国公独孤罗墓，大业四年，即公元 608 年隋左光禄大夫岐州刺史李氏女李静训的墓，大业六年（公元 610 年）使持节、金紫光禄大夫、龙泉、敦煌二郡太守姬威墓等，均属于这样的墓葬。

斜坡墓道单室土洞墓，长度在 10 米以上，除少数墓有 1 至 2 个天井外，大多数都没有天井。墓室平面长、宽分别都在 3 米左右，大多墓壁略有弧度，也有的是斜方形。弧方形墓室的墓道，大多居中，平面呈铲形。斜方形墓室的墓道偏东。现今发现的这类墓葬有：开皇三年昌州刺史刘伟墓，开皇六年绛州刺史刘穆墓，开皇九年骠骑将军、遂州刺史宋循墓，开皇十二年（公元 592 年）大都督左亲卫车骑将军吕武的墓，开皇十五年征虏将军、中散大夫张盛的墓、开皇十六年（公元 596 年）镇远将军、成武县开国伯郑平之墓和持节行军总管、齐州刺史罗达之墓，还有大业七年（公元 611 年）田德元之墓，大业十一年（公元 615 年）冯淹之墓等等。

作为竖井墓道的土洞墓，全长有 2.5 米左右。其墓室平面总体上可以分为二种：一种近似长方形，俗称“靴形”墓；另一种近似梯形，墓室东西窄、南北长，墓道比较短，在墓室南壁东侧，俗称刀形墓。比如开皇十年（公元 590 年）安阳 404 号墓，墓室平面是“靴形”，东西分别长 2.36 米、南北宽 1.60 到 1.20 米，竖井墓道。大业十一年左备身府骁果刘世恭墓，墓室平面有点像正方形，南北宽 2.66 至 2.40 米，东西长 2.26 至 2.58 米。

长方形土洞墓，墓室通常长 2 米、宽 1 米左右，面积只能放得下棺而已，墓主全部是无官品的庶人。比如仁寿三年（公元 603 年）安阳 104 号墓，墓室南北长是 2 米，宽有 0.64 到 1.56 米。洛阳开明二年墓，墓室底长 3 米，宽有 1.1 米。

中原地区的隋墓的等级区分是分明的，特征也很明显，如：隋初棺床置放在墓的北壁下，之后逐渐移向墓室的西侧；隋代初期铲形墓较多，至隋末刀形墓增多；隋初墓室四壁多呈平直，隋末墓室四壁呈弧方形的明显增多。

砖室墓

隋代时，南方地区主要流行砖室墓。据纪年墓，并参照中原地区隋墓形制的划分，总体上可依照墓室的长度、随葬品的品种和数量划分成以下四种类型：

第一种，平面形制通常呈古字形或亚字形，分别有前后二室或前、中、后三室，在甬道或墓室的两侧有比较大的耳室，墓壁都用双层砖，大都是三顺一丁砌成，墓壁上有文吏、四神、仕女等花纹，雕刻非常精美。墓室内的棺床高出地面 10 到 70 厘米左右，并且有较完善的排水设施。比如湖北武昌周家大湾 241 号墓、武昌东湖岳家咀隋墓，安徽合肥西郊出土的开皇六年墓，还有江西清江 311 号墓都是这样类型。

第二种，墓室平面形制因地而异，耳室多寡不一。全长在 5 至 7 米之间。墓壁大多是双层砖，少数也是用单层砖砌成；砌法通常是三顺一丁，其中也有斜砌的。大多数都有前室和后室，棺床高于地平，有比较完善的排水设施。大多数是使用花纹砖，墓壁上还砌有小龛，数量不等。比如江苏徐州铜山茅村隋墓、安徽亳县王干墓、广东封川隋墓、江西清江岭西隋大业七年墓等全是这个类型。

第三种，墓室平面以凸字形和长方形为主，全长在 3 到 5 米之间。墓壁一般是单砖叠砌，墓室内有棺床和排水设施。比如湖南湘阴隋大业六年（公元 610 年）陶智洪墓，该墓为凸字形单室券顶砖墓，全长 3.88 米，宽 1.72 米，通道长 1.1 米。墓壁用三横一竖建砌，两壁有高 0.30 米、深 0.20 米、宽 0.22 米的小龛 12 个。彬州 5 号墓是长方形砖室墓，长 3.56 米，宽 1.06 米，高 1.78 米。墓壁平砖错缝叠砌，大部分是素面砖。

第四种，墓室平面是长方形或者梯形，凸字形墓也不罕见，没有耳室，同样不分前后室，全长在 3 米以下。用单砖叠砌而成。

除此之外，隋代还有土室墓以及土坑墓。土室墓的结构是由墓道与墓室组成，有的有通道。墓室是长方形或方形，在湖南、河南、陕西以及江西等地都有发现。土坑墓主要流行于南方，大多都是长方形或者是梯形，竖穴，长度大约在 3.50 米左右，宽度在 0.7 到 1.2 米之间。

二、唐代墓室形制

唐代的墓室形制，从构筑材料来看，大体上可分为土洞墓、砖室墓、土坑墓等。其中，砖室墓和土洞墓又有单、双室之分。

双室砖墓

唐代皇亲贵戚使用的一种墓葬形制是双室砖墓。迄今为止发现的双室砖墓主人有郑仁泰、尉迟敬德、韦洞、苏定方、李重润、李谨行、李贤等，他们有的是唐代高级军事将领，有的是李唐宗室、异姓外戚，一般人是无法享受的。

这类墓都有长斜坡墓道，4 个以上天井和小龛，全长在 50 米以上，有的超过100米，有宽大的前、后室，后室的长宽都在4.5米以上，有石门、石棺还有石椁等葬具。随葬品十分丰富，有的竟达千件以上。地面上有高大的石象生、封土堆、石碑等。比如神龙二年懿德太子李重润墓，全长达到100.80米，有8个小龛，7个天井。前墓室长是4.45米，宽有4.54米，高是6.3米。后室长达到5米，宽有5.3米，高7.1米。墓室东西两壁稍有一点弧度，使用了石椁、石门等。地面上有高大的封土堆、土阙还有石象生等，是唐代双室砖墓的典型代表。

单室砖墓

单室砖墓与双室砖墓的形式基本相同，只是少了一前墓室。从单室砖墓葬的规模来看，又可分为巨型、大型、中型、小型四种。

其中巨型单室砖墓的墓葬，全长都在40多米，是由长斜坡墓道、天井、过洞、通道和墓室组成。墓室面积几乎都在4.5×4.5平方米左右，通常有4个以上的天井、过洞，2到8个小龛。随葬品非常丰富，各种俑类都有，大多在100多件，且都使用了石葬具。

比如显庆二年荆州刺史、虢国公张士贵夫妇合葬墓，全长达约57米，长斜坡墓道，5个天井、5个过洞，4个小龛，通道位于墓室南之东侧，墓室四壁微微向外弧凸，呈弧方形，穹窿顶。墓室四壁都绘有壁画，两侧有石棺床。其中出土随葬品409件，各类俑都有，地面上有高大的封土堆。

大型单室砖墓的形制和巨型单室砖墓相同，所不同的是全长在20米以上。墓室平面长、宽在3米以上。小龛数量不等。有砖棺床，有的有石门。俑类十分丰富。

中型单室砖墓通常全长在10米以上，墓室面积在3×3平方米左右，斜坡或竖斜墓道，天井数要少于大型墓。比如上元二年安阳庶人杨偘墓，为砖砌单室墓，墓室平面呈方形，通道在墓室南壁中部，随葬品有70多件。

双室土洞墓

双室土洞墓与双室砖墓的形制基本相同，双室土洞墓全长大多在40米以上，是由长斜坡天井、墓道、过洞、通道和墓室组成。比如神龙元年沙州刺史李思贞之墓，全长不到50米，有5个天井、5个过洞，6个小龛。后墓室四壁都是平直的，呈斜方形，有砖棺床；前室是不规则的正方形。

单室土洞墓

单室土洞墓有大、中、小之分。大型单室土洞墓的形制基本与双室土洞墓相同，只是比双室土洞墓少了一墓室。比如盛唐时期的独孤思贞之墓，是一座斜坡形长墓道的土洞墓。墓室平面近方形，除南壁和东壁较直外，北壁微呈弧形凸出。墓室南北长 3.44 到 3.46 米，东西长 3.46 至 3.48 米。土洞顶部呈半球状，高有 2.9 米。

砖砌棺床靠墓室两侧，高出墓底 0.4 米，呈细腰的须弥座式形状。墓室前有拱顶甬道，外口砌砖封门。甬道长达 3.8 米，南端顶高有 2.2 米，宽是 1.2 米；北端顶高有 2 米，宽是 1.3 米。墓道分墓道口和隧道两部分，全长达到 23.6 米，宽是 1.67 米。5 个天井之间的间距是 1.3 到 1.5 米，大小通常长 1.35 到 1.80 米，宽 1.7 米左右。在距墓门 4.8 米处的墓道两壁上，分别有 1 个拱形小龛，龛底高出墓道底 0.3 到 0.6 米。龛的南侧有砖柱。龛口可能安有木门。

元和十四年上柱国开国公李文贞墓和乾元元年右龙武威军大将军章令信墓，同样是大型土洞墓。这两座墓的墓道和墓室东壁形成一条直线，呈刀形，俗称刀形或者刀把形土洞墓、折背刀形土洞墓。它们分别有斜坡墓道、几个天井，砖封门，就是没有小龛。

中型单室土洞墓的墓长度大约在 10 米以上。有的墓室平面呈正方形，四壁较直，砖棺床在墓室正中央，墓道长约 11 米。

小型单室土洞墓，墓葬全长不到 10 米。有斜坡或竖斜墓道，有的墓有 1 到 2 个天井。棺床有的用砖筑，有的用土筑，或者没有。用土坯或砖封门。比如王世充郑开明二年裴氏之墓，是竖穴墓道，长方形土洞墓。墓道长有 1.74 米，宽为 0.92 米；墓室长为 3 米，宽有 1.1 米。

调露元年（公元 679 年）的安宝墓为刀形墓，墓室平面是规则的长方形，长 2.6 米，宽 2 米。拱形顶，在室西有木棺、竖井墓道，与墓室东壁形成一条直线。太和四年左金吾卫大将军上柱国李文政墓为折背形墓，有竖井墓道，墓室长达 2.25 米，宽竟有 1.13 米，墓室与墓道形成一条折线。

土坑墓

土坑墓通常是就地挖成的，大多数是长方形竖穴，没有墓道，流行于南方地区。比如湖南唐墓中的长方形竖穴土坑墓，墓穴一端大，一端小，墓口通常比墓底大。有的墓葬头部留有生土二层台或挖出长方形、圆拱形壁龛。

三、唐代墓室的壁画装饰

唐代是继汉代之后墓室装饰壁画的第二个高峰。西安地区发现了这类墓葬。比如唐太宗贞观四年李寿墓壁画，这是唐初壁画时间最早的例子。

其基本布局为：墓道两侧绘有出猎图和骑马出行图。临接墓道的两个过洞上方绘有层楼。过洞与天井侧壁分别绘有列戟、仪仗、男女侍，以及耕地、挑水、推磨等庄园生活画面。

墓室内绘有马厩、乐舞等。凡家内生活画图，大多以构图复杂的庭院作为背景。到了高宗时期，墓中描绘地主庄园生活的画面已不常见了，以构图复杂的庭院为背景的做法也被放弃，取而代之的是在过洞、通道及墓室壁上加绘粗线条的廊柱、阑额。

这些以廊柱、阑额等构成的廊式建筑，是统治阶级生前豪华住宅的象征，又兼作界格，将壁面分成一个个独立的面画，其间图写着各类人物。中宗时期的几座大型墓葬的壁画，就是在这种变革的基础上经营布置的。

以懿德太子墓壁画为例，墓道两侧依次绘有青龙白虎、仪仗、阙楼城墙。天井、过洞、通道、前室，分别绘男侍、列戟、宫女，后室绘伎乐和供奉，前后室顶绘有天象图。

过洞、通道、墓室所绘人物，都是以象征性廊式建筑为背景。章怀太子墓墓道上所绘的马球图，无论内容和风格都显得更为自由。开元天宝时期的墓葬壁画保存相当少，很难找到当时典型壁画的例子。

从开元十一年苏思昂墓和开元十六年薛莫墓残留壁画看，墓道部分仍绘青龙、白虎，并在廊式建筑内绘有男女侍从，通道和墓室内绘捧持生活用具的男女侍，墓顶绘有天象图。这种布局，同开元以前的相似。值得一提的是，苏思昂墓墓室，一壁画大幅乐舞图，另一壁画条幅式人物画，南北两壁各画有朱雀、玄武，可以说是一种新格式；天宝十五年高元珪墓，墓室北壁画墓主，他坐在椅子上，两边站着侍女，这种题材也是新出现的。

安史之乱以后很难发现壁画墓了，保存情况也十分差。从残存壁画来看，内容多是四神、男女侍之类，花鸟画所占壁画逐渐增多。

武宗会昌年间墓，有的将墓室的整个壁面划分为若干条幅，每幅都绘有云鹤，似模拟云鹤图屏风。

唐初之时李寿墓壁画中的人物，体态清瘦，身躯显僵直目光呆板。从画面上看去，男侍幞头低平，袍短仅过膝，还有于膝下缚袴的。女侍发髻罗低，着长裙，裙上沿及于胸部以上，下缘垂到脚面，双足露在外面。

高宗年间人物体态已略近圆腴，有的壁画，人物形象也比较生动。但多数墓葬，壁画中人物还是比较呆滞。到了中宗时期，绘画技术似有较大发展，人物形象十分丰满、婀娜多姿。男侍幞头也较高了，袍也较长了；女侍云髻高耸，长裙曳地。

开元、天宝时期的壁画人物，男服更长了，女服更加肥了，侍女梳双鬓抱面的抛家髻。不论男妇，体形都十分丰满，与当时的陶俑一样有趣。

装饰图案，因资料较少，不能细述。粗略而观，唐初的装饰花纹是以忍冬为主。从高宗到中宗时期，大量使用宝相花。与此同时，在花鸟画逐渐兴起的情况下，人物画中常杂有折枝花、碎花和树石。

唐墓中的这些壁画反映了死者对在世时豪华奢侈的深切眷恋，亦为统治阶级丧葬观念的生动体现。

第二节　隋唐明器和礼法制度

一、明器法律规定

隋唐之时，统治阶级开始采用法律的形式，将明器制度确立下来。比如《大唐开元礼》载：三品以上，明器九十事，共五十舁；五品以上，明器六十事，共三十舁；九品以上，明器四十事，共十舁。以上明器并用瓦木为之，四神不得超过一尺，其余偶人不得超过七寸。庶人用明器十五事，不准在墓圹中放置四神十二时。所造明器，只准用素瓦，高度不得超过七寸，共三舁。

开元二十九年（公元741年）、元和六年（公元811年）、会昌元年（公元841年）均对随葬用的明器，在高度、数量等方面作了严格规定。

但是，这些法律只是一纸空文，徒有其形式而已。厚葬之风在隋唐盛行之时，明器也逐渐奢侈铺张。太极元年六月的时候，右司郎中唐绍上疏于睿宗曰："比者，王公百官竞为厚葬，偶人象马，雕饰如生，徒以炫耀路人，本不因心致礼。更相扇动，破产倾资，风俗流行，下兼士庶，若无禁制，奢侈日增。望请王公以下送葬明器，皆依令式，并陈于墓所，不得衢路舁行。"源于此，封建统治者屡次下令加以禁止。

如玄宗开元二十九年正月十五敕："古之送终，所尚乎俭。其明器墓田等，令于旧数内递减。三品以上明器，先是九十事，请减至七十事；五品以上先是七十事，请减至四十事；九品以上先是四十事，请减至二十事；庶人先无文，请限十五事。皆以素瓦为之，不得用木及金、银、铜、锡。其衣不得用罗锦绣画。其下帐不得有珍禽奇兽，鱼龙化生。其园宅不得广作院宇，多列侍从。其辆车不得用金银花、结彩为龙凤及垂流苏、画云气。其别敕优厚官供者，准本品数十分加三等，不得别为华饰，其送葬祭盘，不得作假花果及楼阁，数不得过一牙盘。"

玄宗又立临中甄官署之，用来限制明器数量："甄官令掌供琢石陶土之事，丞为之贰。凡石作之类，右石磬、石人、石兽、石柱、碑碣、碾碍。出有方土，用有物宜。凡砖瓦之作、甄缶之器，大小高下，各有程准。凡丧葬，则供其明器之属。别敕葬者供，余并私备。三品以上九十事，五品以上六十事，九品以上四十事。当圹当野，视明地轴、诞马偶人，其高各一尺，其余音声队与僮仆之属，威仪服玩，各视生之品秩，所有，以瓦木为之，其长率七寸。"宪宗元和六年又有明文规定，限定随葬品的数量，规定文武官及庶人丧葬时的明器数量为："三品以上，明器九十事，四神、十二时在内……五品以上，明器六十事，四神、十二时在内，九品以上，明器四十事，四神、十二时在内，以前明器并用瓦木为之，四神不得过一尺，余人物等不得过七寸，并不得用金银雕镂、帖毛发装饰，庶人明器一十五事。"

武宗会昌元年十一月，御史台奏请条流京城文武百僚和庶人丧葬时明器的数量："三品以上，輀用阔辙车，方相、魂车、志石车，并须合辙；油幰流苏等任准令式，挽歌三十六人；六铎、六翣；明器并用木为之，不得过一百事，数内四神不得过一尺五寸，余人物等不得过一尺，舁止七十舁。内外官同。五品以上，輀车及方相、魂车等同三品，不得置志石车；其油幌等任准令式；挽歌十六人；四铎、四翣；明器不得过七十事，数内四神不得过一尺二寸，余人物不得过八寸，舁止五十舁。内外官同。九品以上，輀车、魂车等并同合辙车，其方相、魌头并不得用輴车及志石车；其輀车除油幰、流苏等各准令式外，不得用缯彩结络兼银器装饰；挽歌一十人，一铎、二翣；明器不得过五十事，四神不得过一尺，余人物不得过七寸，舁止三十舁。内外官同……工商百姓诸色人吏无官者，诸军人无职掌者，丧车魌头同用合辙车；丧车不用油幰流苏等饰，兼不得以缯纻结络及金银饰；挽歌、铎、宴，并不得置；丧车之前不得以鞍马为仪；其明器任以瓦木为之，不得过二十五事，四神十二时并在内，每事不得过七寸，舁十舁……前令式及制敕，皆务从俭省。减刻过多，遂令人情易踰禁，将求不犯，实在稍宽。臣酌量旧仪，创立新制，所有高卑得体，丰约合宜，免令无知之人，更怀不足之意。伏乞圣恩，宣下京兆府，令准此条流，宣示一切供作行人，散榜城市及诸城门，令知所守。如有违犯，先罪供造行人贾售之罪，庶其明器并用瓦木，永无僭差。”

但由于当时随葬明器之风比较盛行，所以说不是几道禁令所能制止的。

贵戚大臣们竞相逾越，比如麟德元年（公元664年）郑仁泰，官居正二品，其墓只残存俑就有将近500件之多；总章元年（公元668年）李爽，官居正三品，其墓残存俑也达383件；神龙二年（公元706年）李重润、李贤、李仙蕙等墓的俑更是数以千计。

二、明器的种类及组合

隋唐之时明器艺术已发展到了成熟时期，其种类繁多、造型生动、制作精美，可谓空前绝后。当时明器的种类，据考古文献记载，以质地而论，可分为竹木明器、陶瓷明器、金属明器、纸质明器总共四大类；就器物而论，可分成俑类、用具类。

俑类明器

俑类明器在隋唐年代，就质地而讲，主要有木俑、陶瓷俑两大类；就俑的器形来讲，又分为人物俑和动物俑两大类；就俑的组合来看，可分为外出仪仗类、镇墓类、家内侍役类和庖厨明器还有动物模型类。镇墓类包括人面和兽面镇墓兽、武士以及天王俑，还有十二生肖俑。除此之外，有些墓中还出土了铁猪、铁牛、铁板等明器。它们在墓中起辟邪、守卫、压胜的作用。外出仪仗类的俑，在唐初通常以供墓主人乘坐的牛车为中心，包括文武骑俑、骑马乐俑、文武立俑、女骑俑和驼俑、牵马等。

除此之外，有些墓还出土有显贵仪仗组成部分之一的甲兵俑。在唐代高宗时，牛车俑已被游猎俑所替代了。家内侍役类包括歌舞、操作、伎乐、奉侍等俑。有的时候，一些大墓中还有作为贵族家丞的文武官吏俑等。

庖厨明器和动物模型类明器在隋唐时期仍然相当流行，其中三彩俑为典型代表。这类俑是墓主对财富占有的标志。

用具类明器

隋唐时期的用具类明器从质料来看，主要以陶瓷器为主；另外还有铜铁器、金银器、玻璃器、玉石器和骨、木、漆器等。这些用具类随葬品又可分两大类：一是放在小龛及棺前的饮食容器，比如杯、碗、罐、壶、盘、瓶、盏托、盆、注子等；二是放在棺内或棺附近的服御器，比如炉、奁、粉盒、唾盂、铜镜、铁鐎斗、虎子、钱币、金银首饰与瓷围棋等。

总之，唐代明器具有鲜明的时代特征。郑德坤、沈维钧先生在《中国明器》一书中指出：唐代明器与汉六朝明器最显著的区别是质地的不同。唐代泥土最多的是白色、红色，而六朝以前多为黝黑色。唐代红色土的人俑多不带彩釉，其中白色的都加上各种彩釉，这样使形象特别鲜丽。唐是瓷器成熟时代，众彩釉的应用，是瓷器的一大进步，而陶俑制作的技术遂藉此而别开生面，登其极峰。

三、隋唐礼法规定

隋唐时期丧葬制度的一个重要特点就是等级化非常强烈。封建统治者为了保护自己的统治，使得社会成员始终处于一个上下有等、尊卑有序、贵贱有别的等级体系之中，形成一个等级秩序非常鲜明的身份社会，在儒家礼制以外，同时运用了法律条文加以保护，因此使丧葬制度具有周密的形态。

隋开皇五年（公元585年），文帝杨坚下令颁布新定的丧制，“班天下，咸使遵用”。“其丧纪，上自王公，下逮庶人，著令皆为定制，无相差越”。

同样是一死，因为死者身份的不同而有不同的名称。唐《开元礼》规定：“凡是百官身亡，三品以上的称薨，五品以上的称卒，六品以下的达于庶人称死也。”

关于沐浴，《大唐元陵仪注》记载：“在五品以上的沐用稷，四人浴。六品以下的沐用粱，二人浴。”

死者的饭含之物也是有严格的等级差别，不可以乱用。三品以上的用粱及璧，四品、五品用稷和碧，六品以下的用粱和贝。

铭旌的使用一样是有等级之分。《开元礼》中记载：“公以下杠为龙首；四品五品幅长八尺，龙首，韬杠；六品以下幅长为六尺，韬杠。”《大唐元陵仪注》：“设铭旌，以绛，广充幅，长为二丈九尺，题曰：‘某尊号皇帝之柩’，立于殿下。其三品以上长为九尺，五品以上为八尺，六品以下七尺，皆书某官封姓君之柩。”铭旌上的用字也与官品高下有关。《开元礼》云：“书曰某官封之柩……妇人其夫有官封，云某官封夫人姓之柩；子有官封者，云太夫人之柩。郡县君随其称。若无封者，云某姓官之柩。六品以下亦如之。”

隋文帝开皇初定典礼，太常卿牛弘奏曰：“诸重，一品悬鬲六，五品以上四，六品以下二。”唐《开元礼》规定：一品至三品长八尺，四五品七尺，六品以下六尺。

死者大小敛时的礼仪，因为死者的身份不同而有严格的等级规定。隋开皇初的《丧纪令》规定：正一品薨，则鸿胪丞监护丧事，司仪令示礼制。二品以上则鸿胪丞监护丧事，司仪丞示礼制。五品以上薨卒，及三品以上有周亲以上丧，并掌仪一人示礼制。官人在职丧，听敛以朝服，有封者敛以冕服，未有官者白帢单衣。妇人有官品者，亦以其服敛。内不可以置金银珠玉。

墓碑的题字、大小与形状等，都是依死者的身份而定。隋代规定：“三品以上立碑，螭首龟趺。趺上高不得过九尺。七品以上立碣，高四尺。圭首方趺。”唐代规定：“五品以上立碑，螭首龟趺，上高不过九尺；七品以上立碑，圭首方趺，趺上不过四尺；若隐沦道素，孝义著闻，虽不仕亦立碣。”

明器使用，十分强烈地显示出贵贱的等级差异及阶级性。如唐代规定：三品以上九十事，五品以上七十事，九品以上四十事，庶人无文。诞马、偶人各为一尺，其余音声队、车舆、僮仆之属、威仪服玩，各视其生前之品秩而定，皆以瓦木为之，不得用金银铜锡，长率七寸。

葬礼所用的卤薄仪仗最能显示这种等级及阶级之分。如诸引披铎翣之数，隋代丧纪规定：执绋，一品为五十人，三品以上四十人，四品三十人，并布帻、布深衣。三品以上四引、四披、六铎、六翣。五品以上二引、二披、四铎、四翣。九品以上为二铎、二翣。四品以上用方相，七品以上用魌头。

唐代丧制规定：一品官，引四、披六、铎十六，黼翣二、黻翣二、画翣二；二品三品，引二、披四、铎十二，黼翣二、画翣二；四品五品，引二、披二、铎八、黼翣二，画翣二；六品以下，引二、披二、铎四、画翣二。

坟墓的高低从古到今都有定制。官品越高，墓地越大，坟丘也就越高，当然墓室的结构与装饰也就更加精致、豪华。

唐代丧纪规定是：一品墓地九十步，坟高一丈八尺；二品八十步，坟高一丈六尺；三品墓地七十步，坟高一丈四尺；四品墓地六十步，坟高一丈二尺；五品墓地五十步，坟高九尺；六品以下墓地二十步，坟高七尺。此外，立于墓前的碑刻也有等级规定。如唐制规定：石兽三品以上六事，五品以上四事。

总而言之，丧葬制度，王公以下的，送终明器等物，具标格令，品秩高下，各有节文。一品、二品、三品为一等，四品、五品为一等，六品到九品为一等。凡是命妇各准本品，如夫、子官高，听从夫、子；其中无邑号者，准夫、子品。廕子孙未有官者，降损有差。

四、唐代居丧制度

唐代是中国封建社会自秦汉以后的又一高峰。唐时，封建社会的经济、政治、军事与文化都充分地显示出其雄厚、稳固的根基及旺盛的生命力。唐律的制订吸取了以前历朝的经验与教训，以儒家思想为主，兼容道、法两家。唐代统治者主张“以仁义为治”，反对“任法御人”，以“德礼为政教之本，刑罚为政教之用”。他们把大量儒家礼教的内容渗透到法律之中。居丧制度也因此在《唐律》中被系统而完整地确定下来了，居丧制度进入全面法律化阶段。

匿丧

《唐律·职制律》中明确规定：“诸闻父母若夫之丧，匿不举哀者，流二千里；丧制未终，释服从吉，若忘丧作乐，徒三年；杂戏，徒一年；即遇乐而听及参予吉席者，各杖一百。闻期亲尊长丧，匿不举丧者，徒一年；丧制未终，释服从吉，杖一百。大功以下尊长，各递减二等。卑幼，各减一等。”依据此条规定，可以看出所谓匿父母之丧不外乎以下三个方面：

其一，凡是得知五服之内亲属死亡消息的，应该马上举哀，闻丧又故意不举哀者，即称为“匿丧”，也称“闻丧不举”。此罪在违犯居丧之罪中处刑最重，凡是闻父母和丈夫之丧又不立即举哀的流两千里。闻亲尊长丧，匿不举哀者徒一年。大功以下尊长各得递减二等，卑幼各减一等。

其二，丧制未终而释服从吉也属匿丧范围。按照唐代丧制规定，父母和夫之丧服为二十七个月，如在这一段时间内子孙及妻子去掉丧服而穿戴吉服者，要处徒刑三年。在期亲尊长丧期内释服从吉者，杖一百。大功以下尊长各递减二等，卑幼各得减一等。

其三，居丧作乐。乐谓金石丝竹、笙鼓歌舞之类；而杂戏谓樗蒲双陆、弹棋象博之属。唐律规定，凡是在父母和夫之丧期内而忘丧作乐的徒三年，杂戏徒一年。如果逢人家奏乐而去欣赏或逢人家举行礼宴酒会而去参加的，各杖一百。在亲尊长丧期内忘丧作乐，律虽无明文规定，但是也有罪，按不应为重杖八十，大功以下就从轻处罚，笞四十。

居丧嫁娶

居丧嫁娶包括居丧期间身自嫁娶、又为人主婚、为人媒合三种情况。《唐律·户婚律》规定：“诸居父母及夫丧而嫁娶者，徒三年；妾减三等。各离之。知而共为婚姻者，各减五等；不知者，不坐。”“若居期丧而嫁娶者杖一百，卑幼减二等；妾不坐。”《疏议》曰：“父母之丧，终身忧戚，三年从吉，自为达礼。夫为妇天，尚无再醮。若居父母及夫之丧，谓在二十七月内，若男身娶妻，而妻女出嫁者，各徒三年。‘妾减三等’，若男夫居丧娶妾，妻女作妾嫁人，妾既许以卜姓为之，其情理贱也，礼数既别，得罪故轻。‘各离之’，谓服内嫁娶妻妾并离。‘知而共为婚姻者’，谓妻父称婚，婿父称姻，二家相知是服制之内，故为婚姻者，各减罪五等，得杖一百。娶妾者，合杖七十。不知情，不坐。”“若居期亲之丧嫁娶，谓男夫娶妇，女嫁作妻，各杖一百。‘卑幼减二等’，虽是期服，亡者是卑幼，故减二等，合杖八十。‘妾不坐’，谓期服内男夫娶妾，女妇作妾嫁人，并不坐。”又《唐律·户婚律》“居父母丧主丧”条规定：“诸居父母丧，与应嫁娶人主婚者，杖一百。”《疏议》曰：“居父母丧，与应合嫁娶之人主婚者，杖一百；若与不应嫁娶人主婚，得罪重于杖一百，自从重科。若居夫丧，而与应嫁娶人主婚者，律虽无文，从‘不应为重’，合杖八十。其父母丧内，为应嫁娶人媒合，从‘不应为重’，杖八十；夫丧从轻，合笞四十。”

居父母丧生子

根据《唐律·户婚律》载，是指所生子女是在二十七月丧期内怀孕。如果在丧前怀胎，而丧期内出生，则不属于此罪；如果在丧期内怀胎生子，则准依此罪，处徒刑一年。

《疏议》说：居父母丧生子，皆谓在二十七月内而妊娠生子者，其服内生子，事若未发，自首亦原。

居父母丧别籍异财

根据《唐律·户婚律》规定：居父母丧期间，兄弟分户或者分财产，均处一年徒刑。

居父母丧求仕

即指居父母丧期间参加科举考试或是求取官职。按唐律中规定，在居父母丧二十七月丧期中，在二十五月正丧内求仕，比照“释服从吉”罪处徒刑三年。在二十五月外、二十七月之内求仕，处徒刑一年。

父母死诈言余丧不解官

根据《唐律·诈伪律》中规定：“诸父母死应解官，诈言余丧不解者，徒二年半。若先死，诈称始死和患者，各减三等。”按唐律规定，凡是官吏的父母死，官员应解除官职在家服丧居丧二十七个月。如有人心贪荣任，诈言余丧不解除职务的，处两年半徒刑。

若是祖父母、父母和夫先死，而诈称始死及妄说有疾病，以求假及有所规避的官员，从诈称祖父母、父母及夫始死及患，徒三年以上减三等，合徒一年半。伯叔父母、姑及兄姊从徒一年以上减三等，杖八十。余亲从杖一百上减三等，杖七十。

唐代统治者将儒家居丧制度以法律形式确定下来，也将一些居丧违礼的现象列入对专制统治威胁中最大的“十恶”罪中。

如“十恶”罪的第七条中“不孝”罪谓：“居父母丧，身自嫁娶，若作乐，释服从吉；闻祖父母、父母丧，匿不举哀，诈称祖父母父母死。”第九条中“不义”罪谓：“闻夫丧匿不举哀，若作乐，释服从吉及改嫁。”凡是犯这些罪，即使遇到大赦也不得减免，当然贵族官僚同样不准享受各种法定的减免特权。

在从有关的唐代文献来看，统治者对居丧之礼的推行是比较有力的。如唐宪宗元和十二年（817 年），驸马都尉于季友“坐居嫡母丧和进士刘师服宴饮”。最后，于季友被削去官爵，笞打四十大板；刘师服也被笞打四十，流配连州。宪宗元和九年（公元 814 年）四月癸未，京兆府奏：故法曹陆赓去世，其子陆慎余和兄博文在居丧期间穿着华丽的衣服穿街过市，并且饮酒食肉。宪宗下令，各笞打四十，慎余流放到循州，博文被递解回原籍居住。

唐朝统治者不仅对贵族绳之以法，而且对士大夫也是这样。裴庭裕《东观奏记》卷上载：大中朝，就是在唐宣宗大中年间（公元 847 至 859 年），有前乡贡进士杨仁赡“女弟出嫁前进士在于瓌，纳函之朝，有期国恤，仁赡不易其日。宪司纠论”，贬康州参军，驰驿发遣。

焚纸钱

纸线是一种专门供死者或者是鬼神使用的“货币”，是属冥币的早期形态。因其以纸仿照铜钱形状制成，所以得名。择吉日埋葬习俗在汉代之时便已流行，至隋唐时更为时人看重，并有专门有关论述葬埋日期的书籍在市面上销售。值得一提的是流行很广的焚烧纸钱的习俗，此种习俗对后世影响极大。

随着佛教的传入，佛家葬俗也开始在民间广为传播。佛教倡导荼毗火葬法，所以改瘞钱为烧纸钱。从文献与考古资料来看，唐代“丧祭焚纸钱，起于汉之瘞钱”。

唐代《封氏闻见记》中有关于“纸钱”的记载：纸钱今代送葬，为凿纸钱，积钱为山，盛加雕饰，舁以引柩。案，古者享祀鬼神有圭璧币帛，事毕则埋之，后代既宝钱货，遂以钱送死。汉书称盗发孝文园，瘞钱是也。率易从简，更用纸钱，乃后汉蔡伦所造其纸钱。魏晋以来始有其事，今自王公逮于匹庶，通行之矣。凡鬼神之物，其象似亦犹涂车、刍灵之类。古埋帛，今纸钱则皆烧之，所以示不知神之所为也。”

李济翁《资暇录》亦载：“以纸寓钱起于殷长史。洪庆善辩证曰：南齐东昏侯好事鬼神，剪纸为钱，便代束帛。李淳风盛行其事。唐王玙传：汉以来葬者，皆有瘞钱，后世以纸当钱为鬼事，至是玙乃用禳祓。则是丧葬之焚纸钱，因于汉世之瘞钱。其祷神而用纸钱，则起自殷长史，盛行李淳风、王玙也。”

王玙，少习礼学。博求祠祭仪注以干时。唐玄宗在位时，久祟老子之学，好神仙之术。玙上言请筑坛东郊祀青帝，擢为祠祭使。专以祠解中帝，大类巫觋。肃宗的时候累官同中书门下平章事。官终太子少师。他任祠祭使期间，改革与完善了民间丧祭中的焚纸钱之俗，从而使其具有官方礼仪的性质，以至于后人误以为丧祭中的焚纸钱之俗起于唐代的王玙。

《旧唐书·王玙传》曰：“玙专以祀事希倖，每行祠祷，或者焚纸钱，祷祈福枯，近于巫觋，由是过承恩遇。”又，高承《事物纪原》卷九云：“……汉葬者有纸寓钱，谓昏晚埋钱于圹中，是为死者之用。至唐王玙，乃于丧祭焚纸钱以纸代之也。”然而，也有一些学者以为王玙并不是丧祭中烧纸钱的首创者，他只是对“后世里俗稍以纸寓钱为鬼事”，改为“祷神而寓钱”，只是将过去的埋纸钱改为“焚纸钱”罢了。

关于唐代丧祭中的焚纸钱习俗，时人诗句中都有描述。例如张籍《北邙行》一诗中写道：“寒食家家送纸钱，乌鸢作窠衔上树。”白居易《寒食野望吟》：“风吹旷野纸钱飞，古墓累累春草绿。”

唐代敦煌文献也有记载，如《大目乾连冥间救母变文》曰：“冢上纵有千般食，何曾济得腹中饥？号眺大哭终无益，徒烦烧纸作钱财。”

值得注意的是，唐代丧祭中的焚纸钱之俗已经带有浓厚的佛教色彩。如《无常经讲经文》曰：“望儿孙，剩烧纸，相共冥间出道理。”《庐山远公话》：“烧钱解禁，狂（枉）杀众生，如是之人，堕于地狱。”

面衣丧俗

面衣又称“面帛”，是由先秦时期的“螟目”和魏晋南北朝的“覆面”、“面衣”习俗逐步演变而来，并盛行于唐。

唐代吐鲁番出土文书就曾多处提及这一丧俗。阿斯塔那 205 墓文书中“高昌重光元年缺名随葬衣物疏”有“面衣一具”的记载。

阿斯塔那 173 号墓文书中“高昌延寿十年元儿随葬衣物疏”有“波斯锦面依（衣）一具”的记载。阿斯塔那 15 号墓文书中“高昌延寿十四年唐唐幢海随葬衣物疏”有“婆（波）斯锦面衣一枚”的记载，等等。

唐代的民间传说，也反映了当时面衣丧俗的盛行状况。《灵异集》云：“兖州王鉴，性刚骘，无所惮畏，常陵侮鬼神。开元中，乘醉往庄，去郭三十里，鉴不涉此路，已五六年矣。行十里已来，会日暮，长林下见一妇人，问鉴所往，请寄一襆，而忽不见。乃开襆视之，皆纸钱、枯骨之类。鉴笑曰：‘愚鬼弄尔公！’策马前去，忽遇十余人聚向火。时天寒，日已昏，鉴下马诣之，话适所见，皆无应者，鉴视之，向火之人半无头，有头者皆有面衣。鉴惊惧，上马驰去……周岁，发疾而卒。”

牛肃《纪闻》曰：“青龙寺禅师仪光，行业至高。开元十五年，有朝士妻丧，请之至家修福。师住其家数日，居于庑前，大申供养。俗每人死谒巫，即言其杀出日，必有妨害，死家多出避之。其夜，朝士家皆出北门潜去，不告师。师但于堂明灯诵经，忽见有二人侍之。夜将半，忽闻堂中人起，取衣开门声。有一妇人出堂，便往厨中营食，汲水吹火。师以为家人，不之怪也。及将曙，妇人进食，捧盘来前，独带面衣，徒跣，再拜言曰：‘劳师降临，今家人总出，恐斋粥失时，弟子故起，为师造之’。师知是亡人，乃受其献。（天明）家人谒师，问安否。见盘中粥，师乃指所造粥以示之，其家惊异焉。”

薛用弱《集异记》中记载：“唐宪宗葬景陵，都城人士毕至。前集州司马裴通远家在崇贤里，妻女辈亦以车舆纵观通化门。及归日晚，驰马骤。至平康北街，有白头妪步走，随车而来，气力殆尽，至天门街，夜鼓时动，车马转速，妪亦忙遽。”

“车中有老青衣从四小女，其中有哀其奔迫者。问其所居，对曰：‘崇贤’。即谓曰：‘与妪同里，可同载至里门耶?’妪荷愧，及至，则申重辞谢，将下车，遗一小锦囊。诸女共开之，中有白罗，制为逝者面衣四焉。诸女惊骇，弃于路。不旬日，四女相次以卒。”

这些民间传说，充分反映出唐代普遍流行为死者盖“面衣”的丧俗。

据史料记载，唐人特别注重给女尸盖面衣。段成式《酉阳杂俎》前集卷十三云：“遭丧妇人有面衣，期以下妇人著帼，不著面衣。”何谓“帼”?《玉篇巾部》中解释说：“悦也，覆发上也。”可见这是一种妇女覆于发上的首饰巾。何谓“期”? 期者，期服也。《礼记·内则》曰：“期朝，今日至明旦也。”这也就是说，刚去世一昼夜之内的女尸著覆发巾，是表示刚逝世，供亲人和其遗体告别；一昼夜尽，即给死者戴上面衣，表示登程远逝，再也不能返回人间了！但是，据高国藩先生研究，此种习俗仅限于女子，男子死了则未必戴面衣。

譬如，20 世纪 60 年代初在陕西乾县出土的唐代大学士、太子中舍人刘濬墓志，载他的夫人李氏临死时对家人遗嘱说：“古有失行者，耻见亡灵，所以用物覆面。后人相习莫能悟之。吾内有无违，念革斯弊。”故死人盖面衣尽管在唐代很普遍，但因有失行，所以女人多因无失行而戴，男人则因无失行而不戴。这和唐代认为面衣只是给生前有污行的人而戴的风俗观是有密切关系的。

第三节　隋唐丧葬习俗

一、厚葬之风

古人实行厚葬的主要原因之一是他们相信灵魂不灭，再加上隋唐国家统一，社会安定，经济繁荣，使得隋唐又进入了一个相对厚葬的时期。

率先掀起厚葬之风的是这一时期的统治者。据《唐会要》卷二十载，唐太宗曾自定陵地于九嵕山。贞观十年（公元636年），长孙皇后死去之后，唐太宗下令营建昭陵，并且对侍臣说：古者是因山为陵，此诚便事，我看九嵕山孤耸回绝，因而旁凿，可置山陵之处，朕实有终焉之理。还下诏书说："今先为此制，务从俭的，于九嵕之上，足容一棺而已"。可是实际上并非如其所言。

昭陵建造并不俭约。陵园周长为60公里，面积宽达2公顷，其壮观雄伟程度远非历代帝王陵寝能比。

《新五代史·温韬传》曰：昭陵内部"官室制度闳丽，不异于人间，中为正寝，东西厢列石床，床上石函中为铁匣，悉藏前世图书"。

闻名遐迩的东晋大书法家王羲之的《兰亭序》墨迹，就是藏在铁匣之中。

还有，陵园中还建有房舍游殿，可供唐太宗灵魂游乐所用。整个昭陵的营造，前后历时达13年之久。

唐高祖死时，也诏山陵制度准汉长陵故事，务从隆厚。为此，大臣虞世南等人多次上疏太宗李世民，劝以薄葬，最后才使厚葬的程度略有降低。

以后的乾陵更以气势雄伟、规模浩大而著称。

《唐会要》卷二十中载："乾陵玄宫，其门以石闭塞，其石缝铸死，以固其中。"真所谓固若金汤。

据初步统计，隧道至墓门一共用石条达2500块之多。工程之浩大，为关中唐十八陵所仅见。墓内的随葬品也非常丰富，据乾陵"七节碑"记载，唐高宗临死的时候，曾遗言把他生前所有喜爱的书籍、笔迹皆随葬墓内，可以想见待到幽宫重启日，我们将会看到这"地下宫殿"所收藏的极其珍贵的随葬品。帝王这样做，达官贵族们便纷效仿均以厚葬为尚。

如宪宗女永昌公主死，令京兆尹元义方减其制之半，宰相李吉甫力谏方止。顺宗子文敬太子源卒，德宗也下诏厚葬，车土治坟，乃废农事。

考古资料证实了文献记载，如昭陵仅永泰公主、懿德太子与章怀太子三个陪葬墓就出土了4300多件珍贵文物。

为了能够像生时一样享受，统治者不惜重金在阴间世界模拟地上王国，墓中放置千味的食品便是突出的一例。

在葬皇帝的时候，所司请求根据诸陵旧例，内置千味食，为此监护使左仆射裴耀卿奏：尚食所料水陆等味，一千多种。每色瓶盛，安于藏内，都是非时瓜果和马、羊、驴、犊、獐、鹿等肉，并诸药酒三十余色。仪注礼料，都无所凭。动皆宰杀。盛夏胎养，圣情所禁。又须造作动物，动逾千计。求征市井，实谓烦劳。伏望依礼减省。

《旧唐书·穆宗纪》载：元和十五年五月，诏入景陵玄宫合供千味食。鱼肉肥鲜，恐致薰秽。统治者下令尚药局以香药代食，其所有费用更多于尚食所费。

如此情形影响下，厚葬之风迅速地在全国各地兴起，大有超过秦汉之势。据有关资料记载：薛举区区，而起坟茔，置陵邑，岂特沐猴而冠哉？李义府改葬其祖父，营墓于永康陵侧。三原令李孝节，私课丁夫车牛，为其载土筑坟，昼夜不息。于是高陵、栎阳、富平、云阳、华原、同官、泾阳等七县，以孝节之故，惧不得已，悉课丁车赴役。

高陵令张敬业，恭勤怯懦，不堪其劳，死于作所，王公已下，争致赠遗。其羽仪导从，輴蝤器服，并穷极奢侈。又会葬车马，祖奠供帐，自灞桥属于三原七十里间，相继不绝。

“李光进不过一战将，而葬其母，将相致祭者四十四幄，穷极奢靡。”

高宗永隆二年正月，诏雍州长史李义玄：“商贾富人，厚葬越礼。卿可严加捉搦，勿使更然。”太极元年，“左司郎中唐绍上疏曰：‘臣闻王公已下，送终明器等物，具标甲令，品秩高下，各有节文。近者王公百官，竟为厚葬，偶人像马，雕饰如生，徒以眩耀路人，本不因心致礼。更相扇慕，破产倾资，风俗流行，遂下兼士庶。若无禁制，奢侈日增。望诸王公已下，送葬明器，皆依令式，并陈于墓所，不得衢路行。’”玄宗执政时，王皇后想要厚葬她的父亲，宋璟等大臣曾力谏道：“比来蕃夷等辈，及城市间人，递以奢靡相高，不将礼仪为意。”

太宗贞观十七年（公元 643 年），曾“禁送终违式者”。玄宗开元二年（公元 714 年）九月，又制曰：自古帝王皆以厚葬为戒，以其无益亡者，有损生业故也。近代以来，共行奢靡，递相仿效，浸成风俗，既竭家产，多至凋弊。然则魂魄归天，明精诚之已远；卜宅于地，盖思慕之所存。古者不封，未为非达。且墓为真宅，自便有房，今乃别造田园，名为下帐，又冥器等物，皆竞骄侈。失礼违令，殊非所宜；戮尸暴骸，实由于此。承前虽有约束，所司曾不申明，丧葬之家，无所依准。

“宜令所司据品令高下，明为节制：冥器等物，仍定色数及长短大小；园宅下帐，并宜禁绝；坟墓茔域，务遵简俭；凡诸送终之具，并不得以金银为饰。如有违者，先决杖一百。州县长官不能举察，并贬授远官。”二十九年初，又禁止厚葬。代宗大历七年六月，诏戒薄葬，不得造假花果和金手脱宝钿等物随葬。法令可谓严厉，但是在统治者的影响之下，这种法令其实只是一纸虚文罢了，厚葬的风气仍在全国流行。

二、相墓术

在隋唐时期，相墓术极为流行。《旧唐书·吕才传》云：“暨乎近代以来，加之阴阳葬法，或选年月便利，或者量墓田远近，一事失所，祸及死生，巫者利其货赂，莫不擅加妨害。遂使葬术一书，乃有百二十家，各说吉凶，拘而多忌。”其中，杨筠松率领的形势派表现突出。

宋代陈振孙《直斋书录解题》记载有杨筠松的名字，《宋史·艺文志》则称作为杨救贫，“亦不详其始末，惟术家相传，以为筠松名益，窦州人，掌灵台地理，官至金紫光禄大夫。广明中，遇黄巢犯阙，窃禁中玉函秘术以逃，后往来于虔州”，创立了江西派。

据说《疑龙经》、《撼龙经》、《葬法倒杖》、《青囊奥语》等书是他所撰。其中，《撼龙经》是专门讨论山龙脉络形势，分贪狼、巨门、文曲、禄存、廉贞、破军、武曲、右弼九星，左辅等方面著述。

《疑龙经》上篇讲述干中寻枝，以关局水口为主；中篇论寻龙到头，看面背朝迎之法；下篇论结穴形势，附以疑龙十问，以示阐明其义。

葬法则是专论点穴，有倚盖撞沾诸说，倒杖分十二条，即上说而引申之。附二十四沙葬法，亦临穴时分寸毫厘之辨。

这些理论奠定了形法理论的主干，对后世产生了深远影响。丁芮朴《风水祛惑》中记载：“风水之术，大抵不出形势、方位两家。言形势者，今谓之峦体；言方位者，今谓之理气。唐宋时人，各有宗派授受，自立门户，不相通用，杨筠松地理宗派，自宋迄明为人所道者，是峦体。”

在隋唐时，相墓术理论对人们影响很深，人们已普遍将墓地选址的优劣同子孙后代的吉凶祸福联系在一起。《隋书·萧吉传》就有这样的记载：及献皇后崩，上令吉卜择葬所，吉历筮山原，至一处，云卜年二千，卜世二百，具图而奏之。上曰：吉凶由人，不在于地。高纬父葬，岂不卜乎？国寻灭亡。正如我家墓田，若云不吉，朕不当为天子；若云不凶，我弟不当战殁。然竟从吉言。吉表曰：去月十六日，皇后山陵西北，鸡未鸣前，有黑云方圆五六百步，从地属天。东南又有旌旗、车马、帐幕，布满七八里，并有人往来检校，部伍甚整，日出乃灭，同见者十余人。谨案《葬书》云：气王与姓相生，大吉。今黑气当冬王，与姓相生，是大吉利，子孙无疆之候也。上大悦。萧吉尝行经华阴，见杨素冢上有白气属天，密言于帝。帝问其故。吉曰：其候素家当有兵祸，灭门之象。改葬者，庶可免乎！帝后从容谓杨玄感曰：公家宜早改葬。玄感亦微知其故，以为吉祥，讫以辽东未灭，不遑私门之事。未几而玄感以反族灭，帝弥信之。又《隋书·杨素传》载：献皇后之葬，山陵制度是杨素帮助朝廷制订的，所以受到了隋炀帝的褒赏，诏曰：“葬事依礼，唯卜泉石，至如吉凶，不由于此。素义存奉上，情深体国。欲使幽明俱泰，实祚无穷。以为阴阳之书，圣人所作，祸福之理，特须审慎。乃遍历川原，亲自占择。纤介不善，即更寻求，志图元吉，孜孜不已。心力备尽，人灵协赞，遂得神皋福壤，营建山陵。论素此心，事极诚孝。岂与夫平戎定寇，比其功业？非唯廊庙之器，实是社稷之臣。”

唐代的相墓习俗更加普遍。据《通典》卷一百三十八引《开元礼》记载，唐代无论帝王将相还是平民百姓，只要死了，均要“卜宅兆”、“卜葬曰”。如《旧唐书严善思传》载：则天崩，欲开合葬乾陵，善思奏议不宜以卑动尊，依相墓术据礼立言，曰：修筑乾陵之后，国频有难，遂至则天太后权总万机，二十余年，其难始定。今乃更加营作，伏恐还有难生，汉时诸陵，皇后多不合葬；魏晋以降，始有合者。然以两汉积年，向余四百；魏晋之后，祚皆不长。虽受命应期，有因天假，然以循机享德，亦在天时。但陵墓所安，必资胜地，后之胤嗣，用讬灵根，或有不安，后嗣亦难长享……山川精气，上为星象，若葬得其所，则神安后昌。若葬失其宜，则神危后损。所以先哲垂范，具之《葬经》，欲使生人之道必安，死者之神必泰。

唐时的大臣们对风水之说也深信不疑。《大唐新语》卷13《记异》载：在开元年间，集贤学士徐坚的妻子岑氏死，他向张说请教择墓之制。张说曰：平地之下一丈二尺是土界，又一丈二尺是水界。土界有土龙守，水界有水龙守。土龙是六年出来晒一次太阳，水龙十二年出来晒一次太阳，坟墓不能太接近土界与水界，否则坟墓就不牢。

《旧唐书·温大雅传》中记载："大雅将改葬其祖父。筮者曰：'葬于此地，害兄而福。'大雅曰：'若得家弟永康，我将含笑入地。'葬讫，岁余而卒。"

三、渤海的墓葬习俗

唐代的渤海，十分重视丧葬。其葬法分别有木棺葬、火葬、合葬、二次葬数种，其中受汉族文化与佛教文化影响较深。渤海的墓葬大多数是就地取材，垒石成墓。

从目前已发掘的数百座渤海墓葬来看，基本为石室墓。石室墓修筑时，一般都是先挖浅穴，然后再在浅穴中用石料砌筑墓室，个别室壁砌得十分厚实，壁外空隙处用土填充。

较大的墓在室壁顶部四周的地面上，铺一层石板或者石块，平面呈方形或是长方形。墓顶以数块石板盖压或者抹角叠砌，上面再复盖封土。

大多数墓的墓底部铺有非常平整的一层黏土，有的则铺上沙子或者石板，但是也有铺以素面青砖的。

渤海第三代文王大钦茂的次女贞惠公主墓里，圆形封土。墓室修于地下，南北长为2.8～2.94米，东西宽为2.66～2.84米，高为2.68米。四壁是以石垒而成，墓顶用石块、石板作抹角叠涩顶，表面涂以白垩土。墓底铺以长方形素面砖，墓门开于南壁正中，外接1.74米长的甬道与11米长的墓道。墓道的北段底部在石块之上，又铺有70多块长方形砖。墓碑及石狮出于甬道之中。碑文记载"陪葬于珍陵之西原"。

渤海墓葬除积石墓之外，还存在一部分土坑墓，在吉林扬屯、敦化六顶山和黑龙江东宁大城子等地都有发现。例如，东宁大城子古墓群中的4号墓，土坑南北长为2.4米，东西宽为1.05米，深为0.6米，顶部压盖未经加工的不规则石板。

这类土坑墓很可能就是《旧唐书·靺鞨传》记靺鞨“死人穿地埋之，以身衬土，无棺敛之具，杀所乘马于尸前设祭”。根据土坑墓的分布地点及随葬器物的特点，有学者推断这就是渤海墓葬中较早的一种形态。

第四节　五代十国时期的墓葬

一、丧葬制度

五代十国的丧葬制度承袭唐代，其显著特点就是等级性强烈。丧葬礼制的等级有规定，在法律上的原则是“贵得同贱，贱不得同贵”。后唐天成元年十二月二十七日御史台奏：凡棺椁不计有官品，并且不得于棺椁上雕镂画饰施户牖栏槛楹等。官品四品以上，使方相；七品以上，使魌头四目。玄衣朱裳，执戈扬楯，如常制。七品以下和无官品者，勿用。凡明器等，三品以上，不得过九十事；五品以上，不得过六十事；九品以上，不得过四十事。当圹、地轴、马及执役人，高不得过一尺，其余音声队马威仪之属，各准平生品秩，所以仍以木瓦为之，不得过七尺，及别加画饰诸纛，今谓之鹅毛五纛。五品以上，竿长七尺；五品以下，长为五尺。无官品者勿用。诸三品以上，引、披、铎、翣、挽歌、鼓六行，每行六个人；五品以上，二引二披四铎四翣挽歌四行，行四人；九品以上二翣；无官者勿用。敕令规定，自今以后，所有各计品秩以外，及庶人丧葬，宜令御史台委两巡御史点检，假赁行人，须依条例，如果有违越，据所犯轻重，临时科断。

二、墓葬形制及墓室结构

五代十国朝代更替频繁，在这样的情况下，社会秩序也非常混乱，很多大墓被偷盗，帝王的陵墓自然也难以保全。五代十国的墓室结构，已开始从砖室结构向仿木建筑发展。如河南伊川出土的后晋开运三年（公元946年）

的李俊墓，墓室呈十二面多边形。各壁间砌有角柱，一共 12 根。柱顶饰有斗拱、瓦檐和耍头，两柱之间每隔一壁砌有直棂窗，两窗之间砌有方龛或者桌、椅。

南唐二陵更是完全模仿木结构建筑的式样，以钦陵为例：据《南唐二陵发掘简略报告》记载，钦陵分前、中、后三室，前、中两室用砖造，后室用石造。前室与中室的东西两壁各有侧室，后室东西两面各有三个侧室，一共13 室。各室间都以大小不等的门或者甬道相通，墓室全长为 21.48 米，最宽处为 10.45 米，高 5.42 米。墓门外挖有 1 条长 19.25 米、宽 4 米的深沟。在沟和墓门之间堆有 130 余块黄石块，墓门外以巨大的长方形青色石灰岩石条封堵。墓门南向，正中壁圆拱形洞门，门高为 2.81 米，宽为 2.38 米。门左右两旁隐出砖砌矩形倚柱，倚柱上隐出阑额一层。两矩形倚柱上各有转角铺作半朵。转角铺作上承柱头枋一屋，柱头坊上正中补间铺作一朵。补间铺作上承撩檐枋一层，撩檐枋上又隐出四条线组成叠涩状的门檐。柱、枋、斗拱等上均有彩绘。前室平面为长方形，南北长为 4.5 米，宽为 3.85 米。四角砌稳柱。柱顶砖砌有斗拱形转角铺作，东西两壁的过门两侧砌立柱，柱顶砌柱头铺作。各门顶部又砌补间铺作，并且有阑额、枋等仿木结构。墓顶为叠涩而成的四方合拱顶，并绘天象图。室内所有的立枋、倚栏、斗拱、阑额、柱头枋等皆施彩画，呈现出富丽豪华的气派。前室东西两侧室呈方形，边长为2.2 ~ 2.8 米，高为 3 ~ 3.17 米，顶为四角攒尖拱顶。中室的结构与前室基本相同，只是在北壁门的两侧各立一块青色石板，上面浮雕两个力士像，门顶的石门楣上，雕刻二龙抢珠图像。门的下部是用青石块封堵。后室则是钦陵地宫的重要部分，规模最大，南北长为 6.03 米，东西宽为 5.90 米，近似方形。南壁正中辟一方形门，门扇用巨大的青石板制成。东西两壁各有三门，以通东西三侧室。北壁无门，正中开一凹入墙内的大壁龛。室的正中置石砌棺床，棺床的后部伸入龛内。全室是以青色石灰岩石建成。室的四角都隐出八角形转角倚柱一根；在东西两壁通向中间侧室门的两旁，都隐出八角形倚柱一根，这样就构成了面阔一间、进深三间的布局。东西两壁的倚柱上端隐出阑额一层。室四角的转角倚柱上各施转角铺作一朵，东西两壁的倚柱上各施柱头铺作一朵。所有铺作均附有替木。在墓室四壁一共砌有 12 个长方形小龛，供放十二时俑。室内东西两壁顶上，各用青石条向上叠涩砌筑，其上再加巨大的石条封顶，呈覆斗状。从地面到顶部高为4.70米。后室四壁表面匀涂深红色，柱、枋、斗拱上均施彩画，题材有一整二破的柿蒂纹、蕙草云纹、缠枝牡丹花、宝相花、海石榴花等。墓室顶部用石灰粉刷之后，上绘有天象图，地面凿有江河之形。就所谓“上通天文，下通地理”，以象征帝王拥有天下江山之意。

五代前蜀王建的永陵，是这一时期帝王陵墓的典型代表之一。根据考古发掘报告记载中，该墓系封土为陵，台呈圆形。封土残高约为15米，直径大约80多米。四周绕以九层整齐的条石砌成的基础，其中四层在地下，五层在地上。它对保护封土起到了非常大的作用，为唐代帝陵所未见，以后的明清帝陵便在这基础上发展成了高大的宝城。

永陵的地宫是由十四道红砂石券拱作为肋骨起券，全长为30.8米，其中室内长为23.4米。墓室内分前、中、后三室，都有木门间隔。每室两侧都设有耳室，其中中室东西两侧各有五个耳室，前、后两室就各为三个耳室。

前室是由四道石券构成，长为4.45米、宽为3.8米、高为5.45米。其中主要作用相当于羡道，不大的面积仅能容纳门扇的启闭和踏道。发掘时，未发现任何殉葬品。

中室是全墓最主要的部分，为放置棺椁的地方，因此其面积较前后两室要大，全长为12米，宽为6.1米，高为6.4米。室中央稍偏后有石棺床，棺床上置王建的棺椁，棺床后有一石缸。棺床两旁置有12个半身立体圆雕武士胸像，每侧6人，为扶棺驱邪的十二神。神像雕刻十分精细，他们身着敷色贴金的锁子甲，头部或束发或戴冠、盔，面靠棺床，作手抬棺床之状，神态惟妙惟肖、孔武肃穆。

棺床为须弥座式，高为0.84米，长为7.45米，宽为3.35米。四周浮雕极为精美：上方涩雕双龙戏珠与云气纹；罨涩雕仰莲一角；床身东西两壁各雕壸门十，内刻有伎乐；壸门柱子皆雕莲荷花；南面雕壸门四，中刻伎乐，壸门柱子上雕鸾风；北面也雕四壸门，壸门中及壸门柱皆刻莲荷花；下罨涩雕宝装覆莲；下方涩雕仰、覆相间的莲荷花；牙脚刻宝装覆莲一周。雕刻全部敷色，主要部分（如龙）曾贴金，初出土时尚隐约可见。生动活泼，技法洗练。

在棺床南、东、西三壁的壶门之中，高圆浮雕的女伎乐有 24 人，其中舞者 2 人、吹奏乐器者 22 人，是棺床雕刻的精华所在。这组乐伎都盘膝而坐，面貌丰腴，神态各异，生动地展现了前蜀宫廷乐舞的盛况，表现出极为高超的石刻艺术水平，是研究我国五代十国时期的音乐、舞蹈与乐队组织的珍贵资料，具有很高的欣赏价值与研究价值。后室为安置王建石雕肖像及谥宝、玉册等法物之所在。全长为 5.7 米，宽为 4.4 米，高为 5.5 米。内置仿帝王生前御床而建的石床，上置王建坐像与其法物。石床高为 79 厘米，其正面上檐浮雕双龙戏珠，檐下正中雕一盘龙，东西两边各雕狮形兽，周围刻有云纹。王建石雕像端坐石几上，全高为 0.86 米，几高为 0.287 米。头戴折巾，身着帝王常服，腰系玉带。面部深目浓眉，隆准高颧，神态庄严安详，和文献所载王建身长七尺、“龙睛虎视”、“隆眉广额、状貌伟然”相似。

三、明器种类

根据文献与考古资料，这一个时期的明器从制作的材料来看，主要可分为木制明器、陶制明器、金属制明器与纸制明器四大类。

木制明器主要有房屋模型与俑两种。合肥出土的保大四年（公元 946 年）汤氏墓，不但在前室随葬有木屋模型和 5 个木俑，而且在后室两侧也各置有五个木俑。1975 年在邗江县殷湖蔡庄发掘出五代杨吴政权的寻阳公主墓，一样出土有一批木俑。

陶制明器的品种很多。以陶俑为例，就有拱立男女俑、持物男女俑、舞蹈男女俑以及马、骆驼、狮、狗、蛙、鸡、人首蛇身、人首鱼身、人首龙身俑等。其中，特别以人首鱼身、人首蛇身、蛙等俑引人注目。

葬俑中的鱼或鱼图像这一题材，仍是中国自上古到中古经久不变的丧俗，而这种礼俗的沿袭嬗变却是与鱼图腾神话的传承与变异息息有关。据陶思炎先生研究，五代盛行的人头鱼身俑就是综合了“互人”、“鱼妇”之类神话的要义，还带有鱼图腾神话的遗痕，寄寓了亡灵依附神物“冬死而复生”、“死即复苏”、“上下于天”的愿望，体现出神秘的灵魂不死的原始信仰。但是，蛙作为从葬物的神话含义，正是在于表明人们对生死轮回、灵魂永生的迷信。双人头蛇身俑所表示的本义是阴阳相生、相易，同样寄托着人们让死者“化生”、“构精”的幻想。

总而言之，人首鱼身俑、蛙俑及双人头蛇身俑三者具有一样的神话意义，而它们作为日、月、星“三光”的表象是决定古人遗世登天、起死复生的信仰。这恰好是它们作为从葬品的功利性所在。

四、丧葬习俗

荼毗火葬法

五代十国时期，佛家的荼毗火葬法得到了一些封建统治者的青睐。欧阳修在《新五代史·晋高祖皇后李氏传》中，就详细地记载了那时皇室成员采用佛家荼毗火葬法的情况：乾祐二年（公元948年）二月，“徙帝、太后于建州……明年三月，太后寝疾，无医药……八月疾亟，谓帝曰：‘我死，焚其骨送范阳佛寺，无使我为虏地鬼也。’遂卒。帝与皇后、宫人、宦者、东西班，都被发徒跣，扶舁其柩到赐地，焚其骨，穿地而葬焉。”同书《安太妃传》也载：“妃从出帝北迁，自辽阳徙建州，卒在道中。临卒谓帝曰：‘当焚我为灰，南向飏之，庶之遗魂可反中国也。’既卒，砂碛中无草木，乃毁奚车而焚之，载其烬骨至建州。”

在民间，佛家的荼毗火葬法已经开始在四川、福建、浙江等地流行起来。如1980年6月在四川西昌市北大约6公里的小山顶部，发现一处唐宋时期的大型火葬墓群，其中有一部分是属于五代的火葬墓。这些火葬墓的特征是：墓坑都为圆形土坑，口大底小；葬具为火候不高的夹砂红陶罐，都无罐盖；罐里盛放死者的骨灰和没有烧尽的骨骼残块，每一个罐里一般只放置一个人的骨灰或残骸，大多是头骨在上，肢骨在下。不少墓内出土的人头骨与肢骨上，竟然还发现有朱砂或者金粉涂画的痕迹。

五代时期，荼毗火葬由佛家向俗家扩散，在文献中也有记载。卢叔微撰《程侯碑》云：“程侯讳昭说，字大川，江东青山人也。昔吴越间开国而爵，奉正朔在中朝。大川起布素，縻吴之禄，累迹其贵位……为吴人杀之，其骨葬于会稽古城南七里长松之下。”还有，从潞州通判李昭在宋哲宗时发布的

《戒焚死榜》情况来看，这一地区民间的火葬习俗也形成在五代十国时期。

民间火葬习俗之所以形成在五代十国时期，一方面当时“礼废乐坏”，另一方面也是佛教进一步中国化、民间化的结果。

归葬与纸钱

五代十国时期，是我国封建社会历史上的割据分裂时期，是一个大震荡、大变革的时期。

归葬在这一时期依然盛行不衰。张砺为萧翰锁之北去，卒在镇州，“家人烬其骨，归葬于滏阳”。又，陆思铎典陈郡曰，甚有惠政。常戒诸子曰：“我死则藏骨于宛丘，使我棲魂于所治之地。”

民间的烧纸钱风俗，比唐代更加流行。《五代史证》载：“晋天福八年，祭显陵于南庄，焚御衣纸钱”；“周显德六年，世宗庆陵攒土发引之日，百官设祭于道，翰林院楮钱大若盏口余，令雕印字文，文之黄曰泉台上宝，白曰冥游亚宝。”因此可见其流风之广。

助人营丧

助人营丧，在城市中已经形成一种专门性的职业。根据《旧五代史·郑阮传》载，郑阮为赵州刺史，“尝以郡符取部内凶肆中人隶其籍者，遣于青州，舁丧至沼，郡人惮其远，愿输直百缗以免其行”。又《旧五代史·晋高祖纪》：天福二年（公元937年）九月，将作少监高鸿渐上言：“伏睹近年已来，士庶之家，死丧之苦，当殡葬之日，被诸色音声伎艺人等作乐搅扰，求觅钱物，请行止绝”。诏令从之。这里所说的凶肆及音声伎艺人，皆藉助人营丧以谋食者。《宋史·陶穀传》载：后晋时，陶穀曾上言：“坊市死亡丧葬，必俟台司判状，奴婢病亡，亦须检验。吏因缘为奸，而邀求不已，经旬不获埋瘗。望申条约以革其弊。”

掘坟盗墓之风的盛行在五代十国时期，兵祸迭起，社会动荡不定，所以盗墓之风盛行一时。

关中帝王与大臣们的高大陵墓，已经成为盗墓者的首选目标。同光三年（公元925年），庄宗诏云：“关内诸陵，顷因丧乱，例遭穿穴，多未掩修。其下宫、殿宇、法物等，各令奉陵州府，据所管陵园修制。仍四时各依旧例荐飨”。又《旧五代史·晋高祖纪》：天福四年（公元939年）正月，盗发唐闵帝陵。《旧五代史·晋少帝纪》：天福八年（公元943年）正月，盗发唐坤陵。闵帝陵和坤陵的葬埋时间，与天福年间相距仅有十几年，可见其盗掘之速。《旧五代史·唐明宗纪》载长兴二年（公元931年）二月，“诏禁天下开发无主坟墓”。因此，当时盗墓之风最为盛行。

京兆华原人温韬，可谓当时盗墓巨贼。温韬曾任后梁静胜军节度使，“在镇七年，唐诸陵在其境内者悉发掘之，取其所藏珍宝……惟乾陵风雨不可发”。唐代关中十八陵除乾陵外，其余诸陵均遭温韬盗掘，故时人称其为“劫陵贼”。近代俞樾在《茶香室三钞》一书中述道：“陕西形胜耀州为最，唐帝陵多在其境。温韬之起，唐帝之陵靡不开发。简陵（懿宗陵）内有银罗汉十人，身各高为五尺，其山座具备，环列梓宫。每一身以十余牛牵致而出隧道。”

第五节　隋唐名墓搜索

一、隋代陵墓

开皇元年，隋文帝杨坚夺取北周的政权，建立了隋朝。八年之后，隋灭掉了陈，结束了魏晋南北朝时期近四个世纪的分裂割据局面，重新统一了中国，为中国的封建文化奠定了基础，同时也为陵寝制度的复兴与发展提供了物质条件。仁寿年间，太子杨广弑父即位，然后葬隋文帝于泰陵。史书上说泰陵“高五丈，周数百步”，这说明隋朝已经恢复了秦汉时期“封土为陵”的规则。后来宇文化及等人在扬州煽动卫士数万人攻入江都宫。隋炀帝被迫自缢身亡，由他身边的宫人草草埋葬在吴公台（离江都县大约有2公里），后来改葬在雷塘（在江都县的北面），“陵土仅高七点八尺，周二三亩许”。

隋朝是一个短命的王朝，仅仅有二世，前后不到40年，文帝和炀帝又都死于非命，所以在陵寝制度上，隋朝虽然恢复了秦汉“封土为陵”的规则，但是在营建规模上还远远比不上秦汉陵寝那样高大宏伟。

隋文帝泰陵

隋文帝的陵被称为泰陵，大约在今天的陕西省扶风县城附近。静观泰陵，可以发现，经过一千多年的风风雨雨，它显得益发古老而沧桑。仔细观察的话，还会发现陵墓顶部是平坦的长方形，而陵冢的底部和四周已经被挖去了很多，想来是历代盗墓者所为。陵园的建筑早已毁废，现在地面的遗存物也难以找到。

从陵冢往南是一座清代石碑，大约高三米，碑上刻着“隋文帝泰陵”五个清晰的大字。

往泰陵东南走，在不远的陵角和陵东两块高地上，还有当年隋文帝庙的遗迹。今天俗称“祭祀坛”。原祀庙的垣墙建筑早已毁掉，现在只能看到残砖碎瓦了。但是我们不难设想，当初祀庙的宏大规模，从这里还能看到阕楼的遗迹。就是在这些残砖碎瓦中，历史学家发现了带有浓厚佛教色彩的文饰和形制。比较多的是莲花状的方砖。方砖中央是浮雕的莲花图案，角边饰以蔓草，四周刻着连珠纹，非常美观大方。这里还发现了残破的、以菩萨形象为文饰的瓦当。它的正面由弦纹和连珠纹组成心形，中心端坐着一尊双手合十、结跏趺坐的菩萨。据说这种直接以菩萨为文饰的瓦当在国内是非常罕见的。

隋文帝的泰陵，在中国陵寝史上具有承前启后的地位。它为以后唐宋陵寝的发展奠定了基础。

隋炀帝陵

隋炀帝陵，在今天的江苏省扬州市北雷塘村。雷塘，又称为“雷坡”，相传吴王曾经在这里建造钓鱼台。南朝的时候，这里是江南胜迹。宋代以后，这里湮灭无存，只剩下炀帝孤冢一座，老百姓称为“皇墓墩”。后世的人做诗讽刺隋炀帝说：“帝业兴亡世几重，风流尤自说遗踪。但求死看扬州月，不愿生归架六龙。”

隋炀帝杨广，是杨坚之子。他 13 岁就被封为晋王。后来他弑父即位。即位之后他贪图奢靡，开了通济渠，便于自己坐龙舟游玩。他三下扬州，整天杯不离手，纸醉金迷。他的住所都用金玉装饰，金碧辉煌。他还热衷建造宫殿，劳民伤财，致使国力亏空，民不聊生。后来宇文化及攻入江都宫，隋炀帝怕杀头碎尸于是自缢而死。

虞弘墓

1999年盛夏，山西省太原市晋源区王郭村的村民正在热火朝天地修整村南的一条土路。突然间，距地面十几厘米处出现一块坚硬而又巨大的石板。就在大家慢慢地顺着四缘挖开石板的时候，四道砖砌的墙壁出现在人们眼前，这是一座顶部被损坏的砖室墓！考古人员得知消息后马上前往现场，对该墓进行清理，并且证实这是隋代虞弘夫妇的合葬墓。

此墓位于太原市晋源区王郭村村南一条土路之上，路北紧邻村民宅院，路南是农田，向东十几米与一条南北向的路相交，向西一直通向悬瓮山。

从这座墓往西南600米就是北齐东安王娄睿墓。虞弘墓是一座单室砖墓，被盗掘过，而且墓顶已经毁坏。现存墓道、甬道、墓门与墓室。墓道残长为8.5米，上宽下窄，北低南高，呈缓坡状；甬道是砖砌成的，宽为0.8米，长为1.25米，砌法为三顺一丁；墓门和通道同宽，几年前在铺设引水管道时已经被破坏，仅在底部残存遗迹；墓室平面呈弧边方形，同样是用三顺一丁的方法砌成的。

墓室中部偏北处，摆放着一具汉白玉石椁，外观呈仿木构三开间、歇山顶式殿堂建筑，由长扁方体底座、中部墙板及歇山顶三部分构成，而每一部分又由汉白玉石组成。此外，墓室中还出土两根完整的八棱柱和三根残八棱柱、墓主人虞弘和夫人墓志、石质人物俑、白瓷碗、残陶俑、石灯台、铜币等，有的属于一级保护文物。

此墓中最惹人注目的就是石椁四周内外的雕绘。一共由五十多个单体图案组合而成，图案的内容丰富多彩，有宴饮图、乐舞图、射猎图、家居图、行旅图等。其中狩猎图中，多是骑马、骑骆驼、骑象搏杀狮子图，搏斗场面激烈异常。图中的人物深目高鼻黑发，不似中原人。人物的服饰、器皿、乐器、舞蹈与花草树木等，均来源于波斯与中亚诸国，有十分浓厚的波斯、中亚文化色彩，这些发现对于研究古代东西方文化交流有很重要的意义。

二、唐代陵墓

我国古代社会发展的辉煌时期是唐朝，从公元618年李渊称帝，到公元907年朱温废哀帝建后梁国，历时将近三百年。除昭宗李晔陵和哀帝李柷陵分别在河南和山东外，其余18帝陵都分布在陕西省乾县、礼县、泾阳、三原、富平、蒲城6县，东西绵延长达100余公里。除乾陵之外，其余的各墓都被盗掘，致使大量宝贵的文物散失。

乾陵

乾陵在陕西乾县北门之外6公里处的梁山之上，位于长安西北。按八卦是乾卦的位置，所以称之为乾陵。在我国帝王陵中，乾陵是极具特色的一座。它非常大，周围约有40公里，设备齐全，规模宏伟，内容十分丰富。它没有受到盗掘者的破坏，这是十分少见的。

梁山东临豹谷，西临漠谷，卓立于黄土高原的台地上，形势十分险要。主峰呈圆锥形，为石灰岩地质，海拔为1048米，正是玄宫所在。其中南有双峰东西并峙，形成了天然门户，远望就像双乳，俗称“奶头山”。这3座山的高度与对应关系，构成了乾陵的恢宏气势。

至于陵园有没有外城，地面上已经无形迹可考。如今的双阙，作为第一道门户，就是神道的起点。神道两侧的建筑遗迹与石刻，至今犹在。门内西侧有“陵下宫”遗址，可能就是守陵官员、军士及宫人的住所。往北，就是利用并峙双峰修筑的第二道门，在门内东侧，有狄仁杰等60名功臣的画像祠。再往北，神道两侧有一对对石刻，依次分别是：八棱立柱华表1对、卷云纹翼马1对、鞍蹬齐备并有牵夫的石马5对、浮雕朱雀1对、戴冠束带握剑石人10对。

再往里，内城南门门阙之外就有碑两座：一座，述圣纪碑，高6.3米，宽1.86米，估计重量90吨，上有庑殿式顶盖、下有浅刻兽纹基座，碑身是由5方巨石叠之而成，俗称“七节碑”，取日、月、金、木、水、火、土“七曜”之意；上面有武则天撰文、中宗李显楷书《述圣记》，歌颂高宗李治功德。笔画内当初就填有金屑，现在已不易辨认。史籍载，文长5000余字，实存1600余字，竖行，第四石文字已经漫漶。另外一座即著名的“无字碑”，立于述圣纪碑的东面，高为7.56米、宽为2.10米、厚为1.49米，估计重量将近百吨；碑头八螭盘顶，两侧飞龙腾云，但是上有飞凤凌空，碑座则是狮马搏戏；碑体高大而壮观，雕刻也精细优美，但碑身无一字。在我国的碑碣史上，立碑没有字实属罕见。宋、金之后，才有游人题字其上，其中最有名的是“大金皇弟都统经略郎君行记”，是用女真文字，还有旁边汉译，内容为金天会十二年公元1124年重修乾陵殿庑纪事，是研究女真文字和历史的宝贵资料。

石刻以后，便为环梁山主峰的陵园内城，四面都开门；北玄武，南朱雀，两门相距1600余米；西白虎，东青龙，两门相距为1200余米。四门均置土阙、坐狮各一对。陵前另置石狮一对以辟邪，并示尊严。北门阙之外还有一对石马。

南门门前的两侧，是61尊王宾石像。传说，原来有64尊，按照当年参加李治丧礼的周边各地区及国家来使雕凿。石像身上穿紧袖长袍，腰束博带，脚蹬尖头靴，拱手鹄立。头的部分大都损毁，残留的都是高鼻深目形象。

石像的背后刻有国别、名姓、职别等，比如：木俱罕国王斯陀勒、于阗国尉迟璥、吐火罗王子持羯达健等。持此制作为昭陵首创，在祭坛司马门外立陪陵王宾就有14座。

南城门内建献殿，殿前就有广场，是子孙与百官举行祭祀和朝拜活动的场所。

乾陵地宫位于梁山主峰下，居内在城中央，坐北朝南。墓道下斜，隧道长63米、宽4米左右，全部是条石铺装，条石每块重约一二吨之间，叠砌39层，表层约为410块，石缝用铁栓锲合，或是以铁液浇铸，浑然一体，坚固异常。

乾陵埋着武则天，是我国唯一的女皇陵与双帝陵。至于无字牌形成真正的原因，始终没有定论。据说，这些年有人就在这个问题上作过细致研究，发现碑的阳面上到处都是格子，4.5厘米见方，不类后人所刻。由此可见那时是准备了碑文的。以格子推算，文长3000余字。所以，问题变成了有碑文为什么没有刻？如今史籍还没有提供可以解读这道难题的线索。

假如把唐帝陵比作中国帝陵建设中的一顶王冠的话，乾陵毫无疑问是这顶王冠上璀璨夺目的耀眼明珠。

昭陵

昭陵在贞观十年（公元636年）开工，至贞观二十三年（公元649年）

完成。昭陵总设计师就是唐代大画家阎立本。以九峻山作为陵地则是李世民自己决定的。它一改秦汉以来坐西朝东的惯例，又不同于南北朝时的规矩。陵园仿照长安城建造。

唐长安城宫城在城的中部还靠北，皇城则是在宫城的正南，皇帝住宫城，百官就是在皇城办事。它们的东、南、西三面都是居民区，外面就是长安城。因此昭陵的陵寝居陵园之北。“昭陵因九峻层峰，凿山南面，深为75丈为玄宫”《唐会要》，按米计算，就有247.5米。又讲：“傍岩架梁作为栈道，悬绝百仞，绕道二百三十步，始玄宫门，顶上亦起游殿”。根据《新五代史·温韬传》载，“宫室制度闳丽，不异人间”，可见陵墓以外有宫殿，这一点和汉代陵园一样。杜甫曾作《重经昭陵》云：“陵寝盘空曲，熊罴守翠微。再窥松柏路，还见五云飞。”那时安禄山之乱已起，杜甫看见的昭陵，仍然庙貌庄严。

在主峰地宫山之北，设有祭坛，门内就有14国君长石刻像，两庑内壁则有最著名的“昭陵六骏”浮雕。根据《唐会要》：高宗欲阐扬先帝徽烈，乃刻石为常所乘破敌马6匹于昭陵阙下。也就是这6块石刻。“昭陵六骏”之所以著名，起码有三个原因：

一是那时负责督造昭陵的工部尚书兼营山陵使阎立本，是唐代著名的工艺家，浮雕图样就出自他之手。按旧制，墓前石马全部是圆雕，大小与真马相仿佛，没有用过浮雕的，那时叫“高肉雕”。这首先是独创。他这样做是很有道理的，因为陵在大山之上，圆雕的马再大，就如与山相比，一样显得马很小，不如浮雕，可嵌在庑壁上，完全可以作为艺术品，可以精细见长。

二是根据记载，原石还有当时书圣欧阳询书太宗自己写的咏马诗。如今，西安市博物馆还保存着其中四匹：“青骓”、“特勒骠”、“白蹄乌”、“什伐赤”。其余两匹，在1914年被盗至美国宾夕法尼亚大学博物馆，一经展出，顿时名扬四海。

三是“六骏”刻于贞观十年，青石高为2.5米，横宽为3米，神情虽然不同，都非常威武，线条简练、栩栩有生气、强猛、流畅，特别是“飒露紫”有一细节：唐太宗和王世充作战，它身中流矢，丘行恭上前给它拔箭。作品吸取了佛教浮雕的艺术手法，揭示了我国唐代石刻艺术的高超水平。

昭陵以“六骏”为装饰，足见墓主本人与设计者具有非凡的审美观和超凡的思想境界：摆脱了一切皇家常用的仪仗和辟邪求福之类的俗物，体现出墓主人一生的战斗生涯及对于后代的希望。后人之所以常常在作品中提到它，绝对不是偶然的。

汉代已经兴起让功臣作为皇帝陪葬的恩典，唐代援例亦沿袭这一制度。昭陵赐功臣、贵戚陪葬墓就有 167 座。从发现的墓碑及墓志了解，有的则是陪葬，而有的是享受国葬。有的墓地是预赐的，墓主生前就可以装修表征自己功德的标志性纪念。有的还是皇帝亲自为其书写墓碑，比如：魏征的碑就是李世民手书。还有的还装饰了精美的石刻，如尉迟敬德的墓志上刻了“十二生肖图”，石柱上还有线刻的仕女等。陪葬墓在帝王陵陵园之内，实属罕见现象，这与在陵园附近，但在陵园之外的性质是不同的。

尽管昭陵屡遭破坏，但还是遗留下很多文物。今天陈列在昭陵博物馆里的很多墓志、石刻，可以证明“贞观之治”决非虚言。

献陵

献陵的布局完全是模仿长安城而建，体现了“事死如生”的思想。墓室是在山南的半腰处，高踞陵园于北部，是全陵的主体建筑，相当于长安城的宫城。四周筑围墙，称为内城墙，四面各有一门，南门就是正门，门外各设一对石狮子。在内城墙的外面还设有外城墙，南门外向南有一条很长的“司马道”，也叫神道。两侧对称摆列着石柱、石碑、石人、石马和石雕。神道与石雕的位置相当于皇城。

这些石刻是中国古代雕刻艺术的重要宝库，既有圆雕，也有浮雕及线雕，其题材与雕刻手法超过了以前的陵墓石刻，并且已经形成了一套完备的等级制度。就在内城周围，外城以内，有很多陪葬墓，陪葬者都是皇亲国戚或王公重臣。这一部分就相当于长安城的里坊。

章怀太子墓与永泰公主墓

章怀太子李贤是唐高宗李治与武则天皇帝的次子，死后陪葬在乾陵之侧。太子墓位于乾陵东南约 3 公里的高地上，1971 年至 1972 年，陕西省博物馆及乾县文教局组成的唐墓发掘组对此进行了全部清理。该墓的封土呈高大的覆斗形，经夯筑而成，底部长宽各为 3 米，顶部长宽各为 1 米，高为 18

米。封土堆南约50米处残存一对石羊，四周毁坏的城墙残迹至今仍依稀可辨。墓葬由墓道、过洞、天井、甬道、前室及后室六部分组合而成。墓道呈斜坡状，水平长为20米，宽为2.5～3.3米；过洞4个，呈券拱状；天井也有4个；前甬道在天井北，有一道木门，但已朽坏；前室略呈正方形，长宽各4.5米，高6米，穹窿顶，绘有银河及日月星辰；从前室到后室有一条9米长的甬道，通道南端有一道石门，已被盗墓者破坏掉；后室结构和前室相同，长和宽分别为6.5米和5米，两壁和顶部也绘有日月星辰图，其中日月和部分星辰是贴金的。后室西部放着一具庑殿式石椁，长为4米、宽为3米、高为2米，由33块大石板组合而成，多幅男女侍者图雕刻其上，栩栩如生。

章怀太子墓出土的主要文物是壁画，一共有50多组。这些壁画色彩鲜艳，所画的人物、动植物及山水等技术娴熟、生动自然，表现出很强的生活气息。墓道东壁画着狩猎出行图，西壁画有马球图。马球是古代一种体育运动，从波斯传入中原后在宫廷及王公贵族中广为流传，历经唐、宋、元而不衰落，明末则开始消失。马球图线条流畅，永泰公主墓侍女图形态生动，是唐代墓室壁画艺术中的杰作。甬道壁上画有手拿盆景、果盘及乐器等物品的侍男侍女。前室西壁绘有观鸟捕蝉图，后室东壁绘有宫苑仕女，描述了唐代宫廷生活的情景。

墓内残存的各种随葬品有600多件，包括三彩骆驼俑、马及牵马俑、武士、文臣、镇墓兽与男女侍从、伎乐俑以及鸡、犬、猪、牛、羊等家禽家畜模型。除外，墓中还出土了两合墓志，一是雍王墓志，一是章怀太子墓志。志文纠正了文献记载中的错误。通过比较，文献中关于章怀太子的卒年、流放巴州的时间、生前所任官职和被武则天追封为雍王的时间等记载与志文均有出入，有待进一步考证。

永泰公主墓是乾陵又一陪葬墓。墓葬造构和章怀太子墓相仿。地面上有覆斗形封土，原来有围墙，南面有1对土阙，阙南排列着1对石狮子、2对石人与一对华表。地下全长为87.5米，深为16.7米，由墓道、5个过洞、6个天井、8个小龛、前后甬道与前后墓室组成。后室西侧放着一具雕有宫女图像的石椁。墓室绘满壁画，有青龙、白虎、仪仗队及戟架以及手执团扇、拂尘、烛台等日用器具的侍女，形象生动，线条流畅，是已经发现的唐墓壁画中水平较高的作品。虽然该墓早年被盗，仍然出土了1300多件随葬品，有石、陶、瓷、金、玉、铜、铁、锡器。

章怀太子墓与永泰公主墓的壁画反映了唐代壁画的水平，其墓葬结构也为我们了解了唐帝陵结构提供了依据，同时也为后人了解唐代的绘画艺术提供了宝贵的资料。

第七章　宋、辽、西夏、金、元墓葬

【凭吊诗话】

十五年来，逢寒食节，皆在天涯。
叹雨濡露润，还思宰柏。
风柔日媚，羞见飞花。
麦饭纸钱，只鸡斗酒，几误林间噪喜鸦。
天笑道，此不由乎我，也不由他。
鼎中炼熟丹砂，把紫府清都作一家。
想前人鹤驭，常游绛阙。
浮生蝉蜕，岂恋黄沙？
帝命守坟，王令修墓，男子正当如是耶。
又何必，待过家上冢，昼锦荣华。

——宋·谢枋得《沁园春·寒食郓州道中》

引　言

宋、辽、西夏、金、元各个时期政局多变，考古工作者在这方面的发现也是少而又少、十分有限的。根据有限的资料，本章将阐释宋帝王陵墓及少数民族王陵的葬制、葬俗，以及当时的社会习俗等。

在史籍记载中，宋代“帝陵百亩，后陵四十”，帝后“同茔不同穴”，这和东汉、唐代均不相同，却和西汉相似，差别只在于彼此两个位置的关系上有不同：西汉是帝东后西，中国传统东为大位；北宋则是帝南后北，同在一条轴线上。这可能是表明，宋代后妃在帝王政治生活之中，地位有所提高。

自辽太祖阿保机称帝（公元 907 年）至辽天祚帝保大五年（公元 1125

年）辽亡为止，辽时的契丹族和汉族墓葬，主要分布在今天的内蒙古自治区、辽宁省、北京市和河北、山西二省的北部一带。至今已发掘辽墓逾300座。仿木建筑结构的墓室在10世纪中叶的辽代汉人墓中即已出现，辽墓从各个方面反映了辽代的社会生活和风俗习尚，是研究历史的重要资料。

西夏墓葬可分为土洞墓室和砖室，砖室墓多为汉人墓，而党项人墓几乎均为土洞墓室。西夏党项人墓的墓葬结构和葬俗，既反映了党项人本民族的文化传统，也承载着唐宋、佛教文化因素，表现出西夏文化的多源性。

金代墓葬一方面受辽墓的影响，而更多的则是继承北宋的墓制。金代仿木结构砖室墓一般都在多边形墓室转角处砌有角柱、枋额和单抄四铺作斗拱，并施以转角铺作和补间铺作，有的在仿木结构部分施以彩画。墓顶多呈八角叠涩攒尖顶，山西侯马董氏墓则利用转角铺作和补间铺作的手法将墓室顶部砌成八角形。

元代早期和中期的墓葬多采用宋金时期的仿木建筑结构，到了元代末期，仿木建筑墓葬结构已基本消失，出现的墓葬多与明代墓葬相近，元代墓葬的墓顶多为四角形，有的也为八角形，有墓道，墓室多为砖式墓。元代蒙古贵族死后，墓地一般被迁回其民族发源地，其墓地用马、牛踏平，不留痕迹。1998年9月，北京颐和园耶律楚材家族墓地出土的耶律铸夫妇合葬墓，是北京发掘的保存最完整、规模最大、级别最高的元代墓葬，在全国也十分罕见。据报道，耶律铸夫妇合葬墓为多室砖墓，由前室、前室的东西侧室、后室及后室的两个侧室组成。另外值得注意的是，封建王朝的皇帝死后一般都有陵墓，唯独元朝皇帝的陵墓不为人知。记录的不完整和有意地编造，使后代很难了解这方面的真相。这或许就是元朝皇帝没有陵墓的缘由。但按照常理，不是没有，而是没有发现。

第一节 宋代丧葬

一、宋代的火葬

盛行的原因

儒学在宋代有很辉煌的成就。陆九渊说：“儒学之盛，自三代以来，未有如我本朝者也。”但是为什么被封建士大夫当作“甚愆典礼”、“悖逆不孝”的火葬风俗会愈演愈烈而无法制止呢？

宋代火葬风俗盛行的原因，主要有下列几个方面：

第一，宋代火葬的盛行和佛教的世俗化密切相关。

在这一时期，统治者想利用佛教来“精神慰藉”广大劳苦群众，以达到巩固封建统治的目的，因此自宋太祖赵匡胤以来，宋代皇帝大多对佛教采取扶植和利用的政策。宋太宗赵光义对宰相赵普宣称的“浮屠氏之教有裨政治”的话，便是这种政策的意图所在。在统治者的极力倡导下，佛教在宋代广为流行，深入民心。以地区而论，凡是火葬盛行的地区，佛教都非常昌盛。两浙路早在五代吴越国时期就有“东南佛国”之称，至宋代，民间信佛之风更加兴盛。天禧三年（公元1019年）二月，越州知州高绅上言：“瓯越之民，僧俗相半，溺于信奉，忘序尊卑。”福建路佛教之盛不亚于两浙路，时有“闽于天下，僧籍最富”之说。号称“西南大都会”的成都，“佛寺最胜”。中原地区同样盛行佛教，苏辙有“佛法行中原，儒者耻论兹”的诗句。佛教主张火葬，认为火神可以把死者引导到死神处，升入西方极乐世界。随着佛教在中国的生根和广泛传播，佛教对中国民间丧葬习俗的影响越来越大，人们对佛家葬俗的抵触情绪逐渐减弱，不再将其视为可怕之举或大逆不道之事。宋人永亨《搜采异闻录》卷三云：“自释氏火葬化之说起，于是死而焚尸者，所在皆然。”在当时，就是精通儒家礼仪的士大夫也“鲜不溺焉”。贾同说：“闾阖既以为俗，而渐染于士大夫之家，亦多为之。或者以守职徼远，葬在先祖之茔域，故焚之以苟其便易。呜呼！先王制礼，士大夫奉以立身，推以化民，如之何其苟便易而弃之也！岂独弃礼哉？抑亦举其亲而弃之也。设不幸道远而死，未能负而归；买地而葬之，庐而守之，俟其久也，负骨而归，不亦可乎？又或以恶疾而死，俗云有种，虑染其后者而焚之，斯则既不仁矣，又惑之甚者。夫修短有命，疾病生乎身，岂有例哉？如云世积殃，遗子孙，则虽焚之无益也。根其由，盖始自桑门之教，西域之胡俗也。”在当时，一些富户在佛教的影响下，“甚至掷数十金饭僧礼佛，而亲尸付之一炬”。

第二，宋代火葬盛行的重要原因是民众贫困。

《寰宇琐记》指出："自释氏有火化之说，所以死而焚尸者所在皆然，美其名曰火葬。其中无赀营葬者半，惑于释氏之说者半。"这段话道出了宋代火葬盛行的重要原因。确实，从许多文献资料来看，宋人之所以采用火葬一定程度上是出于经济原因，人们不是不愿意采用传统的土葬葬法，而是无资举行土葬，而这正是宋代土葬费用浩大所致。张亮采先生在《中国风俗史》一书中认为：宋代"厚葬之俗，较唐以前尤盛。士大夫罕有斥其非者。如赵概《闻见录》谓：晏殊薄葬，而遭剖棺碎骨之惨祸。强沓以厚葬而免，固犹注重厚葬也"。

在那个时候，即使是花钱较少的火葬，一些人也一样需要富人的施舍和亲戚、朋友的济助。范成大《吴郡志》卷三四"郭外寺"载：一些富豪对"贫民死而家不能津送者，则与之棺，后焚瘗焉"。《梦粱录》卷一八"恤贫济老"条亦载："杭城富室，多是外郡寄寓之人……数中有好善积德者，多是恤孤念苦，敬老怜贫，每见……死无周身之具者，妻儿罔措，莫能支吾，则给散棺木，助其火葬，以终其事。"

因为土葬费用很大，"贫下之家"自然就愿意采用花费较少的火葬。火葬一般不受身份等级及经济等方面的影响，所以丧家可以依自己家庭的经济状况力量而行。因此"贫下之家"就有越来越多的人用火葬了。

第三，贫民少地或无地的社会状况也是宋代火葬盛行的重要原因。

宋代也是大土地私有制盛行的时期。从宋初以来，朝廷便以各种理由和名目，极力扩大官田。很多大官僚、地主豪绅与佛教寺院也趁这个时候占有大批土地，有的甚至达数十万亩。在仁宗的时候，全国有一半以上的人口沦落为佃户。到英宗时，全国十分之七以上的垦田已经落到地主的手中。在这种情况下，很多贫民便死无葬身之地了。还有，从宋代火葬流行的情况来看，一般都是那时经济比较发达的地区，尤其是人口稠密的城市。这些地区的耕地虽然基本上得到了开垦，但是人多地少的矛盾依然非常突出。苏辙说："吴越巴蜀之间，拳肩侧足，以争寻常尺寸之地。"在当时，江南东西已无旷土；两浙路"无寸土不耕"；福建"土地迫狭，生籍繁多，虽硗确之地，耕耨殆尽，亩直浸贵"。太原府"其境土狭民众，惜地不葬"。因此，一些没有地的贫民就被迫采用火葬，而少地的百姓为了养家糊口也不行土葬了。

第四，周围少数民族丧葬习俗的影响。

两宋时期，出现了几个政权并立的局面。北宋的时候是宋、辽、西夏三足鼎立，南宋的时候是宋、金南北对峙。除战争，各个民族之间的政治、经济与文化交流十分频繁，这促进了各个民族之间的融合。那时候，契丹、西夏、金等都盛行火葬。文献和考古资料表明，两宋时期的火葬习俗起初仅在契丹、党项等少数民族政权统治下的北方地区流行，后来才逐渐扩大到宋，并且很快在宋境内盛行起来。由此可见，宋代盛行火葬是与契丹、党项、女真等民族的影响有关。

第五，禁止火葬的一些具体措施在宋代统治之下也不很完善。

从形式上来看，宋代统治者尽管多次下令禁止火葬，但在实际上，却对火葬采取了一种比较宽容而放任的态度。这与宋代统治者在政治上崇尚宽厚政策有关，根据《宋史》载："宋兴，承五代之乱，太祖、太宗颇用重典……而以忠厚为本。"还说："其君一以宽仁为治，故立法之制严，而用法之情恕。"从现有的文献资料来看，还没有发现有因采用火葬而遭到处罚的事例。宋代统治者的这种以"仁义"治天下的政策，自然为佛家"荼毗火葬法"的推广打开了方便之门。正如宋人郑獬所说："今之举天下凡为丧葬，一归之浮屠氏，不饭其徒，不诵其书，举天下诟笑之，以为不孝，狃习成俗，沈酣溃烂，透骨髓，入膏肓，不可晓告。此则变吾之丧葬之礼而为夷矣……朝廷且未尝擒捽束缚而加诛焉，反曲拳跪跽而尊事之。"毕仲游也认为河东地区火葬盛行是"刺史、县令不为条教，而劝勉有所不至之过也"。在南宋初年的时候，宋高宗赵构还对火葬一再放松限制。绍兴二十八年（公元1158年），户部侍郎荣薿上奏言："比因臣僚陈请禁火葬，令州郡置荒闲之地，使贫民得以收葬，诚为善政。臣闻吴越之俗，葬送费广，必积累而后办。至于贫下之家，送终之具，唯务从简，是以从来率以火化为便，相习成风，势难遽革。况州县休息之久，生聚日繁，所用之地，必须宽广。仍附郭近便处，官司以艰得之故，有未行摽拨者。既葬埋者未有处所，而行火化之禁，恐非人情所安。欲乞除豪富士族申严禁止外，贫下之民并客旅远方之人，若有死亡，姑从其便。候将来州县摽拨到荒闲之地，别行取旨。"高宗诏令依奏施行。

以漏泽园的设置为例，它一般只是在都市中设置，在广大的乡村就很少设置，所以其“寺院既附城郭，所收骨殖恐止及城郭之内与近乡人户。如僻小州军，穷乡远道之民未举葬者势盛不能相反；又官园地有限，葬且无余，而肯于官园地杂葬者多小民之家，中民已上，既安风俗，不自举葬，又耻与小民杂葬官园之中，往往依旧焚毁不葬，风俗未变也”。再加上漏泽园时设时废，管理不善，更使其徒具形式而已。

宋代统治者不仅对火葬采取放任态度，而且还带头破坏禁令，这令人十分惊讶。嘉祐八年（公元1063年）九月二十三日，只有四岁的皇侄孙赵士弇卒，“火而寓骨于都城之西大慈佛祠”，十月甲午从仁宗皇帝葬河南永安县。对皇室成员施行火葬，可见佛家丧葬观念已经深入人心。这对整个社会产生的影响也是不言而喻的。

综上可见，火葬的盛行，有其深刻的社会原因。火葬之所以在那时久行不衰，禁而不止，说明它是符合广大劳动人民利益的。

火葬盛行状况

我国火葬最为盛行是在宋代。在北宋，火葬最为盛行的地区是都城汴京和河东地区。王偁《东都事略》卷三载：“近代以来遵用夷法，率多火葬。”江少虞《宋朝事实类苑》亦载：“河东人众而地狭，民家有丧事，虽至亲，悉燔爇，取骨烬寄僧舍中。以至积久，弃捐乃已，习以为俗。”除外，湖北、陕西、山东等地一样有火葬记载，如刘挚《忠肃集》卷一三曰：“楚俗死者，焚而委其骨于野。”四川、浙江、福建、广东、江苏等地，虽然在北宋时期出现了火葬现象，但尚未盛行，一般仅在佛教徒中进行。但至宋室南迁以后，火葬在广大南方地区盛行起来，并成为社会习俗。绍兴二十七年（公元1157年），监登闻鼓院范同上奏曰：“今民俗有所谓火化者，生则奉养之具唯恐不至，死则燔爇而捐弃之，何独厚于生而薄于死乎？甚者焚而置之水中，识者见之动心。国朝著令，贫无葬地者，许以系官之地安葬。河东地狭人众，虽至亲之丧，悉皆焚弃。韩琦镇并州，以官钱市田数顷，给民安葬，至今为美谈。然而承流宣化，使民不畔于礼法，正守臣之职也。方今火葬之惨，日益炽甚。”

火葬最为盛行的地区是在南宋的两浙路。户部侍郎荣薿讲:“臣闻吴越之俗,葬送费广,必积累而后办。至于贫下之家,送终之具,唯务从简,是以从来率以火化为便,相习成风,势难遽革。”那时,不仅贫下之家率以火化为便,就是富裕人家也是这样。宋人周煇在《清波杂志》卷一二说:“浙右水乡风俗,人死,虽富有力者,不办蕞尔之土以安厝,亦致焚如。”

火葬在福建也十分盛行。真德秀《泉州劝孝文》曰:“至于贫窭之家,委之火化,积习岁久,视以为常。曾不思古者,背叛恶逆之人,乃有焚骨扬灰之戳。今骨肉未寒,为人子者何忍付之烈焰,使为灰烬乎?言之犹且痛心,况复忍为其事。”

四川自宋孝宗淳熙(公元1174年到1189年)以后,火葬更加盛行。根据统计,南宋时期四川的火葬墓约占宋代四川火葬墓总数的80%以上,那时候的成都,是四川火葬最为盛行的地区。

广东的番禺、佛山、新州等地都风行火葬,因此,那时候的地方长官曾多次下令禁止。另外,江西、湖北、湖南等地同样有火葬的记载。如《宋史》卷《刘爚传》载:刘爚担任饶州录事期间,都大坑冶耿某闵遗骸暴露,议用浮屠法葬之水火,爚贻书曰:使死者有知,祸亦惨矣。请择高阜为业冢以葬。

一些富裕人家在给亲人焚尸的时候,一般要“具威仪”,请僧道在旁念经超度,为死者减罪拜福,以助超生。至于那焚尸之所,一般都是设在城外。如南宋临安的化人亭就设在西湖东北角的圆觉禅寺与钱塘门外的九曲城菩提院。海盐县在城西五里外的景德禅院设“焚化院”。吴郡与吴县的化人亭同样设在平江城盘门外的齐升院、通济寺。浙西“衢人之俗,送死者皆火化于西溪沙州上”。

对于骨灰的处理,主要有以下三种方式:

一是焚尸后,将骨灰放进木盒或陶罐,然后埋进墓中。这种焚尸后再收贮骨灰而进行葬埋的,一般是有钱的富户,很少是贫民,他们采用火葬方式主要是受佛教的影响,并不是为家中经济所迫。至于火葬墓的葬具、墓葬形制以及殉葬器物,则因火葬者的身份或地域的不同又有一定的差异。从已发掘的宋代火葬墓来看,其葬具一般多采用陶制的坛、罐与带釉的粗瓷瓮,也有的是使用瓦棺或木匣。

山西和河南等地的火葬墓大多采用陶罐葬埋骨灰，这种陶罐的形制一般为小口小腹，平底，有的两肩有小耳，内盛骨灰。有的盖以瓷器盖，有的则没盖，仅在口上覆以方砖。四川的火葬墓流行用木匣盛装骨灰，在成都附近丘陵地区发掘的百余座火葬墓中，绝大部分就是用木匣子。福建则盛行用陶棺盛置骨灰，这种陶棺一头上翘，棺底是工字形座，棺外的四周刻有壶门式图案，上涂红、白、绿三色。如福州市西湖畔所发现的北宋元丰时的火葬墓，则采用这种陶棺盛置骨灰，这说明福建在北宋时期就已经有专门为火葬者所作的葬具了。广东火葬墓盛骨灰的葬具种类很多，而且有鲜明的地方特色。如阳春出土的陶坛，盖作亭阁式。海康县的葬具则采用褐色釉下彩绘瓷棺和瓷罐，置于圆形或长方形的砖砌墓坑里。瓷棺作长方形，后面有插板可开启，左右两壁绘有十二生肖或青龙、白虎，前壁绘朱雀，后壁绘玄武，插板上写死者姓氏，顶上写“天门”、“地户”。有的瓷棺座雕刻莲花纹，棺身透雕如意纹图案，棺盖四角翘起，顶部正中雕刻葫芦，葫芦下刻有覆莲，制作十分精巧。出土的釉下彩瓷罐，外壁多有几重纹饰，肩部与腹下画钱纹、卷草纹、莲瓣纹、弦纹、水波纹，腹部开窗或者分格，画缠枝菊、折枝菊、团菊、仕女，或写“仙会蓝桥”、“长寿富贵”、“金玉满堂”、“积善之家必有余兴”等吉祥的文字。福州与川西的宋代火葬墓都为砖券墓，多系单室，规模很小，长高均为1米多。以成都跳蹬河第一号墓为例，其墓室长为1.38米，宽为0.68米，顶有三道券拱，最高点为1.08米，墓前无门，有封门砖，墓室两侧壁及后壁各有龛，铺地砖上有砖台，盛骨灰的木匣或陶罐置其上。殉葬物大多是放在龛内或砖台上。广东佛山鼓颡岗的一座宋代火葬墓，其墓葬形制是正南北向，墓室平面为长方形，长为1.5米，宽为1米，深为2.1米，墓底经过夯打，用三块长方形灰砖排成十字形，正中心置一黑釉大陶罐，罐口用石灰密封，内置装有骨灰和铜线的黑釉小陶罐。在大陶罐的四周放置六个内装稻谷的黑釉小陶罐。上海地区的宋代火葬墓用小砖平铺作底，上面以楔形砖围成多面筒形壁，中间放一件黄绿釉带盖小口平底鼓腹的骨灰陶罐。全墓高仅有40余厘米，径约有65厘米。至于随葬器物，那就与火葬者的贫富有关。山西、河南等地的火葬墓，都没有什么随葬物。广东佛山鼓颍岗的一宋代火葬墓出土的随葬物有 23 件，其中黑釉大陶罐 1 件、黑釉小陶罐 7 件、铜币有 16 枚。川西宋代火葬墓的随葬品极最为丰富，一般都有二三十件以上，器物有武士俑、立俑、卧俑、坐俑、人首鸡身俑、双人牵马俑、人头蛇身俑、陶鸡、陶狗和陶制的罐、杯、碗、钵，瓷制的盘、盏以及钱币等。

二是尸体火化后，将骨灰存放于寺院或者漏泽园中，还有的存放于家中，逢节祭奠。将亲人的骨灰寄存在寺院中的，一般是平民百姓人家，这种人家家里还可度日，但是无力购置坟地、筑造墓室。南宋周煇《清波杂志》说：僧寺“利有所得，凿方尺之池，积涔蹄之水，以浸枯骨，男女骸骼，淆杂无辨，旋即填塞不能容，深夜乃取出畚贮，散弃荒野外，人家不悟，逢节序仍裹饭设奠于池外，实为酸楚，而官府初无禁约”。

三是焚尸后将骨灰弃于野外或者水中，这种方式于贫下之家最为普通与流行。如《宋史・礼志》说：“今民俗有所谓火化者……焚而置之水中，识者见之动心。”所谓弃之水中，又分为两种情况：一是放入“澈骨池”，二就是直接投入江河湖海之中。

政策措施

宋代统治者不但清楚地看到火葬所产生的巨大影响，并且多次采取各种措施企图加以制止。《宋史・神宗本纪》载：“元丰二年（公元 1079 年）诏给地葬畿内寄蒿之丧。无所归者，官瘗之”。徐度在《却扫编》卷下“漏泽园”条中曰：“漏泽园之法，起于元丰间。初，予外祖以朝官为开封府界使者，常行部，宿陈留佛祠。夜且半，闻垣外汹汹，若有人声，起烛之，四野积骸遍野，皆贫无以葬者委骨于此，意恻然哀之。即具所见闻，请斥官地数顷以葬之，即日可报。神宗还令外祖总其事，凡是得遗骸八万多，每三十为坎，皆沟洫，什伍为曹，序有表，总有图。规其地之一隅以为佛寺，岁轮僧寺之徒一人，使掌其籍焉。外祖陈氏，名向，字适中，睦州人。”

至徽宗时，全国各州县普遍设立了漏泽园。统治者曾经多次下令设置漏泽园埋无主尸骨是在南宋的时候。如那时候的都城临安就有 12 所漏泽园。

社会影响

宋代的时候火葬的盛行给社会造成了很大的影响，主要有以下几个方面：

第一，打击了儒家丧葬礼制，改变了社会伦理道德。

儒家向来在丧葬上强调“入土为安”，并且重视对死者尸体的保护，把“慎护”先人发肤作为后人“扬名后世”的行孝方式。《礼记·祭义》云：“众生必死，死必归土。”这在宋代一直左右着中国古代丧葬民俗的导向。但是自从佛教传入中国，并在民间广为流传以后，儒家“慎护发肤”的丧葬观念和传统的土葬葬式却遭到了强有力的挑战。宋人胡寅说：“自佛法进中国，以死生转化，恐动世俗千余年间，特立不惑者，不过数人而已。”为此，一些封建士大夫深感悲哀痛切。程颐道：“古人之法，必犯大恶则焚其尸。今风俗之弊，遂以为礼，虽孝子慈孙，亦不以为异……可不哀哉！”王安石讲：“父母死，则燔而捐之水中，其不可，明也；禁使葬之，其不可，亦明也。然而吏相与非之乎上，民相与怪之乎下，盖其习之久也，则至于戕贼父母而无以为不可，顾曰禁之不可也。呜呼！吾是以见先王之道难行也。”他们都斥责火葬为“不孝之大者”、“伤风败俗，莫此为甚”、“惨虐之极，无复人道”……他们在上书朝廷加以严厉禁止的时候，还企图想以自己的行为来扭转这种风气。程颐云：“吾家治丧不用浮屠。”王十朋“遗戒丧事毋得用佛老教”。朱熹则明确反对火葬，要弟子不可以循俗“用僧道火化”。吕祖谦教育学生的时候对学生们要求不用浮屠火葬，他在自己所著的《少仪外传》卷下中说：“世又有用羌人法，自焚其柩，收烬骨而葬之者，人习为常，恬莫之怪，呜呼！讹俗諄戾，乃至此乎？或者曰：旅官远方，贫不能致其柩，不焚之，何以致其归葬，曰广……必也竭力不能归其柩，即所亡之地而葬之，不犹愈于火焚乎？”士人黄仲玉临卒前，呼其子曰：我死，谨毋用浮图法，不然，是使我不得正其终也。

第二，严重地影响了赵宋王朝的统治秩序。

中国历代封建统治者极力倡导土葬，就是为了用儒家倡导的贵贱有别的丧葬礼制来维持统治秩序，使伦理纲常得以不衰，来达到长治久安的目的，这正是宋太祖赵匡胤所说“王者设棺椁之品，建封树之制，所以厚人伦而一风化”的原因所在。

中国封建社会商品经济十分发达的时代是在宋代，贵贱有别的丧葬礼制规定使富而不贵的人家想在丧葬上铺张受到了非常大的限制。宋代森严的丧葬等级规定更使富而不贵的人无法在丧事上大事铺张。但是火葬葬仪并没有受到这方面的限制，人们只要有钱，不但可以在火葬仪式上大大方方地讲尽排场而又不会背上奢侈的罪名，并且还可以博得“孝”的美名，扬名于世。所以，用盛大的佛教斋会、水陆道场来表达“孝心”，求得孝悌的美名，就成为当时社会的一种流风习俗。王楙说：“丧家令僧道诵经，设斋作醮作佛事，曰‘资冥福’也。出葬用以导引，此何义耶？至于铙钹，乃胡乐也，胡俗燕乐则击之，而可用于丧柩乎？世俗无知，至于鼓吹作乐，又何忍也。开宝三年十月甲午，诏开封府禁止士庶之家丧葬不得用僧道威仪前引。在太平兴国六年，又禁丧葬不得用乐，庶人不得用方相魌头。今犯此禁者，所在都是也。祖宗于移风易俗留意如此，惜乎州县间不能举行之也。”宋王朝的封建统治秩序在丧葬方面遭到了严重的破坏与损害，从以上可以得知。

第三，开创了元明清三代的火葬风气，并使火葬最终成为我国民族传统葬俗的重要组成部分。

二、宋代的厚葬之风

宋代丧葬中的孝道

宋代封建统治者全力提倡孝道，重视送死。如宋哲宗云：“奉先者如亡如存，追往者送终为大。”宋光宗云：“礼莫大于事宗庙……孝莫重于执丧。”

宋代的儒家士大夫，甚多奉行传统的“事亡如事存”的丧葬观念，把丧葬当作是人生中极为重要的一件大事，认为“孝莫重乎丧”，送死为人之大事。如范质《原孝》云：“立身之谓道，本道之谓孝。上至天子，下至庶人，未有不由而立也。呜呼！为孝之道是因乎心者焉！孝有小大，性有能否，君子小人，亦各存其分也。圣人之教，布在方策。不敢毁伤，存其始也；立身行道，要其终也。”程颐虽然从“以俭安神”的角度反对皇帝厚葬，但对民间的厚葬他是极力赞成的。他认为“孝莫大于安亲，忠莫先于爱主，人伦之本，无越于斯”，“冠昏丧祭，礼之大者……凡事死之礼，当厚于奉先者”。黄仪云：“夫孝朕于诚，诚著而本立；誉资于懿，懿至而名昭。故孝莫大于爱亲，誉无先于敦行。其生事死葬，岁祀时思，克罄厥心者。”王随云：“伏以致孝之本，莫大于显亲；敦化之方，莫先于追远。”张忠恕言：“人道莫先乎孝，送死尤为大事。”

厚葬与居丧、祭祀等，都是人们显示孝心的最佳时机。李觏说：“死者人之终也，不可以不厚也，所以为之衣衾棺椁，衰麻哭踊，以奉死丧。”而且，他还把“丧死之礼”，当作“礼之大本”。何坦说：“冠昏丧祭，民生日用之礼，不可苟也。”张载认为：“凡礼都所致制奢，独丧则情异。”把丧葬厚薄当作衡量孝和不孝的重要标志。于是，王安石以“先臣之未葬”，数次请辞在朝为官而外任，以“奉养婚嫁葬送之窘”。出身于官宦之家的姜处恭，“祖母、父母皆散死他州不能葬”，祖父也旅殡于都昌佛寺达40多年。因此，姜处恭“治坟墓，收拾诸榇，见星出入”，经数年努力，“然后得聚葬”，从而博得了“孝”的美名。

宋代相墓术

宋代是阴阳风水地理说极为风靡的时期。《宋史·艺文志》“五行类”收书共850部，2420卷。南宋郑樵编《通志·艺文略》五行类也收书30种，1114部，3339卷，其中单是葬书就有149部，498卷。依托诸葛亮作的就有二书，依托郭璞著的有八种，其他如黄帝、赤松子、淮南王、庾季才、李淳风、吕才、司马头陀等都有人伪托杜撰。宋代不但风水之书大大多于前代，而且迷信阴阳风水说的人也远远超过了历史上任何一个朝代。

北宋司马光曾论述了当时迷信地理风水的情况，他说：“世俗信葬师之说，既择年月日时，又择山水形势，以为子孙贫富贵贱，贤愚寿夭，尽系于此。又葬师所有之书，人人异同，此以为吉，彼以为凶，争论纷纭，无时可决。其尸柩或寄僧寺，或委远方，至有终身不葬，或累世不葬，或子孙衰替，忘失处所，遂弁捐不葬者。”

南宋罗大经在《鹤林玉露》中亦这样论述道：“世之人惑（郭）璞（《葬经》）之说，有贪求吉地未能惬意，至十数年不葬其亲者。有既葬以为不吉，一掘未已，至掘三掘四者；有因买地致讼，棺未入土而家已萧条者；有兄弟数人惑于各房风水之说，至于骨肉化为仇雠者。凡此数祸，皆璞之书为之也。”

在那个时候，人们普遍认为按风水之说安葬死者，可以发家致富，以至将它当作是经营生产，从而不惜耗财。吕祖谦讲："自机祥禁忌之说兴，士始死其亲面微利，巫争觋论，客其旧宇下，远者或数十载，盖有骨比腐骨销而终不掩者矣。予窃骇其然，力薄不能起俗，独私与从游者道之。"又讲："坟墓之族，实人情之至愿。当巫史纷若之际，犹有不读《周官》暗与之合者，礼岂强人者哉！"生活于宋末元初的两浙士人戴表元也在《会稽唐氏墓记》中说："至择葬地，则不求安死，而求利生，拘忌阴阳之说，东奔西驰，故有祢逾祖，支破宗，形侵势攘，智谋力夺，无有厌极。既其甚者，有出疆远卜，非殡非葬，世之子孙，疲于展省，并饼失其故封者矣；有攘地相交，与乡人争寻尺寸之衅，而兴无涯之狱者矣。"又说："每见世人，而昏巫谬史拘忌祸福之说，缘之而起，有三年五年十年不得葬，葬又卤葬，知后又当祔，而不豫为穴，关于临时穿凿，崩损惊伤先人之肌骸，为可恨也。故为记，以戒吾子孙毋怠。"庄绰《鸡肋编》卷上曰："又信时日，卜葬尝远，且惜殡攒之费，多停柩其家，亦不设涂甓，至顿置百物于棺上，如几案焉。过卒哭则不祭，唯旦望节序，薄其酒莽祭之，亦不哭，是可怪也。"关于实例，更是数不胜数。

嘉定七年十月二十三日永嘉士人陈烨去世，他的儿子陈埴就请精通阴阳风水的先生沈侗为其父选择墓地，沈侗对当地的地形地貌进行了仔细观察，之后对陈埴说："实卜其兆曰：'吴平，一州地脉所从分也；葬此者，子孙贵且蕃。'"所以陈埴与兄在九年正月，将父葬在孝义乡吴平山。因此，叶适感慨叹道："噫！使其信然，以君之贤，宜有后哉！"

王明清《玉照新志》卷四载："黄进者，本舒州村人，少为富室苍头奴，随其主翁为父择葬地于郊外山间，与葬师偕行，得一穴最胜，师指示其主云：'葬此，他日须出名将。'进在傍默识之，是夕乃絜其父之遗骸瘗于其所。主家初不知为何人也，已而逃去为盗，坐法黥流。又数年，天下乱，进鸠集党类，改涅其颊为两旗，自号旗儿军，寇攘淮甸，间人颇识之。朝廷遣兵捕之，遂以众降，制授右阶，后累立战功至防御使。"

《郡主赵若云墓志铭》上记载：赵若云"己巳岁九月二十日以疾殁于广西梧州舟中，享年二十有九。男女俱未有人。至庚午年二月初三日，始扶灵輀归莪明德里岐山庵所属宅兆，未有定向。外舅悯其力绵，乃捐焊圹土地，命阴阳家度隰相泉，就用乙辰山戌乾向定穴。”

崇尚风水的现象广泛地存在于民间，帝王也深受影响，建隆二年（公元961 年）三月二十六日，宋太祖赵匡胤在《宣祖昭武皇帝改卜安陵哀册文》中这样写道：“洛州南原兮山有嵩，山川王气兮洛阳东。宫阙崔嵬兮形胜通，土圭测景兮天之中。惟帝运之兴隆兮，盛大德而照融。”乾兴元年（公元1022 年）八月，乐辅国《永定陵修奉采石记》也有这样的论述：“若乃土圭定国，卜洛处二宅之雄；地镇秉灵，维嵩冠五岳之首。风雨之所会，阴阳之所和，居得得天地之心，绰尔是皇王之宅。”宋真宗驾崩之时，仁宗令大臣吕夷简在京城挑选了几名精通风水的先生，一起到永安县“相度皇堂”。英宗对风水之说也颇感兴趣，以此“求福”并“广求吉地”。光宗也是“惑阴阳之说”，致使徽宗梓宫迟迟不能安葬长达六十多年之久，河南巩县宋陵与绍兴攒宫的选址从考古资料来看，就是按照道术家“五音姓利”之说来确定方位的。赵彦卫《云麓漫钞》卷九曰：“永安诸陵，皆东南地穹，西北地垂；东南有山，西北无山，角音所利如此。七陵皆在嵩少之北，洛水之南，虽有冈阜，不甚高，互为形势。自永安县西坡上观安、昌、熙三陵在平川，柏林如织，万安山来朝，遥揖嵩少。三陵柏林相接，地平如掌，计一百一十三顷，方二十里云。今绍兴攒宫朝向，正与永安诸陵相似，盖取其协于音利。”

帝王如此，大臣们都纷纷效仿。熙宁二年，洪适之高祖士良在临死之前，嘱命家人曰：“葬我必于在乐平缪港仓下，后世青紫当不绝，科第蝉联，子孙官者络绎。”岳飞母葬庐山，僧言葬地虽佳，但是处王枢密敏之先茔之后，子孙须有非命。这些都是十分典型的例子。豪贾富商也不甘落后，他们不惜用巨额金钱购求风水宝地，冀图借此摆脱身份卑贱、地位低下的状况，跻身于缙绅的行列，达到名利双收之功效。至于平民百姓，也将此作为一种精神寄托，希望借此摆脱贫穷困苦的处境，获得富贵利禄，因而乐意将终身的心血及精力付诸于此。

一些儒家士大夫，同样笃信风水。理学鼻祖程颐在《葬说》中认为：“卜其宅兆，卜其地之美恶也，非阴阳家所谓祸福者也。地之美者，则其神灵安，其子孙盛，若培拥其根而枝叶茂，理固然矣。地之恶者则反是。然则曷谓地之美者？土色之光润，草木之茂盛，乃其验也。”朱熹指出：“伊川先生力破俗说，然亦自言须是风顺地厚处乃可，然则亦稍有形势，拱揖环抱无空阙处，乃可用也，但不用某山某水之说耳。”朱熹本人认为葬地好，“而神灵得安，则其子孙昌盛，而祭祀不绝”。所以其选地迁墓更是唯风水大师蔡元定指教是听，而且他还一再和陈季陆辩论风水之利害。他在绍熙五年还上书论争孝宗陵寝选地失当，说什么“不复广询术人，以求吉地……既不为寿皇体魄安宁之虑，又不为宋社血食久远之图”，将陵寝选地与国家的兴衰存亡紧紧地连在一起。

宋代厚葬特点

宋代以前，中国人的厚葬表现在陵墓的崇大、棺椁的精美以及葬品的丰厚。但厚葬与盗墓之风犹如一对孪生兄弟，形影不离。一方面，死者后代以金银珍宝等物入殓陪葬，作为尽孝夸富的手段；另一方面，平民百姓、盗匪和农民起义者，却以挖坟劫墓作为谋生救急的方法及发泄怨愤情感的方式。

在宋代，墓盗现象十分突出，因为官僚士大夫雅好收藏金石，这使盗墓者有利可图，促使盗墓之风盛行。“世既知其所以贵爱，故有得一器，其直为钱数十万，后动至百万不翅者。于是天下冢墓，破伐殆尽矣”。那时候关中的“秦人之俗”，就是“以开发冢墓为事”。摆在人们面前的严重社会现实，使得人们对“异日之祸，不得不虑”。开始将丧葬的费用从地下转移到地上的人越来越多。他们为了避免坟墓被盗掘，一方面在棺中少置或者不置金银财宝；另一方面实行改葬，“使后人不知墓之所在，以图永安”。

在那时候，佛事是一种超度死者亡魂的活动，时间长短不一，一般为七天，多者可达四十九天，甚至一百天。参加法事的僧道，少则几人，多者成千上万，号“千人斋”、“万人斋”。内容为诵经设斋、礼佛拜忏、追荐亡灵。时人认为，替死者超度，可“使死者免为馁鬼于地下”，“往好处托生”，是孝仁之举，所以，人们请僧道诵经设斋作醮作佛事，云：“资冥福”也。司马光曰：“世俗信浮屠诳诱，于始死及七七日、百日、期年、再期、除丧，饭僧，设道场，或作水陆大会，写经造像，修建塔庙，云为此者，减弥天罪恶，必生天堂，受种种快乐；不为者，必入地狱，剉烧舂磨，受无边波吒之苦。”因此，一些官僚士大夫乐此不疲。如通直郎张潜，每当父母死日，“必前期蔬素，为佛事，瞻仰如在，悲动左右”，又于“故居之北资福院，建轮藏，以奉皇妣。工既告毕，遂径诣庐山，饭僧凡数千人；其孝思不匮类如此”。而大将军石普，“每太宗忌日，必尽室诣佛寺斋荐，率以为常”。……为此，陆游曾一针见血地指出：“吾见平时丧家百费方兴，而愚俗又侈于道场斋施之事，彼初不知佛为何人，佛法为何事，但欲誇邻里，为美观尔！”

佛事开支，数目浩大，在那个时候的丧葬费用中是一个大项。少者数千，多则十万缗以上。如平江城北周氏之子死，其家为了请僧道作佛事，超度亡魂，“凡费钱十余万缗乃窆亡骨于东庑，如僧式立塔，而绘其像，以冠裳为饰”。因为费用侈大，很多丧家背上了沉重的负担，甚至倾家荡产。如福建，“其奉浮图，会宾客，以尽力丰侈为孝，否则深自愧恨，为乡里羞，然而奸民游手无赖子，幸而贪饮食，利钱财，来者无限极，一般至数百千人，还有亲亡秘不举哭，必破产办具而后敢发丧者。有力者乘其急时，贱买其田宅；然而贫者立券举债，终身困不能偿”。不仅民间是这样，朝廷也是不堪负担。

宋时，人们在停殡、出葬时亦是“不惜资财，以供杂祀广会，以沽儿童妇女之称誉”。仁宗皇帝死于嘉祐八年（公元1063年）九月，梓宫设在福宁殿，“自启菆以来，每日妆饰尼女，置于殿前，傅以粉黛，衣之绮绣，状如俳优，又类戏剧”。对此，司马光极为反感，认为这有违儒家礼仪。在民间，停殡、出丧时还有所谓乐丧的习俗。司马光讲：“今之士大夫，居丧食肉饮酒，无异平日，又相从宴食，靦然无愧，人亦恬不为怪。礼俗之坏，习以为常，悲夫！乃至鄙野之人，或初丧未敛，亲宾则齎酒馔往劳之，主人亦自备酒馔，相与饮啜，醉饱连日。及葬，亦如之。甚者，初丧作乐以娱尸。及殡葬，则以乐导輀车，而号哭随之，亦有乘丧即嫁娶者。”陆游《放翁家训》亦载：“近世出葬，或作香亭、魂亭、寓人、寓马之类……僧徒引导……广召乡邻。”事实上，这些都是丧家沽名钓誉之作，“无益死者，徒为重费”。

在宋代，盛行重金购置风水宝地，要求得一块“风水宝地”来安葬先人，绝对不是轻而易举之事，特别是在经济发达、土地紧张的地区。因此，丧家必须花费重金来购置“龙脉真穴”。如义乌人何恢死后，众子为了求得“回鸾舞凤”之吉穴，“用功力至费百万余”。

厚葬现象

宋代的厚葬以帝王的丧事最为突出。宋代的国丧中，除宋太祖、宋太宗“国家山陵送往，俭于前代”外，大部分实行厚葬。如仁宗葬在昭陵时，朝臣范祖禹见“有缄封皮匣纳之方中者甚多，皆出于禁中”。因为仁宗“厚葬过礼”，所以“公私骚然”，大臣们纷纷上奏，“请损之”。神宗死，其葬事之厚又甚于仁宗。“受命宝及沿宝法物与平生衣服器用皆欲举而葬之”。永裕陵“山陵崇大”，“寝宫施以金珠”。少府为真宗制作的明器象物也是“非常侈大”，对此“自京城至陵墓，凡城门民舍挡道者一律撤毁，以过车舆象物”。所以，皇室成员们的丧事也是十分隆重、奢侈。仁宗幼子豫王死，仁宗下令厚葬，“中春卜地，盛夏起坟，凿土穿山”，役人“数十万工”，所费之财达五十万缗左右，以至弄得“三司力屈，百计收敛”。张贵妃夭亡，仁宗更是“役万兵之众，费百万之财”，使当时的“国赋民力”受到严重损害。嘉祐七年（公元1062年），董充媛死，仁宗“崇大后宫之丧”，其“送终之礼，太为崇重”，为此“横增烦费”，朝廷内外怨声载道。

“上好是，下必有甚者”。在封建最高统治者的带动下，贵族大臣们纷纷效尤。咸平五年（公元1002年）二月戊寅，集贤学士、主客员外郎高平范贻孙死，其“夫人以丧无虑居，礼当即还，毁家襄事，竭力送终”。

还有，从宋代“敕葬破家”的谚语中也可看出那时候的厚葬风气。叶梦得《石林燕语》卷五载：“大臣及近戚……薨，例遣内侍监护葬事，谓之‘敕葬’……‘敕葬’，丧家无所预，一听于监护官，不复更计费，惟其所欲，至罄家资有不能办者。故谚曰：‘宣医纳命，敕葬破家’。近年‘敕葬’多上章乞免，朝廷知其意，无不从者。”

厚葬现象在民间也是屡见记载。汴京，“凡百吉凶之家，人皆盈门”；“丧事，贫不能具服，则赁以衣之。家人之寡者，当其送终，就假倩媪妇，使服其服，同哭诸途，声甚凄惋，乃时自言曰：非预我事”。长安“人物繁，习俗侈。丧葬陈拽，寓象其表，以绫绡金银者曰大脱空，楮外而设色者曰小脱空，制造列肆茅行，俗谓之茅行家事”。两浙“奢厚逾度”。“如士族力稍厚者，棺皆朱漆”；有的则“自初丧，即极力治葬具，无他营”。福建“俗重凶事……以尽力丰侈为孝”。

宋代的厚葬现象在考古发掘中也得到了印证。很多宋墓不仅随葬品丰富，而且还有金银器出土，这种现象在经济发达的地区特别突出。例如1975年在福州市北郊发现的黄异墓，随葬有各种器物一共436件，除有大批精美的服饰、丝织品外，还有金、银、铜、漆、角、木等器物。1986年在福州北郊茶园村发掘的一座南宋端平二年（公元1235年）之墓，随葬有大量精美的器物，除有100多件丝织品外，还有很多金、银、铜、漆等器物。1988年9月间，在江西德安县宝塔乡杨桥村发掘出的南宋新太平州通判吴畴妻周氏墓，出土有一百多件丝织衣裙以及银奁、银梳、银盏托、鎏金镂雕银香囊、彩绘团扇等物。江西永新出土的北宋刑部尚书刘沆墓，随葬品也很丰富，计有金耳环1件、银质鎏金发簪1对、金质带状饰品1对、水晶坠1对、银质镀金梳子3件，还有铜镜、瓷器等品。浙江衢州南宋朝议大夫史绳祖夫妇合葬墓更是出土有金银器11件，此外，还出土有瓷器6件、玉器7件、铜器6件以及玻璃、墨、石砚、笔架等物品。江苏无锡开源路第2号墓出土有金耳坠。无锡市郊的北宋1号墓出土有随葬品60件，其中金耳坠1件、金双鱼饰1件、银簪1件及铜镜、铜钱、瓷器、漆具等物。江苏武进村南宋墓出土有金钏1副、金跳脱指环1件、鎏金桃形佩饰3件，以及一大批银插、银光叉、铜镜、铜钱、瓷器、漆器和丝织品等物。江苏常州市红梅新村北宋墓出土有金耳坠、银发钗、金球银杆发饰、铜镜、漆盘、影青瓷盒等二十多件器物。此外，在湖北、上海等地出土的宋墓中，都发现有随葬金银器的现象。如武汉市十里铺北宋墓出土有金器3件、铜器3件、瓷器19件、漆木器19件及70多枚铜钱等物品。上海宝山月浦宝祐四年赵氏墓也出土过金银饰品，其中有錾花金手镯、錾花金发簪、盘花金首银簪、涂金银簪、涂金簧形银钏、银耳挖等。金银器在宋代为奢侈品，这些物品在丧葬中的使用有着严格的规定，如《宋史》卷一二四《凶礼》载："品官诸葬不得以石为棺椁及石室，其棺椁不得雕镂彩画、施方牖槛，棺内不得藏金宝珠玉。"上述所列举的考古资料中，不但发现宋墓有金银器出土，而且数量也颇为可观，且遍布全国各地，从墓主的身份可以看出，有些是很普通的平民百姓。这足以说明，以前史学界所持的"宋人薄葬"的传统论点，是不够确切的，至少在某个地区、某个时期是这样。

厚葬的影响

宋代厚葬风气的影响，概括起来主要有下列几项：

第一，宋代的封建秩序受到严重影响。

众所周知，丧葬在中国古代社会具有严格的等级规定，是统治者用来维持社会秩序的重要手段。宋代也不例外，太祖赵匡胤说："王者设棺椁之品，封建树之制，所以厚人伦而一风化也。"为了整饬礼仪，敦厚风俗，宋代统治者曾经很多次颁布新的丧葬礼仪，严立禁约，其中影响较大的有《开宝通礼》、《太常因革礼》、《元丰新礼》、《政和新礼》等。这些法令对死者的贵贱等级制订了严格而细致的具体规定，差不多涉及丧葬礼仪的所有细节，具有强烈的阶级性和森严的等级性。

死的名称、招魂用的复衣、铭旌的使用、墓碑志石的题写、明器的规格及数量、丧仪、坟墓的大小高低、棺椁的多少与花纹色彩等，都根据死者身份的贵贱等级作了严格而又细致的规定，它不仅保证官员享有优于平民百姓的特权，并且也使这些官员的家庭成员沾上了光，享有这种特殊的权利。"品官葬祖父母、父母，品卑者听以子品，葬妻子者递降一等，其四品已上依令式施行"。中国封建社会中"一人得道，仙及鸟犬"的现象在这里得到了充分的体观。

为了保证丧葬礼制的实施，宋代统治者还制订了法律条文，而且使丧制具有周密的特征。丧制的等级规定，在法律上的原则是"上可以兼下，下不可以僭上"。如宋代丧葬令规定："诸丧葬不能备礼者，贵得同贱，贱虽富不得同贵。"除外，宋代法律还规定：坟墓、石兽、碑碣之类超过法令规定的，一律杖打一百。虽会赦，石兽、碑刻之属亦皆令其改正。富商大贾首先成为冲破礼制约束的先锋，"或冒利犯禁，奢侈违命；或过误可悯，别为赎法"。"穷天下之珍怪，极一时之鲜明。惟意所致，无复分限。以豪华相尚，以俭陋相訾。愈厌而好新，月异而岁殊。"

程颐讲："古者冠婚丧祭，车服器用，等差分别，莫敢逾僭，且财用易给，而且民有恒心。今礼制未修，奢靡相尚，卿士大夫之家莫能中礼，而商贩之类或逾王公，礼制不足以检饬人情，名数不足以旌别贵贱，既无定分，则奸诈攘夺，人人求厌其欲而后已，岂有止息者哉，此争乱之道也。"王栐在《燕翼贻谋录》卷三亦云："丧家命僧道诵经，设斋作醮作佛事，曰'资冥福'也。出葬用以导引，此何义耶？至于铙钹，乃胡乐也，胡俗燕乐则击之，而可用于丧柩乎？世俗无知，至于鼓吹作乐，又何忍也。"京师，天下之根本也。"在北宋统治中心的汴京，尚且存在着如此严重的违礼逾制的厚葬现象，其他地方也就可想而知了。宋代贵贱有别的统治秩序，在厚葬风气的冲击下已经遭到严重损害。

对于这种严重的违礼逾制的社会现象，封建统治者深感忧虑。宋太祖在开宝九年（公元976年）的诏令中说："访闻丧葬之家，有举乐及令章者。盖闻邻里之内，丧不相舂，苴麻之旁，食未尝饱，此圣王教化之道，治世不刊之言。何乃匪人，亲罹衅酷，或则举奠之际歌吹为娱，灵柩之前令章为戏，甚伤风教，实紊人伦。今后有犯此者，并以不孝论，预坐人等第科断。所在官吏，常加觉察，如不用心，并当连坐。"太平兴国七年（公元982年），宋太宗又下诏云："朕以士庶之间，车服之制，至乎丧制，咸以等威。近年以来，颇成逾僭，用伸惩革，式著典彝，宜令所司更加详定。"大臣田锡也上奏说："既庶而富，然后制度立乎其中，使舆马衣服、婚嫁丧葬不得僭差。僭差不生，则费用有节；费用有节，则在上者不敢奢侈，在下者不生觊慕。"

但是，"赫赫炎宋，专以孝治。"在以"事死如生"为丧葬原则的传统社会里，孝子贤孙厚葬其亲自然也无可非议。他们不惜以身试法，违礼逾制，就是为了博得"孝"的美名。这种现象使封建统治者陷于左右为难的境地。太宗令李昉等大臣重新制订士庶丧葬制度是在太平兴国七年，李昉上奏云："唐大历七年，诏丧葬之家送葬祭盘，只得于丧家及茔所置祭，不得于街衢张设。又长庆三年，令百姓丧葬祭奠不得以金银、锦绣为饰与陈设音乐，葬物稍涉僭越，并勒毁除。臣等参详子孙之葬父祖，卑幼之葬尊亲，全尚朴素即有伤孝道。其所有锦绣，伏请不加禁断。其用音乐与拦街设祭，身无官而葬用方相者，望严禁之。其诏葬设祭者，不在此限。"这就是这种心情的真实表露。

第二，奢侈的丧葬费用导致久殡不葬陋习。

在中国古代殡葬时间有着严格的礼制与法律规定，如《礼记·王制》

云：“天子七日而殡，七月而葬。诸侯五日而殡，五月而葬。大夫、士、庶人三日而殡，三月而葬。”这一直是历代丧制的基本准则。但是在宋代，除国丧基本上按这一准则施行外，违礼逾制的缓葬现象在社会上普遍存在。

缓葬的现象十分突出，是以皇帝国戚的丧事为例的。嘉祐七年，龙图阁直学士向传式上奏言：“故事，皇亲系节度使以上方许承凶营葬，其卑幼皆随葬之。自庆历八年之后，积十二年未葬者几四百余丧，官司杂于卒办，致濮王薨百日不及葬。”缓葬的风俗普遍流行着与官僚士大夫们有关。穆修讲：“比今贵家富族，将葬其先，必惑葬师说，拘以岁月畏忌，大至违礼过时，久而不克葬者多矣。”尹洙在所作《故将仕郎宋瀛州乐寿县尉任君墓志铭》中也讲：“近代拘阴阳之说，有再世未葬者，不其酷哉！”

第三，厚葬加重宋人的经济与心理负担。

在宋代，丧家无力举办丧事的现象非常普遍。以俸禄优厚的官僚士大夫阶层为例，太子少傅石中立死，其家因无力筹措巨大的丧资，“至不能办丧”；刑部尚书李维既殁，“家无余赀”，无法营葬；大臣谢绛与枢密院直学士狄棐死之日，同样因缺钱而无法下葬。

因为丧事费用浩大，家底殷厚的官僚士大夫也深感不安和忧虑。石介家中“七十丧”，“当用五十万，不干于有道，终不克葬”。他在《上王状元书》中，就深深地表达了这种不安与忧虑的心情，“呜呼！诸侯五月、大夫三月、士逾月而葬，其制著之《礼经》。是故《春秋》讥缓葬。石氏之葬，可谓缓矣。先人三十年营之，迄于今年之八月，志未就而先人没。当将终之时，制泪忍死，执介手以命于介。且曰：‘汝不能成若翁之志，吾不瞑矣！’故介自受命以来，十有七月矣，未尝敢一饭甘、一寝安、一衣暖、一饮乐。坐不敢正席，行不敢正履，终日战战慄慄，若怀冰炭，若负芒刺。大惧坠先人之命，移天下不孝之罪，萃于厥躬”。所以，他们便多方设法，筹措葬资。

宋人筹措丧事的方法主要有下列几点：

一是“必积累而后办”。绍兴二十八年，户部侍郎荣薿在奏言中讲：“臣闻吴越之俗，葬送费广，必积累而后办。”事实上，吴越地区以及其他地区以前都流行筹办葬资的习俗。如金华士人潘景宪，“既连丧其室人，买地于金华之别麓，号叶山，以营其二内之藏，而又虚其中央，以为他日自归之所，筑室于旁，因以游息，而语乡人云：‘吾非以厚死，吾之生亦在焉。’”接着要做的大事是制造“寿棺”，千方百计地设法购买昂贵的楠木。如通议大夫、宝文阁待制李沈“年逾六十，即制衣衾棺敛之具。前五年，卜吉壤营寿藏，命之曰乐丘，时造焉”。用其收入来支付死后的丧葬费用。除外，人们一般在生前就置立“墓田”，还筹办殓衣、明器等物，以备急用。

二是自愿放弃条件优越的京官，请求外任，为的只是多得一点俸银，以应丧事所用。如王安石因“兄嫂尚皆客殡而不葬”，“成婚姻葬送之谋”。又因“先臣未葬，二妹当嫁，家贫口众，难住京师……而门衰祚薄，祖母二兄一嫂，相继丧亡，奉养婚嫁葬送之窘，比于向时为甚”，“乞且终满外任”。田锡在《奏荫长男庆远状》中也表达了一样的心情，他说：“臣以年齿已衰，生涯未有，除俸禄充给除外，无田园终老可归。虑一旦云亡，卜葬无地；一家私属，失所可忧。遂拜封章，与长男希求入仕。”

三是向亲友求助，或者依靠朝廷的恩赐。石介曾因为葬资，“叩头泣血”向王状元求助。徐州陈师仲因其家“贫不克葬”，及“西游，谋所以葬先子于朋友”。益州转运使周渭死，“上闵其贫不克葬，赙钱十万”。曹修古死，“家贫，不能归葬，宾佐赙钱五十万”。

四是借债举丧，甚至还卖了嫁妻、典田鬻庐。元祐时，王岩叟就曾经指出：“民间典卖庄土，多是出于婚姻丧葬之急”。如检校刑部尚书张铸卒，“身无兼衣，家人鬻其服马、园圃，得钱十万以葬”。卖子举丧的事例在宋代也极为常见。《宋史·查道传》载：“初，赴举，贫不能上，亲族裒钱三万遗之。道出滑台，过父友吕翁家。翁丧，贫窭无以葬，其母兄将债女以襄事。道倾褚中钱与之，且为其女择婿。”吕翁之丧因得查道资助，才不至于造成“鬻女”的悲剧，实在是幸运。但是更多的人是得不到这种好运，而不得不卖子举丧。如屯田员外郎傅天翼“死于官，不能归，鬻三女于范伯玉”。除外，余靖《武溪集》卷十所载的《壬卖七岁女子法司断徒诉云家贫而葬母》，也是一则生动的例证。

三、宋代帝陵及其特点

北宋帝王陵，向有“七帝八陵”及“八帝九陵”之说。差异在于北宋末代徽宗赵佶这个人身上。

宋建于公元960年，因为北方金国入侵，于公元1127年而灭亡，历时168年，传九个皇帝。金兵入侵时，徽宗第九子赵构逃到浙江临安称帝，国号仍旧，所以史称前者为北宋，后者为南宋。南宋从公元1127年立国到1279年亡于元，一共153年，也传九个皇帝。但是后面三个算不上正式皇帝，而真正在位的只有六帝。

北宋第六代皇帝神宗赵顼死了之后，由第六子赵煦即位，庙号为哲宗。赵煦死时无子，于是由其弟赵佶即位即徽宗。

徽宗精通书画，首创瘦金体书法，政治上昏庸无道，任用蔡京、童贯、高俅等一干奸人，横征暴敛，金兵大举南下，他匆匆忙忙传位于太子赵桓，即钦宗，自己却当了太上皇。可是亡国之祸已成，金兵破汴京，掳赵佶夫妇和赵桓，拘在五国城即今黑龙江依兰县。8年之后赵佶病死，终年54岁。皇后郑氏死于1132年，寿52岁。

1142年，金人把赵佶夫妇灵柩送归南宋，合葬在永佑陵，陵在绍兴。钦宗赵桓下落不得而知：一说是在金国当俘虏时被马踩死，葬处不得而知。

北宋在河南巩县的宋皇陵中仅有七座帝王陵。所谓“七帝八陵”分别指的就是：除徽、钦二帝以外的其余7座皇帝陵，再加上太祖赵匡胤之父赵弘殷的墓。但是另有一说是：在那里为徽宗修了衣冠冢，因此又有“八帝九陵”之说；其实，这些都是无关紧要的。

北宋帝王陵具有三个显著的特点：

一是区域集中，都是在河南巩县一地。大体上分布在四个地方：常封村，又叫龙洼，三陵：永昌、永熙和永安；蔡庄一陵：永定；巩县城郊二陵：永昭、永厚；八陵村二陵：永裕、永泰。听说徽宗赵佶的衣冠冢，就在八陵村西北一片宋代墓地中。怎么北宋皇陵都集中在巩县一地，况且巩县离北宋首都汴京又非常远？一种解释是：此片墓地由赵匡胤亲自选定，他本有迁都洛阳的打算，巩县离洛阳相当近。怎么后来又没有迁都呢？史籍载，赵匡胤灭南唐之后，有一次来到洛阳，就不想走，打算在那里建都。群臣都不同意，其弟赵光义说，洛阳这个地方很不方便。赵匡胤说，在河南也非久长之计，最终要到的是长安。一听到这话，赵光义就坚持要回汴京。赵匡胤不得已，顺从了大家的意见；但是他已经有预感：不到百年，天下的民力就会被耗尽。他的意思是：汴梁本来不是首都，要当首都一定会大兴土木。不久，他就死了，其弟赵光义即位，土木工程就开始了。到达神宗，王安石变法内容之一，要制定“营造法式”，以规范与加强管理建筑工程，但是效果不大。到达徽宗，大兴艮岳工程，成了一场全国性的很大灾难。赵匡胤迁都未成，可皇陵却在巩县留了下来。

二是风水观念一反常规，和传统帝王陵选址大不一样。汉唐以来，帝王陵一般都是在京城附近；北宋却选择在汴梁以西的较远处；帝王陵一般都是居高临下，北宋帝陵都在平地低下处；帝王陵一般都是背山面水，北宋帝陵却面山背水：分别分布在巩县孝义镇之南、洛河以东、汜水以西、中岳嵩山以北地区的大平地上。

三是中国帝王陵发展到北宋，形制趋于稳定，设备也更加完备，可以当作一种较为成熟的典型，因此各陵模样很少变化，这对后世影响很深，从明清两代帝王陵中，都可以看到北宋皇陵的一些特点。

自赵匡胤永昌陵创下规模与布局后，其余各陵，包括南宋帝陵，基本上依式传承，并没有大变。其特点是：坐北朝南，由上宫、宫城、后宫、下宫四个部分组成；围绕陵园有寺院、行宫。这就有一点像北魏冯太后的大同永固陵。

北宋诸陵的第一道门就有阙楼，系夯土建筑，规模宏大。各个陵门阙楼高低错落，较为壮观。进门往北，就是二道门，也称乳门，两边都有 10 余米高的夯土台。四周砌砖，上有观楼，豪华宏壮，在楼的四周置栏杆，可以凭高眺望。

进二道门才是神道，两侧列有石刻，文臣武将，气象庄严，就像有朝堂仪仗意境。各陵石刻，不管是品类还是数量，都无二致，由南而北依次分别是：望柱、象和驯象人、瑞禽、角端各一对，马及控马官四对，虎及羊各二对，客使三对，武将及文臣各二对。角端，神兽，与麒麟并列，状如猪，但鼻上长角，形如牛角，可以作弓。

《宋书·符瑞志》上说，角端能日行一万八千里，知道四方外语，只有在明君圣主在位时，它才会出现。此种石刻只见于宋陵，他处少见。按角生鼻上推想，可能是古人由犀牛揣想而成也未可知。用它列于神道，明显是为了表明墓主是明君圣主。

神道尽头，就是宫城了，所谓“帝陵百亩”，是就宫城而言。呈正方形，周有神墙，高可为五米，每边长里余，四面都各开一门，都有门楼，南门外置守门石人一对，其余三门各置坐狮 1 对。宫城四角又各有角楼 1 座。

陵墓在宫城中心，封土呈正方覆斗形，每边长约 50 余米，夯土构筑、砖石砌边，顶部平台，每个边长 15 米左右。地宫没有发掘。永熙陵曾被盗掘，按照永熙陵测量，地宫离地表约 30 米，规模宏大，青砖铺底；四壁彩绘宫殿楼阁峥嵘图像，顶部则是日月双辉，星宿列张，银河垂地。宫内的随葬品是劫余之物，多为各种石刻。

宫城内本来有一座献殿，在南门和陵墓之间，这就是上宫。为年久陵夷，已难看见遗迹。永熙陵还存有一块巨石，长约 6 米，宽为 4 米，厚近 0.5 米，很像献殿的拜台。当年献殿之宏就可以想见。

宫城北门外，已属后宫的范围，为皇后墓冢所在，亦有门阙、角楼、神道，石像生也是文臣武将、石羊、石虎之属，只不过是规模偏小而已。墓也在后宫的中部，封土也是覆斗形。根据布置就可以看出，宋代，后陵比以前各代普遍得到重视。

下宫位于后宫之北，建筑布局分别是正殿、影殿、斋宫、庑殿、守陵人住屋等。根据记载，整个下宫是皇陵服务部门所在。现在已形迹无存了。

宋人十分重视为帝王超度灵魂的宗教活动，因此各陵都修建佛寺，如：真宗的罗汉寺，仁宗与英宗的昭孝寺，神宗与哲宗的宁神寺等。陵区还建有行宫，如孝义宫、会圣宫、永安宫等。这与唐代帝王陵有比较明显的区别。

与以往各代相仿，各陵亦有陪葬墓，大都是皇亲国戚，贵族勋臣。总数 300 有余，但因年深日久，风雨侵蚀，有些已经很难辨认。

北宋名臣包拯之墓就在真宗的永定陵园内。墓区南北有 60 多米，东西 20 余米，有石刻 5 件：望柱 1 件、石羊 1 件、石虎 2 件，康熙年间所立石碑书“宋丞相孝肃包公之墓”。碑文上记载了有关他的事迹，表彰他刚正不阿、铁面无私的高风亮节，令人观之，不禁肃然起敬。

北宋帝陵至今保存完整的石刻造像，合计有 700 多件，数量惊人。各陵石刻风格不一。

北宋初期的石刻风格大有晚唐遗风，如永昌陵的石像，大多数线条简洁，刀法洗练。到了中晚期，则充分显出宋代自己的风格：如永昭、永定诸陵，刀法细腻，装饰迈向繁复，石像的体型也逐渐高大起来，各部分的比例更加接近现实。例如包拯墓的望柱，柱础刻覆莲，柱身刻缠枝牡丹，柱顶收腰刻仰天莲蕊。望柱大都伟岸挺拔，气势非凡。永裕、永泰诸陵的石狮，可以视为北宋石雕艺术的典型。与唐陵的翼马比，它们完全摆脱了神话色彩，更强调写实；但与真实狮子比，又充满了我国古代匠师们的丰富想象和独特的美感。牝狮的阴柔和牡狮的阳刚构成了鲜明的对比。但见牡狮因为披鬣劲腿而威武犹存，牝狮虽然暴睛巨口，仍然脉脉含情。所有的线条都卷曲圆匀。宋陵石刻中的狮子，实在是不可多得的艺术精品。它们不但是那些石马难以比拟的，一样为后世的铜狮或石狮造型所不及。

第二节　辽代契丹葬俗及种类

一、辽代契丹厚葬习俗

辽代盛行厚葬，且随葬品多为墓主生前用过的东西，明器使用很少。这使社会上财物消耗过甚，以致统治者不得不多次诏令禁止。如统和十年（公元992年）正月，圣宗诏令：“禁丧葬礼杀马，及葬甲胄、金银、器玩。”重熙十一年（公元1042年）十二月，兴宗又诏令：“禁丧葬杀牛马及藏珍宝。”可是由于辽代契丹的厚葬习俗积重难返，所以皇帝的多次诏令都没有得到执行。所以统治者不得不作出一些让步，贵族可以随葬银器。如重熙十二年（公元1043年）六月，兴宗诏弛前禁曰：“诏世选宰相、节度使族属及身为节度使之家，许葬用银器，仍禁杀牲以祭。”然而，这也只是一纸空文罢了！

辽代厚葬习俗的重要表现之一是杀牲以祭。库伦出土的辽代1号壁画墓，就在墓室内清理出马的上颚骨、野猪的下颚骨以及大量的鸡、鼠、兔等骨骼。这些都是祭品的遗存。

辽契丹族还有死了以后不用棺材的风俗。这一习俗出自契丹人传统的

"死不墓"。北宋明道二年（公元1033年），宋代使臣章频死于辽地，由于"虏中无棺"，于是"锦车载至中京，敛以银饰棺"。从那以后，辽人"常造数漆棺，以银饰之，每有使人入境，则载以随行，至今为例"。考古发掘证实了这一习俗，如内蒙古豪欠营第6号辽墓，就是著名的、出土契丹女尸的那座墓就没有棺椁，女尸直接卧在尸床上，除穿着葬服之外，全身有铜丝网络和面具的保护。

二、辽代葬俗种类

火葬

契丹人的火葬习俗起源甚早，据《北史·契丹传》记载，北魏时期在现在的辽河上游一带过着游牧生活的契丹人，"其俗与靺鞨同……父母死而悲哭者，以为不壮。但以其尸置于山树之上，经三年后，乃收其骨而焚之"。

到辽朝建立之后，传统的火葬习俗与佛家的"荼毗火葬法"结合在一起，更加兴旺盛行了。当时的统治者把火葬视为合礼合法的事，并加以倡导。据正式发表的报告统计，到目前为止在国内已发现了20余处、50多座辽代的火葬墓，主要分布在北京、黑龙江、吉林、辽宁、山西、内蒙古等地，其中以东北地区最多。

辽代火葬墓的墓室结构与土葬墓大致相同，有土坑墓、砖室墓和石室墓这三种，其中以砖室墓居多，土坑墓次之，石室墓最为少见。砖室墓的平面多作圆形、六角形、八角形、长方形，墓室大部分是叠涩攒尖顶，前有墓门、墓道，墓室的后部多有砖砌的棺床，也有少部分是木制的棺床，供放置葬具用。从时间上看，早期的砖室墓规模小，结构简单，有的甚至只用数块长方形青砖侧立砌成。到了中期的时候，砖室墓的规模比前期略大，墓室深度一般在3米左右，形状多为圆形。墓室内流行仿木结构和壁画装饰。晚期的砖室墓，除了中、小型墓外还出现了墓室进深4米多的大型火葬墓，墓的形状有圆形、方形、长方形、梯形和多角形数种类型。

辽代火葬墓有的有葬具，有的没有葬具。葬具有石棺、木棺（匣）、瓮棺三种。它们的形制都较小，只能盛放骨灰，无法装殓尸体。石棺基本上是用不同颜色的沙岩凿成，呈长方形和正方形两种。石棺有盖，盖顶模仿屋顶的样式，多作盝顶式、覆斗式、悬山式，与棺体以子母口相合。石棺的外表一般为素面，也有的雕以青龙、白虎、朱雀、玄武四神或其他花纹，但都不多见。骨灰一般直接放在石棺中，个别的在石棺中放骨灰罐或骨灰匣。木棺发现数量很少，仅见于北京天坛公园和宁城县嘎斯营子出土的辽代火葬墓。瓮棺的数量比木棺的数量稍许多了一些，大部分是实用的陶罐式瓷罐。这些陶瓷的骨灰罐基本上为敞口，个别的在器口处覆以器皿或石板，其作用与棺盖是一样的。有的骨灰罐底部打孔，契丹人早期的火葬墓中就有这种现象。除上述三种葬具外，辽代火葬墓还出现了砖砌骨灰盒以及“真容偶像”木雕拟人形盛骨灰物。用木雕的“真容偶像”躯壳盛放骨灰的，在河北宣化的张世卿墓。

无葬具的辽代火葬墓，就是将火化后的骨灰直接放在棺床上，无棺床的则流行撒在墓室中。

辽代火葬墓的葬式有许多，有单人葬、夫妇合葬、多人丛葬这几种。最常见的合葬墓有将夫妇两人的骨灰罐置于同一个墓室内蒙古巴林左旗双井沟的多人丛葬墓，其中有一长方形竖穴土坑墓中葬有 6 个骨灰罐，另一墓坑中葬有 8 个骨灰罐，地表上还有石砌的茔垣，很明显，这是一种家族丛葬的墓。

烧饭习俗

所谓“烧饭”就是祭祀。“烧饭”最早在契丹流行，是祭奠死者的重要习俗。《契丹国志》卷二三《建官制度》云：“其主既死，则设大穹庐，铸金为像，朔、望、节、辰、忌日辄致祭，筑台高丈余，以盆焚食，谓之烧饭。”《三朝北盟会编》卷三政宣上帙写道：“死者埋之而无棺椁。贵者生焚所宠奴婢、所乘鞍马以殉之。所有祭祀饮食之物尽焚之，谓之烧饭。”

烧饭的习俗只用于祭祀死者，一般不可用于祭天。宋代叶隆礼：“帝遣林牙左监门卫大将军耶律防、枢密直学士给事中陈顗诣宋，求真宗、仁宗御容……帝以御容于庆州崇奉。每夕，宫人理衣衾，朔日、月半上食，食气尽，登台而燎之，曰烧饭，惟祭天与祖宗则然。”《辽史礼志二·凶仪丧葬仪》也记载：“圣宗崩，兴宗哭临于菆涂殿……乃以衣、弓矢、鞍勒、图画、马驼、仪卫等物皆燔之。”因为后来统治者认识到这个习俗过于消耗财力物力，便开始采取措施加以限制。

面具和网衣

以铜丝网衣和金属面具等随葬入殓，是辽代契丹的特殊葬俗之一。

关于网衣宋人文惟简写的《虏廷事实》略有记载：“其富贵之有亡者，以刃破腹，取其肠胃涤之，委以香药盐矾，五采缝之，又以尖苇筒刺于皮肤，沥其膏血，且尽，用金银为面具，铜丝络其手足。”这一记载，现在已经被大量的考古发现所证实。

所谓“铜丝网衣”，即用直径约 1 毫米的铜丝编成常见的六边形“网眼”式的网罩，网格约一指粗丝。上身有一点像现在的圆领长袖套头线衣，下身是像一般裤子的形状。衣、裤都是分前后两片编织，最后在两侧缀合而成。考古学界把这种用铜丝编织的包括衣、裤、手套、足套和头套的网状丧服，统称为“铜丝网衣”。

考古学家认为，铜丝网衣作为辽代契丹人丧葬习俗中所特有的覆尸仪物，多发现于辽代中晚期的契丹人墓葬。火葬墓一般不用铜丝网衣和金属面具随葬。

《辽史·礼仪志》“公主下嫁仪”曰：“拟送终之具，至覆尸仪物咸在”，这里的“覆尸仪物”，“很可能就是一套铜丝网衣及其他衣物饰服”。所以，“这种覆尸仪物不是由于宗教信仰，而应是标志死者的身份以及与国君的关系”。

也有的学者持有不同的观点：“辽代契丹人墓葬中出土的面具和网衣，作为一套完整的葬具，是考古界比较一致的认识，也是被文献和考古资料所证实了的，如果把网衣作为单一的葬具去考证，而没有面具之说，似乎二者间无丝毫之联系。这样不顾整体而去孤立地考证一个方面，得出的结论也就难免出现偏差”。契丹族面具的产生，没有脱离巫术和宗教，萨满教为其产生的主要原因，应该是符合事实的。现在出土的辽代契丹面具，可能是在原有的萨满教的基础上，受到佛教艺术的影响后，以新的面目出现的。契丹族中使用面具和网络覆尸的这部分人，可能是萨满巫师，起码也是萨满教的忠实信奉者。有的学者提出，面具和网衣为契丹贵族的葬式，考古资料表明，契丹族墓葬中出土面具和网络的现象并不多见，在许多契丹贵族的墓葬中也不见面具和网络出土，而且在出土有面具和网衣的同一墓葬区中，也不是所有的墓主人都使用面具和网衣。所以，面具和网衣为契丹贵族之葬式的认识，是很难令人信服的。

至于契丹人在丧葬中使用面具以及铜丝网衣的意义，有的学者认为，这也许有保护尸体的意图，网衣也确实起到了这样的作用。有学者推测网衣也许是用来保护死者灵魂的。另外有的学者认为这与契丹人的宗教信仰有关系。

三、辽墓考古发现

分布在华北、内蒙古和东北各地的辽代墓葬可分为两类：一是契丹贵族墓，二是汉族官吏和地主墓。前者多分布在燕山以北辽代的上京道和中京道内，东京道的西北部也有发现，而且多聚族而葬；后者则多集中在燕山以南辽代的南京、西京和东京附近。辽墓可分为三期：早期自穆宗应历八年（958 年）至圣宗太平十一年（1031 年），中期为兴宗重熙年间（1032 年～1055 年），晚期自道宗清宁元年至辽亡（1055 年～1125 年）。

早期辽墓以赤峰应历九年（959 年）驸马卫国王墓为代表，有前后两室及左、右、后 3 个小室，平面都呈方形，后室四壁围柏木板，置带木栏杆的棺床。稍晚的契丹贵族墓也多筑有前后两室，或在双室墓的前室或单室墓的甬道两侧建左右耳室，平面或方形或圆形，主室内多装柏木护墙板，葬具多用刻有四神的石棺。法库叶茂台辽墓石棺外，还置以歇山式顶木屋外椁。哲盟陈国公主墓为砖砌多室墓，由前后室和东西耳室组成，雕砖施彩仿木结构门楼十分复杂，墓道、墓门及长方形前室两壁均绘有彩色壁画，内容有男侍女婢、祥云花卉、日月星辰等，圆形主室也围以柏木板。

早期辽墓随葬品极为丰富，特有的鸡冠壶数量多，保存着模仿皮囊的平底单孔的原始形态，同时还常伴出有成套武器及完备的马具。驸马墓出土马具多达八组，反映出这个时期契丹贵族的游牧生活方式还很典型。该墓还随葬了短流注子和碗、盘等瓷器，以及大批鎏金银器、铜镜、丝织物等，造型和纹饰都具有唐代风格，反映了汉文化的强烈影响。叶茂台辽墓随葬以陶瓷器、铁器和马具、武器为主，其中“官”款白瓷和越窑青瓷出土数量较多，引人注目。陈国公主墓是随葬品最为丰富的契丹大贵族墓，不仅随葬了大量具有契丹民族特色的金银器、铜器、陶瓷器、木器、玉器、玛瑙、水晶等，同时还有中原、南方生产的精美瓷器，以及来自西亚的伊斯兰玻璃珍品。

早期契丹贵族的殡葬习俗也很有特色，辽宁朝阳发掘的刘宇杰墓和其父刘承嗣、其子刘日泳等墓共6座，出土的刘承嗣祖孙三代的墓志，记载了五代时期燕王刘仁恭之三子刘守奇降辽，其后子孙在辽为官，家族繁衍，不仅终辽之世，并且下延至金，依据墓志可列其族系。

早期汉人墓葬以北京发现的应历八年（公元958年）赵德钧墓为代表，有前、中、后3室及左右6个耳室，平面均为圆形，壁上有仿木建筑结构及庖厨、伎乐壁画，壁画的题材和布局尚保存着唐墓的遗风，特点与山西唐代壁画墓颇多相似之处，仿木建筑较为复杂。墓中随葬物以瓷器为主，其中有定窑、越窑精品，契丹式瓷器极为罕见。较为重要的还有北京门头沟辽壁画墓、八宝山辽韩佚墓、河北迁安韩相墓等。

中期辽墓契丹贵族墓中，大型双室墓有河北平泉重熙十四年（公元1045年）秦晋国大长公主墓，单室墓有辽宁阜新重熙七年（公元1038年）晋国夫人萧氏墓、义县清河门1号墓等。墓葬形制和随葬物都与早期的大致相同，唯墓内宋式仿木建筑和壁画增多。随葬品中出现了黄釉瓷器，鸡冠壶由皮囊式演变为提梁式，并附加圈足，定居生活使携用的器物固定到居室中来，不少辽墓中已出现廊柱、斗拱壁画，反映了汉族木结构建筑的影响和契丹民族生活方式的变化。这一时期的汉人墓，有北京丰台重熙二十二年（公元1053年）王泽墓，壁画虽然残缺，但墓壁上已砌出雕砖桌椅，说明壁画与墓内装饰开始出现新的题材。

晚期契丹贵族墓中大型双室墓发现较少，单室墓占绝大多数。墓室平面开始出现八角或六角形，墓门上都有比较复杂的仿木建筑结构。辽宁翁牛特旗解放营子辽墓用粗大柏木枋构成的八角形叠涩顶大型木椁，墓内还出土保存较好的木床、木桌、木椅。晚期墓墓室内皆置棺床，流行戴铜面具和穿铜丝网络或戴铜丝手套，有铜铁马具以及三彩釉陶器等富有民族色彩的随葬物，典型墓葬如内蒙古宁城小刘仗子发掘的5座辽墓、察右前旗豪欠营辽墓。库伦旗一号墓发现10具尸骨，有男有女，除墓主夫妇外，其余有可能是殉葬者。除在墓室画壁画外，仍流行在木椁内画各种生活情景画。随葬物中景德镇影青瓷的比例大大增加。辽代特有的黄釉瓷器的数目也显著增多。随葬品中，马具简化，武器消失，契丹人特有的生活用器鸡冠壶也不复存在。

晚期汉人墓数量较前大为增加，墓主多是一些地主和中级官吏，以砖筑的单室墓为多，也有少数是双室的，与中原地区北宋末年墓的形制相同。墓室平面或圆或方或多角形，四壁砌雕砖仿木建筑和桌椅，并画彩色壁画。壁画题材风格与同期北宋墓相同。该期墓葬几乎全是火葬墓，以随葬陶器为主，也有较精美的白瓷和影青瓷。如内蒙古宁城尚墓、北京大兴马直温夫妇墓等，以及辽中京城外的一批汉族中小型墓葬。

第三节　西夏陵寝制度与葬俗

一、西夏陵寝制度

西夏陵区在宁夏回族自治区首府银川市西郊大约40公里的贺兰山东麓。当地居民把它当作“昊王坟”。传说西夏开国皇帝元昊，在统治期间下令征集数万民工，在山水形势俱佳的贺兰山下为自己建造陵墓。他担心自己死后陵墓被盗，就让民工每天修造一座墓。这样经过整整一年的时间，建成了360座坟墓。陵墓修成以后，元昊把所有参与修陵的人杀死。元昊死了之后，葬入这360座陵墓中的一座。后来的盗墓者因此始终没能找到元昊所葬的陵墓。

实际上，这一传说乃是后人的讹传。我国文物考古工作者通过对西夏陵区长期的调查，发现这里现存有帝陵9座、陪葬墓70多座；除此之外，还有陵邑1处和专为陵区烧制建筑材料的砖瓦窑址和石灰窑址十多座。它们分布在南北长10公里、东西宽5公里、总面积约50平方公里的范围内，形成了一个完整的陵区建筑群体。

西夏的陵寝制度受中原唐、宋文化的影响很大。《嘉靖宁夏新志》卷二《陵墓》曰：“贺兰山之东数冢巍然，即伪夏所谓嘉、裕陵是也。其制度仿巩县宋陵而作。”各陵坐北朝南，平地起建，陵园的面积在 10 多万平方米，地面建筑自南至北有阙台、碑亭、月城、内城、献殿、鱼脊状墓道封土、陵台、角台等。这种地面布局，与唐、宋陵园大体一样。但是，其在布局上有自己的特点，就是不同于中原帝陵从阙台到神门之间有漫长的神道，而是将石像群安置在月城内神道的两旁，这样便使整座陵园的平面布局看起来比唐、宋陵园紧凑。

西夏皇陵的墓室形制与唐、宋皇陵大体相同，也是由甬道、中室、左右耳室组成。但墓室不作砖室，而是在墓室四壁立护墙板，这样做除经济和埋葬期限等方面的原因外，应该跟党项族“皆土屋”的生活习俗有一定的关系。

西夏皇陵实行陪葬制度，其特点如下：一是讲究等级制度。陪葬墓的规模、形制、大小等不仅无法跟皇陵比较，且各陪葬墓之间也有明确的等级差别。二是从葬。受汉族“父祖陪葬，子孙从葬”制度的影响，西夏陵园中有陪葬墓三五成群分布的状况。

虽然西夏陵园的地面建筑深深受到中原地区汉族文化的影响，但也不缺少自己的民族特色。西夏陵园中的陵台塚设在墓室垂直线后部约 10 余米处，却不具封土塚的作用，而在中原地区的唐、宋陵园中是没有这种状况的。西夏陵台的夯土筑成平面呈正八边形的高台，从下到上分作七层，逐层内收，每层收分处为出檐木结构，并挂有瓦当、滴水、屋脊兽等建筑材料，夯土台外部则砌砖包裹。另外，据韩小忙等先生研究，西夏陵园还有许多独到之处，如：在平面布局上，西夏 9 个皇陵的外观形式和单体建筑较北宋巩县 8 陵有变化。西夏陵园墓道封土隆起，与中原帝陵墓道隐而不现有区别。西夏陵园中自成一体的角台建筑和以角台为兆域的标界，是中原陵园建筑中绝无仅有的。

二、西夏葬俗

火葬

西夏政权统治的范围，包括现在的宁夏回族自治区、甘肃省大部、陕西省北部和青海省、内蒙古自治区的一些地区。这一带曾为羌人的活动地区，火葬从先秦以来一直是其主要葬俗之一，到了唐宋时期仍然经久不衰。

唐代杜佑《通典·边防》云：党项羌人“死则焚尸，名为火葬”。西夏人编著的西夏文字典《文海》就有“烧尸”一条，并解释为“火上烧化尸体之谓”。敦煌文献就记载了西夏民间盛行的火葬习俗：“奉为亡女弟子马氏名丑女，从病至终，七日所修功德数：三月九日病困临睡，于金光明寺殿上施麦壹硕，城西马家、索家二兰若发尸布壹匹，葬日临圹焚尸。两外共缘镯织要月（裙）壹帬（条），紫绫子衫子、白绢衫子共两事，绢领巾壹事，绿鞋壹两，绢手巾两个，布手巾壹个，粟叁硕，布壹匹，设供。一七会共斋僧贰佰叁拾人，施衬布叁匹，昌褐两匹，又斜褐一段，麦粟纸帖共计壹拾硕。转《妙法莲华经》十部，《观弥勒菩萨上生兜率天经》八十部，《金刚般若波罗蜜经》两部，《重四十八轻戒》一卷，《佛顶尊胜陀罗尼》六百遍，《般若波罗蜜多经》一百部，《兹氏真言》三千遍，设念转念，功德今日。”

西夏贵族火葬后，通常还要举行土葬，他们把骨灰装入“灵匣”，埋葬在墓穴中。有学者认为，在甘肃省武威县西郊林场 2 座西夏墓中发现的 4 座木缘塔，就是墓中题记所谓的“灵匣”。

木缘塔分塔座、塔身、塔顶、塔刹四部分。塔座四级八角形，红色；塔身用 8 块木板合成，合缝处用长方形四角带钉的铁片上下两道连接，底是蓝色的，上书黄色梵文咒字和汉字“一切如来咒”、“一切如来百字咒”等。塔身顶部另有 8 块小木板作榫卯，与塔身相连接，表面画有斗拱图案。塔顶由 8 块近三角形弯曲的木板组成，骑缝上用同样曲形的木条粘接，每块木板上下部都画有云气纹，中间书写朱红色梵文。塔刹底部周围由 8 块小木板组成围栏。刹是另外作的，中心有圆轴与塔顶串连，底座周围绘卷草纹，上有二道相轮，刹顶有一部分残缺。塔顶内的作为盖子的六角形木板上，有“彭城刘庆寿母李氏顺娇，殖大夏天庆元年正月卅日身殁，夫刘仲达讫”等墨书题记。木缘塔面积不大，适合装骨灰，木缘塔的四周写有佛经咒语，目的是超度死者的灵魂升天。

火葬是传统的西夏党项羌人习俗，而采用“荼毗火葬法”和火葬后将骨灰葬入塔内却都是佛家的葬俗，此后再建墓穴进行土葬，又含有汉人的习俗的因素。很明显，西夏的火葬习俗融合了羌俗、汉俗、佛俗。

特殊葬俗

据文献记载，西夏党项人还有一种特殊的葬俗，这就是当青年男女感情相爱到非常深时，他们不是急着举行婚礼，而是跑到山上一起自杀殉情，他们认为这才是“男女之乐”。家里亲人找到他们的尸体后，“用彩缯包其身，外裹以毡，椎牛设祭，乃以其革密加缠束，然后择峻岭，架木为高大，呼为女棚，迁尸于上，云于飞升天也。二族于其下击鼓饮酒，尽日而散”。

第四节　金代女真葬俗

一、金代墓葬形制

金代的墓葬形制不但受辽墓的影响，也承袭北宋，流行仿木建筑结构的砖室墓。这种砖室墓可分为单室和多室两种。

金朝前朝的女真贵族大多使用多室砖墓。单室砖墓的主人通常是金代后期的地主阶级，单室砖墓主要分布在华北南部和中原地区。这种墓平面多为方形或八角形，有的是圆形，其特征是从墓门到墓室内通常使用仿木建筑结构。“有的墓里绘有开芳宴、放牧、捣练等题材的壁画，而大多数的墓则是大量使用雕砖，表现出门楼、格子门、棂窗、桌椅、屏风、灯、盆花之类，有的还有‘镇宅狮子’，使得墓室对现实生活中居室的模仿达到了无以复加的程度。雕砖的内容还包括开芳宴中的墓主人夫妇、侍童、厨役、乐伎乃至舞台上的杂剧演员等人物。这显然是北宋后期在中原和华北南部地区流行的仿木建筑结构砖室墓的进一步发展”。比如河北新城县北场村金代时的丰墓，是一座方形单室石椁砖砌成的墓；墓室南壁画有 1 门和门侧的侍卫人像，东西两壁分别绘有拿东西的男女，北壁绘帐幔以及围栏木床，床上放着剪子、熨斗还有死者生前的所用等。

随葬品也是极力模仿现实生活。比如山西大同金代阎德源墓，墓内出土了许多件随葬品。其中有盂、碗、盒、碟等漆器总共 14 件，瓶、碗、罐、香炉、洗、鸡腿缸等青、白瓷器有 16 件，衣有 5 件，桌子、椅子、影屏、巾架、榻、茶几、盆架、蜡台、方炕桌、帽架等共 20 件造型优美的木制家具，还有铜带钩、铜花片、陶方斗、牙簪、象牙戒板、木梳、绒道冠、念珠、木筷、木勺等，差不多是现实生活中所必需的生活用具了，在墓葬中应有尽有。这反映了金人的灵魂不灭观念。

二、金代砖雕艺术

1998 年在山西省沁县出土的金代砖雕墓，是由一组二十四孝人物图构成的。

这座墓在东高西低的半环状朝阳山坡上，坐东向西，是一座模仿木结构建筑的单室砖墓。主要由墓道、通道以及墓室三部分组成。通道在墓室的西北壁的中央，是半圆弧形拱券顶，高是 1.2 米，宽是 0.6 米，外面用封门砖墙封堵。由于墓道有的地方没有发掘，故情况不详。墓室内平面成八角形，长有 3.2 米，宽有 2.85 米。沿着四周墓壁砌有倒凹形的棺床，约 0.5 米高，并与通道下部相通。棺床上面用方砖错缝平铺而成，墓底也用条砖铺成。墓室四壁分别砌着砖雕的仿木结构形式，八角处也都有倚角立柱。在两柱之间的墓壁上有的是砖雕幔帐卷帘，有的是表砌板门，两侧刻棂窗，还有的是砌出香龛、灯擎。转角柱头上同样砌有砖雕斗拱，斗拱上有一周的垫板，上面用条砖砌一周框格，再往上又铺作斗拱，最后逐层收拢形成穹窿形的墓顶。

彩绘把墓室装饰得满满的。柱间壁上是用墨线勾勒出的帷幔以及用红色描绘出的板门、家什。模仿木结构的柱、枋、板上涂黄色底衬后用红色勾画出木纹理，斗上涂红施白，拱上则彩绘有变化的花卉图案。拱眼上都画着单幅的折枝牡丹、荷花等图画。椽上、墓顶同样涂有彩绘。墓室的八个壁上一共绘有孝子故事图二十四幅，有的图上墨书题记仍然十分清晰。这在晋东南地区的同期墓中十分罕见。

三、金代丧葬习俗

剺面的习俗

金代流行剺面习俗。《三朝北盟会编》载：“其死亡，则以刃剺额，血泪交下，谓之送血泪。”这种剺面习俗，代表生者对亲人死亡时的极度悲痛心情。

“烧饭”的习俗

“烧饭”是女真族祭奠死者时的重大习俗。宋代文惟简《虏廷事实》云：“尝见女真贵人初亡之时，其亲戚、部曲、奴婢设牲牢、酒馔以为祭奠，名曰烧饭。”《金虏节要》又曰：“四年冬，虏主吴乞买以病死，传位于谙版孛极烈都元帅完颜直。于五年之春，方告诸路诸郡邑，立吴乞买之灵，抛盏烧饭。”《金史后妃传下》曰：大定二十一年二月戊子，世宗元妃李氏以疾薨，葬于海王庄，上（世宗）如海王庄烧饭”。《金史·世宗诸子传》：明昌二年正月，孝懿皇后崩，“永中（镐王）适有寒疾，不能至，二月丙戌，禫祭，永中始至，人临。辛卯，始克行烧饭礼”。同年，太傅徒单克宁死，章宗欲亲为烧饭，张暐上奏反对曰：“若为大臣烧饭，礼有未安。”章宗采纳了他的意见。

承安二年（公元1197年），乌古论元忠死，章宗“遣宣徽使白琬烧饭，赙物甚厚”。

贞祐元年九月，“宣宗以允升（夔王）年高，素羸疾，诏宗中听扶杖。寻薨。既殡，烧饭，上亲临奠”。

泰和七年，张万公薨。“命依宰臣故事，烧饭，赙葬”。正大元年十二月，“宣宗小祥，（哀宗）烧饭于德陵”。

从上述这些简略的文献记载中，我们可以看出金代女真贵族十分流行烧饭习俗。据学者研究，烧饭习俗在金代一般“限于臣对君，下对上，晚辈对长辈，以及平辈之间进行；而君为臣，长辈为晚辈，上为下亲自烧饭是不于礼的”。

除此之外，殉葬、焚纸钱等习俗在女真也非常流行，如王恽《论中都丧祭礼薄事状》云：金代中都人死之后，“无问贵贱，多破钱物，市一切纸作房屋、侍从、车马等仪物”。民间“习以为常，俗莫能易”。

火葬的习俗

女真早期多用土葬，“死者埋之”。后来由于受佛教及辽、宋等国的影响，这一带佛教色彩的火葬习俗非常盛行浓厚。王恽在《论中都丧祭礼薄事状》中记载道：“切惟送葬，人子之大事，今见中都风俗薄恶，于丧祭之礼有亟当纠正者，如父母之丧，例皆焚烧，以为当然。习既成风，恬不知痛，败俗伤化，无重于此契，勘系契丹遗风，其在汉民，断不可训。”

据景爱先生研究，金代的火葬墓有土坑墓和砖室墓两种，其中土坑墓为多。砖室墓大多是方形或长方形，且常常有墓门、墓道、叠涩攒尖顶。

金代的火葬墓基本上有葬具，这些葬具为石棺、木棺、瓮棺这三种。石棺往往由整块的石料凿成棺体和棺盖两部分，此外金代还有一种由多块石块组合成的石棺。金代非常流行在石棺中放木制骨灰匣。

木棺也很流行，它们都放在土坑墓中。按女真人的风俗，尸体火化之后，先将骨灰及随葬品装进木棺之中，接着在墓穴内将木棺、骨灰和随葬品一起焚烧掉。所以在这种木棺火葬墓的土坑中常常充满红烧土、木炭、灰烬和尸骨的残渣。如在绥滨中兴金墓群中，发现很多的棺木并没有全部被烧毁，大块的被烧焦了的棺板被保留下来。墓内的随葬品，有的被烧毁或被烧变了形，有明显的火烧痕迹。

一种专门用于盛装骨灰的瓮棺，已经在金代出现。例如吉林省梨树县偏脸古城金代火葬墓用的瓮棺，外形非常像是一座蒙古包，前后对称有阴划门，很明显是根据死者生前居住房屋而刻意制作的瓮棺。

金代的火葬墓以单人葬为最多，而且流行二次葬。夫妇合葬间也见之，多人丛葬的现象也依旧存在。

第五节　元朝葬俗

一、元朝的风水术

在元朝，风水术非常流行。《水浒传》第三十二回说张太公家因为迷信风水而最后家破人亡，为此张太公的女儿向武松哭诉道：“这先生不知是哪里人，来我家里投宿，言说善习阴阳，能识风水。我家爹娘不合留他在庄上，因请他来这里坟上观看地理。……住了两三个月，把奴家爹娘哥嫂都害了性命，却把奴家强骗在此坟庵里住。”这虽然是小说中的描写，却真实地反映了当时人迷信风水的程度。由此，元朝统治者曾多次下令加以禁止。如元泰定二年（公元1325年）闰正月己卯，山东廉访使许师敬“请颁族葬制，禁用阴阳邪说”。《新元史》卷90《礼志》写道：“时同知密州事杨仲益撰用周制国民族葬昭穆图，师敬韪其言，奏请颁行天下焉。”

无代著名学者谢应芳极力否定阴阳风水术，他在诗中述道：“枯蝉蜕壳欲化，老蚕化茧自缠。一笑不拘风水，六藏姑代天年。”他认为，笃信风水的人是在为自己牟私利，而并非是“敬孝”，为亲人着想。如他在著作《辨惑篇》卷二中指出：择地以葬其亲，亦古者孝子慈孙之用心也。但后世惑于风水之说，往往多为身谋，使其亲之骨肉不得时归土，又不若不择之愈也。他还反对时日与方位忌讳，认为时日与人们的吉凶祸福无关，只要处事符合道理，就不必拘泥于“内事用柔日，外事用刚日”的世俗迷信，指出：“尽乎人事而已，夫天时何足泥哉！”对于世俗迷信中的“方位”，他指出：“庸巫谬卜，从而神之，禁忌百端，祈祷无已，甚至毁垣撤屋，有不能一朝居者其为害亦其小哉！”

二、元朝的墓祭

元朝的墓祭习俗非常流行，元初吴澄曰：“近世俗人之家，祠堂之外，墓所庵堂及寺观又立祠，以奉祀之多，似若加厚其亲矣。”元末郑玉也写道：“墓祭非古也，自近世以来，莫之能废也。”

元朝的墓所建祠和在家建的祠堂一样，都是民间祭祖的风俗，是祠堂制度的一种。戴良说：“先王制礼，缘人情而约之中，故自命士以上家必有庙，庶人无庙惟祭之寝，后世定为祠堂之制，上下同之，而先王礼意行乎其中。墓之有祠，岂亦缘情以起礼者欤！虽然是礼之文也，若其本则孝而已矣。”

墓祠置建在墓的左边，其中立有神主。时人杨维桢在《著存精舍记》中说，那个时候因为宗庙制度废，“幸有神位主于冢舍，时节不失其所祀”。当然，在“冢舍”中供奉和祭祀神主跟一般岁时节日在墓下供祭品、烧香、烧纸钱的“墓祭”是不同的，而与“祠堂”祭祖差不多。

墓祠还置着一些墓田，由宗子主持，供祭祀等用。如徽州婺源“汪氏世有赡茔田及地产合三百余亩”，族中俞夫人“更割田二百亩益之，作永思堂，择堪任使者掌守，司春秋祠祭事；经费外有余，以延师训族，皆有成法”。这些墓田为族人所拥有，不能典卖。

安徽省歙县苏氏家坟祭堂建于元朝元统二年（公元1334年），原置其内的一组古建装饰品——元墓祭堂石雕，于1976年在歙县下天堂村被发现。祭堂坐东朝西，平面呈凸字形，前为廊，后为堂，石板铺地，三面置祭台。台下竖石东面刻狮，南、北刻花卉。台上竖石东面正中为墓志碑，碑额题“武功万六承事太君胡氏生茔”，碑文记述苏氏迁歙璜蔚村定居、家事及营墓经过。其左为“得意回”画像碑，宽53厘米，高41厘米；其右为“初登第”画像碑，尺寸同上，其上为三角形“挂印封侯”图案碑，宽170厘米，高41厘米。南面为唐杜牧《清明》诗画碑，宽160厘米，高41厘米。北面为唐崔护《题都城南庄》诗画碑，尺寸同上。碑石全为青色页岩，画像图案全为浅浮雕。所刻人物服饰皆因人而异，表现出不同的性别、年龄和社会地位，画面设计和诗文引用，颇具匠心。浮雕构图严谨，人物形态生动，画面既有装饰趣味，又具有写实性，对研究徽州地区元代绘画、雕刻艺术及葬俗等，都有重要的参考价值。1976年10月在歙县璜蔚乡天堂村下天堂自然村边发现，现藏歙县博物馆。

元朝墓祠祭祖，比庙祭家祠更具有收族的作用。如元朝中叶著名学者虞集指出：墓祭“盖深有维持族姓之意焉，后之君子苟以义起礼，则墓亭之设，因在所不废也”。还写道：“今中原之地平衍温厚，故其为茔兆也，高曾而下，凡子孙皆得以次祔葬，岁时上塚，则犹得以知其处，此为某亲，此为某亲；拜于墓下者，孰为某亲远子，孰为某亲之亲，盖深有维持族姓之意焉。”如徽州婺源汪氏永思堂，“每岁清明节，大会族人致祭，祭讫分谴拜扫，同族人割己田附堂中，至忌日以祀其私亲者咸听”。

当时士大夫对元朝流行的墓祭议论非常多。一种看法认为，墓祠祭祖不符合儒家的礼制。元朝初期的理学宗师吴澄指出：“近世人家非有旨不得立庙、祠于家者，止曰祠堂；或屋于墓所，而名亦祠堂，非也，盖墓有展亲而无祭祀。”而另一种观点认为，墓祭虽然在古礼中没有，但是礼以义起、以情起，与儒家提倡的礼在精神上是不相违背的，应当允许实行。如袁桷从古代的灵魂观与祭祀的关系论证了墓祭的合理性，他说：“昔之言礼者，则曰魂归于所居，将致其一焉，墓有祭有亭非古矣，”可是古人说过“魂气无不之也”，这样一来不必拘泥于专在祠堂祭祀，“物精神著，其气发扬者，出于丘垅，是则必首于墓”。

元朝末年的学者苏天爵，从墓祭与庙祭对祖先尽孝的一致来说明墓祭的合法性，他认为“后世庙制既亡，而族葬之礼犹在。士之有志于古者，尚可得而稽焉，故既设冢人之官，祭于墓，则有尸，是圣人制礼，出于人情之所不忍，以广其孝思之诚者，亦不得而废也。然则冢墓封树之崇，又可不致敬乎！”杨维桢也指出：“自庙制废，而上冢之礼实重于汉之人，孔子之冢孔里，鲁子孙世世祠之不废，则知汉人展墓之礼为爱之切、厚之至也。”

三、元朝的火葬

元朝的火葬习俗深深受到宋、金两朝的影响，盛行全国。元人熊梦祥《析津志》载：“城市人家不祠祖祢，但有丧孝，请僧诵经，喧鼓钹彻宵。买到棺木，不令人丧家，止于门檐下。候一二日即舁尸出，就檐下入棺。抬上丧车，即孝子扶辕，亲属友人挽送而去，至门外某寺中。孝子家眷止就寺中少坐，一从丧夫烧毁。寺中亲戚饮酒食肉，尽礼而去。烧毕，或收骨而葬于累累之侧者不一。孝子归家，一哭而止。家中亦不立神主。若望东烧，则以浆水、酒饭望东洒之；望西烧，亦如下法。初一、月半，洒酒饭于黄昏之后。”《元典章》也载：“北京路百姓，父母身死，往往置于柴薪之上，以火焚之。”

《马可·波罗游记》更是有很多描述元朝火葬习俗的地方：葬礼一般在城外举行，实行火葬。灵柩送出城外时，在必经之路，每隔一段距离，必须建造一种独木的棚屋，装饰彩绸，作为临时停柩的地方。每逢灵柩停下时，不管时间长短，都必须摆上酒食，停一站摆一站直到棺材到达目的地为止。他们以为这样做，能够让死者的灵魂得到休息，有力气跟着前进。同时，他们在殡葬过程中，还有一种风俗，用某种树皮制成纸，为死者绘制大批的男女、马匹、骆驼、钱币和衣服的图形，和尸体一起火化。他们以为死者在阴间将会享受纸片上所画的人物和器皿。在举行殡葬仪式期间，所有乐器全部击响起来，霎时间吵闹喧嚣，震耳欲聋。

其中第七十七章《再谈大城市杭州的其他详细情况》写道：达官显宦和富豪绅商死后的仪式，必须遵照仪式办理，这也是他们的风俗。凡是死者的亲属和亲友必须戴孝，伴送死者到指定的殡葬地点。送葬队伍中有鼓乐队，一路上吹吹打打，僧侣一类的人高声念诵经文，到达葬地后，就把许多纸扎的男女仆人、马、骆驼、金线织成的绸缎以及金银货币投入火中，他们相信，死者在阴间可以享受这些物资和奴仆之利。并且相信，那些假人和殉葬品，都会变成和活的东西一样，连同金钱和绸缎也能恢复其自然的状态。当这一大批东西都焚化完了以后，他们鼓乐齐奏，喧哗嘈杂经久不息。他们以为举行这样的仪式，可以促使神明菩萨接引尸体已化成灰烬的死者的灵魂。

元朝施耐庵的《水浒传》中也写道："第三日早，众火家自来扛抬棺材，也有几家邻居街坊相送。那妇人带上孝，一路上假哭养家人。来到城外化人场上，便叫举火烧化。只见何九叔手里提着一陌纸钱，来到场里，王婆和那妇人接见道：'九叔，且喜得贵体没事了。'何九叔道：'小人前日买了大郎一扇笼子母炊饼，不曾还得钱，特地把这陌纸来烧与大郎。'王婆道：'九叔如此志诚。'何九叔把纸钱烧了，就撺掇烧化棺材。王婆和那妇人谢道：'难得何九叔撺掇，回家一发相谢。'何九叔道：'小人到处只是出热。娘子和干娘自稳便，斋堂里去相待众邻舍街坊。小人自替你照顾。'使转了这妇人和那婆子，把火挟去，拣两块骨头，拿去澈骨池内只一浸，看那骨头酥黑。何九叔收藏了，也来斋堂里和哄了一回。棺木过了，杀火，收拾骨殖，澈在池子里，众邻舍各自分散。"

第六节　宋、辽、西夏、金、元名墓搜索

一、北宋强氏墓

只要大家一想到陈桥兵变、杯酒释兵权、宋江起义等历史故事，就知道都是发生在宋朝时候。我们是如何知道这一段历史的呢？除了古代文献记载外，就是考古发掘提供的丰富而又生动的资料了。而在宋代实物资料中，墓葬又是最为具体、最直观的。

北宋时期的墓葬有大量的考古资料可供参考，在神宗熙宁元年（公元1068年）以前大多数是土坑墓，砖室墓很少，墓中经常是用日用瓷器做随

葬品，精品较少；后来就流行仿木建筑的砖雕壁画墓，墓中随葬品比较少，这已成为通例。但是，有一座砖室墓因出土了100多件石雕家具、生活日用品模型及男女仆侍俑而成为一个特例。

河南方城盐店庄村有一座特殊的墓，它是建于北宋宣和元年（公元1119年）的强氏墓。

河南省文化局文物工作者在1985年对此墓进行了清理。该墓的结构和中原地区其他宋墓十分相似，长方形券顶砖室，墓门用青石板封堵。墓室长2.46米、宽2.17米，从墓底到地表深2.80米。墓室的东壁还有一条斜坡式墓道，4.55米长，2.17米宽。墓内的葬具与骨架早已腐朽，棺床也已经残缺不全，可是里面的随葬品却非常罕见。

这座墓一共出土了遗物150多件，除了铁剪子、银饰、铜币之外，其余都是雕刻的石明器，这些明器可分为俑、家具、其他生活用具三类。俑有男女两类，雕刻精细生动，俑全身涂有白粉，面部涂红粉。外形、衣冠基本一样，但是手里拿的东西与表情却各不相同。男俑大都穿长衣露足，窄袖口，衣纹非常清楚，手里还拿着圆盘、方龛、酒壶、仪仗等，空手的则双手交叉放在胸前，而且左手握住右手的大拇指。女俑身着长裙，发髻各不同，面部丰满，刻工精细。用俑做随葬品，东周时期始见，秦汉到隋唐时期就十分盛行，北宋以后就逐渐衰落了，俑的质料一般以木质与陶质最为常见，石质则较少。

家具类包括有8张桌子、9把椅子、1个方柜和1张长方案。桌子有两种：高腿的桌面大，短腿的是实心桌身；椅子的形状都是一样，只有大小略有不同；方柜可分上下两层，每层两侧各有一环，下有短足，上有盖；长方案还是用磨制光滑的石板做成的，案面上则画着交叉的白粉道。

其他的石雕明器分别有：6件方形容器，1件深腹外鼓的碗，6件葵花式盘，1件平地圆盘，2件口部刻有假盖、通身涂有白粉的壶，4件葵花式的碗，32件圆碟，13件酒杯和1把筷子，还有八棱形器、圆盒、三足形器、钵形器、六角形器及笔砚等日用品。此外还有牛、鼠和兽及一顶四角翘起内设座位的轿子。

我们利用这批文物可以部分地复原宋人的日常生活场景。

二、辽陈国公主墓

契丹族是我国古老的民族之一，形成在公元4世纪中晚期。916年耶律阿保机建立契丹国，947年改国号为辽，再后来又改过两次，最后以辽为国号。辽国创造了具有本民族特点的生活习惯及丧葬习俗，是因为它利用了自身条件并吸收了各族文化。辽陈国公主墓就是一个很好的例子。

辽陈国公主墓坐落在层山叠翠、泉水清幽的内蒙古哲里木盟奈曼旗青龙山镇，修水库的时候发现，1985年6到8月对其进行了全面的发掘。这座墓的编号是第3号，里面葬着陈国公主和驸马萧绍矩。墓志铭载，公主因病18岁死亡，驸马又先于公主而逝了，是一对短命夫妇，但他们在地下享尽荣华富贵是因为家门显赫。这座合葬墓是由墓道、天井、东西耳室、前室、后室组成的砖室墓。各室均有木门和门框，门上加锁，上部用砖雕成门楣、立柱、斗拱、屋檐等仿木结构，还涂着鲜艳夺目的彩绘。阶梯是墓道，有16级生土台阶，东西两壁均画着侍从牵马图。天井呈窄长形，在天井和墓门之间还有一堵用条砖垒砌、用石灰灌浆而成的封门墙。南北长方形是前室，其顶是船篷式券顶，上面画着星空图。前室东西两壁也绘有壁画。展现了公主和驸马的生活场景，这些绘画展示了契丹族传统的写实画风，兼以蓝天白云、日月星辰，组成天人感应的完整构图。东西耳室的入口在前室的中部，两室结构相同，主室平面呈圆形，直径约为1.62米，穹窿顶高为2.43米。生活用具、饰品、马具、仪卫明器等物品在室内存放着。

墓主人埋葬在主室，主室平面呈圆形，直径为4.38米，高为3.97米，穹窿顶。主室北面是砖砌的尸床，上面还放有2具已腐朽的尸骨，仰身直肢，头东脚西。契丹的葬俗和中原地区不一样，不用棺埋葬，而是在尸床上铺木板。该墓尸床上铺的是柏木，上面再铺褐紫色织金褥垫。尸骨头下枕有银枕，头上有鎏金银冠，脸上罩着金面具，身上穿着银丝网格，脚上穿着银靴子，胸前佩戴琥珀璎珞。公主头上戴有珍珠琥珀头饰，脖子上戴珍珠琥珀项链，手腕上各戴一只金手镯，每个手指上均戴有一枚金戒指。除外，身上还配有金荷包、金针筒、铁刀以及各种各样的琥珀玉佩等。驸马腰间束金跨银腰带，带上挂银刀、银锥及一些琥珀饰件等。契丹贵族的豪华气派尽显无遗。

墓葬中有精美又珍贵的随葬品一千多件。其中最具有代表性的有鎏金银冠、金面具、鎏金银枕、金花银靴、铁刀、各种瓷器、玻璃器、玛瑙器、水晶器等。

陈国公主墓的发现让我们看到了契丹贵族的独特葬俗。随葬品的精美，说明契丹民族对丧葬的重视。随葬品中的玉、琥珀与工艺精湛的玻璃器均来自中亚地区，这反映了契丹民族与西域、中亚各族及中原都有过密切的交往。对我们更深入细致地研究契丹族的社会、历史、风俗习惯及对外交往具有重要的参考价值的就是这些珍贵的实物资料了。

三、成吉思汗陵

明代叶子奇写了一本书《草木子》，上自天文，下至地理，内容非常丰富，颇富微义。这其中涉及古代蒙古人丧礼云：人死之后，下葬的时候，让马群把地踩平，再在葬地上杀一匹小骆驼。第二年草长，移帐游牧时，回望葬亲之地，都已经是一片青草，与他处没有差别。如果日后子孙思亲，想回来祭祖，就让杀掉的那匹小骆驼的生母来领路，看它在哪里踯躅悲鸣，便把那里当作当年葬亲之地。这种风俗，恐怕就是导致蒙古帝王陵往往无迹可寻的原因吧。

公元 1227 年，成吉思汗病逝，享年 66 岁。据说他的遗体被从六盘山运回到蒙古，交给了第一大妇，至于葬于何处说法不一。尽管地名不同，但在今乌兰巴托附近的一个山谷里。有人说是起辇谷，那也只是个大地名，可是详细地点仍不清楚。在这之后就有了“八白室”的说法。白室就是蒙古包，八白室就是指八个蒙古包。据说这八个蒙古包里，除了放着一个成吉思汗的灵柩外，其余分别放着忽兰哈敦、古日布勒津高娃哈敦、成吉思汗弓箭、宝日温都尔、成吉思汗马鞍、成吉思汗坐骑画像和最后一室“珍藏”（蒙语称之为“商更翰尔阁”，就是成吉思汗一生的秘密的档案）。而事实上，这“八白室”的传闻如果是事实，那就是一座可以移动的成吉思汗帝王陵。

成吉思汗于公元 1162 年出生，出身为部落贵族世家。父亲也速该是某一个部落的首领。成吉思汗出生时，他正好俘虏了塔塔儿部落首领铁木真，就用俘虏的名字给婴儿来命名，意在纪念这次胜利。也速该8年后被敌人毒死。妻子带着几个孩子靠挖野菜捕田鼠度日。9岁的铁木真又被泰赤乌贵族掳去示众。乘敌人宴会之机，他用木枷打昏看守脱逃。生活锻炼了铁木真勇敢、无畏、机警的性格，他终于统一了蒙古各部落，于1206年被推举为成吉思汗，建立了蒙古汗国。当时是南宋宁宗赵扩开禧二年（公元1206年），东北方则是金朝章宗完颜璟泰和六年。蒙古汗国力量不断增强，在公元1212年至1215年期间，蒙军再三南下攻袭金朝，它主要不是为了占领，而是去劫掠物资，这逼得金朝不得不一次次向蒙古贡献子女、金帛、牛羊、金银珠宝和绣衣等物。当时金宣宗朝廷内部，一直存在主战派与主和派两派，与南宋朝廷一直存在和、战两派的情形一样。金宣宗的陵墓为什么不在北京房山，而是在河南开封呢？就是因为他主张南逃躲避蒙古势力。他用3000匹骆驼搬宫中珠宝，3万辆车运文书档案，迁都汴京。但中都一战，蒙军杀金兵8万余人，最终占领之。金朝元气大伤。

这时中国境内，因此四国共处，加上各地的起义军，和战错综，彼此捭阖纵横，使得政局瞬息万变。公元1227年夏，蒙古最终把西夏攻灭，大军立即东下，攻金之汴京。因为成吉思汗病死军中，金朝才缓过一口气。成吉思汗第三子窝阔台继承汗位后，于1229年再起重兵攻金，汴京最终不守。金哀宗逃往蔡州，自缢而死。守城兵没有一个投降，箭用完了，投弓于火，个个自焚而死，将校妻女禁闭一室也自焚死，情景极为惨烈。历时120年的金朝灭亡，这是公元1234年的事。

蒙古势力的壮大，主要是因为成吉思汗的领导英明。他采用政军合一、牧兵合一的体制，1218年灭西辽，1219年征服中亚各国，影响到欧洲。因此蒙古族人视他为神。他的埋葬是绝对的隐秘，也与这种对他的神化有关。传说八白室为他的第三子窝阔台所创造。在这之后，每一个大汗即位，都要叩拜八白室。传说假如成吉思汗对哪个即位者不满意，即位者来叩拜时，八白室就飞出一箭，将来者的眼睛射瞎。八白室原在漠北，后来南移，到明朝中叶的时候，蒙古政权中心移到大青山一带，八白室也随之移往今鄂尔多斯达拉特旗王爱召乡，由鄂尔多斯部驻牧看守。按蒙语，鄂尔多斯意思就是“守护宫帐之人”。八白室相传700多年，曾经多次遭战火和盗匪侵害，也曾被一批外国的“考察者”争掠夺取。1954 年，中央拨专款修成吉思汗陵于伊金霍洛旗，这些东西最终被迎回内蒙古。

成吉思汗陵为什么要修在伊金霍洛旗？据说，这是成吉思汗自己的选择。相传 700 多年以前，成吉思汗率领大军西征，路经鄂尔多斯高原。他看到这地方山清水秀，草木繁茂，连马鞭掉在地上自己都不知道。他一边看得出神，一边自言自语道：这是衰落王朝复兴之地，太平盛世久留的地方，也是白发老翁安养之地和梅花鹿成长之地！这个地方好，我死后就把我埋葬在这里！

他的部下听他说这么多赞美的话，于是就把他掉在地上的马鞭先埋起来，在上面做了个敖包做记号。他死后，把他的遗体从六盘山千里迢迢地运回的时候，灵车经过伊金霍洛，车轮就突然陷入泥泞之中，无论用多少人马，再也拉不动它。大家这时才想起成吉思汗出征时曾说过的话。于是把这地方作为祭祀成吉思汗的陵地，并留下“土尔扈特人”，专门守卫它。

如今的成吉思汗陵就建在内蒙古鄂尔多斯高原的中南部，鄂尔多斯伊金霍洛旗阿拉腾席勒镇南甘德尔敖包之上，距东胜市南面 90 公里。蒙语“伊金霍洛”就是皇陵的意思。陵园占地 5.5 万平方米，由正门、牌坊、广场、大殿及配殿等部分组成。从大门的整体造型来说，它是一个蒙古包的纵剖面轮廓，里面包含中国传统牌坊作为门框；甬道开阔，尽处拾级而上是一座高敞的牌坊，上有题匾“成吉思汗陵”5 个大字。再上台阶就是广场，尽处是大殿。到达大殿的台阶共有 81 级。大殿高 24.8 米、左右配殿各 1 座，高 18 米。殿宇造型大都是蒙古包作顶和八角重檐相结合的形式。配殿与正殿之间有长廊。正殿有一高 5 米的成吉思汗按剑披甲坐像。配殿有关于他的生活经历和建功立业的壁画，还有象征他战斗一生的旗帜、战刀、马鞭等物。陵园四周，是宽阔无垠的大草场，正象征着这位世界闻名的蒙古英雄壮丽而神奇的一生。每一位前来瞻仰的人，面对这一切，都会发出无限的感慨，也才能真正理解人们为什么要尊他为成吉思汗：在蒙语中“成吉思”意思是海一样的强大，“汗”就是王者。

第八章　明清墓葬

【凭吊诗话】

崎岖万里欲何求？一死难言事便休。
毅骨不归埋远岛，忠名犹在胜清流。
谁从衣带收遗句？我向荆榛识故丘。
拟禁采樵虽未得，且留几字待千秋。

——明·吴中蕃《十八先生墓》

引　言

古代葬俗因时代、地方的不同而有差异，有土葬、火葬、水葬等。常见的多是土葬。明、清时期的墓多数有碑，易于识别。清时期九品官以上的墓较多，一般墓碑上刻有其官职。

明清以前多土坑墓、砖室墓，明清时期多灰砂墓。明清时期葬具多为木棺，也有瓮棺、陶棺、石椁、石棺；有的因各种原因，下葬后又将死者遗体挖出来重新装棺或装在陶罐里，移到别的地方埋葬，俗称移葬。其葬具多为陶罐，俗称骨坛。

明、清以前多以生活用具、生产工具陪葬，有的有专门用作陪葬的明器，如汉墓中出土的陶屋、陶灶、陶片、陶猪等；明、清时期，盛行薄葬，陪葬品很少，一般以装饰物如玉器、金银器为主。

明清两代墓葬最大的特点，就是构建布局的石雕文化。石雕文化可体现社会民俗状况以及民间工艺的文化内涵和匠心，是弥足珍贵的资料。一是历史见证，如墓志铭，比较翔实地记载了墓主的姓名、籍贯，事迹、仕宦、婚姻、亲友、丧葬等，其中不少出自著名艺术家、书法家、文学家、史学家之手，如西棠新村子李氏赵太孺人墓碑就是清朝嘉庆年间中国著名书法家、四库全书总纂之一的陈昌齐的作品。清翰林检讨苏其章的墓志铭即为清乾隆年间名人刘墉的门生、举人何斯懋的作品。这些墓志铭石雕纹饰华美、书法精湛、文字洗练、内容丰富、具有很高的观赏价值和学术价值。二是精美的工艺品，徐闻古墓石雕，有一种特定的品位，它把江浙、闽南、雷州地区的艺术风格熔于一炉，石雕的美术底本以及制作技巧，雕刻工艺精美绝伦，刀法娴熟，线条酣畅，形象生动鲜明，寓意深刻感人，富有强烈的想象力和视觉冲击力。

第一节　明清殉葬制度

一、明代统治者的殉葬制度

在明代，人殉再度死灰复燃。明代的人殉以宫廷殉葬最为盛行。从太祖朱元璋到英宗朱祁镇的近一百年间，皇帝及外藩诸王死，都要用大批嫔妃殉葬。《大明会典》记孝陵（朱元璋）殉葬妃嫔曰：“孝陵四十妃嫔，惟二妃葬陵之东西，余俱从葬。”明沈德符《万历野获编》卷三也载：“按太祖孝陵，凡妃嫔四十人，俱身殉从葬，仅二人葬陵之东西，盖洪武中先殁者。”埋葬明成祖的长陵中有16位妃子殉葬，《大明会典》卷九十载：“长陵十六妃俱从葬。”明仁宗（献陵）有5妃殉葬。明宣宗（景陵）有10妃殉葬。此外，明景帝死也有妃嫔、宦者殉葬。《双槐岁抄》曰：“天顺元年二月癸丑，郕王薨，葬祭礼如亲王，谥曰戾，唐氏等妃嫔俱赐红帛自尽，以殉葬。”又，谈迁《国榷》引陆代《病逸漫记》云：“宦者蒋安，以帛勒死。”

至于明初宫廷中诸帝崩逝后的殉葬惨况，为宫禁秘密，明朝文献很少记载，仅《朝鲜李朝世宗实录》卷二十六有所披露曰：“及帝之崩，宫人殉葬者三十多人。当死之日，皆饷之于庭，饷辍，俱引升堂，哭声震殿阁。堂上置小木床，使立其上，挂绳围于其上，以头纳其中，遂去其床，皆雉经而死。韩氏临死，顾谓金黑曰：‘娘吾去！娘吾去！’语未竟，旁有宦者去床，仍与崔氏俱死。诸死者之初升堂也，仁宗亲人辞诀……”《明史·后妃传》也有一段记载：“正统元年八月追赠皇庶母惠妃何氏为贵妃，谥端静……册文曰：‘兹委身而蹈义，随龙驭以上宾，宜荐徽称，用彰节行。’盖宣宗殉葬宫妃也。初，太祖崩，宫人多从死者。建文、永乐时，相继优恤，若张凤、李衡、赵福、张壁、汪宾诸家，皆自锦衣卫所试百房、散骑带刀舍人进千百户，带俸世袭，人谓之‘太祖朝天女户’。历成祖、仁、宣二宗亦皆用殉，景帝以郕王薨，犹用其制。盖当时王府皆然，至英宗遗诏，始罢之。”

明初，皇帝以妃嫔殉葬，诸王、大臣也循此风。

王府之殉葬，见诸于明代各朝实录和正史、野史之中。根据明各朝实录及《国榷》等书记载，明朝前期诸王府实行人殉的有：“宣德元年十月，唐琼炷薨，年二十一，谥曰靖，郏县高氏女为王妃，未封，闻之自经，追封唐王妃。”“宣德四年，六月戊戌，周府罗山有爂薨，年二十一，谥悼惠，亡子，妃张氏自经，谥贞烈。”“宣德六年九月丙子，蜀王有墒薨，献王之孙，年二十六，谥曰靖，妃李氏、侍姬黄氏皆自经，赐祭，赠黄氏夫人。”“正统四年正月戊戌，宁府信丰王盘熯薨，年十九，谥悼惠，妃刘氏自缢，谥贞烈”。《明英宗实录》卷五十六曰：“正统四年六月乙未，周宪王妃巩氏薨。妃宣德四年册立，至是王薨，妃以死殉，上闻讣遣中官致祭，命有司营葬如制，谥贞烈。王夫人施氏、欧氏、陈氏、韩氏、张氏、李氏同日卒，俱谥贞顺，以一品礼葬之。”“正统四年六月壬寅，越王瞻墉薨，王国衢州，未行，年三十五，谥曰靖，无子，国除，妃吴氏死殉，谥贞惠。正统十二年五月丁酉，周府河阴王子坛薨，年二十一，妃巩氏自经，谥王怀僖，妃贞肃。”“正统十三年十一月辛丑，故唐世子芝坊，妃胡氏自经，事闻谥肃贞。”“景泰元年正月韩王范垩（劭火）薨，年三十，王妃刘氏自经，谥贞烈，宫人于氏亦自经。”“天顺六年正月己未，蜀王悦（劭火）薨，谥曰和，继妃徐氏，年二十六，殉之，谥静节。”

勋戚大臣之妻妾殉节在明初有：永乐十九年七月戊寅，惠安伯金玉卒，妾田氏自经以殉，赠淑人。永乐二十二年二月丁卯，应城伯孙英卒，妻李氏自经殉葬，追封夫人。宣德四年二月，中军左都督马聚卒，妾陈氏自经以殉，赠淑人。同年二月辛巳，左军右都督冀杰卒，妾王氏自经以殉，赠淑人。宣德九年二月乙丑，武安侯郑享死，妾张氏自经，赠淑人。

从上述可知，妻妾为丈夫殉死的变相人殉在明代初期可见，即历史上所称的“殉节”。

英宗死在天顺八年（公元 1464 年）。临终的时候，英宗“召宪庙谓之曰：‘用人殉葬，吾不忍也；此事宜自我止，后世勿复为。’遂为定制。”明朝宫廷、王府间废除人殉是一件大事，又是英宗在临死之前所做的一件好事。从明朝英宗皇帝死了之后，就很少有用后宫妃嫔殉葬。唯一的例外，是在明朝末年，李自成农民起义军即将攻进北京城，崇祯帝吊死煤山，周皇后、袁贵妃奉旨殉死，魏宫人率领 300 多名宫女跳进紫禁城御河自杀，效忠于崇祯皇帝。以后，清室也承明制，很少用妃嫔殉葬。太宗强迫太祖的宠妃殉葬是在清初太祖努尔哈赤死后，也是一件例外之事。

但是明代外藩诸王府，在英宗废除人殉制度之后，殉葬风气依然比较流行。因此，明宪宗再次下诏，严令禁止贵族用人殉葬。

《明宪宗宝训》卷二记载：“成化十年七月甲戌，辽王豪堰奏：‘嫡长子恩满病故，其继妃冯氏、妾曹氏俱无所出，宜令殉葬。’上曰：‘先帝上宾，顾命毋令后宫殉葬，可以为万世法，况王府前此未尝有用殉者，今辽王葬其子，乃欲以其妇殉之，何其戾耶！礼部其移文所司，启王勿用，迁其妇别室，毋令失所’。”尽管诏令严厉禁止，但是实际上并不严格执行，故禁而不止。如成化二十二年六月己亥，宁河康僖王死，宫人王氏、杨氏、张氏、段氏自经殉王，赠夫人，明目张胆地违抗英宗和宪宗的诏令，但是宪宗不但没有给予严厉制裁，反赠给 4 位殉节者以夫人封号。

二、清皇室的宫妃殉葬

清初安徽桐城人方拱乾在其作的《宁古塔记 · 风俗》中写道：满族“男子死，必以一妾殉，当殉者必于生前定之，不容辞、不容僭也。当殉不哭，艳妆坐炕上，主妇率皆下拜而享之。及时，以弓弦扣弦而殒之。当不肯殉，则群起而搤之死矣。”

《清史稿 · 刘揵抟附朱斐传》记载：“满洲俗尚殉葬”。至天聪八年（公元 1634 年），清朝统治者又将人殉以法律的形式加以肯定。据王先谦《东华录》记载：天聪八年（公元 1634 年）“二月壬戌定丧祭例：妻愿殉夫葬者，许之，仍予表扬；逼侍妾殉者，妻坐死。”

清皇室的宫妃殉葬始于清太祖努尔哈赤时期，从目前掌握的史料可以得知。

1603 年，清太祖孝慈高皇后叶赫纳拉氏死，她身边的 4 婢从殉，宰牛马 100 匹致祭。

天命十年（公元 1625 年），清太祖努尔哈赤驾崩，大妃乌拉纳喇氏以身殉葬。还有，阿吉根、代因扎二庶妃亦殉之。此事在《满洲实录》卷八中记载十分详细："后（纳喇氏，乌拉国满泰贝勒女）饶丰姿，然心怀嫉妒，每致帝不怿，虽有机智，终为帝之明所制。留之恐为乱阶，预遗言于诸王曰：'俟吾终，必令殉之。'诸王以遗言告后，后迟疑未决。诸王曰：'先帝有命，虽欲不从，不可得也。'后遂服礼衣，尽以珠宝饰之，泣谓诸王曰：'吾自十二岁事先帝，锦衣玉食，已二十六年。吾不忍离，故相从于地下。吾二幼子多尔衮、多铎，当善抚之。'诸王泣而对曰：'二幼弟，吾等若不友爱，忘父也，岂有不善抚之理。'于是，后于十二日辛亥辰时自尽，寿三十七。乃与帝同殓，巳时出宫安厝于沈阳城内西北角。又有二妃阿吉根、代因扎亦殉之。"

崇德四年（公元 1639 年），扬武大将军贝勒岳托逝世，妻福金殉葬。

崇德八年（公元 1643 年），太宗皇太极病死，"章京敦达里、安达里二人愿殉。敦达里，满洲人，幼事太宗，后分隶肃亲王豪格。及太宗殡天后，敦达里以幼蒙恩，不忍永离，遂以身殉，安达里，叶赫人，自来归时，先帝怜而养之，由微职沐殊恩，授官职，亦请殉"。

顺治八年（1651 年）睿亲王多尔衮死，其侍女吴尔库尼殉葬。顺治十八年世祖福临死，妃楝鄂氏殉葬，阿达哈哈番侍卫傅达里随殉，谥忠烈。

这一制度遭到汉族官吏的非议，是清朝入主中原以后。康熙时，礼科给事中朱裴上疏奏请禁止随殉，曰："泥信幽明，未有如此之甚者。夫以主命责问奴仆，或畏威而不敢不从，或怀德而不忍不从，二者俱不可为训。好生恶死，人之常情。捐躯轻生，非盛世所宜有。"

所以，康熙十二年（1673 年）六月，康熙皇帝颁布诏书"禁止八旗包衣佐领下奴仆随主殉葬"。从这以后，清朝贵族再没出现用人殉葬之事。

第二节　明清葬俗

一、风水迷信

我国明清时期风水迷信泛滥成灾。明清时期，封建帝王对陵墓在什么地方，可以说是墓地堪舆术使用的最高典范。比如明太祖登基后，就曾经向刘基、徐达、常遇春、汤和征询对陵址的意见，并约好时间召集这四人商议，连同朱元璋共五人，各先用纸条把墓址在纸条上写好，到时从各自的袖筒中掏出来一对，结果不约而同地写着“独龙阜玩珠峰”这个地点。明成祖也非常偏好风水术，他曾派许多风水先生为自己卜择寿陵，最后相得昌平黄土山吉。后明成祖又亲自加以考察，看后非常满意，高兴地把它改名为天寿山。此后，明朝诸帝均以这块风水宝地作为结穴。这个地方是如今的十三陵区。清代诸帝陵寝的选址和营建也无一不考虑风水。顺治在一次狩猎中，偶然来到昌瑞山下。他看到这里风景优美，骑在马上都沉醉在这美丽的风景中，便亲自选定这里当作自己的陵址，认为“此山王气葱郁，可为朕寿宫”。康熙二年，康熙为顺治帝建孝陵于昌瑞山下，成为营建东陵的开始。雍正上台的第七年，就开始命人在东陵中寻找为自己建造陵墓的“吉地”，但“堪舆人俱以为无可营建之处，后经选择九凤朝阳台吉壤……堪舆臣工再加相度，以为规模虽大而形局未全，穴中之土又带砂石，实不可用”。这个时候，怡亲王允祥、两江总督高其倬等人又在易州境内泰宁山天平峪找到了“万年吉地”，极力向雍正帝推荐，他们认为是“乾坤聚秀之区，为阴阳和会之所，龙穴砂水，无美不收。形势理气，诸吉咸备”。雍正皇帝看完了奏折之后，也认为“山脉水法，条理详明，洵为上吉之壤”。于是第二年下令在泰宁山下动工修建泰陵，首辟清西陵陵区。

明清时期，民间的风水迷信更是极度泛滥。这主要表现在以下四个方面：

其一，无论花多少钱都要求购龙脉真穴。据文献记载，徽州歙县棠樾的鲍氏宗族，由于经营盐业暴富而被同行认为是祖坟风水吉祥遗泽后世的结果，所以当其祖坟右侧尚可“附葬一穴”，便由鲍氏宗族公议“族内愿附葬者输费银一千两”，最后这个穴于清嘉庆八年“照议扦葬”。一介之穴，竟然价值千两纹银，可以想见当时“真穴吉壤”的难得与珍贵。在这种情况下，各地掀起了重金寻求购买龙脉吉壤的高潮。如，婺源人俞铨，“凡先茔未妥者卜吉安葬，费不下千金”。汪氏、祁门人“所置屋宇、田地、风水等业，并买奴婢男妇壹房，所费共有数千金”。

其二，千方百计地疯狂抢夺风水宝地。即所谓“妄听堪舆之说，相习成风，情伪百出，有觊觎他人吉壤倚仗势利用强侵占者，有无力制人私将祖骸盗葬他人界内者，有已地希图凑锦成局，硬将邻界赖为己业者，有冒认别家旧坟为祖先无耻合葬者”。

据传说：湖北省武昌县有一座龙泉山，自西向东长达9公里，一直抵达梁子湖畔。这座山上有天马行空的天马峰，有横空出世的玉屏峰，有群山排比的笔架峰，有幢幢如盖的宝盖峰，有高耸入云的龙帐峰。明代时期的达官贵人都想得到这块风水宝地，那时势力最大的是朱元璋的第六个儿子朱桢，朱元璋封他为楚昭王，就藩武昌54年之久。他对灵泉山可谓是情有独钟，经常去此避暑，感叹：“惜乃阳宅，若为阴宅极佳”。风水师为他在龙泉山勘定“仙境”，找到了一块所谓的“五龙捧圣”之地。

实际上，早在西汉初年，这块地就被汉高祖刘邦赐给了舞阳侯樊哙，樊哙死后就葬在天马峰下。唐代的江夏王李道宗、宰相李蹊以及元朝宰相沈如筠都挤在这块风水宝地上“长眠”。怎么办呢？朱桢就地请一个名叫王化龙的风水先生帮忙，私下在樊哙墓前的土中埋了一块石碑，上刻“此处本是昭王地，暂借樊哙千余年，今日时至期已满，樊哙迁移到东边”。王化龙后来又当着群众装神弄鬼，推算哪里哪里会有石碑，最终在樊哙墓前挖出了他事先秘密预埋的石碑，人们以为这一切都是天意。樊哙的后代当然也就无话可说，只好无可奈何地把祖先的坟墓向东迁移了。朱桢就这样在原樊哙坟址上修建了坐北朝南的陵园。

明清时期这样的事情不胜枚举，以致造成了严重的社会问题。

崇祯时，任歙县知县傅岩在其所著的《歙纪》中曾记载了徽州百姓争竞风水、酿成大狱的事，也就是“徽尚风水，争竞侵占，累讼不休，如洪包、方惟一等多案，结而复起，历年未已”，以至“祖坟荫木之争，辄成大狱”。

嘉靖八年休宁茗洲吴氏家族后山一吉穴被语潭江氏所看中，于是语潭江氏扬言：“于清明日至我后山葬柩”。吴氏家族不甘示弱，“集百人剑挺至门上，族子弟亦都肄以待”，一场大规模的为争真龙吉穴的宗族之间的较量就这样将发生，幸好孚溪李质先等人从中百般调解，方使这场械斗得以避免。

清代康熙二十八年，常熟人翁是龙依仗着官至工部尚书的叔父翁叔元的面子，将他自己的同县人钱锡的祖坟挖掉，抢占坟地。钱家被迫上告，知县因翁家势力强大，害怕审理。雍正元年，云南贡生何其傅率领仆人强占李为美的坟山，李见此情况，一急之下便打死何其傅。

不但异姓之间为争夺风水宝地而大打出手，即使同姓家族也是纷争不已。关于这一陋俗，明清士大夫多有非议。如陆玉书《正风水》诗曰：“仰以观天文，俯以察地理。古圣阐精微，后人误风水。听信堪舆言，吉凶惟所指。一心博富贵，百计辨臧否。岂欲报罔极，徼福乃如此。富阳俗尤甚，积习不可已。因之多讼争，案牍常纍纍。昨者俞氏族，衅因迁葬起。必求官履勘，新莅众山里。两造互争竟，理各执一是。我为察其情，笑语俞氏子，毋再惑风水，风水半虚诡。”

其三，为觅吉壤佳穴而停柩不葬，即康熙《徽州府志》卷二《风俗》中所说的：“亲殁不即营宅兆，富者为屋以殡，贫者仅覆茅茨，至暴露不忍见者，由俗搦阴阳，择地择日拘忌，以故至犀世不能复土举葬。”又《福建省例》刑政例上《速葬棺柩》云：“富家巨室则惑于风水而观望迁延，小户编氓则诎于资财而因循耽误，往往一室停数世之丧，一棺经数十年之久迟回未葬，相习成风。”

据文献记载，当时江西就有人因择吉地佳穴而数十年不葬父母的现象，这一陋俗在明代就已经比较普遍了。因此，江西提学副使邵宝严行禁止，规定士人不葬亲的不得与试。但是没有什么收获，至清代这一问题竟成痼疾。

康熙二十九年（公元 1690 年），昆山人邵德的祖父母已死 20 年，母亲去世时间也达 7 年，但都没有安葬；他委托朱俊买浮葬地，又被委托人吞没 20 多两银子。康熙五十四年（公元 1715 年）大学士李光地请求回籍葬埋母亲及妻子的遗体，时距其父李兆庆死期已 30 年，其中父的棺柩是浅土封埋，需要起出和母亲合葬。但是他秋天起程回福建，到第二年夏天还没有安葬妻子，就是因为一时找不到吉壤，那一年同时又有禁忌，不便葬妻，所以他要求康熙皇帝多给假期，好把丧事办妥。就这样，他在繁忙的公务之中一共花了三年假期才将亲人的葬事处理好。

其四，起尸改葬是因为原葬地风水不好。康熙十三年（公元1674年），户科给事中、歙县人赵吉士将其父母安葬于瑯源台上狮高原。后来听人讲，这块地风水不好。所以，数十年来赵吉士为找龙脉真穴重新葬埋父母而往来奔走于各地。他曾经亲自到南京白下寻访风水大师，并且借奉旨伐木之机会，在徽州境内广寻所谓的龙脉真穴，最终在风水师的帮助下在歙县内觅得一吉壤，所以赵吉士“不惜重金成事”。为了安全起见，他又广延“阖郡堪舆家二十余人，纷纷点穴不定”，并且亲自用“称土法择土之重者用事，及开金井，土如紫粉，光润异常，登山者咸贺得地”。终于确定了墓穴，将父母改葬。清代刘青藜《地师》一诗描述道：“北邙山下鬼夜哭，地师地师尔何毒。膏唇歧舌太张皇，争夸富贵由朽髑。寅年下葬卯年发，唾手蓬门换华屋。死者停柩谋佳城，既葬发掘更相卜。魂惊魄散骨骸析，西移东迁遍压谷。鹊巢鸠处纷争夺，连枝同气竞反覆。三公岂尽折臂人，九原何必眠牛域。余庆余殃固有由，得马失马谁为福。寄语孝子与慈孙，莫信人间有郭璞。”江西一带还流行“洗筋”、“检金”等习俗。《清诗铎》卷二十三《丧葬》载陈梓《洗筋行》诗序：“江西惑堪舆，南赣尤甚。亲葬二三年，掘洗骨，红还故冢，黑改新阡，逾年复尔，名曰洗筋，亦曰检筋。”

二、帝王墓奢靡陪葬

明清时期丧葬中的奢靡风尚始自封建帝王，其中主要表现就是陵墓的建造。封建统治者妄想在死后把生前骄奢淫逸的生活带到阴曹地府，因此不惜耗费巨大的人力、物力。如明万历帝的定陵，耗银800万两。又如天启元年（公元1621年）春为明光宗修庆陵，虽然其规模在明十三陵中属于较小的一个，但是“御前所发帑银”依然高达刃万两。清帝陵墓的建造也不逊于明代，如清雍正的泰陵耗银240万两，乾隆的裕陵耗银203万两，道光皇帝的慕陵耗银240多万两。

明清时期，皇帝棺椁的奢靡程度也往往超过一般的古代帝王陵墓。如清代咸丰帝的棺材是用阴沉木的厚板做成，颜色黝黑又发亮，扣击时能发出金石之声，而且有沁人心脾的香气。这种珍贵稀罕的木料是在云南的深山古林采到的，仅是送到北京的运费就耗银 40 万两！慈禧太后的棺材成型后，先用 100 匹高丽布缠裹衬垫，再漆饰 49 次，并且每次油漆的工序都有不同的名目。

明定陵出土有数千件文物，并且多为罕世珍宝。清乾隆裕陵中的随葬品也十分丰富，根据《清高宗纯皇帝穿戴档》记载：乾隆仰卧于棺材之中，头戴天鹅绒绣佛字台正珠珠顶冠，身上穿着绣黄宁绵金龙袍、石青缎缀绣金龙补子绵长褂、鱼白纺丝小棉袄、鱼白素细绵袄、灰色素细绵中衣、鱼白春细中衣带。棺柩里的随葬品有雕珊瑚嘛呢字朝珠，鱼白春细棉套裤，白布棉袜，青缎凉里皂靴。此外，乾隆棺柩中安放的殓物还有天鹅绒朝冠 1 顶、随朝冠顶 1 座，得勒苏草拆纬缨冠 1 顶，黄缂丝面片金边绵朝袍 1 件，绣黄缎绵金龙袍 2 件，石青宁细缂丝金龙绵褂 1 件，石青缎缀金龙补子绵长褂 1 件，蓝宁细绵长襟袍 1 件，石青缎绵长褂 1 件，白纺丝衫 1 件，扁核桃朝珠 1 盘，伽楠香朝珠 1 盘，金镶松石 4 块，瓦圆朝带 1 副，铜底板共嵌头等东珠 20 颗，乌拉正珠 80 颗，上拴金镶松石手巾束 1 对，共嵌乌拉正珠 60 颗，蓝白春纳手巾，蓝缎拓金银线葫芦大荷包 1 对，东珠云 6 颗，坠角 8 个，计东珠 16 颗，绣黄缎火火连 1 把，四等东珠压豆，红缎拓金银线松石豆小荷包 1 对，红缎拓金银线四等东珠小荷包 1 个，计珠 4 颗，金镶红宝石松石青金鞘花羊角靶小刀 1 把，金镶红宝石松石青金牙签盒 1 件。白玉八块瓦大鞓带 1 副上拴飘带 1 副，随白玉飘带束，蓝缎拓五彩线松石云大荷包 1 对，红缎拓金银线松石豆小荷包 1 个，青缎拓鹿绒小荷包 1 个，青缎拓金银线火火连 1 把，珊瑚压豆、洋铜珐琅鞘花羊角靶小刀 1 把，洋铜珐琅牙签盒 1 件组合而成。石青缎绣八吉祥西蕃九如莲三宝珠当头黄缎绣九龙绵被 1 床，绣黄缎万字如意边五彩九龙虞书十二章大褥 1 床，绣黄缎万字如意边西番莲八吉祥中心如意大褥 1 床，绣黄缎万字如意边五彩九团龙红福流云大褥 1 床，织香色缎五彩龙绵被 1 床，紫妆缎褥单 1 个，石青缎绣八吉祥边黄缎绣蓝喇嘛字心龙凤呈祥顶枕头 1 个，酱色妆缎边紫心绣香色缎龙凤呈祥顶枕头 1 个，黄宁细绒绣绵女龙袍1件，朝袍、金龙袍褂若干件，缀去金钮子33个，红雕漆长方朝珠盒1个，黑漆金花长方带盒1个。上列殉葬品不是完全的统计，乾隆地宫中的以及与他合葬的二后三贵妃的殓物没有包括在内。

慈禧地宫内的殉葬品清单，更令人惊心动魄、目瞪口呆，因为慈禧太后陵墓内的随葬品多得没办法统计。根据清朝内务府的记载：地宫修好是在光绪五年（公元1879年）三月二十五日，里面安放了金花扁镯1对、绿玉福寿三多佩1件、上拴红碧瑶豆3件。

光绪十二年（公元1886年）三月二日，地宫安放有：红碧瑶镶子母绿别子1件，红黄碧瑶葫芦1件，东珠1颗，正珠1颗，红碧瑶长寿佩1件，正珠2颗。

光绪十六年（公元1890年）二月二十九日，地宫安放正珠手串1盘，红碧瑶佛头塔，绿玉双喜背云茄珠坠角，珊瑚宝盖、绿玉珊瑚杵各1件，绿玉结小正珠4颗。黄碧瑶葡萄鼠佩1件，上拴红碧瑶豆1件，红碧瑶葫芦蝠佩1件，上拴绿玉玩器1件。绿玉佛手别子1件，上拴红碧瑶玩器1件，红碧瑶双喜佩1件，上拴绿玉1件。

光绪二十八年（公元1902年）三月十日，在地宫安放分别有：白玉灵芝天然小如意1柄，白玉透雕夔龙天干地支转心璧佩1件，红碧瑶1件。

光绪三十四年（公元1908年）十月十二日，在地宫安放金镶万寿执壶2件，共重197两7钱1分，上镶正珠40颗，盖上镶正珠60颗，米珠络缨1068颗，真石坠角；金镶珠石无疆执壶1件，共重九十一两六钱，上镶小红宝石22件，底上镶小东珠20颗，盖上镶碎东珠204颗，米珠络缨534颗，真石坠角；金镶珠石无疆执壶1件，共重93两7钱，上镶小宝石16件，底上镶小东珠20颗，盖上镶小东珠204颗，半珠络缨534颗，真石坠角；金镶真石玉杯金盘1份，每盘上镶东珠2颗，杯耳上镶东珠2颗，共重66两5钱5分；金镶珠杯盘2份，每盘上镶东珠8颗，杯耳上镶东珠2颗，共重68两3钱2分；雕通如意1对。

距上次安放珍宝仅三天，又在地宫放置了金佛1尊，镶嵌大小正珠东珠61颗；小正珠数珠1盘，共208颗；玉佛1尊；玉寿星1尊；正珠念珠1盘，计珠208颗；珊瑚佛头塔，佛手双坠角上拴绿玉莲蓬杆1件，珊瑚故钱8件，正珠22颗。正珠念珠1盘，计珠208颗；红碧瑶佛头塔，镀金点翠，镶大正珠，背云茄珠，大坠角珊瑚纪念蓝宝石，小坠角上穿青金石杵1件、小正珠4颗，镀金宝盖，小金结6件；正珠念珠1盘，珊瑚佛头塔，背云烧红石金，纪念三挂，蓝宝石小坠角3件，加间小正珠3颗，珊瑚玩器3件，碧玉杵1件。雕珊瑚圆寿字念珠1盘，计珠108颗；雕绿玉圆寿字佛头塔，荷莲背云，红碧瑶爪飕大坠角上拴白玉八宝1份，珊瑚豆19个；珊瑚念珠1盘；碧玉佛头塔，背云红色，纪念三挂，红宝石小坠角3件，催生石玩器3件。

慈禧遗体殓入棺材是在光绪三十四年（1908年）十月二十三日，同时有大量的殉葬品被放入。其中有：正珠朝珠5盘，东珠朝珠4盘，红碧瑶朝珠4盘，绿玉朝珠2盘，珊瑚寿字朝珠2盘，珊瑚双喜朝珠2盘，红碧瑶手串3盘，绿玉莲子手串1盘，珊瑚手串1盘，正珠念珠6盘，红碧瑶念珠2盘，绿玉念珠1盘，珊瑚圆寿字念珠3盘，绿玉兜纪念1挂，正珠挂钮1副，金镶正珠镯子1副，金镶各色真石正珠镯子1副，金镶珠石镯子5副，珊瑚雕螭虎朝珠1盘，珊瑚朝珠2盘，龙眼菩提朝珠1盘，大正珠手串1盘，正珠手串2盘，东珠手串2盘，金镶正珠龙头软镯1副，金镶各色真石白钻石葫芦镯子1副，金镶红碧瑶正珠镯1副，金镶藤镯2副，正珠软镯2副，镀金点翠穿珠珊瑚龙头镯1副，东珠软镯1副，白玉镶各色真石福寿镯1副，绿玉圆镯3副，绿玉烟壶3件，茶品烟壶1件，白玉皮烟壶1件，玛瑙烟壶1件，洋金镶白钻石小表1件，洋金镶珠日带别针小表1件，洋金镶白钻石宝钻桃式别子1件，紫宝石桃式别子1件，大蚌珠别子1件，白玉鱼1件，蚌珠别子2件，汉玉珞1件，汉玉仙人1件，汉玉玩器2件，汉玉玩器1挂，金镶钻石带别子1件，白玉蘑菇1件，白玉羚羊小别子1件，白玉猫1件，黄玉杵1件，雕汉玉针1件，汉玉羚羊1件，雕绿玉圈纹搬指1件，雕汉玉镶金里搬指1件，汉玉扳指2件，红碧瑶暖手1件，玛瑙暖手4件，汉玉东升1件，汉玉箭隔1件，汉玉蚕纹璧1件，汉玉英雄鸡心玦1件，汉玉昭文袋1件，绿玉猴跑杵簪3支，红碧瑶猴跑杵簪1支，正珠抱头莲2支，金平安小耳挖2支，蓝宝石抱头莲2支，红碧瑶抱头莲1支，紫宝石抱头莲1支，子母绿抱头莲4支，茄珠抱头莲2支，大小正珠抱头莲4支，绿玉抱头莲1支，蚌珠抱头莲1支，绿玉镶红碧瑶抱头莲1支，珊瑚绿玉蝠1件，金镶红白钻石蜻蜓1件，金镶白钻石蜂1件，红碧瑶绿玉穿珠菊花1对，金点翠佛手簪1支，绿玉佛手簪1支，金镶绿玉佛手簪2支，金镶珠佛手簪1支，金点翠镶绿玉小珍石米珠佛手簪1支，雕绿玉兰花佛手簪2支，雕绿玉杵佛手簪1支，绿玉宽镏子2件，绿玉镏厅2件，绿玉马镫镏子4件，绿玉小马镫留子1对，珊瑚宽镏子2件，珊瑚镏子1件，红碧瑶宽镏子1件，红碧瑶万寿无疆镏子1件，红碧瑶马镫镏子大小3件，绿玉镶红碧瑶福寿镏子3件，金镶红白钻石镕宁1件，金镶红碧瑶小正珠镏子1件，金镶大小正珠镏子6件，金镶蓝宝石镏子3件，金镶子母绿镏子1件，正珠戒箍1副，大正珠帽花1件，金镶红白钻石桃式帽花1件，金镶红碧瑶绿玉白钻石帽花1件，大蚌珠桃式帽花1件，大正珠帽花1件，红碧瑶桃式帽花4件，金镶红碧瑶子母绿帽花1件，金镶红碧瑶珠边帽花1件，金镶钻石帽条1件，横绳帽条茄珠褂钮1副。

慈禧的地宫里除了放置她的金宝玉册玉宝之外，还有以下殉葬品。三凤顶，上镶东珠13颗，饭块珠共3颗。凤尾上镶乌拉小正珠48颗。群凤7只，每只上镶东珠9颗。猫晶石1块，凤尾上镶乌拉小正珠21颗。凤凤尾1只，上镶猫晶石1块，乌拉小正珠16颗组合而成的。镀金镶绿玉飘翎红碧瑶双喜字寻常钿花1份，上镶大东珠18颗，绿玉菊花托。明黄绉绸绣百蝶棉被1条，明黄云缎棉褥子1件，枕头2个，毛窝4只，鞋4双，铜水烟袋1支，银漱口盂1个，银水烟袋1支，银潮烟袋1件，铜水烟袋大小2件，银水爹斗各1件，珊瑚朝珠1盘。银洋錾万代福寿洗手盆1件。漆盆1件，内盛洋料沤子罐6个，象牙签大小3个，小银铲2个。藤方盘1件，内盛银油盒2个，缺盖瓷油盒1个，玉碟2件。银潮烟袋2根带荷包，银爹斗1件。银包金胰子盒1件，银胰子盒2件，银寿字盒1件，怀挡1件，银錾双喜字圆盒1件，核桃1对，手巾8块，画画家俱1份，青花白地瓷碗1件内有银刮舌1根，瓷盖碗1对，都盛盘1件，金丝洋眼镜4副，钢丝洋眼镜1副，玳瑁边墨镜1副，靶镜1副，都盛盘1件，砚台1方，银镼子盒1件，朱墨1锭，竹笔3支，象牙匙子3支，驼骨桶1件，瓷碗1件，楠木匣1件，黄丝绦1根。

以上随葬品还不包括衣服等物。深深地埋在珍珠、金银、翡翠、玛瑙之中的是慈禧，而这些金珍银宝，都是劳动人民智慧的结晶，是清代工艺品的典型代表，但可惜的是，在1928年那次轰动一时的盗陵巨案中都被军阀兵痞劫掠一空。

三、民间奢侈为尚

民间丧事也以奢侈为风尚。明代丘起风在《风俗论》一文中指出："更可嗤者，丧家全不考据典礼，镂花绘采，极穷变工，且藻饰凉伞辇事，火炮狼烟，灼目震耳，不几怛化者乎!"万历二十二年（公元1594年），钟化民以其耳闻目见说："冠婚丧葬，人道大端。豫民不遵古礼，贫富之家，婚葬逾分。"清乾隆时，杨锡跋在《陈明米贵之由疏》中讲到丧葬的奢靡之风时说，通都大邑出现了铺张现象，就连荒郊僻山的农民也染上这种习俗。

厚葬的始作俑者是京师。办丧事摆谱儿，大肆铺张，讲求棺椁衣衾，酒肉筵宴、广设冥具、出钱演戏等成为那个时候的惯习。明沈榜《宛署杂记》卷17《民风》云："间有富贵家，饭僧焚修，费动百千，冥器、旛幢，照耀数里，随梆封树，比之陵寝。"清代前因居士《日下新讴》曰："京师习尚拉扰，无论婚丧等事，先备请帖多许，因亲及友，辗转相邀，虽素无一面者，帖至亦必具送分金，谓之撒网。"临时用的棚子在灵前，也建造得异常精致工巧，豪华异常。得硕亭《草珠一串》诗曰："丧事时兴作细棚，灵前无物不求精。"这充分反映了时尚所趋。"至出葬，浮费最多。一丧车或至百人舁之，铭旌有高五丈者，缠之以帛，费百余匹，其余香亭幡盖，仪从之属，往往越分。又纸糊方相，长亦数丈；纸房累数十间。集送者，张筵待之，优童歌舞于丧者之侧，跳竿走马陈百戏于道。"

明代李乐在《续见闻杂记》中讲："余生长青镇，独恨其俗尚奢，日用会社婚葬，皆以俭省为耻。"

厚葬习俗在各地方志中也有详细的记载：

河南：怀庆府地区，"丧则棺椁衣衾，哭诵讣告吊奠，咸遵家礼。若夫客至张筵，伎乐杂，延僧道路，务以华观为悦。流俗好尚，亦难变矣"。丧葬在汝宁府所辖州也是一样的情形。"其豪有力者，务为夸侈，客至张筵，伎乐杂遝，讽经供佛，幡幔缤纷。窀穸之日，冥器刍灵，充塞道路。无论中人之产，竭蹶从事，即荐绅学士亦复尔，尔则俗之渐入深矣”。许州一带，“丧葬侈丽益甚，招摇邻封。奔驰喧哗，如入城市”。有些地方办丧事，更是“设酒筵燕，铺列茵褥，以待宾客，且先期必预请首事，呼朋引类，杂沓满堂，或名扎彩，或名公旌，甚至出钱演戏以侑丧”。民间办丧事往往会出现倾家荡产的现象，那正是因为丧葬的费用浩大的缘故。如孟津县“墓以土窨或砖砌。其酒肉延宾，广设冥具，营办不遗余力，间有破产襄事者”。还有因无力承办丧事而易代后葬者，如尉氏县，“发引仪具颇盛，祖奠虞祭知请士大夫相礼，杂用僧道声伎，亦费多，不能襄事易代而后葬”。鄢陵县，据嘉靖《鄢陵县志》风俗记载：“婚宴丧奠，争尚侈靡，广招亲朋，以衷仪物，甚至限钱币之数，以计丰啬，饰厨召乐，以赏费相高。”

湖北地区：安陆县“丧仪自嘉庆朝来多有不称家有无，舍哀戚，尚浮华。有仿赛会而为之者，仪仗、灯彩、鼓乐将之，必迎代拜宾数员，章衮从事，变凶而吉，他郡无是也”。钟祥县“竭力营葬，有至破家者”。

福建地区：泉州“丧祭以俭薄为耻”；漳州“亲旧之葬，或设祖祭，数月营办，务求珍异，不计财费。丧家则盛筵席以待之，竞为丰侈”；邵武建宁：“山多田少，人无甚贫富，故俗安于朴素，而不事华靡。重送终之礼，虽贫者亦不肯火葬”；汀州归化县“丧葬夸奢，颇不循礼”；龙岩“闾阎竞侈，婚丧之费，靡不可节”。

陕西地区“稍有力则用椁，名曰套材。扯布散衣，名曰破孝。”“又以各色纸，结金银山、斗层楼、驼、狮、马、象及幢幡帛联，广作佛事斋醮，名曰同坛。富贵家更侈张戏乐走马上竿，亲执挂帐，猪羊油盘食桌动辄数十。丧家破产，往往有之”。

河北地区：龙门县，举行丧礼时“延僧诵经，或三昼夜，或四昼夜。贫乏者至弃产行之，否则人以为薄其亲。下至小户亦多群集持斋者，诵佛毕，然后下葬”；蔚州丧礼，“好作佛事。遇丧，虽极贫之家，亦必延致僧众，修斋诵经或一日，或二、三日。士大夫家亦有从俗者，积习难返”，“更有异者，每当行礼日，丧家设鼓吹宴客，客大酾若狂，有悖‘哭而不歌’之义”；唐县“丧礼最重衣衾、棺椁，称家以无，以从厚”；曲阳县丧俗“逢七诵经作佛事，罄力供僧道，奉魂车游街，作飞铙之戏。葬之日亦如之，用乐，为酒肉以待吊客，仪仗明器务求美观”；沧州丧俗“一切外仪渐趋浮靡，需用浩繁，遂至淹柩不葬”；景州“葬仪以盛厚为尚”。

山东地区：邹平县“丧葬颇崇外饰”；淄川县“丧葬则专事繁华”；新城县“薄婚娶，而厚于丧礼”；长清县“冠婚丧祭，各成礼，弗为鄙啬，而财用较他邑独贫”；平原县“唯婚娶丧葬，专事华靡”；高苑县“士硷民贫，尤重婚丧之礼”；临朐县“丧祭宴会稍奢华”；安丘县“丧礼靡侈，用音乐”；阳信县“丧葬婚嫁，为费不赀”；蒙阴县“婚姻不论财，祭葬必竭力”；巨野县“丧葬礼仪，侈靡特甚”。

湖南地区：长沙县，丧礼开吊致客，其“酒食、布帛、舆马之费，多则数千金，少亦不下数百金，力不及者必称贷变产以行之；不如是，则群以为俭其亲矣”；湘潭县“葬则陈列游戏之具，以侈美观。虚靡相竞，动辄不赀，力不及者必称贷，变产以行之；不如是，则人以为俭其新”。醴陵县“富家葬费，动用千金、数百金不等；不，则群以为俭其亲”；耒阳县“竞尚浮靡，亲友相唁，鼓吹留宴，饮食舆马，动费多金，识者讥之”。

山西地区：平定直隶州“大约其俗，于丧礼则奢靡而中不仪节”，“其为费则数十倍于古。甚至诵经以忏罪，演戏以娱尸。饰观增美，则人竞称为孝，不则为人鄙嗤，而己亦以为愧，用是有三五年不葬者，甚有迟至二三十年者，虽士大夫家有不免焉”；介休县“富贵之家奢侈相尚，虽千金不恤也”，如“行引，诸亲毕集，丧仪列衢至数里而遥，祭筵或数十桌，远近观者如堵，名曰闹丧”。泽州府丧礼“俗尚浮靡，又多泥阴阳之说，淹柩不葬。自含殓以至下窆，品物、刍灵穷极华炫”；高平县丧礼“俗尚渐侈，又多泥堪舆家说，故有淹柩甚久者。自含殓至下窆，品物、刍灵多务华炫，宴吊客，筵必丰腆；葬后行复三礼，客恒数百人，饮无算爵，最为靡费”；阳城县“俗葬亲欲厚，恒有贫而停柩日望厚葬者”；赵城“葬日必多延吊客，奠物取丰恶菲，送殡必以鼓乐，非是谓之黑葬，为不孝”；太平县“士大夫之家，不作佛事，不用俳优，俗反目为俭亲。大率去质崇文，苫块之余，辄为延实计，以至逢七斋僧，朝祖作乐，饰为美观。倘力不能备，有十余年停柩者，习俗之累人如此”。

广东地区：仁化县“丧侈宴食，猥云从厚”；惠州：“兴宁亲丧，饭僧度厄，名曰报本。击鼓屠牛待宾，名曰看斋。结棉棚于市，布银牌、红帛于地，招少年走马，垂手取之如拾荞，观者一邑毕至，名曰抢红，以大轿尾其后，设死者魂帛衣冠于轿中。盖生虽屠贩，死必张盖设褥也。导僧至水滨，鬻禽鱼纵之，名曰放生，为死者修福。凡七日，日费二十金，少亦四五金。倘贫乏不能，或阻于官禁，必补。为之有待子孙者，有未死预作生斋者。”“葬亲则或于堪舆家，数数迁易，甚至剖棺火尸，纳骨于瓦瓶，名曰金城，迁葬他所”。

很多文献资料表明，过去一些学者所讲“五代以降，历宋元明清，除少数统治者外，一直没有进入全国性的厚葬高潮”的论点，不是确切的。明清时期的厚葬之风不仅没有减弱，反而有加重的迹象是由于鬼神迷信的深入和儒家孝道的观念盛行。

第三节　明清名墓搜索

一、明代帝陵

盱眙明朝祖陵

明祖陵位于江苏省盱眙县洪泽湖的西岸，是明太祖朱元璋的高祖、曾祖、祖父的衣冠冢及其祖父的实际葬地。朱元璋一统天下以后，于洪武十九年（公元1386年）在此地建祖陵，追封并重葬其祖父朱初一、曾祖朱四九和高祖朱百六三代帝后，次年在陵前建享殿，永乐十一年（公元1413年）朱棣又建棂星门及围墙。

明祖陵的修建，前后历时近30年，营建时间之长、体制之宏伟，在诸代明陵中名列前茅。其陵基本仿唐宋帝陵的规制，但已废止了唐宋诸陵的上下宫制，显得更加紧凑。陵园总平面呈长方形，筑有城墙三重：外为土城，周长3公里；中为砖城，周长1.1公里；内为皇城，建有正殿、具服殿、神厨、斋房、库房、宰牲亭、玉带桥等。陵前神道两侧，共有21对石像生，自北向南排列在850米长的中轴线上。石刻体形硕大、雕琢精细，其中最大者重达20多吨，小者亦有5吨以上。计有麒麟2对、石狮6对、神道石柱2

对、马官 2 对、石马 1 对、拉马侍卫 1 对、文臣 2 对、武将 2 对、内侍 2 对。这些石刻规模宏伟，技艺高超，线条流畅，整体风格既不同于凤阳皇陵，也不同于孝陵和十三陵，倒与宋陵石刻的风貌相近。明祖陵虽崇丽无比，遗憾的是它不处在高山大阜之侧，而是在有“九岗十八洼”之称的丘岗之地。明弘治七年（公元 1494 年），刘大夏筑太行堤阻断黄河北支，使南支夺淮入海后，河道开始紊乱，淮河中、下游连年洪水泛滥，祖陵不断遭受水患。嘉靖二十一年（公元 1542 年）后，陵东不断增修堤防。到清康熙十九年（公元 1680 年），明祖陵和泗州城终于被滔滔洪水吞没。经过湖水长期浸蚀和冲击，坟丘已被荡平，原先地面的砖木建筑大多毁坏，仅余下棂星门、正殿、东西两庑遗址和残存的 30 多个大型柱础、砖砌拱顶建筑 3 座，但神道两侧的 21 对石像大多完好。1963 年，洪泽湖水位下降，明祖陵才得以重见天日，但木制建筑已荡然无存，仅剩外罗城城墙以及后来发掘修复的石像。

从 1997 年以来，明祖陵几经修复，现周围已筑起 2706 米的防洪大堤，其中 600 米危区段全部用块石护坡，四周栽上了松柏、水杉、梧桐等 6 万余株树木。还新建了文物资料陈列室、抽水机站等。尤其是 21 对高达丈余的大型石刻，已全部复位并修整一新，整齐地屹立在神道两旁，恢复了当年的风姿。那气势，宛若君王临朝时，文武排班一样。为首的是两对低首侧的内侍臣，接着是两对手按宝剑、气宇轩昂的武将和三对手持牙笏的文臣，下面依次是马倌两对，石马一对，拉马侍从一对。只见那文官头戴乌纱，身着蟒袍，腰扎玉带，脚蹬朝靴，胡须垂胸，相貌堂堂；武官穿甲戴盔，手按宝剑，双目圆瞪，威风凛凛。走近细看，不仅狮子嘴上、马嘴上的细毛根根可数，而且连马镫上的一扣一环也都清清楚楚。这些精雕细镂的石刻，充分显示了劳动人民的聪明才智。据考古专家介绍，石刻规模之宏大，刻工之精细，造型之优美，线条之流畅，在国内少有。这些石刻群与南京的明孝陵、北京的十三陵相互媲美，名殊其妙。

凤阳明皇陵

明皇陵位于中都城西南 7 公里处，是明太祖朱元璋父母陵墓，初建于吴王时期元至正二十六年（公元 1366 年），明洪武二年后又两次大规模修建，明洪武十二年（公元 1379 年）竣工。陵墓中安葬着朱元璋父母及兄嫂、侄儿的遗骨。

朱元璋出身贫寒，元至正四年（公元1344年），其父母、兄嫂相继去世。朱元璋年仅10余岁，无力大办丧事，仅以“被体恶裳，浮掩三尺”之礼，安厝亲人。20多年后，朱元璋受封吴王，命故臣汪文等赴濠州修缮父母陵寝。洪武二年，他下诏在家乡兴建中都城，同时诏谕旧陵之地，培土加封。洪武八年，罢建中都，又用中都余材，再次营建父母之陵。到洪武十二年，皇陵的总体格局基本形式，外有城垣，内有护所、祭祀设施，又在陵前竖起高大的皇陵碑和成双成对的石像生。陵园占地2万余亩。当时有城垣三重，周长28里，其内“宫阙殿宇，壮丽森严”。享殿、斋宫、官厅数百间。历经600余载，虽经多次兵乱，但陵前神道上的31对（原为32对）石像生和皇陵碑、无字碑及坟丘等保存完整。

陵墓的外围，有3道城垣，形成3城包裹陵墓的平面布局。由于皇陵地处明中都城的西南，为了使皇陵与中都城连为一体，皇陵的3道城门都是以北门为正门，而皇陵也因此坐南朝北，神道与神路置于陵墓之北。皇陵的第1道城是夯土城垣，周长达28里。第2道城是青砖砌起的城垣，高2丈，周长6里多，四边开四门，皆有高大的城楼。第3道城是皇城，青砖垒砌，周长75丈。皇城平面长方形，它改变了过去帝陵内城平面方形的做法，为了将神道石像生移置城里，突出陵前享殿的地位，因此改为南北纵长的形状。皇陵的3道城中轴线两旁，建设了不少祭祀、护卫、住所建筑，形成规模宏大，森严壮观的皇陵建筑群。经过精心的设计、规划、施工，建成后的皇陵，气象巍峨，被誉为“重门列戟园陵肃”，“壮哉斯陵从古无”。

明皇陵陵墓是椭圆形覆斗式大平顶，高出周围地面5米。陵墓堆土而成，封土堆底边东西长50米，南北宽35米，占地面积1750平方米。陵前北部的金水桥向北，有长257米、宽6.3米的神道，两旁对称排列着雕琢精美的32对石像生。自北而南依次排列的石刻有：独角兽卧像2对，石狮蹲像8对，石华表2对，马官、石马与控马者立像6对，石虎立像4对（现缺一对），石羊卧像4对，文臣立像2对，武将立像2对，内侍立像2对。这些石像生是目前所知明代最早、数量最多、刻工最精细的皇家陵园石刻，具有很高的石刻艺术价值。不仅数量居历代帝王陵墓之冠，而且雕刻技艺上也有独到之处。它们均用整块石料雕琢，无论是人像，还是动物，均造型生动，刻琢精细，具有高超的技艺和强烈的艺术感染力。它们是宋元石刻艺术发展的最早产物，对明清的石刻造型艺术发展产生了深远影响。

神道南端紧连金水桥遗址，遗址南侧的东西两边各竖立一块大碑，东为无字碑，西为皇陵碑。两碑尺寸相同，规格一致，均高6.87米，分别由螭龙碑首、碑身、龟趺三部分组成。皇陵碑额篆有“大明皇陵之碑”6个大字，因碑文系朱元璋亲自撰写，又名“御制皇陵碑”。朱元璋为了让子孙后代了解艰辛家世和开创江山的艰难，秉笔直书，历述家世实情与戎马生涯，一改历代帝陵碑刻粉饰夸功、谀墓不实的恶习。皇皇大著，堪称一绝。碑文长达1105字，是研究朱元璋家史与元末明初历史的珍贵史料。

明皇陵一直受到明王朝的悉心保护。明朝末年，张献忠起义军攻占凤阳，火烧皇陵，享殿等建筑为之涂炭，之后又屡遭毁坏。抗日战争时期，侵华日军大肆砍伐陵园松柏，使郁郁葱葱的陵园变成光秃秃的土堆，荒芜不堪。新中国成立后，中都城和皇陵设立了文物管理机构，经过努力，中都城和皇陵周围的环境得到了治理，现有文物古迹也得到了妥善保护。

南京明孝陵

明孝陵，是明代开国皇帝朱元璋和皇后马氏的合葬陵墓。因皇后谥“孝慈”，故名孝陵。它坐落在南京市东郊紫金山南麓独龙阜玩珠峰下，茅山西侧，东毗中山陵，南临梅花山，是南京最大的帝王陵墓，也是中国古代最大的帝王陵寝之一。建于明洪武十四年（公元1381年），翌年马皇后去世，葬入此陵。洪武三十一年（公元1398年），朱元璋病逝，启用地宫与马皇后合葬。至明永乐十一年（公元1413年）建成“大明孝陵神功圣德碑”，整个孝陵建成，历时30余年。

作为中国明陵之首的明孝陵壮观宏伟，代表了明初建筑和石刻艺术的最高成就，直接影响了明清两代五百多年帝王陵寝的形制。依历史进程分布于北京、湖北、辽宁、河北等地的明清帝王陵寝，都是按南京明孝陵的规制和模式营建的。

陵墓的神道从四方城开始。四方城是一座碑亭，位于卫桥与中山陵之间，是明成祖朱棣为其父朱元璋建的“大明孝陵神圣功德碑”。其顶部已毁，仅存方形四壁，内有立于龟趺座上的石碑一块，碑高 8.78 米。碑文由朱棣亲撰，计2746 字，详述明太祖的功德。碑座、碑额雕琢瑰丽。神道由此向西经外金水桥（今红桥），绕过梅花山再折向北，长约1800 米。其中段为石像路，这段路上相向排列着 12 对石兽，分别是石兽狮，獬豸，骆驼象，麒麟，马和象 6 种，每种两对，姿态是一对伏，一对立。后面是一对高大的华表，上雕云龙，气势不凡。折向北面的神道上分别列着 4 对身着盔甲或蟒袍的文臣武将，可惜有些已经损坏。石人石兽的体型都很巨大，是明代石刻的艺术珍品。明孝陵的朱红大门坐北朝南，正对梅花山，门额上书“明孝陵”三字。门外东侧立有一个石刻告示，系清宣统年间两江洋务总局道台、江宁知府以六国文字刻的“治隆唐宋”四个金字，是清康熙帝亲笔题书。碑亭后原建有两御亭，西边叫宰牲亭，东边的称具服殿，今均已毁坏，仅存一些石柱和石井栏等。在原享殿的位置上尚可见到 64 个石柱的基础，由此可以想象当年享殿的规模是很大的。现在享殿为清同治十二年（公元 1873 年）复建，比原来的要小得多，内供奉朱元璋画像。享殿后是一片纵深 100 余米、宽数十米的空地，是当年露天祭祀的场所，中间有甬道，两边林木茂盛。甬道尽头有石桥，称大石桥，又称升仙桥，意思是过了此桥即为“仙界”。桥北是一座宽 75 米、高 16 米、进深 31 米的城堡式建筑，称方城。方城以大条石砌成，正中开拱门式斜隧道，有台阶可步入，计 54 级。出隧道东西各有石级可登城顶。城顶原建有宫殿式建筑明楼，明楼顶部及木质结构已毁，现仅存四面砖墙，南面有拱门 3 个，另三面各有拱门一道。在方城顶上极目远眺，东面有中山陵，南面是梅花山，西面有中山植物园，北面是“宝顶”，四周树木葱茏，松涛阵阵，不禁令游人发思古之幽情。宝顶是一个直径约400 米的圆形大土丘，即朱元璋和马皇后合葬的地宫，它的四周有条石砌成的石壁，其南边石壁上刻有“此山明太祖之墓”七个大字。梅花山因三国时东吴君主孙权及其夫人葬此，古称孙陵岗，位于明孝陵正南 300 米。

明孝陵处于山清水秀的环境之中，周围山势跌宕起伏，山环水绕，人文与自然景观浑然天成。陵园规模宏大，格局严谨。孝陵建筑自下马坊至宝城，纵深 2.62 公里，陵寝主体建筑当年建有红墙围绕，周长 2.25 公里。现存遗址可分为两大部分。

第一部分：蜿蜒曲折的陵墓神道。自下马坊至孝陵正门（文武方门），包括下马坊、神烈山碑、大金门、神功圣德碑及碑亭（俗称四方城）、神道石刻、棂星门和御河桥。

下马坊、神烈山碑：下马坊，是一座二间柱的石牌坊，面阔4.94米、高7.85米，坊额上刻“诸司官员下马”6个楷书字，告示进入明孝陵的官员必须下马步行，以示对开国皇帝朱元璋的尊敬。神烈山碑，在下马坊东边36米处，明嘉靖十年（公元1531年）立，正面阴文双钩浅刻“神烈山”3字，原有碑亭，现已不存在，仅存四角石柱础。神烈山碑是明嘉靖十年改钟山为神烈山时而立。再向东17米处有一块卧碑，为“禁约碑”，是明崇祯十四年（公元1641年）立，碑文刻禁止损坏孝陵及谒陵的有关9条禁约。

大金门、神功圣德碑及碑亭：大金门，在下马坊西北750余米处，是孝陵的第一道正南大门。大金门原为黄色琉璃瓦重檐式建筑，现存砖石砌筑的墙壁，下部为石造须弥座，面阔26.66米，进深8.09米，墙壁辟有3个券门洞，中门较高为5.05米，左右两门高4.25米。神功圣德碑及碑亭，在大金门正北70米处，是明成祖朱棣于永乐十一年（公元1413年）为朱元璋撰述的歌功颂德碑及碑亭。神功圣德碑亭建于明永乐十一年（公元1413年），建筑平面为正方形，故俗称“四方城”，内置明成祖朱棣为其父朱元璋所立的“大明孝陵神功圣德碑”，楼顶已毁。原碑亭为砖石砌筑，平面呈正方形，亭子的结构顶部已荡然无存，现仅存四壁，每壁各有一个宽5米的拱形门洞，外观如一个城堡，故俗称“四方城”。

神道石刻：四方城向西北行约100米过御河便进入神道。明孝陵神道的最大特点在于建筑与地形地势完美结合。其不同于历代帝陵神道成直线形，而是完全依地形山势建造为蜿蜒曲折的布局。而且在每一段落的节点处安放石像生来控制空间，形成一派肃穆气氛。石像下铺垫有完整的六朝砖，使其600年来没有下沉。神道由东向西北延伸，两旁依次排列着狮子、獬豸、骆驼、象、麒麟、马6种石兽，每种2对，共12对24件，每种两跪两立，夹道迎侍。这些石兽体现了皇家陵寝的礼仪要求，各有寓意：狮为百兽之王，显示帝王的威严，它既是皇权的象征，又起到镇魔辟邪的作用；獬豸是一种神兽，独角、狮身、青毛，秉性忠直，明辨是非，它能用角抵触有罪的人；

骆驼是沙漠与热带的象征，它表示大明疆域辽阔，皇帝威镇四方；大象是兽中巨物，它四腿粗壮有力，坚如磐石，表示国家江山的稳固；麒麟是传说中的“四灵”即麟、龟、龙、凤之首，它是披鳞甲、不履生草、不食生物的仁兽，雄的叫麒，雌的叫麟，象征“仁义之君”和吉祥、光明；马，在古代是帝王南征北战、统一江山的重要坐骑。明孝陵神道的6种石兽中，以象为最大，重达80吨，当时为了将这些石兽运抵明孝陵，冬季时，在路面上洒水结成冰，再用粗大的竹、木作滚轴，一路上用人力推滚的办法来完成运输任务。这段神道现俗称为石像路，全长615米。石兽的尽头，神道折向正北，至棂星门，长250米。这段神道置石望柱和石人，2根望柱呈六棱柱形，高6.6米，其上雕刻云龙纹。通常望柱均置于神道的最前面，而明孝陵的望柱则置于神道中间，这也是朱元璋的独特之处。石望柱之后是东西相对而立的翁仲，有武将、文臣各2对，共8尊，高各为3.18米。

棂星门、御河桥：神道向北18米的尽头为棂星门，门已不存，仅存石柱础6个。从遗迹看，棂星门应是三开间的建筑。过棂星门折向东北275米，即到御河桥，也称金水桥。御河桥为石砌桥，原为5孔，现存3孔，桥基和河两边驳岸的石构件均是明代原物。通过御河桥向北，顺缓坡而上，便是陵寝的主体建筑。

第二部分：明孝陵寝主体建筑。自正门至崇丘，包括文武方门（即正门）、碑殿、享殿、大石桥、方城、明楼、宝顶等，筑有围墙。

文武方门：文武方门是孝陵的正门，原为5个门洞，3大2小，中间3个为拱形门洞，两边2个为长方形门洞。庑殿顶上盖黄色琉璃瓦。清朝同治年间改建为一个门洞，上嵌清石门额，阴刻楷书“明孝陵”3字。1999年重新进行修复，恢复了明代时大门的原貌。现为五门，黄瓦、朱门、红墙，正门上方悬挂长方形门额，竖书“文武方门”4个鎏金大字。正门东侧立有一块“特别告示”碑，此碑是清宣统元年（公元1909年）所立，警示保护孝陵的注意事项。

碑殿：碑殿原为孝陵享殿前的中门，即孝陵门，原为5个门洞，后被毁。现在的碑殿是清朝时改建的，是一歇山顶，三开间，红墙小瓦建筑，南北正中各开一门，亭内立有5块碑刻。根据《中山陵史话》等书籍记载，这里曾有明孝陵的一道中门，但毁于战火，清代在中门的基础上改建碑殿，并竖立了五座高大的石碑。正中有一块大石碑，下有驮碑龟趺。其驮碑龟趺与众不同，脖子出奇地短。清朝康熙皇帝一生中六次南巡，五次拜谒明孝陵。石碑上书“治隆唐宋”四个鎏金大字，碑高 3.85 米，宽 1.42 米，厚度 0.38 米。“治隆唐宋”的意思是颂扬明太祖治国方略超过了唐太宗李世民和宋太祖赵匡胤。这是清康熙皇帝 1699 年第三次下江南谒陵时御题。当时，清朝刚统治中国，康熙执政初，汉人不服满人统治，在这样的历史背景下，康熙深知，光靠高压政策是不行的，还须依靠汉人。所以，康熙在 6 次南巡中，5 次拜谒明孝陵。此碑由曹雪芹的祖父、当时的“江宁织造”郎中曹寅刻立。在“治隆唐宋”碑左右还有清朝乾隆皇帝诗碑各一块，东西有卧碑两块，东边一块刻载康熙帝第一次谒陵纪事，西边一块刻记康熙帝第三次谒陵情形。

享殿：碑殿之后是孝陵的主要建筑孝陵殿，即享殿。原孝陵殿已毁，尚存 3 层须弥座台基，通高 3.03 米，台基上有大型柱础 56 个。台基四角有石雕螭首，大殿前后各有 3 道踏垛，尚存 6 块浮雕云龙山水大陛石。大殿基长 57.30 米、宽 26.6 米，可见当时该建筑之宏大。原殿中供奉朱元璋及马皇后神位。现存建筑是清朝同治年间两次重建的三小间享殿。现殿内是“明孝陵史料陈列室”。殿后 100 余米处是大石桥，又称升仙桥。过了大石桥就到了孝陵地面建筑的最后部分方城、明楼、宝顶。

方城、明楼、宝顶：方城是孝陵宝顶前面的一座巨大建筑，外部用大条石建成，东西长 75.26 米，南北宽 30.94 米、前高 16.25 米、后高 8.13 米，底部为须弥座。方城正中为一拱门，中通圆拱形隧道。由 54 级台阶而上出隧道，迎面便是宝顶南墙，用 13 层条石砌筑。正中横刻“此山明太祖之墓”，显然为后人所制。沿方城左右两侧步道即可登上明楼。明楼在方城之上，原为重檐黄瓦大屋顶建筑，屋顶早已毁，仅存四壁砖墙，东西长 39.45 米，南北宽 18.47 米，南面开 3 个拱门，其余三面各开 1 个拱门。方城明楼以北，为直径 400 米左右的崇丘即是宝顶，也称宝城，为朱元璋和马皇后的寝宫所在地。宝顶近似圆形，原名独龙阜玩珠峰，周围砌有砖墙。1998 年至 1999 年，南京市文物局等有关部门采用先进的精密磁测，证实朱元璋墓的地宫就在这下面，埋葬深厚，保存完好，从没有被盗过。

明孝陵改变了唐宋帝陵方上、陵台、方垣、上下宫制度和十字轴线的陵墓布局，首次按皇宫布局建立“前朝后寝”三进院落制，开创了陵寝建筑平面呈“前方后圆”的基本格局，并一直规范着此后明清两朝500多年20多座帝陵的建设规制。

朱元璋在明孝陵前建造了一座城门来看守自己的帝陵，称作“方城明楼”。遗憾的是，晚清太平天国一场战火烧毁了明楼屋顶，令这座明孝陵现存体量最大的建筑遗存徒剩四壁。雨水顺着失去屋顶庇护的残墙，不断往下侵蚀——经有关专家多次论证，国家文物局审批，历时一年多，明楼加顶保护工程终于完工。“明孝陵方城明楼保护修缮工程竣工典礼”2009年7月3日在明孝陵明楼前隆重举办。然而围绕着这个新建的“明楼”，古建筑保护专家提出了种种质疑，认为破坏了原建筑，已经拆除的墙体、钻孔的台基是不可逆的。

北京明十三陵

明十三陵是中国明朝皇帝的墓葬群，坐落在北京西北郊昌平区境内的燕山山麓的天寿山。这里自永乐七年（公元1409年）五月始作长陵，到明朝最后一帝崇祯葬入思陵止，其间230多年，先后修建了十三座皇帝陵墓、七座妃子墓、一座太监墓。共埋葬了十三位皇帝，二十三位皇后、二位太子、三十余名妃嫔、一位太监。

明十三陵坐落于天寿山麓。总面积120余平方公里。距离北京市区约50公里。十三陵地处东、西、北三面环山的小盆地之中，陵区周围群山环抱，中部为平原，陵前有小河曲折蜿蜒，山明水秀，景色宜人。十三座皇陵均依山而筑，分别建在东、西、北三面的山麓上，形成了体系完整、规模宏大、气势磅礴的陵寝建筑群。明代术士认为，这里是“风水”胜境，绝佳“吉壤”。因此被明朝选为营建皇陵的“万年寿域”。该陵园建于1409年至1645年，距今已有300多年至600多年历史。陵区占地面积达40平方公里，是中国乃至世界现存规模最大、帝后陵寝最多的一处皇陵建筑群。

明十三陵是明朝迁都北京后13位皇帝陵墓的皇家陵寝的总称，依次建有长陵（成祖）、献陵（仁宗）、景陵（宣宗）、裕陵（英宗）、茂陵（宪宗）、泰陵（孝宗）、康陵（武宗）、永陵（世宗）、昭陵（穆宗）、定陵（神宗）、庆陵（光宗）、德陵（熹宗）、思陵（思宗），故称十三陵。景区已开放景点有长陵、定陵、昭陵、神路。

明长陵位于天寿山主峰南麓，是明朝第三位皇帝成祖文皇帝朱棣（年号永乐）和皇后徐氏的合葬陵寝。在十三陵中建筑规模最大，营建时间最早，地面建筑也保存得最为完好。它是十三陵中的祖陵，也是陵区内最主要的旅游景点之一。

长陵的陵宫建筑，占地约12万平方米。其平面布局，呈前方后圆形状。其前面的方形部分，由前后相连的三进院落组成。第一进院落，前设陵门一座。其制为单檐歇山顶的宫门式建筑，面阔显五间，檐下额枋、飞子、檐椽及单昂三踩式斗拱均系琉璃构件；其下辟有三个红券门。陵门之前建有月台，左右建有随墙式角门（已拆除并封塞）。院内，明朝时建有神厨（居左）、神库（居右）各五间，神厨之前建有碑亭一座。神厨、神库均毁于清代中期，碑亭则保存至今。

第二进院落，前面设殿门一座，名为祾恩门。据《太常续考》等文献记载，天寿山诸陵陵殿名为“祾恩殿”，殿门名之为“祾恩门”，始于嘉靖十七年（公元1538年），是世宗朱厚熜亲易佳名。其中，“祾”字取“祭而受福”之意，“恩”字取“罔极之恩”意，长陵祾恩门，为单檐歇山顶形制，面阔五间（通阔31.44米），进深二间（通深14.37米），正脊顶部距地面高14.57米。檐下斗拱为单翘重昂七踩式，其平身科斗拱耍头的后尾作斜起的杆状，与宋清做法皆不相同。室内明间、次间各设板门一道，稍间封以墙体。其中明间板门之上安有华带式榜额，书“祾恩门”三金字。“稜”字系后世修葺时误写。门下承以汉白玉栏杆围绕的须弥座式台基。其栏杆形制，为龙凤雕饰的望柱，和宝瓶、三幅云式的栏板。台基四角及各栏杆望柱之下，各设有排水用的石雕螭首（龙头）。台基前后则各设有三出踏跺式台阶。其中路台阶间的御路石上雕刻的浅浮雕图案十分精美：下面是海水江牙云腾浪涌，海水中宝山矗立，两匹海马跃出水面凌波奔驰；上面是两条矫健的巨龙在云海中升降飞腾，追逐火珠，呈现出一派波澜壮阔的雄伟景象。

祾恩门两侧还各有掖门一座，均作随墙式琉璃花门，门上的斗拱、额枋，门顶的瓦饰、椽飞均为黄绿琉璃件组装，在红墙的映衬下格外分明。院内，北面正中位置建有高大巍峨的祾恩殿。这座大殿在明清两代，是用于供奉帝后神牌（牌位）和举行上陵祭祀活动的地方。

明定陵是明代第十三帝神宗朱翊钧（年号万历）的陵墓。这里还葬有他的两个皇后。该陵坐落在大峪山下，位于长陵西南方，建于万历十二年至万历十八年（1584 年～1590 年）。主要建筑有祾恩门、祾恩殿、宝城、明楼和地下宫殿等。占地 18.2 万平方米。它是十三陵中唯一一座被发掘了的陵墓。定陵地宫可供游人参观。

明定陵地面建筑的总布局呈前方后圆形，含有中国古代哲学观念“天圆地方”的象征意义。定陵早在万历帝生前就开始营建，万历十二年（公元 1584 年）开工，历时 6 年方完成，耗银八百万两。陵墓建成时皇帝只有 28 岁，直到公元 1620 年才正式启用，该陵墓整整闲置达 30 年之久。定陵成为十三陵中最大的三座陵园之一。它的地面建筑共占 18 万平方米，前有宽阔院落三进，后有高大宝城一座。陵正门前方是三卒汉白玉石桥。过了桥是高大的碑亭。亭周围有祠祭署、宰牲亭、定陵监等建筑物 300 多间。再往后就是陵园最外面的围墙——外罗城（围墙外的围墙）。

陵宫的总体布局亦呈前方后圆之形。其外围是一道将宝城、宝城前方院一包在内的“外罗城”。城内面积约 18 万平方米。清梁份《帝陵图说》对这道外城作过这样的描述：“铺地墙基，其石皆文石，滑泽如新，微尘不能染。左右长垣琢为山水、花卉、龙凤、麒麟、海马、龟蛇之壮（状），莫不宛然逼肖，真巧夺天工也。”又谓：“覆墙黄同瓦瓦，刻砖为斗拱，檐牙玲珑嵌空，光莹如玉石。甲申之变，寸寸毁之，而不能尽毁也。”外罗城仅前部正当中轴线位置设宫门一座，即陵寝第一道门。其制，黄瓦、朱扉、设券门三道。

外罗城内，偏后部位为宝城。宝城之前，在外罗城内设有三进方形的院落。

第一进院落，前设单檐歇山顶式陵门一座，制如外罗城门，为陵寝第二道门，又称重门。其左右各设有随墙式掖门一道。院落之内无建筑设施，院落之前（外罗城之内）左侧建有神厨三间，右侧建有神库三间。

第二进院落，前墙之间设祾恩门。其制面阔五间（通阔 26.47 米），进深二间（通深 11.46 米），下承一层须弥座式台基。台基之上龙凤望柱头式的石栏杆及大小螭首设置齐备。前后还各设有三出踏跺式台阶。

第三进院落，前墙间建有陵园最主要的殿宇——祾恩殿。其形制为重檐顶，面阔七间（通阔 50.6 米），进深五间（通深 28.1 米），下承须弥座式台基一层，围栏雕饰同祾恩门。台基前部出有月台。月台前设三出踏跺式台阶，左右各设一出。殿有后门，故台基的后面亦设踏跺式台阶一出。其中，后面一出踏跺及月台前中间一出踏跺设有御路石雕。刻龙凤戏珠（左升龙，右降凤）及海水江牙图案。祾恩殿左右各设随墙式掖门一座。院内沿中轴线设有两柱牌楼门（棂星门）一座、石几筵一套。牌楼门的两柱作出头式，白石雕成、截面为方形，顶部雕坐龙，前后戗以石抱鼓。石几筵，由石供案和石供器组成。石供案作须弥座式，石供器由香炉（一座）、烛台（二座）、花瓶（二座）组成。形制如长、永等陵。

由于宝城的隧道门设于宝城墙的右前方，帝后棺椁在享殿（祾恩殿）内举行“安神礼”后，必须途经外罗城内方能进入宝城的隧道门入葬玄宫，同时考虑到建筑设计的对称性，在第三进院落左右两墙又对称地设有随墙式掖门各一座。

此外，定陵外罗城之前，左侧还建有宰牲亭、祠祭署，右侧建有神宫监、神马房等附属建筑。定陵卫的营房则建于昌平城内。其中，定陵祠祭署的建筑布局是，中为公座（办公用的正厅），后为官舍，前为门。神宫监有重门厅室，房屋多至 300 余间。

新中国成立后，为进行历史科学研究，试掘了定陵。墓中有各种珍贵物品 3000 余件。

明昭陵位于大峪山东麓，是明朝第十二帝穆宗朱载垕（年号隆庆）及其三位皇后的合葬陵寝。昭陵是目前十三陵中第一座大规模复原修葺的陵园，也是陵区正式开放的旅游景点之一。

昭陵陵园建筑面积为 3.5 万平方米，现存有完整的祾恩门、祾恩殿及其东西配殿，和方城、明楼、宝顶等。穆宗，年号隆庆（1567 年 ~ 1572 年），在明朝 16 帝中是个平庸的皇帝，登基 6 个月便不愿过问政务，在位 6 年从未公开发表过自己的政治主张。穆宗虽不关心政务，但对大臣们的建议与做法也不反对，例如历史上著名的“隆庆议和”，就是在大臣们的支持下促成的。无字碑石龟负碑，竖立于祾恩门前的碑亭内，空白无字，可能因皇帝功过难评之故。游人至此喜摸石龟，民谚道：摸摸乌龟头，一生不发愁；摸摸乌龟腚，永远不生病。

明朝灭亡后，昭陵先后遭到两次破坏。公元1644年，战乱中明楼遭火焚；清康熙三十四年（公元1695年）三月五日，大雨滂沱，雷电交加，祾恩殿和两庑配殿又遭雷击起火，陵卒拼命扑救，只救下了两庑配殿，陵恩殿被彻底烧毁。随着岁月的推移，到了乾隆年间，两庑配殿和祾恩门又相继残坏。乾隆五十至五十二年（公元1785年~1787年），清政府为缓和民族矛盾，重新修葺明十三陵。昭陵也在修葺之中。从遗址分析，当时修葺的项目只有明楼、祾恩门、祾恩殿三项工程。这次重修，虽然使陵园制度稍趋完备，但却改变了原有建筑的规制。

明楼的斗拱，依明朝制度各陵均为上檐单翘重昂七踩斗拱，下檐重昂五踩斗拱。而修葺后的昭陵却变成了上下檐均为单翘单昂五踩斗拱。明楼内还增加了条石券顶。祾恩门、祾恩殿虽然重建时间数没有大的变动，但都缩小了尺度。祾恩殿，原制面阔五间（30.38米），进深四间（16.77米）；清代重建后，面阔间数没有改变，尺度却缩小为23.3米。进深改为三间，尺度缩小为11.92米。祾恩门，原为面阔三间（18.44米），进深二间（8.04米）；清代重建后面阔缩小为12.52米，进深缩小为6.77米。陵内的两庑配殿和陵前的神功圣德碑亭不仅没有重建，而且残垣断壁也被拆除。只在碑石周围旧亭基上修建了一周宇墙。此后，长达200年的时间里一直没有修缮。昔日壮丽的陵园建筑满目凄凉，只剩下残坏的明楼和陵墙了。

为了加强对文物的保护和利用，开辟新的旅游景点，丰富旅游内容，经有关部门批准，有关人员从1985年6月开始筹备昭陵的复原修缮工程，1987年4月正式动工。修缮的主要工程有：明楼木架结构和瓦饰的更换，祾恩殿、祾恩门、两庑配殿、神功圣德碑亭、宰牲亭、神厨、神库的复原修建等。1990年8月，完成了宰牲亭、神厨、神库以外的全部工程，9月1日，作为旅游景点正式对外开放。1992年，宰牲亭、神厨、神库也相继竣工。按

《昌平山水记》："十三陵各有宰牲亭，在祾恩门之左，西向，厅五间，厢各三间，亭一座，有血池。外有周垣黄瓦，惟长陵止一亭，无厅厢。"遗址清理的情况表明，昭陵宰牲亭、神厨、神库的规制与文献记载一致。其中，厅五间即神厨正房，厢即神库。《大明会典》记昭陵以前各陵神库"或二座，或以左"，昭陵则为两座。重修后的昭陵建筑宏伟，金碧辉煌，具有陵制完整的特点。祾恩殿内还举办有"明昭陵秋季复原陈列"，昭陵石桥与新复建的神功圣德碑亭再现了明代秋祭时殿内供品丰洁、乐器齐备的隆重场面。左右配殿分别有"明昭陵帝后史料陈列"和"明代皇族墓葬史料陈列"介绍埋葬在昭陵内的隆庆皇帝和孝懿、孝安、孝定三皇后的有关情况，以及明代亲王、妃嫔的墓葬规制。

明永陵位于阳翠岭南麓，是明朝第十一帝世宗肃皇帝朱厚熜（年号嘉靖）及陈氏、方氏、杜氏三位皇后的合葬陵寝。

永陵的营建在世宗皇帝登基后的第十五年。系其在位时营建的"寿宫"。但其卜选陵址却是在嘉靖七年（公元 1528 年）皇后陈氏去世之时。当时，世宗命辅臣张璁及兵部员外郎骆用卿等人为陈皇后选择陵地。同时，也秘密选好了自己的陵地。

骆用卿在嘉靖年间以通晓风水术闻名，他来到天寿山后，外观山形，内察地脉，为世宗选择了橡子岭和十八道岭两处吉壤。随后，世宗就带领从臣和钦天监官员到骆用卿为他选定的两处吉壤察看。看后，世宗觉得十八道岭风水最佳，决定在那里建陵。但他还不放心，又派人到江西一带找来著名风水师杨筠松、曾文迪、廖三传的后人再次察看。最后十八道岭被确定为建陵地点。世宗嫌十八道岭山名不雅，下诏更名为"阳翠岭"。嘉靖十五年（公元 1536 年）四月二十二日申时，浩大的陵工开始了。世宗皇帝亲自主持了祭告长陵的典仪，武定侯郭勋、辅臣李时奉命总理山陵营建事宜。在这一天动工的还有其他七陵的修缮工程、长陵神道甃石以及石像生加护石台等工程。

在营建过程中，世宗打算按照长陵的规制进行营建，却又不好把话说明，就虚情假意地对大臣们说："陵寝之制，量仿长陵之规，必重加抑杀，绒衣瓦棺，朕所常念之。"大臣们对世宗的话心领神会，送给世宗御览的陵寝设计图只比长陵规模略小，因此很快得到世宗同意。大约经过 7 ~ 11 年的经营，永陵营建大体告成。

建成后的永陵与前七陵相较，确有独特之处。首先，是规模宏大。在古代，陵园规模的大小，取决于陵园殿庑、明楼及宝城规则。按照《大明会典》的记载，永陵宝城直径为 81 丈，祾恩殿为重檐七间，左右配殿各九间，其规制仅次于长陵，而超过献、景、裕、茂、泰、康六陵制度。其祾恩门面阔五间则与长陵相等，其后仅定陵与之同制。另外，永陵的方院和宝城之外，还有一道前七陵都没有的外罗城，其制“壮大，甃石之缜密精工，长陵规画（划）之心思不及也”。外罗城之内，左列神厨，右列神库各五间，还仿照深宫永巷之制，建有东西长街。《帝陵图说》曾记载这座外罗城的由来：“永陵既成，壮丽已极，为七陵所未有。帝登阳翠岭顾工部曰：‘朕陵如是止乎？’部臣仓皇对曰：‘外尚有周垣未作’。于是周遭甃砌，垣石坚厚，壮大完固。虽孝陵所未尝有，其后定陵效之。”当然，这段文字系出自传闻。因为按《明世宗实录》卷一八七的记载，当时夏言等人拟定的永陵陵寝制度，是按照世宗的旨意，把皇妃从葬之式与陵园制度一体考虑的。更确切地说，世宗皇帝是想把自己的妃子们也葬在自己的陵园内（虽然不是一个玄宫内），于是，夏言等人设计了外罗城，以便将皇妃们埋葬于外罗城之内，其布葬的位置则拟在“宝山城之外，明楼之前”，亦即明楼前左右宫墙之外，左右相向，依次而祔。后来，世宗的皇妃们的墓室虽然没有按原议定的方案，修在外罗城内，但外罗城则按原定计划修建了。

永陵的砖石结构的明楼，造型新颖的圣号碑，别具一格的宝城城台设计，以及宝城墙花斑石垒砌的城垛，祾恩殿、祾恩门“龙凤戏珠”图案的御路石雕也都是以前各陵没有的，这些做法后来为定陵所效法。

由于永陵用料考究，规制宏阔，明隆庆《昌平州志》称其“重门严邃，殿宇宏深，楼城巍峨，松柏苍翠，宛若仙宫。其规制一准于长陵，而伟丽精巧实有过之”。永陵的建成，耗费了大量国库银两。据《明世宗实录》记载，当时参加营建永陵的三大营官军有 4 万人，再加上嘉靖十六年（公元 1537 年）正月陵区内新行宫和圣迹亭的兴工，以及皇宫内外工程，每月费银不下 30 万两。但当时工部库贮之银仅有百万两，修陵经费十分困难。为此，世宗只得采纳大臣们的意见，用广纳事例银的办法，以济陵工。

清乾隆五十至五十二年（公元1785年~1787年），朝廷修葺十三陵时，永陵也得到了修整。当时永陵的祾恩门和祾恩殿虽然“头停椽望尽属破坏，柁、檩、枋、垫亦有糟朽”，但其大木构架尚无大损。负责修陵的大臣金简（工部尚书）、曹文埴（户部侍郎）等人本应建议按原制修缮，可是，鉴于十三陵修缮范围较大，至乾隆年间楠木已经“采伐殆尽”，若“仍照旧式修整，则长陵、永陵两处购求大木更难办理”，经过商议，他们提出了这样一个拆大改小的建议：“拟将永陵享殿等处拆卸，一切柱木大件先尽长陵均匀配用。其永陵宫门、享殿，再将拆下两庑各座木料配搭，按照各陵规制建造享殿五间、宫门三间。”“如此转移筹办，不独长陵规模可仍其旧，轮奂维新，即永陵殿宇亦得与诸陵一律缮治整齐，观瞻并皆宏敞”。乾隆皇帝下令修缮十三陵，目的在于怀柔汉满两族关系，以维护大清王朝的统治，其政治目的是居于首位的。只要政治目的达到，陵园是否符合原制并不重要。而按照这一建议实施，则会压低修陵的经费。所以，金简等人的奏折呈到宫廷内，乾隆皇帝很快就准奏了。永陵的祾恩门、祾恩殿因此全部被缩小规制建造：祾恩殿由面阔七间（通阔50.65米）、进深五间（通深27.72米）。缩为面阔五间（通阔25.91米）、进深三间（通深14.4米），殿顶由重檐式改建为单檐歇山式；祾恩门，由面阔五间（通阔26.26米）、进深二间（通深11.26米），缩为面阔三间（通阔12.3米）、进深三间（通深8.7米），单檐歇山顶的形制未变。

民国年间，乾隆时期改建的祾恩殿、祾恩门相继塌毁。至今，台基上还完整地保留着改建后门、殿的柱础石。明代门、殿的柱础石保留不多，但可以看出其体量明显大于改建后的柱础石。其中，祾恩殿现存明代重檐金柱柱础石鼓镜部分直径达1.2米，比长陵的仅少2厘米。可以想象明朝时永陵祾恩殿的楠木柱也是十分粗壮的。

明献陵，位于天寿山西峰之下，是明朝第四帝仁宗昭皇帝朱高炽（年号洪熙）和皇后张氏的陵寝。

献陵的营建是在仁宗死后开始的。仁宗临终曾遗诏：“朕既临御日浅，恩泽未浃于民，不忍重劳，山陵制度务从俭约。”宣宗朱瞻基即位后，遵照仁宗遗诏营建献陵。他召尚书蹇义、夏元吉至皇宫，对他们说，国家以四海之富葬其亲，岂惜劳费？然古之圣帝明王皆从俭制。作为孝子也只是想使亲人体魄永久保存，并不想厚葬。秦、汉时期厚葬的弊病，足为明戒。何况皇考遗诏从俭建陵，天下共知，今建山陵，我认为应遵皇考先志，卿等以为如何？蹇义等回答说：圣见高远，发于孝诚，这是对千秋后世都有益处的事。于是，宣宗亲定陵园规制，并委派成山侯王通、工部尚书黄福总理修陵事宜。从洪熙元年七月兴工，到八月玄营落成，埋葬仁宗，仅用了三个月的时间。地面建筑也陆续营建。八月，工部奉命营建门楼、享殿、左右庑配殿和神厨。正统七年（公元1442年）十二月建造明楼，次年三月，陵寝建筑全部完工。参加陵园营建的有南京守备襄城伯李隆统领的万名军士，南京海船厂附近江北府卫旗军工匠11.8万人，以及河南、山东、山西、直隶、凤阳、大名等府州征调的民夫5万人。

建成后的献陵，陵寝制度确实比较俭朴。其神道从长陵神道北五空桥北分出，长约1公里。途中建有单空石桥一座。路面两侧并没有单独设置石像生、碑亭（现存碑亭为嘉靖年间增建）等建筑。陵宫建筑与长陵比较，同样非常俭朴。其朝向为南偏西，占地仅4.2万平方米左右。其陵殿、两庑配殿、神厨均各为5间，而且都是单檐建筑；门楼（祾恩门）则仅为3间；方城、明楼不仅不像长陵那样高大，而且城下券门改为更简单的直通前后的形式。照壁则因之不设于券洞内而设于方城之后，墓冢之前。上登明楼的礓石察量路则改为设于宝城之内的方城左右两侧。由于献陵陵制不追求奢华，所以前人在述及明陵时有“献陵最朴，景陵最小”之说，它为此后的明陵建筑树立了楷模。

明献陵还有一个特点，就是祾恩殿和方城明楼在院落上彼此不相连属。前面以祾恩殿为主，建有一进院落，殿前左右建两庑配殿和神帛炉。院的正门，是祾恩门，也即陵园的大门，门前出大月台，院后设单座门一道。后面以宝城、明楼为主，前出一进院落。院内建两柱棂星门、石供案。院门为三座单檐歇山顶的琉璃花门。二院之间，隔一座小土山（影壁山）。选择中隔小山这种布局与陵园的风水有关。

献陵宝城前的这座小山，名为玉案山，它从陵园左侧延伸而来，是献陵的龙砂。因其屈曲环抱陵前，所以，又是献陵的近案。风水中，“龙喜出身长远，砂喜左右回旋”，“龙虎环抱，近案当前”，当论内明堂格局。献陵玉案山以及龙砂、虎砂和来山范围内的小格局，正是风水术士们所鼓吹的完美的内明堂格局。所以，修建献陵时只在明堂范围之内修建了宝城、明楼和一进院落。而将举行祭祀仪式的祾恩殿修在了玉案山前。这样的经营设计，不仅解决了献陵明堂地域面积小，建不下宝城和前面两进院落的问题，维护了“龙砂不可损伤”的风水信条，而且使陵园山重水复、殿台参差，形成了人文景观与自然景观和谐统一的美，使几何形体陵园建筑在山、水、林木的映衬下，更加错落有致。

献陵的陵寝建筑，在清乾隆五十至五十二年（公元 1785 年 ~ 1787 年）间曾得到修缮。在该次修缮中。明楼，外形未改，但内部木构梁架改成为条石券顶结构。方城下的甬道被封死，右侧增筑了一道可由方院上登宝城的礓石察路。两旁配殿及神厨等附属建筑大多被拆。祾恩门则缩小了间量，且顶部由歇山式改成了硬山式。神功圣德碑亭被拆除了四壁，仅于台基之上，石碑的四周砌以齐胸高的宇墙。以后祾恩殿、祾恩门又相继在清末民初时被毁坏。日军侵华期间，为修炮楼取砖，第一进院落的围墙及祾恩门、祾恩殿的山墙又被拆毁。现在，除宝城、明楼及第二进院落陵墙经修缮保存较好外，其第一进院落的建筑已全成遗址。

明庆陵，位于北京昌平天寿山陵内黄山寺二岭南麓，是明朝第十四帝光宗贞皇帝朱常洛（年号泰昌）和皇后郭氏、王氏、刘氏的合葬陵寝。

庆陵的地下玄宫自天启元年（公元 1621 年）三月定穴营建，七月二十九日合龙门，历时四个月，耗帑银 150 万两。且工程质量精细，除玄宫全部用石料外，其“后、中、前殿”，有“重门相隔”。天启六年（公元 1626 年）地面建筑完工。其陵园建筑由神道、陵宫及陵宫外附属建筑三部分组成。神道上建单空石桥一座。近陵处建神功圣德碑亭，亭内竖碑，螭首龟趺，无字。

陵宫建筑总体布局呈前方后圆形状，占地约 2.76 万平方米。前面有两进方院，彼此不相连接，在二进院落之间有神道相连，并于第一进院落后建单空石桥三座。第一进院落，以祾恩门为陵门，单檐歇山顶，面阔三间。院内建祾恩殿及左右配殿，各五间。神帛炉两座。第二进院落，前设三座门，内建两柱牌楼门及石供案，案上摆放石质香炉一，驻泰、花瓶各二，方院之后为圆形宝城，在宝城入口处建有方形城台，城台之上建重檐歇山式明楼。楼内竖圣号碑，上刻“大明”“光宗贞皇帝之陵”。明楼后宝城内满填黄土，中央夯筑上小下大的圆柱形体为宝顶，底部直径约 28 米。冢前拦土墙与宝城墙等高，并与宝城城台及两侧墙体围成一个平面近于“月牙”形状的院落——哑巴院，院内有随墙式琉璃照壁。零工外还有一些附属建筑，如宰牲亭、神厨、神库、祠祭署、神宫监、朝房、果园、榛厂、神马房等。

庆陵的排水系统独具特色。对于宝城两侧山壑间的流水，其他各陵都是用明沟排水的方式从陵前绕道排出，而庆陵则是在明楼前修建了一个平面为“T”形的地下排水涵洞。宝城两侧的水流从左右宫墙下的地下涵洞流入，在明楼前的地下汇合后向前排出，从地下躲过环抱于前的龙砂，然后注入砂前的排水明沟，经祾恩殿后的三座石桥，从前院的右侧绕过陵前注入河槽。

据清乾隆年间工部尚书金简、户部侍郎曹文植、礼部尚书德宝上疏：庆陵的明楼、享殿、宫门，“头停瓦片、檩、枋脱落，椽望柱木倾欹”。于是在乾隆五十至五十二年（公元 1785 年 ~ 1787 年）间，清廷下令修葺。修葺时，将陵前神功圣德碑亭拆去墙垣，只留石碑，并于碑外四隅补修齐胸高的宇墙。祾恩殿、祾恩门均缩小规制复建。拆除了左、右配殿。封塞了宝城的方城券洞，并在城台右掖增构了礓石蔡路直达城台之上。明楼由木质梁架结构改为石券顶结构。

因年久失修，现陵园建筑残毁严重。陵墙墙体顶部瓦件损坏较多。祾恩门、祾恩殿台基石构件损坏残坏，走闪严重。三座门过木糟朽，瓦件脱落。石桥栏板坠落，宝城墙垛墙、宇墙大多损毁。明漏斗拱瓦顶几乎全部残坏。另内河宝城两侧排水不畅。根据“保护为主、抢救第一”的文物工作方针，十三陵特区办事处在国家文物局、北京市文物局及有关部门和文物古建专家的大力支持下，对庆陵进行抢险修缮。

明茂陵，位于裕陵右侧的聚宝山下，是明朝第八帝宪宗纯皇帝朱见深（年号成化）和王氏、纪氏、邵氏三位皇后的合葬陵寝。

茂陵的陵名定于成化二十三年（公元 1487 年）九月十五日，同日，嗣皇帝孝宗朱祐樘下旨建陵。陵址由礼部右侍郎倪岳及钦天监监正李华等人卜定。内官监太监黄顺、御马监太监李良、太傅兼太子太师保国公朱永、工部左侍郎陈政奉命提督军士工匠营造。九月十九日，山陵启土动工，所役京营军将达4万之众。十二月十七日，葬宪宗及孝穆太后。弘治元年（公元1488年）四月二十四日，茂陵陵寝工程竣工，共用了七个多月的时间。陵寝制度大体如裕陵，但宝城内琉璃照壁后面设有左右两个方向的踏跺，可上登宝山，又与其他各陵均不相同。

陵园建成后的第三天，天寿山突然降大雨，雷电风雹铺天盖地而来，各陵楼、殿、厨、亭及各监厅屋兽吻、瓦饰击碎很多。于是，大臣们交章上奏，请新登极的孝宗皇帝亲贤勤政，修德爱民，以回天意。显然，大臣们是用“天人感应”的唯心主义思想，解释灾异的由来，警示新登极的孝宗皇帝，在今后的执政期间，不要抑贤用邪，不要听信谗言，否则，上天还会降下灾异，以示惩罚。

茂陵的建筑在清初时保存尚好，而且祾恩殿内的陈设也保存较多。顾炎武《昌平山水记》记载顺治、康熙年间茂陵的情况是：“十三陵惟茂陵独完，他陵或仅存御榻，茂陵则簨虡之属犹有存者。”

清乾隆五十至五十二年（公元1785年~1787年）茂陵曾得到修缮，其修缮情况，除祾恩门连同台基一同缩建外，均同裕陵。至清朝末年，祾恩门因年久失修已经倒塌，民国年间祾恩殿本已残坏，又被拆毁。其现状情况同裕陵。

明康陵，位于金岭（又名莲花山或八宝莲花山）东麓，是明朝第十帝武宗毅皇帝朱厚照（年号正德）和皇后夏氏的合葬陵寝。建陵用时1年，总体布局沿袭前制，呈前方后圆形状。该陵建于正德十六年（公元1521年），占地2.7万平方米。明末，康陵曾遭到烧毁，在清朝乾隆年间，曾被整修。

明景陵，位于天寿山东峰（又名黑山）之下，是明朝第五帝宣宗章皇帝朱瞻基（年号宣德）与皇后孙氏的合葬陵寝。

景陵的营建始自宣宗去世之后。英宗朱祁镇即位后随即派人赴天寿山陵区卜地。宣德十年（公元1435年）正月十一日，陵寝营建正式动工。太监沐敬、丰城侯李贤、工部尚书吴中、侍郎蔡信等奉命督工。成国公朱勇、新建伯李玉、都督沈清及内府各衙门、锦衣卫等共发军民工匠 10 万人兴役。六月二十一日，葬宣宗。天顺七年（公元 1463 年）三月十九日，陵寝工毕。其间断断续续共历 28 年的时间。陵园制度，一遵献陵俭制。其神道从长陵神道北五空桥南向东分出，长约 1.5 公里，途中建单空石桥一座。陵宫朝向为南偏西 55°，占地约 2.5 万平方米。宝城因地势修成前方后圆的修长形状。前面的二进方院和后面的宝城连成一体。中轴线上依次修建祾恩门、祾恩殿、三座门、棂星门、石供案、方城、明楼等建筑。

嘉靖十五年（公元 1536 年）四月二十七日，明世宗朱厚熜亲阅长、献、景三陵，见景陵规制狭小，对从臣郭勋等说：景陵规制独小，又多损坏，其于我宣宗皇帝功德之大，殊为勿称。当重建宫殿，增崇基构，以隆追报。根据《帝陵图说》记载，增崇基构后的景陵祾恩殿，“殿中柱交龙，栋梁雕刻，藻井花鬘，金碧丹漆”，殿中有暖阁三间，黼座（帝座）地屏直到康熙年间犹有存者。此外，嘉靖年间还在陵前增建了神功圣德碑亭。

景陵内的祾恩殿台基，仍是嘉靖年间改建后的遗物。从遗存的明代殿宇檐柱柱础石分布可以看出，该殿原制面阁五间（31.34 米），进深三间（16.9 米），后有抱厦一间（面阔 8.1 米，进深 4.03 米），前面的御路石雕二龙戏珠图案，比献陵一色云纹，显得更为精致壮观。

清乾隆五十至五十二年（公元 1785 年～1787 年），清廷曾对明陵进行一次较大规模的修缮。为省工省料，景陵的祾恩门、祾恩殿均被缩小间量重建，两庑配殿及神功圣德碑亭因残坏而拆除。目前，祾恩门、祾恩殿的台基上还有清代改建后遗留的柱础石。神功圣德碑亭仅存石碑及台基。

明泰陵，位于笔架山东南麓，这里又称“施家台”，或“史家山”，是明朝第九帝孝宗敬皇帝朱祐樘（年号弘治）及皇后张氏的合葬陵寝。

泰陵陵事的筹划是在明孝宗去世之后。《明武宗实录》记载，武宗即位后，即着手筹办孝宗丧事。礼部左侍郎李杰、钦天监监副倪谦和司礼监太监戴义对武宗说：“茂陵西面有个叫施家台的地方，是个建陵的吉地，大行皇帝的陵寝可以在那营建。”工科右给事中许天锡也向武宗建议，派廷臣中精通风水术的人，前去复视一次。他还提议：“如有疑，亟移文江西等处。广求术士，博访名山，务得主势之强，风气之聚，水土之深、穴法之正、力量之全，如宋儒朱熹所云者，庶可安奉神灵，为国家祈天永命之助。”礼部亦赞成这个提议。于是，武宗命太监扶安、李兴、覃观及礼部右侍郎王华等人前往施家台看视，最后确定在那里营建孝宗陵寝。

弘治十八年六月五日，陵园正式兴工，并定陵名为泰陵。太监李兴、新宁伯谭佑、工部左侍郎李鐩提督工程，五军都督府及三大营官军上万人供役，历时四月，玄宫落成，该年十月十九日午刻孝宗被葬入陵内。正德元年（公元1506年）三月二十二日，陵园的地面建筑也全部告成。整个陵寝建筑按《明武宗实录》记载包括：“金井宝山城、明楼、琉璃照壁各一所，圣号石碑一通，罗城周围为丈一百四十有二，一字门三座，香殿一座为室五，左右厢、纸炉各两座，宫门一座为室三，神厨、奉祀房、火房各一所，桥五座，神宫监、神马房、果园各一所”。

泰陵营建虽然只有10来个月的时间，但却不是一帆风顺。祝允明《九朝野记》和孙绪《无用闲谈》曾记载，泰陵营建中在开挖玄宫金井时，曾有泉水涌出，“水孔如巨杯，仰喷不止”。吏部主事杨子器亲眼看到，如实上奏朝廷。在古代的风水观念中，金井出水，被视为不祥。这样一来，泰陵非改址不可。当时的督工太监李兴，为武宗所宠信，不可一世。他见有人对他主管的修陵事提出了意见，十分气恼。工部左侍郎李鐩，希望陵寝尽快工成，也认为杨子器多言。他们偷偷命人堵住泉眼，上疏说杨子器“诽谤狂妄”，武宗不问青红皂白，下令将杨子器关进大狱。其他知情官员见状再也不敢提这件事，更不敢为杨子器分辩求情。恰巧，这时有个被新起用的知县，莆田人邱泰，他来到京城，见京城对这件事议论纷纷，就上疏说：“子器比奏甚有益，盖泰陵有水，通国皆云。使此时不言，万一梓宫葬后有言者，欲开则泄气，不开则抱恨终天。今视水有无，此疑可释。”武宗觉得有理，命司礼监太监萧敬押解杨子器前往泰陵，一同察看验证。杨子器料到李兴、李鐩会堵住泉眼，自己此去凶多吉少，临行时他赋诗一首：“禁鼓元声晓色迟，午门西畔立多时。楚人抱璞云何泣，杞国忧天竟是痴。群议已公须首实，众言不发但心知。殷勤为问山陵使，谁与朝廷决大疑。”他自比战国时代向楚王进献美玉的卞和，认为自己做了杞人忧天的傻事儿。现在，不知朝中谁能为自己雪清这不白之冤。萧敬押着杨子器到了泰陵，李兴果然带人赶到。萧敬对他们说："水之有无，视之立见，何必如此?""士大夫可杀，不可辱也。"回到朝廷，萧敬禀报了泰陵金井无水的情况。太皇太后王氏（宪宗皇后）在宫内听说这件事，传旨说：无水则已，何必罪人！杨子器才官复原职，避免了一场杀身大祸。

其实，泰陵金井即使没有出水，但从"风水"的角度看，该陵所处位置的确存在不少不合于"吉壤"条件的地方。如梁份在《帝陵图说》中就曾这样评论泰陵的风水："山巅巨石，土山戴之。而灵域之脉实生其下，盖天寿山外之山。淆然杂乱，地气不正，穴结无情，非可为弓剑之所也。况乎黑岭南障，一无所见于前。贤庄，灰岭之水出其左，锥石之水出发其右，二水虽合，环绕南流，流而散也。……则皇堂之地不可言，概可知矣！"谈迁在《国榷》中也说："泰陵临溪水，直流若干里，制又卑隘，识者知其地之不吉矣。"

泰陵在清康熙时，有的建筑即已残坏。《帝陵图说》记泰陵祾恩门情况，"今左右两门坏，垒石以塞门"。此后，清乾隆五十至五十二年（公元1785年~1787年）陵园建筑曾经修葺，修葺情况除三座门由琉璃花门改建成砖砌冰盘檐式门楼外，余同茂陵。

明德陵位于潭峪岭西麓，是明朝第十五帝熹宗哲皇帝朱由校（年号天启）和皇后张氏的合葬陵寝。

熹宗朱由校，光宗长子，万历三十三年（公元1605年）十一月十四日生。泰昌元年（公元1620年）九月六日即皇帝位，次年改元天启。天启七年（公元1627年）八月二十二日去世，享年23岁。崇祯元年（公元1628年）三月八日葬德陵。文献记载：熹宗"性至巧，多艺能，尤喜营造"。他曾操斧斤锯凿，自制小楼阁，"雕镂精绝，即巧工亦莫能及"。干得高兴时，甚至解衣裸体，随地盘坐。他"不爱成器，不惜天物"，随意拆改，以供片时之乐。

皇后张氏，熹宗元配。河南祥符人，太康伯张国纪之女。天启元年（公元1621年）四月被册立为皇后。崇祯十七年（公元1644年）李自成农民军入城时自缢。南明弘光朝为她上尊谥"孝哀皇后"。顺治元年（公元1644年），清王朝将她葬入德陵。

裕陵位于天寿山西峰石门山南麓，是明朝第六位皇帝英宗朱祁镇和皇后钱氏、周氏的合葬陵寝。明英宗朱祁镇，宣宗长子。宣德二年（公元1427年）十一月十一日生，三年（公元1428年）二月六日立为皇太子，十年（公元1435年）正月十日即皇帝位，次年改元正统。

天顺八年（公元1464年）正月十七日，英宗去世，谥“法天立道仁明诚敬昭文宪武至德广孝睿皇帝”。临终遗诏止殉，结束了宫人殉葬的残酷制度。五月，陵寝玄宫建成，八月，英宗葬裕陵。

孝庄皇后钱氏，英宗元配，海州人，都指挥佥事（后封安昌伯）钱贵女。正统七年（公元1442年）立为皇后。十四年（公元1449年），英宗被瓦剌部所俘，为迎英宗回朝，她把自己宫中的全部资财输出，祈求神灵保佑英宗。她终日哭泣，又哭瞎了一只眼睛。

宪宗即位，尊为皇太后，加“慈懿”徽号。成化四年（公元1468年）六月二十六日，钱氏病故。谥“孝庄献穆弘惠显仁恭天钦圣睿皇后”。九月四日葬裕陵。

孝肃后周氏，宪宗生母，昌平州文宁里柳林村（今属北京市海淀区）人，锦衣卫千户追封庆云侯赠宁国公周能的女儿。正统十二年（公元1447年）生宪宗皇帝，天顺元年（公元1457年）册封为贵妃。宪宗即位，尊为皇太后。成化二十三年（公元1487年）加尊号“圣慈仁寿”。孝宗即位后，尊为太皇太后。弘治十七年（公元1504年）三月一日去世，谥“孝肃贞顺康懿光烈辅天承圣太皇太后”。四月十八日葬裕陵。

明思陵，位于陵区西南隅的鹿马山（又名锦屏山或锦壁山）南麓，是明朝最后一帝朱由检（年号崇祯）及皇后周氏、皇贵妃田氏的合葬陵墓。

清朝入主中原后，为收买人心，笼络汉族地主阶级为清廷效力，始将这座葬有崇祯帝后的妃子坟命名为“思陵”，并改葬崇祯帝后，营建了地上园寝建筑。按《清世祖实录》记载，清廷下令以礼改葬崇祯帝后，并营建思陵建筑，时在顺治元年（公元1644年）五月。

由于种种原因，思陵的改葬开隧和营建却是举步维艰。首先是工程组织不能迅速落实。该工程本应由工部及内官监负责，但工部却因缺员而不能分任。内官监虽已责成总理冉维肇，管理高推、王应聘三员内官专司督理，但大概是由于“故君之事，既无赏可冀，又无罚可畏”，所以，虽经原任明朝司礼监掌印太监曹化淳屡次劝勉，三人却总是置若罔闻，三秋已过，冬至将临，开工仍杳无日期。为此曹化淳不得不在顺治元年（公元1644年）十一月上奏说：“礼，为旧君有服，不知诸臣何以置念？且时虽寒冱，地气尚暖，及今犹可开挖隧道，先妥梓宫，其立碑建亭，姑俟来春举行，倘再悠忽，是迟一日之工作，即虚一日之旷典，如作速报竣之明纶何？伏乞天语严饬该监刻期赴陵，先开隧道，来春亟建亭碑，万勿藉词缓诿沉阁（搁）……庶恩旨信而大义昭垂，芳万世而无斁矣。”顺治皇帝览奏朱批：“思陵作速经营，已奉有旨，该监何得玩泄？冉维肇等姑且不究，著即刻期赴工，先开隧道，其余俟来春报竣。如再延诿，定行重治。”其次是工程所需银两不能及时到位。在顺治帝的严旨切责下，负责思陵营建的冉维肇等人只得尽快趋赴工所，并于十一月二十九日兴工开挖隧道，思陵采石等工也正式开始。当时，本应同时并举的工程计有三项：一是思陵营建，二是葬张皇后于德陵，三是葬万历妃刘氏于银钱山。三项工程估价为3000两白银。银两的来源，原奉旨赐陵地租银1500两，文武百官及内臣捐助1500两。但事实上，直到该年十二月，陵租虽已征收，但工程所需银两却不知从何处领。文武大臣捐助之银却差一半有余。所以，工程开始时，工部所掌握的银两只有1000两，而开工时督送至工所的银两又只有110两。为此，曹化淳以及原任秉笔太监车应魁、王德化，随堂太监王之俊、卢维宁等人只得于该年十二月移文内院，催办银两解送事宜。在曹化淳等人的催促下，顺治二年（公元1645年）九月，思陵改葬等工终于完成。十日，工部尚书兴能上奏，请示以余剩银两，建造香殿。十二日，顺治皇帝批示：知道了，余银修造事宜，工部看议具奏。十月二十七日，平西王吴三桂又捐银千两，助建思陵，思陵的工程才暂告一段落。顺治十一年（公元1654年）八月，清代著名学者谈迁曾赴思陵拜谒，他在《北游录》一书中记述了当时思陵的建筑规制：“周垣之南垣博六十步。中门丈有二尺，左右各户而钥其右。……垣以内左右庑三楹，崇不三丈。几案供奉明怀宗端皇帝神位（此处当指享殿内）。循壁而北，又垣。其门、左右庑如前。中为碑亭，云‘怀宗端皇帝陵’，篆首‘大明’。……进此垣，除地五丈则石坎，浅五寸、方数尺，焚帛处。坎北炉瓶五事，并琢以石。稍进五尺，横石几，盘果五之，俱石也。蜕龙之藏，涌土曰三四尺，茅塞榛荒，酸枣数本。”同书《纪文·思陵记》又谓，思陵享殿为“三楹”（三间），“奉先帝木主”；碑亭（文中称“内殿”）有额，有金书“思陵”二字。亭内石碑“大明”亦为金字。碑刻“怀宗端皇帝陵”。

顺治十六年（公元1659年），思陵的建筑又稍有变化。该年三月，陵前增碑亭一座。十一月，去崇祯帝“怀宗”庙号，并改谥“庄烈愍皇帝”。陵内石碑、神牌字迹随之而改。十二月，顺治皇帝下《谕修明崇祯帝陵诏》，其具体修建项目不详于文。但从康熙年间谭吉璁《肃松录》所记思陵制度看，思陵虽经顺治十六年（公元1659年）的修建，但并无大的变化。该书所记思陵的建筑情况是：“碑亭南北四丈八尺，修三丈。享殿，距门十三步，阶三，无台，殿三楹，广七丈二尺，修四丈二尺，内香案一，青琉璃五，器全设。一神牌，高二尺五寸，石青地，雕龙边，以金泥之，题曰‘大明钦天守道敏毅敦俭宏文襄武体仁致孝庄烈愍皇帝’。中楹为暖阁，长槅六扇，中供木主三，中则庄烈愍皇帝，左则周后，右则田妃，外俱用椟冒之。周后神主题曰‘大明孝敬贞烈慈惠庄敏承天配圣端皇后’，田妃神主仅存‘恭懿’二字，余被人磨去矣。配殿三楹，俱黑瓦。殿前大杏树一株。陵寝门三，距殿址四步，穴墙为门，中广二丈四尺，修一丈二尺，傍则户矣。明楼距门十一步，不起楼，阶四，中开一门，左右夹窗二。碑石广一丈六尺，修六尺，雕龙，方座，高丈许，题曰‘庄烈愍皇帝之陵’。石几距楼十步，长五尺，博二尺。几前石器五，俱高八尺，方式雕龙。中一方鼎，与诸陵异，皆列于地。宝城距几甚近，无城，周围用墙，高六尺。中以石灰起冢，高四尺，缭以短垣，左松八株，右松七株。”

清乾隆年间，思陵先后两次修缮，陵园建筑规制又发生了新的变化。乾隆十年（公元1745年）九月，刑部左侍郎钱陈群奉命祭祀思陵，发现思陵因长期失修，风雨剥落，殿庑倾圮严重，遂奏请修葺，并提出：遵世祖章皇帝奢靡不尚之谕旨办理。乾隆帝从其所请，下诏修缮思陵。直隶总督那苏图奉命督办该项工程。昌平州知州胡大化估报，修缮享殿三间，建造配殿六间，加上大门、二门、碑亭、甬路等工程共需工料银及烧造琉璃瓦银13900余两。后又经保定府同知永寿实地复核，认为“享殿三间虽久已倒塌，旧存木植砖块尚敷凑用，似应添补修葺，其余墙垣等项酌量粘补。其配殿六间久经倾圮，且地基窄狭，毋庸重修，以省靡费”。此议于乾隆十一年十一月经那苏图奏请乾隆皇帝同意后遂只将思陵享殿、垣墙修好，配殿废而未修。

乾隆五十年（公元 1785 年）三月，修葺十三陵，思陵是其中之一。因“顺治年间改建思陵，而一切明楼、享殿之制未大备”，特命“重为修葺，悉如别陵。并普立神牌木主供奉，以妥享祀”。修陵大臣工部尚书金简等人经实地勘察提出，思陵“仅有享殿三间、碑亭一座，规制颇觉狭小。伏思我世祖章皇帝定鼎之初即命以帝礼改葬，兹复仰奉谕旨，不惜帑金修葺诸明陵寝，似应就现在地势加筑月台，将旧碑亭移建月台之上，后墙略为加高，宝顶随墙添土，并将原建享殿三间改造五间，宫门一间改造三间。用彰恩施优渥”。于是，思陵的陵门改建成了硬山顶式的三间门楼，享殿建成了面阔五间（通阔 17. 3 米），进深三间（通深 8. 5 米）的单檐歇山顶式建筑。石雕五供之后也建起了无马道、单面墙式的宝城墙，重檐歇山顶式的明楼。

在陵园的管理上，思陵和其他明陵一样，在清代设置有司香内使（守陵太监）二名、陵夫八名，照役给予香火地亩。每年春秋二季，分由太常寺差官至陵致祭。清廷每年还委派工部堂官一员，赴陵检查陵园建筑，时加修葺。

思陵，虽然终清之世一直是崇祯皇帝的陵名，但在顺治、康熙年间，一些知识分子却不称其为思陵而称之为“攒宫”。如顾炎武在《昌平山水记》中就直称思陵为“攒宫”，并加以解释说：昔宋之南渡，会稽诸陵皆曰攒宫，实陵而名不以陵。《春秋》之法，“君杀，贼不讨不书葬”，实葬而名未葬。今之言陵者，名也。未葬者，实也。实未葬而名葬，臣子之义所不敢出也。《帝陵图说》的作者梁份亦云：“烈皇帝殡于田妃墓，国耻未雪，不谓之攒宫不可也！以陵称不可也！以思称尤不可也！”显然，他们是站在明王朝的立场上，认为明朝的国耻未雪、君父之仇未报，因此，崇祯帝虽葬于田妃墓中，但却不能称“葬”，思陵也不能称“陵”。他们拒不接受清朝为崇祯帝墓所定的陵名，反映了他们对清朝统治者的不满和对明朝的怀念。

清朝灭亡后，思陵屡逢劫难，残毁十分严重。地下墓室曾先后两次被当地土匪盗发。1947 年，国民党军队为修炮楼，又大规模地拆毁陵园地面建筑。思陵已是满目凄凉，只有坟冢、楼殿遗址、石雕五供、碑石作为珍贵文物保存下来。中华人民共和国成立后，国家十分重视文物保护工作，思陵得到应有保护。明思陵，虽然没有金碧辉煌的殿宇楼台，但古陵残碑，松涛阵阵，仍别有一番意境。特别是残存下来的石雕艺术品，构思奇妙，雕工精细。

明十三陵的陪葬墓共有 8 座，其中 7 座妃子（太子）墓，1 座太监墓。分别是：东井、西井，一说是明成祖十六妃殉葬墓，一说是明成祖昭献贵妃王氏和昭顺贤妃喻氏的陪葬墓，期待考古发掘的考证。万娘坟，即“万贵妃墓”，葬明宪宗皇贵妃万氏。悼陵，即“世宗三妃墓”，俗称大宫，葬明世宗的皇贵妃沈氏、文贵妃、卢靖妃。世宗贤妃墓，即“世宗六妃、二太子墓”或“四妃、二太子墓”。葬明世宗的郑贤妃、皇贵妃阎氏、皇贵妃王氏、周贵妃、杨荣妃、马贞妃、哀冲太子、庄敬太子。郑贵妃墓，葬明神宗万历皇帝的皇贵妃郑氏，神宗四妃墓：葬明神宗万历皇帝的皇贵妃李氏（即李敬妃）、李顺妃、刘昭妃、周端妃。王承恩墓：葬明思宗崇祯皇帝的心腹太监王承恩。

二、明代名人墓

李时珍墓

李时珍（1518 年～1593 年），字东璧，号濒湖，蕲州（治今蕲春）人，是我国杰出的医药学家。他一生著书十余种，尤重药物研究，重视临床实践，主张革新。为纠正古代记载本草中存在的“品种既烦，名称多杂”，“舛谬差讹，遗漏不可枚数”之弊，决心自己编修本草学。为此，经常上山采药，深入民间，“考古证今”，“穷究物理”，花了近 30 年时间，参考 800 余种书籍，先后易稿 3 次，写成一部集我国明代以前本草学大成的《本草纲目》。

李时珍陵园位于湖北省蕲春县蕲州镇东南 2 公里的雨湖之滨，占地面积 5 万平方米。墓地南依群山，北临湖水。墓椭圆形，封土高 2 米，纵径 6 米，横径 4.5 米。周围以青石条砌护。墓前有万历年间其子所立石碑 1 通，高 1.15 米，宽 0.6 米。上部及两侧以条石镶框。碑文楷书。西侧为其父、母合葬墓。1955年以来，人民政府多次拨款修葺。陵园大门建于1980年，是一座四柱三门冲天式青石牌坊。门内为莲池。墓前立纪念碑，通高5.5米，碑顶置李时珍半身塑像，高1.3米。碑身正面刻郭沫若1956年题词。纪念碑两侧各建琉璃瓦顶六角亭1座。陵园西侧李时珍纪念馆，由单檐歇山顶、左右长廊和陈列馆3部分组成。壁间嵌《本草图》石刻，选刊明版《本草纲目》所著录的药物标本图128幅。陈列馆内陈列李时珍生平事迹及所著《本草纲目》等著作的各种中外文版本。

史可法墓

史可法（1601年~1645年），明末政治家，军事统帅，字宪之，又字道邻，汉族，祥符人（今河南开封），祖籍顺天府大兴县（今北京），东汉溧阳侯史崇第四十九世裔孙，其师为左光斗。明南京兵部尚书东阁大学士，因抗清被俘，不屈而死，南明朝廷谥之忠靖。清高宗追谥忠正。其后人收其著作，编为《史忠正公集》。

史可法墓园在扬州，庭院中两棵粗壮的银杏树挺拔耸立。正面是飨堂。“飨堂”两字为著名画家陆少俨题写。外柱是清代著名诗人张尔荩撰写的对联：“数点梅花亡国泪，二分明月故臣心”。内柱对联是：“时局类残棋，杨柳城边悬落日；衣冠复古处，梅花冷艳伴孤忠”。

走进飨堂，堂上是一尊史可法朝服坐像，堂上匾额是“气壮山河”四个大字。两侧是郭沫若先生题写对联“骑鹤楼下难忘十日；梅花岭畔共仰千秋”。飨堂右侧墙上镶嵌一块扬州市政府撰写的《史公可法四百年诞辰祭文》碑；左侧墙上镶嵌一块史河法义子史德威《家祭文》碑，读来感人至深。墙边玻璃柜里陈列有300多年来出版的纪念和介绍史可法的书籍。

走出飨堂，后面是史可法墓园。粉墙黛瓦，三堂墓门，一对石狮，显得庄严肃穆。门楣上刻有“史忠正公墓”五个大字。旁边一块牌子上介绍：此史可法衣冠冢，史公殉难后，义子副将史德威寻遍扬州，未得史公遗骸。遂依公遗愿于顺治三年（公元1646年）清明节，葬史公衣冠于城外梅花岭下。墓碑上刻“明督师兵部尚书兼东阁大学士史公可法之墓”。据《明史·史可法传》记载：“可法死，觅其遗骸。天暑，众尸蒸变，不可辩（辨）识。逾年，家人举袍笏招魂，葬于扬州郭外之梅花岭。”

史可法去世后，为何是义子副将史德威写的“家祭文”呢？看了《明史·史可法传》才知道，史可法“四十余，无子，其妻欲置妾。太息曰：‘王事方殷，敢为儿女计乎！’”再看清代学者罗振常写的《史可法别传》：“时北兵势大，（扬州城）防守力单，外援又绝，公知城终不可保，决以身殉国。因副将史德威从征有年，忠可托大事，呼之令前，相持痛哭，誓死报国。欲以德威为嗣，德威伏地泣曰：‘相公为国杀身，义当从死，何敢偷生；且德威自有宗支，无父母命，安得为人后？’公曰：‘我为国亡，子为我家存，我以父母大事嘱子，子可勿辞。’时总兵刘肇基等同侍侧，交口泣劝。公且拜德威曰：‘为我祖宗父母计，我不负国，子忍负我？’德威始泣拜受命。”

史可法墓园旁边有一座月洞门，门上镶有“梅花岭”三字，走进洞门，里面是一座低矮的土山。据说是明万历二十年（公元1592年）开挖古运河时将淤泥堆成的山。岭上遍植梅花，每到早春季节，梅花凌寒独放，清香四溢。史可法原想以身殉国后，葬于南京明孝陵旁。后因明朝已亡，归葬明孝陵的愿望无法实现。史德威等便将其衣冠葬于扬州城外梅花岭。梅花岭上现建有一座“梅花岭仙馆”，门前有一联“万代青史可法，二分明月有情”。梅花岭下建有一座碑廊，廊上立有历代名人悼念史可法的碑刻诗文。

梅花岭旁边还有一座“史公祠”。门前柱联是“一代兴亡关气数；千秋庙貌傍江山”。堂上挂一轴史可法朝服画像，堂匾为“亮节孤忠”，画像两边对联是“公去社已屋，我来梅正花”。两侧设置扬州守城阵亡官兵的灵位，墙上张贴有阵亡将士名单。祠堂前壁放置两架木柜，柜内陈列史可法著作和历代名人题写的悼念诗文。

据说，史德威后人移居江苏宜兴乡间，世代受人尊敬。

三、清代帝陵

盛京三陵

盛京，就是今天的沈阳，满语称“谋克敦”，汉译为“兴盛之城”，它是中国最后一个封建王朝——清朝的肇兴之地，在这里修建有清朝开国之君及其父祖们的陵墓，即清永陵、清福陵、清昭陵，此即清代的盛京三陵，也称东北三陵，是开创清朝皇室基业的祖先陵墓。

清盛京三陵是明清帝王陵墓的重要组成部分，无论是古建筑的营建法式、完备的建筑规制，还是繁缛的祭祀典制、管理陵墓的职官体制等都与明清帝王陵墓一脉相承。同时，清盛京三陵还是中国东北少数民族帝王在兴起过程中一个特定历史时期的产物，因此，它又保留了大量该时期一个民族从思想理念到审美情趣以及建筑水平、风俗习惯等诸多的文化信息。清盛京三陵每座陵墓自成体系，虽规模较小但规制完备，礼制设施齐全，陵寝建筑规制将中国古代环境地理学中宗教、信仰、习俗同周围自然环境相结合，使其达到建筑选址、规划、设计的统一，并成为中国古代建筑形式、雕刻、绘画以及综合理念的历史依据和现代鉴赏者的实物资料。

清盛京三陵分布在中国的辽宁省境内，它们避过了朝代更迭、社会动乱等人为的破坏，地面建筑与地下宫殿保存完整。新中国成立后，它们陆续作为全国重点文物保护单位而受到妥善的保护，今天，也理应受到全人类的重视与保护。

明清时期是中国封建文化发展的鼎盛阶段，陵寝制度及与陵寝相关的祭祀典制等达到最为完备时期，这不仅表现在遗存下来的帝王陵墓地面建筑规模的宏伟壮观，建筑工艺的匠心独具，历史文化内涵的丰富，更表现在明清帝王陵墓作为一个文化载体的完整性和系统性。

福陵是清太祖努尔哈赤与皇后叶赫那拉·孟古的陵墓，是清朝命名的第一座皇陵。陵区占地近 54 万平方米，现存古建筑 32 座（组）。福陵始建于后金天聪三年（公元 1629 年），竣工于清顺治八年（公元 1651 年），经康熙、乾隆两帝增建，方具今日规模。陵墓面临浑河，背依天柱山，水绕山环，草深林密，景色清幽。晋谒此陵时，由正红门到碑楼，须登 108 级石阶；建筑物随坡势起伏而显得更加错落有致、高大雄伟。

昭陵是清太宗皇太极及其皇后的陵墓，在盛京三陵中规模最大，结构最完整。因坐落在沈阳市北端，故又称北陵。昭陵始建于清崇德八年（公元 1643 年），与福陵同年竣工，经康熙、嘉庆增建，陵区占地面积近 48 万平方米，现存古建筑 38 座（组）。昭陵建在平地上，四周护以缭墙，极似一座小城。主体建筑都建在中轴线上，由南至北依次为：神桥、牌楼、正红门、碑亭、隆恩门、隆恩殿、明楼、宝顶。方城中心的隆恩殿以雕刻精美的花岗岩台阶为底座，黄琉璃瓦顶，再加上画栋雕梁、金匾红墙，前有隆恩门，后有明楼，左右有配殿，四隅有角楼，犹如众星拱月一般，故显得异常雄伟。方城北端为宝城，宝城为月牙形，城内称宝顶，其下即地宫墓室。登上宝顶四望，绿树环合，景色清幽，宛若置身于城市山林中。

永陵在盛京三陵中规模最小，占地仅1.1万多平方米，但列三陵之首。永陵始建于公元1598年，是清皇族的祖陵，坐落于辽宁新宾满族自治县城西21公里处的永陵镇。陵内葬着努尔哈赤的六世祖猛哥帖木儿、曾祖福满、祖父觉昌安、父亲塔克世及伯父礼敦、叔父塔察篇古以及他们的福晋。陵宫由下马碑、前宫院、方城、宝城、省牲所、冰窑、果楼等部分组成。启运山如屏风矗立背后，苏子河如玉带飘过陵前，河对岸的烟囱山与启运山遥相呼应，使地处群山环绕中的永陵显得十分壮阔。清皇室把永陵视为“兆基帝业钦龙兴”之地，所以终年香火不断。康熙、乾隆、嘉庆、道光等皇帝曾先后九次亲来永陵祭祖，使永陵祭祖活动成为清代的国家典制。

清东陵

清东陵是清王朝帝王后妃陵墓群，也是中国现存规模最大、体系最完整的古帝陵建筑，共建有皇陵五座——顺治帝的孝陵、康熙帝的景陵、乾隆帝的裕陵、咸丰帝的定陵、同治帝的惠陵，以及东（慈安）、西（慈禧）太后等后陵4座、妃园5座、公主陵1座，计埋葬14个皇后和136个妃嫔。

清东陵的15座陵寝是按照“居中为尊”、“长幼有序”、“尊卑有别”的传统观念设计排列的。入关第一帝世祖顺治皇帝的孝陵位于南起金星山，北达昌瑞山主峰的中轴线上，其位置至尊无上，其余皇帝陵寝则按辈分的高低分别在孝陵的两侧呈扇形东西排列开来。孝陵之左为圣祖康熙皇帝的景陵，次左为穆宗同治皇帝的惠陵；孝陵之右为高宗乾隆皇帝的裕陵，次右为文宗咸丰皇帝的定陵，形成儿孙陪侍父祖的格局，突现了长者为尊的伦理观念。同时，皇后陵和妃园寝都建在本朝皇帝陵的旁边，表明了它们之间的主从、隶属关系。此外，凡皇后陵的神道都与本朝皇帝陵的神道相接，而各皇帝陵的神道又都与陵区中心轴线上的孝陵神道相接，从而形成了一个庞大的枝状系，其统绪嗣承关系十分明显，表达了瓜瓞绵绵、生生息息、国祚绵长、江山万代的愿望。

菩陀峪定东陵是慈禧皇太后的陵寝。其隆恩殿及东西配殿用料考究、做工精细、装修豪华。木构架全部采用名贵的黄花梨木。梁枋彩画不做地仗，不敷颜料，而在木件上直接沥粉贴金，其图案为等级最高的金龙和玺彩画。殿内墙上雕有寓意“万福万寿、福寿绵长”的砖雕图案，并全部筛扫红黄金。三殿的64根露明柱子上全部盘绕半立体的镀金铜龙。封护墙干摆到顶，拔檐砖上雕有“万福流云”图案。大殿周围的石栏杆，无论栏板、望柱还是抱鼓石上，全部浮雕各式龙凤呈祥、海水江崖图案。殿前丹陛石以高浮雕加透雕的技法，把丹凤凌空，蛟龙出水的神态刻画得惟妙惟肖，是一件难得的石雕艺术杰作。贴金的彩画、扫金的墙壁、镀金的盘龙、精雕细刻的石栏杆，把三殿装饰得金碧辉煌，精美绝伦。这种豪华装修不仅在明清两代皇陵中独一无二，就是在皇宫大内也难以见到。裕陵玉带桥在隆恩殿后、陵寝门前的玉带河上。单孔拱券，三桥并排。桥面两侧安装白石栏杆，龙凤柱头。该桥造型优美，雕刻精细，小巧玲珑。这种规制的石桥在清陵中仅此一例。

孝陵内葬世祖顺治皇帝爱新觉罗·福临（公元1638年~1661年）。他是清入主中原、统一全国后的第一帝，在位18年。与福临合葬的还有孝康皇后、孝献皇后。孝康皇后是康熙帝的生母。孝献皇后是顺治帝的宠妃，死后被追尊为皇后。

景陵内葬圣祖康熙皇帝和孝诚、孝昭、孝懿、孝恭四位皇后及敬敏皇贵妃。康熙皇帝爱新觉罗·玄烨（1654年~1722年）为入关后第二帝，在位61年。他在位期间，励精图治，勤政爱民，平定三藩叛乱，收复台湾，出兵击退盘踞在中国黑龙江流域雅克萨城的沙俄侵略军，遏制了沙俄对华的侵略野心。他曾多次平定边疆地区少数民族部分上层分子分裂祖国的叛乱。他注重农业，大力治理河患，努力发展文化教育事业，热心学习西方自然科学。在文治武功上都取得了重大成就，开创了中国封建社会最后一个盛世——康乾盛世，素有“康熙大帝”之美誉。他本人虚心好学，多才多艺，天文地理、诗词歌赋、书法算学都比较精通。孝诚皇后是玄烨的嫡皇后、被废黜的皇太子允礽的生母。孝恭皇后是世宗雍正皇帝的生母。

裕陵内葬高宗乾隆皇帝，孝贤、孝仪二皇后，慧贤、哲悯、淑嘉三位皇贵妃。乾隆皇帝爱新觉罗·弘历（公元1711年~1799年）是清朝中期的著名君主。他25岁登基，在父、祖文治武功的基础上，奋发有为，勤于政事。政治上，继续平定国内叛乱，抗击外来侵略，捍卫国家主权和领土完整，加强民族团结并大力整顿吏治，严惩贪官污吏。在经济上，减免赋税，兴修水利，屯田开荒。在文化上，提倡汉学，编纂大量图书。他统治期间，中国是一个疆域辽阔、国力强盛、经济发展、文化繁荣的统一的多民族国家，他把"康乾盛世"推向了顶峰。他在位60年，又当了三年太上皇帝，享年89岁，是中国封建社会寿命最长、掌实权时间也最长的皇帝。孝贤皇后是弘历的嫡皇后。孝仪皇后是嘉庆皇帝的生母。

定陵内葬文宗咸丰皇帝和孝德皇后。咸丰皇帝爱新觉罗·奕订（1831年~1861年），在位11年中，国家始终处于内忧外患之中。第二次鸦片战争中他逃到热河，死在避暑山庄。孝德皇后为奕订的嫡福晋，死后被追尊为皇后。

惠陵内葬穆宗同治皇帝和孝哲皇后。同治皇帝爱新觉罗·载淳（1856年~1874年）是慈禧的独生子，6岁即位，卒年19岁。他是清朝最短命的皇帝。

昭西陵内葬孝庄文皇后博尔济吉特·布木布泰（1613年~1687年）。她是清太宗爱新觉罗·皇太极的庄妃，是顺治帝的生母，康熙帝的祖母。曾协助皇太极处理国政，又先后辅佐了顺治、康熙两代幼主，为大清江山的开创作出了贡献，被史家誉为清初杰出的女政治家。

孝东陵内葬孝惠章皇后博尔济吉特氏（1641年~1717年），她是顺治皇帝的皇后，21岁时被尊为皇太后，77岁死，当了57年皇太后。她是清代当皇太后时间最长的一位。该陵内还陪葬了28位顺治帝的妃嫔。

普祥峪定东陵内葬孝贞显皇后钮祜禄氏（1837年~1881年）即慈安皇太后，俗称东太后。她是咸丰帝的皇后。咸丰帝死后，她曾与慈禧在同治、光绪年间垂帘听政达20年之久。

景陵皇贵妃园寝内葬康熙帝的悫惠皇贵妃和惇怡皇贵妃。

景陵妃园寝葬康熙帝的48位妃嫔和1位皇子。

裕陵妃园寝内葬乾隆帝的死后被贬的乌喇那拉皇后和35位妃嫔。

定陵妃园寝内葬咸丰帝的15位妃嫔。

惠陵妃园寝内葬同治皇帝的4位皇贵妃。

公主园寝内葬宣宗道光皇帝的2位公主和2位皇子。

清东陵各座陵寝的序列组织都严格地遵照“陵制与山水相称”的原则，既要“遵照典礼之规制”，又要“配合山川之胜势”。在这方面，世祖顺治皇帝的孝陵足可称为成功的范例。孝陵以金星山为朝山（陵寝正前方所对之山），以影壁山为案山（墓穴与朝山之间的小山），以昌瑞山为靠山（陵墓后靠之山），三山的连线即为孝陵建筑的轴线。由于金星山、昌瑞山之间的距离长逾8公里，为突出体现二山的关系而又能形成恢宏的气势，营造者特意设置了一条长约6公里的神路（专供棺椁、神牌通过的甬路），将自石牌坊（用石料构筑的牌楼，是陵区入口的标志物）至宝顶（地宫之上的封土）的几十座建筑贯穿在一起，并依山川形势分成了三个区段。一是石牌坊到影壁山间长约1.5公里的区段。在这个区段内，配置了宽大的石牌坊和高耸的神功圣德碑亭（内竖为皇帝歌功颂德的石碑的方亭，亦称大碑楼），与拔地而起的金星山及平圆的影壁山相呼应。二是影壁山至五孔桥间长约3.5公里的区段。在这个区段内，配置了石像生（设在神路两旁的石人、石兽雕塑群）、龙凤门（由三间石雕火焰牌楼和四段琉璃壁组成的门坊）、一孔桥、七孔桥和五孔桥等低平建筑，以同周围的平坦地势相协调。三是五孔桥至宝顶间长约1公里的区段。在这个区段内集中配置了神道碑亭（内竖镶刻帝后谥号石碑的方亭）、隆恩门（陵院的大门）、隆恩殿（举行大祭活动的主要殿堂）、方城（砖砌的方形城台）、明楼（建在方城之上的内竖墓碑、檐挂陵名匾额的方亭）、宝顶、宝城（围绕宝顶的城墙）等主要礼制性建筑。并且这些建筑由南至北依次升高，以与昌瑞山及两侧护砂（陵寝左右的山丘）相互配合。这些建筑的配置与组合，均以风水学中的形势理论为指导，其大小、高低、远近、疏密皆以“百尺为形，千尺为势”的尺度进行视觉控制。并将山川形胜纳于景框之中，作为建筑的对景、底景和衬景，实现了“驻远势以环形，聚巧形而展势”的目的，给人以“高而不险，低而不卑，疏而不旷，密而不逼”和“静中有动，动中有静”的良好的视觉印象和强烈的艺术感受。

在清东陵这座规模宏大的皇家陵园内有着大量的优秀建筑精品。这些精品不仅代表了当时最高建筑水准，而且反映了当时的最高艺术成就。

孝陵神路南起金星山下的石牌坊，北到昌瑞山下的宝城、室顶，沿朝山、案山、靠山的三山连线，将孝陵的数十座形制各异、多彩多姿的建筑相贯串，形成一条气势宏伟、序列层次丰富、极为壮观的陵区建筑中轴线。它虽然因势随形，多有曲折，但曲不离直，明确显现了南北山向的一贯，配合了山川形势，强化了主宾朝揖的天然秩序，产生了极富感染力的空间艺术效果。孝陵神路是清陵中最长的神路，也是最壮观、最富艺术性的神路。

孝陵石牌坊仿木结构形式，五间六柱十一楼，面阔 31.35 米，高 12.48 米，全部用巨大的青白石构筑而成。夹杆石的顶部圆雕麒麟、狮子，看面分别浮雕云龙、草龙、双狮戏球等图案。梁枋上雕刻旋子彩画。折柱、花板上浮雕祥云。斗拱、椽飞、瓦垅、吻兽、云墩、雀替均为石料雕制，做工细巧，刻技精湛，历经数百年毫无走闪之迹，像这样高大精美的石牌坊，在国内已不多见。

孝陵石像生共 18 对，其中文臣 3 对、武将 3 对、站卧马各 1 对、站坐麒麟各 1 对、站卧象各 1 对、站卧骆驼各 1 对、站坐狻猊各 1 对、站坐狮子各 1 对，另有望柱 1 对。所有石雕像均以整块石料雕成，不刻意追求形似，而注重神似，其风格粗犷、雄浑、朴拙、威武，气度非凡。这组石雕对称地排列在神道两侧，南北长 800 多米，构成威武雄壮的长长队列，使皇陵显得更加圣洁、庄严、肃穆。孝陵石像生是清代陵寝中规模最大、最具特色的一组。

七孔拱桥在清东陵只孝陵有一座。桥长 110 米，两侧安设石栏板 126 块，石望柱 128 根，抱鼓石 4 块。远观似长虹卧波，雄伟壮观。

裕陵圣德神功碑亭为重檐歇山式建筑，黄琉璃瓦覆顶，厚重的墩台四面各辟券门。亭内高 6.64 米的两通石碑分别竖立在两只巨大的石雕龙趺之上，东碑刻满文，西碑刻汉字。碑文由仁宗嘉庆皇帝撰写，文字由清代著名书法家、高宗乾隆帝第十一子成亲王永瑆亲书。此碑至今保存完整无损，字迹清晰。亭外广场四角各竖一根白色大理石雕刻的华表。每根华表由须弥座、柱身、云板、承露盘和蹲龙组成。柱身上雕刻着一条腾云驾雾的蛟龙，屈曲盘旋，奋力升腾，寓动于静，栩栩如生。八角须弥底座和栏杆上亦雕满了精美的行龙、升龙和正龙，一组华表上所雕的龙竟达98条之多。

裕陵是乾隆皇帝的陵寝，其地宫由九券四门构成，进深54米。从第一道石门开始，所有的平水墙、月光墙、券顶和门楼上都布满了佛教题材的雕刻，如四大天王、八大菩萨、五方佛、二十四佛、五欲供、狮子、八宝、法器及三万多字的藏文、梵文经咒。刀法娴熟精湛，线条流畅细腻，造像生动传神，布局严谨有序，被誉为“石雕艺术宝库”和“庄严肃穆的地下佛堂”，是研究佛学和雕刻艺术难得的实物资料。目前在中国已发掘开放的陵寝中像这样的地宫，只此一例。

清西陵

清西陵是清朝帝王两大陵寝之一，始建于雍正八年（公元1730年），历经18世纪中叶至19世纪初，余绪延至民国年间。雍正八年（公元1730年）选此为陵址。雍正的陵址本来是选在清东陵九凤朝阳山，但雍正认为“规模虽大而形局未全，穴中之土又带砂石，实不可用”，因而将原址废掉，命另选“万年吉地”。选陵址者奏称，易县永宁山下是“乾坤聚秀之区，阴阳汇合之所，龙穴砂水，无美不收。形势理气，诸吉咸备。”雍正皇帝览奏后十分高兴，也认为这里“山脉水法，条理详明，洵为上吉之壤”。自此，清各代皇帝便间隔分葬于遵化和易县东、西两大陵墓。西陵自雍正八年首建泰陵，至公元1915年光绪的崇陵建成，历经186年，共建有帝陵4座，后陵3座，王公、公主、妃嫔园寝7座，埋葬着雍正、嘉庆、道光、光绪4个皇帝，9个皇后，56个妃嫔及王公、公主等共80人。宣统皇帝溥仪于1967年去世，最初安葬在八宝山。于1995年迁葬到清西陵的华龙皇家陵园。清西陵建筑面积达5万多平方米，共有宫殿1000多间，石雕刻和石建筑100多座，构成了一个规模宏大、富丽堂皇的古建筑群。清西陵是全国重点文物保护单位，2000年11月，清西陵与清东陵一起，被第24届世界遗产委员会列为世界文化遗产。

雍正的泰陵，居于陵区的中心位置，是西陵中建筑最早、规模最大的一座。其余各陵分布在东西两侧。泰陵的神道，由三层巨砖铺成，两边苍松翠柏，上南往北分布着40多项大大小小的建筑。进入陵区，首先是一座联拱式五孔桥，桥北有三座高大的石牌坊，巍然矗立。牌坊的建筑庄重、美观，色彩调和。这三座石坊，都是五间、六柱、十一楼形式，用青花石筑成，上刻山、水、花、草、禽兽等图形，形态生动，被视为西陵建筑艺术中具有代表性的作品。泰陵是清西陵的首陵，埋葬着雍正及他的皇后孝敬、皇贵妃敦肃。雍正皇帝的泰陵，位于永宁山主峰之下，始建于雍正八年（公元 1730 年）。泰陵是西陵的主体建筑，规模大，体系完整。西陵以泰陵为中心，其余各陵分布在它的东西两侧，规制与清东陵基本相同。过一座联拱式的五孔桥，进入陵区，前有三座精美高大的石牌坊和一条宽十余米、长 5 华里的神道贯穿陵区全部。依次建造石牌坊、大红门、具服殿、圣德神功碑楼、七孔石拱桥、石像生、隆恩门、隆恩殿、方城明楼和宝顶等一系列建筑和石雕刻。隆恩殿建造精美壮观，面阔五间，进深三间。重檐歇山黄瓦顶，木结构卯榫对接。明柱沥粉贴金包裹，殿顶有旋子彩画，梁枋装饰金线点金，枋心彩画“江山统一”和“普照乾坤”，色彩调和，殿宇金碧辉煌。

孝圣皇后的泰东陵坐落在河北省易县清西陵境内，位于雍正帝的泰陵东北约 1 公里处的东正峪。泰东陵是清西陵 3 座皇后陵中规模最大的一座。乾隆元年（公元 1736 年）九月，主持泰陵工程事务的恒恪亲王弘晊，内大臣、户部尚书海望向乾隆帝请示：雍正帝入葬泰陵地宫后，是否给皇太后预留分位？乾隆帝不便作主，转而请示皇太后。皇太后降懿旨：“世宗宪皇帝奉安地宫之后，以永远肃静为是。若将来复行开动，揆以尊卑之义，于心实有未安。况有我朝昭西陵、孝东陵成宪可遵，泰陵地宫不必预留分位。”乾隆帝遵照皇太后懿旨，于乾隆二年（公元 1737）在东正峪为皇太后营建泰东陵，约于乾隆八年（公元 1743 年）建成。其主要建筑由南至北依次为：三孔拱券桥一座、东西下马牌、东西朝房各 5 间、东西值房各 3 间、隆恩门一座 5 间。东西燎炉、东西配殿各 5 间、重檐大殿一座 5 间。陵寝门 3 座、石五供、方城、明楼、宝城、宝顶。宝顶下是地宫。陵前左侧是神厨库。库外井亭一座。泰东陵与其他皇后陵相比，有三点独创之处：一是首创隆恩殿月台上设铜鹿、铜鹤之制。在泰东陵之前建成的昭西陵和孝东陵，隆恩殿月台上只设铜炉一对。而泰东陵则又增设铜鹿、铜鹤各一对。很明显，这是仿照帝陵之制，首创了皇后陵设铜鹿、铜鹤的制度。以后建的各皇后陵改为设铜鹿、铜鹤各一只，成为定制。二是首创大殿内东暖阁建佛楼之制。在泰东陵以前建的皇帝陵和皇后陵，均无佛楼之设。泰东陵则在隆恩殿东暖阁建了佛楼，为一层。这与孝圣皇后笃信佛教有关。从此以后，凡皇帝陵均建佛楼。皇后陵只慈禧陵建了佛楼。凡以后建佛楼均为上下两层。三是地宫内雕刻经文、佛像。以前总认为清代皇陵中，第一个在地宫内镌刻经文、佛像的是乾隆帝的裕陵。清宫档案记载，泰东陵地宫里也镌刻了经文、佛像。泰东陵早裕陵 6 年而建。这表明第一个在地宫内镌刻经文、佛像的不是裕陵而是泰东陵。清宫档案还记载，泰东陵地宫的地面不是用条石铺墁，而是用金砖铺墁。具体泰东陵地宫的规制、经文佛像的内容，因为地宫尚未开启，档案也不全，还有待我们进一步研究、考证。

昌陵是嘉庆皇帝爱新觉罗·颙琰和孝淑睿皇后喜塔腊氏的陵寝，位于泰陵以西 2 里，以一条神道与泰陵相接，是西陵中唯一有神道与主陵相接的陵墓。嘉庆皇帝为乾隆皇帝第十五子，在位 25 年（1796 年～1820 年）。乾隆皇帝曾立过两位太子，但都因出天花而夭折，遂改立由妃子生的颙琰。嘉庆即位后不久，惩办了乾隆皇帝的宠臣——大贪官和珅，对当时朝中大大小小的贪官污吏起到了极大的震慑作用。昌陵的建筑形式与布局，跟泰陵基本一致，其豪华富丽亦不亚于泰陵。昌陵有清朝建立的最后一座圣德神功碑亭，此后清朝皇帝各陵均不建圣德神功碑亭。嘉庆元年（公元 1796 年），爱新觉罗·颙琰即位，他遵循父亲的依昭穆次序在东陵、西陵界内分建陵寝的制度，在泰陵之西 500 米处选定了陵址，于当年开始兴建，到嘉庆八年（公元 1803 年）完工。工程结束后，陵寝定名为“昌陵”。这是清西陵营建的第二座皇帝陵寝。与此同时兴建、同时完工的还有嘉庆皇帝 17 位嫔妃的园寝——昌妃园寝。昌陵内葬仁宗嘉庆皇帝和孝淑睿皇后，位于泰陵西侧，建筑形式与泰陵大同小异，规模并列。嘉庆是乾隆的第十五子，乾隆传位给他时并为他在泰陵西南一公里的地方，选好陵址。从前面的神道到最后的宝城，一应俱全，但昌陵的宝城比泰陵还高大。昌陵的隆恩殿很有特色，地面铺的是很贵重的黄色花斑石，黄色的方石板上有天然雅致的紫色花纹，光彩耀目，满殿生辉，素有“满堂宝石”之称。

在我国现存的古建筑群中，有两处古建筑有回音壁和回音石，一处是北京天坛，另一处就是清西陵中的昌西陵。昌西陵建于1851年至1853年，是清朝入关后第五代皇帝爱新觉罗·颙琰（嘉庆）的皇后——孝和睿皇后的陵墓。孝和，钮钴禄氏，满洲镶黄旗人，一等侯恭阿拉之女。颙琰即位前，她是颙琰的侧室福晋，颙琰当了皇帝以后，封其为贵妃。嘉庆二年二月，孝淑皇后薨逝，百日之后，太上皇乾隆敕封钮钴禄氏为皇贵妃，居中宫，并举行了册封钮钴禄氏为皇贵妃的典礼。嘉庆六年，加封钮钴禄氏为皇后，其父恭阿拉也由承思公晋封为一等侯。嘉庆二十五年七月，颙琰崩于承德热河行宫，旻宁（道光）继位，将孝和尊封为皇太后。道光二十九年十二月，孝和薨逝，终年74岁。当时，道光帝春秋已高且有病，仍二十七日释缟素。咸丰元年（公元1851年）为孝和兴建昌西陵，竣工后葬于地宫奉安。谥号全称为“孝和恭慈康豫安成钦顺仁正天熙圣睿后”，这位皇后曾生育两儿一女。昌西陵既不像孝圣皇后（乾隆生母）的泰东陵那样宏伟富丽，也不如慈禧皇太后的定东陵那样豪华奢侈，它近似于道光皇帝的慕陵那种典雅风格。隆恩门以内的建筑，从前到后，一座高于一座，陵寝围墙前方后圆，表示“天圆地方”。在宝顶月台前面，神道上的第七块石板是块回音石，站在上面说话，无论声音大小，都可以听到洪亮的回音。环绕宝顶的罗锅墙，是回音壁，如果两个人分别站在东、西两端，面壁低声细语，声音像打电话一样清晰，令人赞叹叫绝。

清宣宗道光帝的陵墓，位于清西陵的昌陵西15公里处的龙泉峪。该陵建造得很特殊，与其他帝陵都不相同，是道光帝独树心裁之作。慕陵以精致小巧的建筑模式、清丽淡雅的建筑风格、工艺卓绝的楠木雕龙成为清帝陵中最具特色的一例。楠木烫蜡后褐然的色泽，灰黄交融的墙垣，配以蓝天白云，绿树金顶，典雅肃穆，清碧绝尘，自有一番幽远神秘、古朴超然的气度。起初道光的陵寝设在清东陵，陵寝本着道光追求节俭的精神，取消了二柱门、地宫瓦顶、内刻经文、佛像等部分，大殿、碑亭、石像生体量也小了，道光七年完工，且葬入了孝穆皇后，殊不料一年后发现地宫渗水一尺七寸，震怒之下，全部陵寝被夷为平地。道光不顾乾隆定下的祖宗昭穆相间的定制，改在清西陵选址重建陵寝。该陵设计上更加刻意求简，仅有建筑27座，占地45.6亩，比泰陵缩小近80亩。但其实外“俭”内“奢”，其用料材质异常精美，围墙采用磨砖对缝、干摆灌浆工艺到顶，不涂红挂灰，改变了传统的上身糙砌灰砖，刷红浆，下肩干摆的做法，加之两建一拆的经历，道光建陵耗资超过了西陵任何一座陵墓。慕陵神道放弃与泰陵相接，最南端是一座五孔桥，因为鸦片战争的失败，道光帝“愧对祖宗”、“愧对天下百姓”，遂下令取消了歌功颂德的圣德神功碑和石像生。五孔桥之北即龙凤门，与孝陵、泰陵、昌陵相同，但略小。龙凤门以北建有下马碑东西各一座，神道碑亭体量较小，石碑正面刻有宣宗谥号，背面按照道光的遗嘱，刻有咸丰帝亲自撰写的记述宣宗一生事迹的碑文，这在清陵中绝无仅有，其实是兼有圣德神功碑的作用。神道碑亭往北，是神道桥，慕陵没有按照三路三孔的惯例，而是变成了一路拱桥，东西两侧各有一平桥。桥北东西朝房各一座，前出廊，面阔三间，但进深缩小为两间。朝房之北各有一座班房。隆恩门建在石质须弥座上，台面铺金砖，面阔五间，黄琉璃瓦单檐歇山顶，中开大门三道，门内燎炉已无。东西配殿较小，面阔仅三间，进深两间，前出廊，单檐歇山顶。隆恩殿最为特殊，一改面阔五间的惯例，缩为三间，进深也三间，改重檐歇山顶为单檐歇山顶。殿四周设有回廊，裁撤了月台和大殿周围的栏板和雕龙头，月台上仅设铜炉两尊，不设鹿、鹤。月台东西两角有石幢和嘉量各一座。大殿正面三间都开门，殿东西两侧中间开门，其余为砖墙封闭。隆恩殿、东西配殿所有木构件全部采用珍贵的金丝楠木，造价惊人，不饰彩绘，以楠木本色为基调，其天花、群板、绦环板、雀替等处一改传统的金莲水草案，而是用高浮雕和透雕手法雕刻上千条云龙、游龙和蟠龙（仅隆恩殿内就有木雕龙 714 条），三殿共有木雕龙 1318 条，成为清代帝王陵寝中独具风格的艺术珍品，只有承德避暑山庄澹泊敬诚殿与之相同。道光认为，宝华峪地宫浸水是因为群龙钻穴，龙口吐水所致，如果把龙请到天上来，龙就会在天上争水而不往地宫吐水了。于是，他命令千百个能工巧匠，用金丝楠木雕刻成许许多多的龙，布满天花的藻井、门窗、雀替、隔扇等处，造成多龙争水的场面。楠木硬度极高，故迄今不用修缮。隆恩殿内北部有三座暖阁，中暖阁供奉道光帝神牌，西暖阁供奉三个皇后的神牌，东暖阁存放谕旨。

慕东陵为道光帝孝静成皇后的陵寝，位于慕陵东北方的双峰岫，原本是慕陵妃园寝。最南端是神道旁两座下马碑，左侧有神厨库和井亭（原来均无，后添建），神道全为砖墁，没有皇后陵神道的中心石和两侧牙石，三座五孔平桥，都是妃园寝留下的痕迹。东西朝房面阔五间，进深两间，黄琉璃瓦硬山顶（原为布瓦），布瓦东西班房各三间、隆恩门面阔三间，黄琉璃瓦歇山顶（原为绿琉璃瓦，后全改为黄色）。门内燎炉两座，东西配殿面阔三间（原无），隆恩殿面阔三间，前出月台，但无栏板、铜鼎鹿鹤。殿后为面阔墙一道，中门有门楼，黄琉璃瓦单檐歇山顶，正面额枋上为青白石匾额，上书满蒙汉“慕东陵”字样，中门两侧开角门。墙北是石五供，北为月台，上建圆形宝顶一座，无方城和明楼。宝顶东侧并列建有宝顶一座，为庄顺皇贵妃乌雅氏。

光绪帝的崇陵位于泰陵东南面约 4 公里的金龙峪，是我国现存帝陵中最后的一座，宣统元年（公元 1909 年）破土兴建，民国四年（公元 1915 年）竣工。崇陵的建筑物数量与规模，完全依照同治的惠陵。建筑工巧，陵园仪树中有罕见的罗汉松和银松。地宫中合葬着光绪帝和他的隆裕皇后。崇陵是光绪皇帝的陵墓，也是我国最后一座帝王陵墓。光绪帝名载湉，爱新觉罗氏。其父是道光皇帝的第七子醇亲王，其母叶赫那拉氏，是慈禧太后的胞妹。同治帝病故后，由慈禧太后做主，指定继承皇位。光绪登基时，正值清朝面临内忧外患，营造陵寝的工程不能如期破土动工，一直拖延到 1908 年，光绪皇帝驾崩，1909 年才由宣统朝着手操办。修建期间，清朝已走向灭亡，宣统皇帝与隆裕皇太后退位，向中华民国政府提出要求：“德宗崇陵未完工程，如制妥修，其奉安典礼，仍如旧制，所有实用经费，均由中华民国支出。”当时，南京临时政府的议和代表及各省都督，对清室要求宽大应许。崇陵规模虽不如雍正、嘉庆的陵墓那样庞大，没有大碑亭、石像生等建筑，但它除继承清代建陵规制，参照咸丰帝定陵、同治帝惠陵的风格外，又吸收了古代建筑技术的某些精华，仍具有它的特色。整个陵寝根据守卫和祭祀的需要，建筑了五孔桥、巡房、牌楼门、神厨库、三路三孔桥、朝房、班房、隆恩门、燎炉、配殿、隆恩殿、三座门、石五供、方城、明楼、宝顶、地宫。为了增强排水性能，每个宫殿基部都建有 2 米宽的散水，明楼前和三座门前分别挖砌了御带河，地宫内凿有 14 个水眼与龙须沟相通。隆恩殿木料均为异常珍贵的铜藻、铁藻，质地坚硬无比，用这种木料制作一把普通太师椅，重量竟高达百余斤，所以隆恩殿被誉为“铜梁铁柱”，且梁架之间增加了隔架料，既能托顶，又使殿内更加美观。隆恩殿内的四根明柱，底部有海水江崖图案，柱身为一条金龙盘绕向上，较其他帝陵的宝相花更加富丽堂皇。

宣统皇帝溥仪于1967年去世，最初安葬在八宝山。于1995年迁葬到清西陵的华龙皇家陵园。当时，清西陵的工作人员找到溥仪最后一任妻子李淑贤并说服她，于1995年将溥仪的墓葬迁到了清西陵。清西陵有关负责人介绍，将溥仪墓葬迁入清西陵，一是因为溥仪登基之初，就确定此地为他的陵墓；此外，清西陵所在地保定易县经济条件差，这样可以带动旅游发展。宣统皇帝是清朝第十代皇帝，也是我国封建社会最后一代帝王。宣统皇帝爱新觉罗·溥仪的父亲是光绪皇帝的弟弟醇亲王载沣。在溥仪墓的两侧，一侧是溥仪真心喜爱过的谭玉龄，一侧是婉容。

四、清代名人墓

蒲松龄墓

蒲松龄（1640年~1715年），字留仙，一字剑臣，号柳泉居士，世称聊斋先生，清代著名文学家。他一生著述颇丰，尤以一部《聊斋志异》而名传后世。蒲松龄的墓冢及故居在淄博市淄川区蒲家庄。

故居大门东半里许有柳泉，也是蒲公的生活遗迹。蒲松龄虚心向各阶层人士求教还在柳泉设茶待客，这块地方蒲松龄十分喜爱，与过往行人促膝而谈，收集写作素材。蒲松龄十分喜爱此地，因号“柳泉居士”。今日柳泉，新立题其名碑一座，系现代的文学家沈雁冰的手迹。泉北新建一亭，可使人联想到蒲公当年设茶待客、谈狐论仙的情景。

柳泉的东南方大约半里路的地方，还有蒲氏墓地，这里古柏参天，四周用石墙。绿荫寂静，淡泊去百年名与利；土冢无声，铭记着世代先生心。

墓前立两块石碑，一块是同邑后学张元所撰“柳泉蒲先生墓表”碑，原碑毁于十年动乱，现存是1980年重刻；其二则是沈雁冰所题“蒲松龄柳泉先生之墓”碑。

现代剧作家田汉有诗云：“岂爱秋坟鬼唱诗，呕心端为刺当时。留翁倘使生今日，写尽工农战斗姿。”

蒲松龄的故居原是一座方形小院，院门东向，有正房三间与两侧配房。抗日战争期间遭日寇焚毁，只有四堵墙壁。新中国成立后又进行了修缮，而且征用故居附近的民宅，扩建成四进院落，分设生平事迹、著作版本、名人书画等陈列室。蒲松龄纪念馆 1980 年成立。

蒲松龄的故居坐落在蒲家庄东首，槐荫遮蔽，青砖黑瓦，显得古朴而且格外庄重。门楣上悬挂着郭沫若所题“蒲松龄故居”匾额，黑地金字，熠熠生辉。

院内山石水池，豆棚瓜架，间以腊梅、秋菊、石榴等，既有农家气息，又不失山林家壑之胜，风格独特，引人入胜。向北穿过八角门，就是“聊斋”正房了，就是当年蒲松龄的居住之地。房前植两株石榴，夏日榴火，秋季结实，南墙下有一架金瓜，叶繁瓜肥，非常惹人喜爱。“繁花古木映庭除，陋室三间写异书。”在这里写作的就是蒲松龄。迎面高悬路大荒手书“聊斋”匾是在正房内，其下还有蒲松龄 74 岁时的画像。画中蒲公身着公服，手捻银须，眉宇之间流露出隐约的震慑之气，不禁让人心生景仰。

画像上有蒲松龄亲笔题词：其一为“尔貌则寝，尔躯则修，行年七十有四，此两万五千余日，所成何事，而忽已白头，奕业对尔孙子，亦孔之羞”。其二为“癸巳九月，筠嘱江南朱湘鳞为余肖此像，着此俗装，实非本意，恐为百世后所怪笑也”。但是百世之后，不仅没有受到怪笑之遇，并且还其名亦远，这幅画像遂成为十分难得之物。画像的两侧还挂有郭沫若所题楹联：“写鬼写妖高人一等，刺贪刺虐入木三分。”对蒲松龄及他的《聊斋志异》给予了高度评价。室内陈设着蒲松龄当年设馆西铺村用过的桌、椅、床、几等家具，几种盆景和摆在书桌上的两方极为普通的端砚，使人联想起蒲公当年“萧斋瑟瑟，案冷墨凝”，秉烛呵墨写《聊斋》的情景。

聊斋正房后新建院里设有名人书画展。其西侧院落设蒲松龄生平、著作版本等展室，为游人讲述蒲公平凡坎坷的人生遭遇以及其自强不息、勤奋笔耕的感人事迹。“若若宏才未得申，挥毫弄墨染风尘。意弥情挚开金石，天顺人和狐鬼训。绣口锦心无若有，生花彩笔假犹真。千篇恩爱悲欢剧，易俗移风劝世人。”

曾国藩墓

曾国藩（1811 年～1872 年），初名子城，字伯函，号涤生，谥文正，汉族，湖南长沙府湘乡白杨坪人。清朝的军事家、理学家、政治家，书法家，晚清“中兴四大名臣”之一，湘军的创立者和统帅者，也是文学家，晚清散文“湘乡派”创立人。官至两江总督、直隶总督、武英殿大学士，封一等毅勇侯。

《清史稿·曾国藩传》：“国藩为人威重，美须髯，目三角有棱。每对客，注视移时不语，见者竦然，退则记其优劣，无或爽者。天性好文，治之终身不厌，有家法而不囿於一师。其论学兼综汉、宋，以谓先王治世之道，经纬万端，一贯之以礼。惜秦蕙田《五礼通考》阙食货，乃辑补盐课、海运、钱法、河堤为六卷；又慨古礼残阙无军礼，军礼要自有专篇，如戚敬元所纪者。论者谓国藩所订营制、营规，其於军礼庶几近之。晚年颇以清静化民，俸入悉以养士。老儒宿学，群归依之。尤知人，善任使，所成就荐拔者，不可胜数。一见辄品目其材，悉当。时举先世耕读之训，教诫其家。遇将卒僚吏若子弟然，故虽严惮之，而乐为之用。居江南久，功德最盛。”

曾国藩墓位于湖南望城县坪塘镇桐溪村伏龙山，墓葬占地面积 300 平方米。曾墓墓冢原系三合泥拌碎石糯米混浇而成，墓围直径约 5 米，花岗石围，高 2 米。茔地砌花岗石罗围，并立碑三通，汉白玉石碑心，主碑高 3 米，刻楷书碑文“皇清太傅大学士曾文正公/一品侯夫人欧阳夫人之墓”。附碑均为龙纹浮雕。墓前有拜台、墓坪，拜台约 50 平方米，经 26 级台阶下接一大墓坪约 200 平方米，墓坪上东西两侧各立石阙一个，分别刻“曾太傅墓东阙”、“曾太傅墓西阙”。左侧石梯通道沿桐溪寺围墙而下，接墓庐槽门与御碑亭，通道两旁有石马、石狮、石虎及翁仲各一对。距曾国藩墓约 60 米处立有“太傅大学士毅勇侯曾文正公神道碑”，系大学士李鸿章撰、翰林黄自元书，大抵叙述曾国藩生平功绩。墓地正前有古银杏、罗汉松各两株，蓊郁茂盛。